La libertad cuesta muy cara, y es necesario, o resignarse a vivir sin ella, o decidirse a comprarla por su precio.

—José Martí

Breve historia de

Cuba

JAIME SUCHLICKI

Traducción de Pureplay Press,
basada en la quinta edición de
Cuba: From Columbus to Castro and Beyond

Pureplay Press
Los Angeles

Primera edición

Copyright © 2002 Potomac Books
Esta edición © 2006 Pureplay Press

Derechos exclusivos en español reservados para todo el mundo

Por favor, dirija su correspondencia a / Please direct all correspondence to:
info@pureplaypress.com / Pureplay Press, 11353 Missouri Ave., Los Angeles, CA 90025.

Cataloguing-in-Publication Data
Suchlicki, Jaime.
  [*Cuba: from Columbus to Castro and beyond.* Spanish]
  Breve historia de Cuba / Jaime Suchlicki. — 1st Spanish language ed.
    p. cm.
    Includes bibliographical references and index.
  ISBN 0-9714366-8-1
  1. Cuba — History. 2. Cuba — History — Revolution, 1959– 3. Castro, Fidel, 1926– I. Title
  972.91063—dc22

Library of Congress Control Number: 2006903384

Foto de la portada: "La luz del Malecón" © Antonio Tovar

Diseño libro y cubierta de Wakeford Gong

Impreso en los EE.UU.

ÍNDICE

Mapa de Cuba   6–7

I. La nueva tierra y sus pobladores   9

II. La llegada de los españoles   16

III. La nueva colonia   23

IV. El reto europeo   34

V. El reinado del azúcar   43

VI. El siglo de oro   54

VII. La colonia se rebela   66

VIII. La República bajo la Enmienda Platt   88

IX. La "revolución frustrada"   101

X. El fracaso del reformismo   118

XI. El batistato   137

XII. La revolución de Castro   161

XIII. La revolución institucionalizada   181

XIV. Nuevo mundo, viejo líder   215

XV. Años de crisis   235

XVI. ¿Prepararse para qué?   248

XVII. Después de los Castros   259

Cronología 1492–2005   273

Otras lecturas   335

Índice de términos   339

Las fotos siguen la página 180

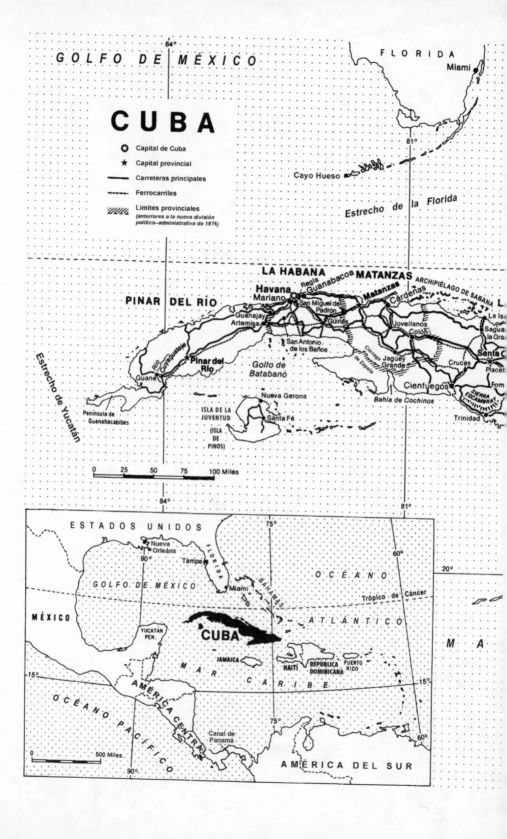

CUBA

- ✪ Capital de Cuba
- ★ Capital provincial
- —— Carreteras principales
- +++++ Ferrocarriles
- ////// Límites provinciales
  (anteriores a la nueva división
  político–administrativa de 1976)

GOLFO DE MÉXICO

84°

FLORIDA

Miami

81°

Cayo Hueso

Estrecho de la Florida

LA HABANA

Havana

Regla Guanabacoa

MATANZAS

ARCHIPIÉLAGO DE SABANA

PINAR DEL RÍO

Mariano

San Miguel del Padrón

Matanzas

Cárdenas

Guanajay

Guines

La Isa

Artemisa

Jovellanos

Sagua la Gra

San Antonio de los Baños

Colón

Santa

Estrecho de Yucatán

Río Cuyaguateje

Pinar del Río

Golfo de Batabanó

Ciénaga de Zapata

Jagüey Grande

Cruces

Placet

Guane

Cienfuegos

Fom

Península de Guanahacabibes

Nueva Gerona

Bahía de Cochinos

SIERRA ESCAMBRAY

ISLA DE LA JUVENTUD

Santa Fé

Trinidad

(ISLA DE PINOS)

0   25   50   75   100 Miles

84°

81°

ESTADOS UNIDOS

75°

Nueva Orleáns

60°

90°

Tampa

FLORIDA

OCÉANO

20°

GOLFO DE MÉXICO

Miami

BAHAMAS

Trópico de Cáncer

MÉXICO

YUCATÁN PEN.

CUBA

ATLÁNTICO

M   A

15°

MAR

JAMAICA

HAITÍ

REPÚBLICA DOMINICANA

PUERTO RICO

15°

CARIBE

OCÉANO PACÍFICO

AMÉRICA CENTRAL

75°

60°

0   500 Miles

Canal de Panamá

AMÉRICA DEL SUR

90°

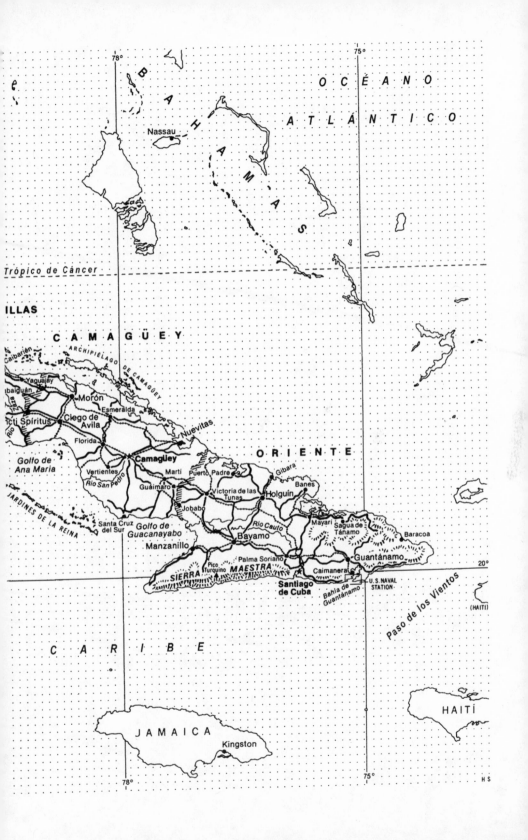

La nueva tierra y sus pobladores

Al llegar a Cuba en 1492, Cristóbal Colón quedó impresionado con la belleza natural de la isla y su maravilloso paisaje. Cuba tenía bosques circundados por llanuras y palmas reales en los que florecían más de cinco mil especies botánicas oriundas de la isla, como la yuca, el tabaco o la piña. Una gran variedad de aves tropicales enriquecía este panorama, haciéndolo en verdad "la tierra más hermosa que ojos humanos vieron".

Cuba es la isla mayor del hemisferio occidental y del Caribe, y forma parte del llamado Archipiélago de las Antillas. El país en sí mismo es también un archipiélago, compuesto por un conjunto aproximado de 1600 islas, islotes y cayos, de los cuales la isla de Cuba es la más extensa e importante. Tiene una superficie aproximada de 42,827 millas cuadradas (114,524 kilómetros cuadrados) y su mayor extensión es de 745 millas (1200 kilómetros) del Cabo de San Antonio, al oeste, hasta la Punta de Maisí, al este. Su posición geográfica, a menos de 90 millas de los cayos de la Península de la Florida, domina la entrada al Golfo de México y al Canal de Panamá. Tanto por su situación central como por sus dimensiones, Cuba fue una valiosa posesión para España y un territorio deseado por otras potencias europeas que buscaban la hegemonía en el Caribe.

La extensión de las costas cubanas, incluyendo cayos e islas adyacentes, es de unos 2,500 kilómetros e incluye numerosas playas y entrantes. Las bahías de la Habana, Guantánamo, Nipe, Cienfuegos, y Bahía Honda se hallan entre los puertos más espaciosos del mundo. La costa norte es mayormente escarpada y rocosa, mientras que en la del sur abundan largos tramos de costa baja y cenagosa, como la extensa ciénaga de Zapata. Casi más de la mitad de la superficie está formada por llanuras y ondulaciones, con numerosos valles fértiles como el de Yumurí, en la provincia de Matanzas.

El resto del territorio se compone de colinas y montañas, como la región de Oriente, dominada por la Sierra Maestra, cuya mayor altura es el Pico Turquino con 6,389 pies (1960 metros). En Camagüey hay planicies casi perfectas, bajas y con abundantes pastos; Las Villas tiene grandes alturas, como la Sierra del Escambray. La Habana y Matanzas son de poca elevación, con predominio de sabanas y suaves ondulaciones. En Pinar del Río, hacia el noroeste, domina la Sierra de los Órganos. Los ríos de la isla son generalmente cortos y estrechos, navegables sólo en cortas distancias. El más extenso, el Cauto, fluye hacia el oeste por doscientas millas de cauce al norte de la Sierra Maestra, pero ha sido poco utilizado para el tráfico fluvial.

Aunque situada en la zona tórrida, la proximidad de Cuba al Trópico de Cáncer y su coincidencia con vientos alisios, hace que su clima sea semitropical. Estas condiciones, así como el mar que la rodea, crean una temperatura moderada cuyo promedio anual mínimo es de 70°F (24° Celsius) y máximo de 81°F durante los meses de julio y agosto. Los ciclones que afectan con frecuencia a la isla entre junio y noviembre son el aspecto más peligroso de su clima.

El conocimiento de los primeros habitantes de la isla es general y escaso. A la llegada de Colón, la población estimada de la isla era de unos 60,000 indígenas[1], desconocedores del lenguaje escrito que, aunque pacíficos en su mayoría, desaparecieron por millares, murieron, o resultaron aniquilados a consecuencia de la conquista. Las fuentes históricas preservadas hasta la actualidad provienen de las primeras

---

1 Este número varía entre 16,000 y 600,000. Véase *Handbook of South American Indians* (Washington: U.S. Government Printing Office, 1941), Vol. IV, p. 542

recopilaciones de exploradores o colonizadores, más adelante verificadas en descubrimientos arqueológicos y estudios de asentamientos indígenas. Dichas fuentes indican que las tres culturas establecidas en la isla antes de 1492 eran las de los guanahatabeyes, siboneyes y taínos.

De todas, la más antigua es la de los guanahatabeyes, posiblemente originaria del sur de los Estados Unidos. Sus rudimentarios objetos de concha de moluscos, piedra sin pulir y madera asemejaban mucho a los utilizados por los primeros habitantes de la Florida. Aún así, algunos estudiosos se inclinan a aceptar la teoría de una migración desde América del Sur a través de la cadena formada por las islas antillanas hasta llegar a Cuba. Se supone que esta cultura dominó la isla, mas con la llegada de siboneyes y taínos se replegó hacia la península de Guanahacabibes, en la región occidental, donde se encontraba al arribo de los españoles.

Los guanahatabeyes vivían en cuevas o cavernas naturales y andaban desnudos. Se alimentaban principalmente de frutas, recolección y pesca, ya que no practicaban la agricultura. Diego Velázquez, el primer gobernador de Cuba, dijo de ellos "viven como salvajes, sin casas ni comarcas, alimentándose sólo de los animales del bosque y de las tortugas y peces del mar."[2] Esta civilización evitó el contacto con los españoles y al parecer estaba ya en declive en el momento de producirse el descubrimiento.

Los siboneyes pertenecían al grupo suramericano de los arauacos y habitaban el oeste de Cuba, así como la península suroeste de la isla de La Española. En su caso, hay consenso con respecto a su procedencia original del sur de América y su trasladado a Cuba a través de las Antillas Menores. Su cultura, más avanzada que la de los guanahatabeyes, pertenecía a la Edad de Piedra; eran recolectores, cazadores y pescadores y practicaban una forma rústica de cultivo. Los siboneyes vivían en cuevas naturales y más adelante en recintos

---

2 Conde, José Álvarez: *Revisión indoarqueológica de la provincia de Las Villas* (La Habana: Publicaciones de la Junta Nacional de Arqueología y Etnología, 1961), p. 52

llamados *bajareques* o *barbacoas* y su dieta, más variada, incluía aves, peces, moluscos, animales salvajes, frutas y viandas. Dos de sus artefactos más importantes fueron un instrumento excavador de piedra (*esferolito*) y una esfera, también de piedra (*gladiolito*), símbolos de autoridad y alto rango social, también considerados objetos mágicos. Con el ascenso de los taínos, los siboneyes fueron derrotados y convertidos en *naboríes* o sirvientes de aquéllos. El Padre Bartolomé de las Casas, uno de los primeros cronistas del proceso de conquista, describió a los siboneyes como "la más mansa y plácida de las gentes, cautivadas como salvajes."

El segundo y más avanzado grupo arauaco llegado a la isla aproximadamente doscientos años antes del descubrimiento fue el de los taínos, cuya cultura era la predominante a la llegada de Colón. Controlaban la mayor parte del territorio central y oriental de Cuba, extendido más allá de estos confines hacia La Española, Jamaica y Puerto Rico. Bajos y de piel olivácea, sometían a sus hijos a cambios artificiales de estructura craneal vendando las regiones frontal y occipital durante la infancia temprana, por lo que sus rostros eran particularmente anchos. Preferían los terrenos altos y fértiles, cercanos a manantiales y ríos, y vivían en asentamientos pequeños, en casas redondas y de techo cónico de bambú y hojas de palma llamadas *caneyes* o rectangulares, llamadas *bohíos*. Un testigo los describió como pueblo "manso, humilde, obediente y hospitalario, con escaso interés por los placeres sexuales o el ejercicio de actividades físicas".[3]

Los hombres taínos andaban desnudos. Las jóvenes púberes usaban una falda corta y las mujeres casadas se cubrían con una más larga. Sus actividades sociales favoritas eran el baño —a los españoles parece haberles incomodado la frecuencia y el tiempo que los taínos dedicaban a bañarse en los ríos, ya que más adelante un decreto real limitaba el número de baños—, el juego de *batos* —una especie de fútbol en el que participaban dos equipos, jugado en un campo abierto o *batey*—, y los *areítos*, las más importantes fiestas nocturnas de carácter religioso

---

[3] Ortiz, Fernando: *Las cuatro culturas indias de Cuba* (La Habana: Arellano, 1943)

alrededor de una hoguera, con danzas y cantos compartidos, en las cuales los taínos recitaban a los jóvenes crónicas de sus ancestros.

El sistema económico taíno era relativamente avanzado y se basaba en la agricultura de campos comunitarios. El cultivo y preparación de la yuca, por ejemplo, eran complejos y muy importantes, pues de la yuca obtenían uno de sus principales alimentos, el *casabe*, una especie de pan no fermentado que los españoles más tarde llamaron "pan de la tierra", y entre cuyas ventajas, además de ser nutritivo, estaba la de conservarse por varios meses, incluso en condiciones de humedad.

Parte importante de la economía taína eran también el maíz, la papa, el boniato, el algodón y el tabaco. El tabaco se fumaba y era utilizado también en ceremonias religiosas y como una cura general. El algodón se usaba en la producción de hamacas, redes de pesca y bolsos. Las incipientes industrias del tejido y los trabajos de alfarería correspondían a la mujer, mientras que el hombre se dedicaba a la caza, la pesca y la agricultura. Los taínos también construyeron varios artefactos de madera, como las potentes canoas que les garantizaron una gran movilidad fluvial.

La sociedad taína estaba organizada en diferentes líneas sociales, cuyo rango más alto estaba ocupado por el *cacique*, que dirigía los asuntos de la comunidad y regía un territorio específico e independiente de los demás. La línea de herencia para llegar al cacicazgo no era directa: el hijo mayor de la hermana mayor del *cacique* era el reemplazo a la muerte de éste, de modo que sólo si el *cacique* no tenía hermanas, su hijo mayor podía sucederlo. Los ayudantes del *cacique* eran los *nitaínos*, un grupo de asesores que supervisaba el trabajo comunal y parecen haber estado a cargo de varios sectores de la población —por sus habilidades en estas empresas, los españoles se valieron porteriormente de los *nitaínos* para la organización laboral de fincas y haciendas—. Los *behiques* les seguían en orden de respetabilidad, pues ejercían como sacerdotes y médicos, sirviendo como puente entre los vivos y el mundo de los muertos y de los *cemíes* o dioses, en ceremonias en las que predominaba el uso del rapé o tabaco en polvo. Los *naboríes*, por último, constituían gran parte de la mano de obra de la aldea, y a ésta se sumaron los siboneyes como parte de la conquista, aceptando su nuevo papel sin oponer gran resistencia.

Los taínos adoraban a un dios supremo e invisible, a efigies de otros dioses menores y a sus antepasados. Creían que el espíritu de los muertos habitaba otras islas y regresaba en las noches a perseguir a los vivos. Sus entierros eran complejos, con frecuencia acompañados de una gran variedad de ofrendas al mundo de los muertos y el cadáver se enterraba sentado, casi siempre en cuevas.

Hacia 1492 los caribes, tribu guerrera procedente de Suramérica, amenazaron la hegemonía de los taínos sobre la isla con una serie de incursiones bélicas. Los caribes eran caníbales, y devoraban de manera ritual a las tribus que conquistaban, aterrorizando así a los mansos taínos de Cuba. Sin embargo, la expansión de los caribes no se logró, pues coincidió con la llegada de los españoles, lo que hizo que terminaran replegándose a las Antillas Menores. España había tomado posesión de las Antillas Mayores, pero no de las Menores, y esto, a largo plazo, perjudicó el poderío español en la Cuenca del Caribe. En efecto, Holanda, Francia e Inglaterra pronto reconocieron en estas islas menores un futuro botín y, al tomar posesión de ellas, comenzaron a retar la hegemonía española en el Caribe.

Desde el punto de vista socioeconómico y artístico, la cultura que los españoles hallaron en Cuba era muy inferior a la maya o la azteca, de México, o la inca, de Perú. Si de la herencia siboney y taína no quedó mucho tras el impacto de la colonización española, de la de los guanahatabeyes no quedó nada, pues la cultura europea apenas se mezcló con la cubana original. Más bien tuvo lugar un reemplazo de culturas al lograr España el dominio sobre la isla, en un nuevo orden socioeconómico que incluyó al negro como esclavo. Con nuevas instituciones, tradiciones y lenguaje, la cultura española suplantó totalmente a la cultura primitiva cubana. Sin embargo, como frecuentemente ocurre, sus rasgos se perpetuaron a través del lenguaje, ya que el cubano todavía hoy se vale de palabras como bohío, areíto o batey. En particular el bohío, la típica choza campesina, ilustra aún la herencia de la cultura indígena cubana.

El aporte a la cubanía de estas antiguas culturas indígenas se considera menor. Algunos héroes indígenas, como Hatuey, son estudiados en textos escolares y aparecen en el discurso histórico de la isla como un símbolo auténtico contra la opresión del conquistador español. Sin embargo, los estudiosos del tema no han hallado en esas historias y leyendas fuente alguna que mencione la incipiente inquietud nacional en términos de cubanía. Mientras los mexicanos se remontaban a sus raíces aztecas enarbolando la corriente indigenista para establecer el diálogo revolucionario, los cubanos no podían valerse de esa continuidad e identidad histórica. A diferencia de sus vecinos, el pensador cubano sólo podía dirigirse a las raíces africanas en su búsqueda histórica, mas con cierto recelo: la herencia africana era poco aceptada e incluso menospreciada entre la sociedad blanca, mientras que la española se ignoraba tácitamente, como parte del rechazo a las tradiciones establecidas por el colonialismo histórico. La búsqueda de una identidad nacional distintiva permanece aún por resolver, y constituye un problema central para la Cuba del presente.

La llegada de los españoles

No fue casual que en 1492 los españoles descubrieran el Nuevo Mundo navegando hacia el occidente, ya que los instrumentos de navegación que hacían posibles estos largos viajes ya habían sido inventados. Monarcas, científicos y sacerdotes mostraban mayor aceptación de la teoría sobre la redondez de la tierra, mientras las exóticas aventuras de Marco Polo en el mítico Oriente avivaban el interés de los curiosos.

El matrimonio de Isabel de Castilla y Fernando de Aragón forjó en España una monarquía orgullosa y agresiva que puso fin a setecientos años de invasión morisca. Con la expulsión de moros y judíos, los Reyes Católicos lograron la unificación religiosa de la península ibérica y de inmediato expandieron sus intereses comerciales en busca de nuevas fronteras. La experiencia nacional se tradujo en la conquista de un Nuevo Mundo de tierras y almas para España, y las exitosas exploraciones de Portugal en la costa occidental de África intensificaron el interés de los monarcas españoles en desafiar la influyente hegemonía portuguesa.

Cristóbal Colón aprovechó esa oportunidad: aunque otros exploradores se habían aventurado hacia el Nuevo Mundo, su tenaz empeño y las condiciones favorables de España y Europa le ayudaron en su empresa. El marino genovés visitó primero a los reyes de Portugal, que no se mostraron interesados con la trayectoria occidental que les propuso, ya que confiaban en llegar a las Indias navegando la costa de África. Colón partió entonces hacia España y logró allí el financiamiento de su viaje, al conseguir que los monarcas le proporcionaran los recursos necesarios. Con noventa hombres y tres pequeñas carabelas, la *Niña*, la *Pinta* y la *Santa María*, Colón levó anclas en 1492 rumbo al occidente, en una expedición que cambiaría el curso de la historia.

Aquel primer viaje fue, sin duda, una epopeya de resolución e intrepidez. Colón pudo superar las dificultades que le presentaban un océano implacable, una tripulación desafiante y un clima despiadado, gracias a su fe en descubrir tras el horizonte una nueva ruta a las Indias. Finalmente, el 12 de octubre de 1492, descubrió una isla de las actuales Bahamas, llamada por sus habitantes *Guahaní*, y la nombró San Salvador (Watlings Island). De ahí, Colón desembarcó en la que bautizó como Santa María de la Concepción (Rum Cay), y el 27 de octubre descubrió la isla de Cuba. Pudo comunicarse con los primitivos habitantes de la isla, por quienes fue recibido con hospitalidad y gentileza, quizás ante el temor de que los extranjeros fuesen dioses.

En su ruta hacia el este, Colón descubrió y exploró la costa norte de La Española —el Haití actual— y con la madera del naufragio de la *Santa María* fundó la pequeña comunidad de La Navidad, cerca de Cabo Haitiano. Allí dejó a una parte de su tripulación mientras emprendía su retorno a España, con varios indios y oro para mostrar a los Reyes Católicos.

Aunque la exploración causó gran entusiasmo, las ganancias de aquel primer viaje no fueron muy nutridas. La aventura resultó costosa y el naufragio de una de sus embarcaciones retuvo a la mitad de su tripulación en los territorios recién descubiertos. Las escasas riquezas con que Colón regresó a España después de su primer viaje no lograron cubrir la inversión inicial de los Reyes Católicos, pero pronto esta situación cambiaría y los cofres vacíos de la monarquía se repletarían con las fortunas ganadas en el Nuevo Mundo. Aunque Colón afirmó que había descubierto una nueva ruta a las Indias, pronto los Reyes de España emprendieron negociaciones con Roma y Portugal para asegurar su monopolio marítimo y poderío sobre las nuevas tierras.

Esta última empresa resultó fácil, ya que Alejandro VI, un Papa español que buscaba el apoyo del rey Fernando a fin de conseguir un principado para su hijo en Italia, emitió una serie de bulas papales que establecían una línea divisoria Norte-Sur que otorgó a España la hegemonía sobre tierras y rutas marítimas que estuvieran cien leguas al oeste de las islas Azores (al norte) y Cabo Verde (al sur). El Tratado de Tordesillas, firmado por España y Portugal en 1494, movió esa línea mucho más hacia el occidente, lo que costó a España que las riquezas que se descubrirían luego en Brasil, favorecieran a Portugal.

Antes de que se firmase el Tratado, Colón emprendió un segundo viaje. En este intento, su propósito era establecer un asentamiento permanente que produjera riquezas para España y sirviese de base para futuras exploraciones y colonizaciones. Partió el 25 de septiembre de 1493, tocó tierra en varias islas de las Antillas Menores y arribó finalmente a Santo Domingo (La Española), para descubrir que la colonia había sido destruida durante una rebelión arauaca. Se escogió entonces otro sitio en la costa norte, al que se llamó Isabela. En busca aún del imperio del Gran Khan, Colón exploró la costa sur de Oriente hasta llegar a Jamaica. Luego emprendió viaje hacia el occidente por la costa sur de Cuba y pensando que era una península —no se percató de que fuese una isla—, regresó a Isabela. Allí encontró a la colonia en discordia interna que involucraba tanto a taínos como a españoles, muchos ya muy enfermos. Después de estabilizar el orden y castigar duramente a los taínos, dejó a su hermano Bartolomé a cargo de la colonia, con planes de mover el campamento hacia el sur de la isla hoy conocida como Santo Domingo, tras de lo cual regresó a España.

Otros dos viajes siguieron a éste. Aunque los Reyes Católicos no se hallaban satisfechos con las ganancias de las exploraciones de Colón, dudaban de la lealtad del marino genovés y se preocupaban por las múltiples quejas que la fama atrajo sobre él, aún permitieron al Almirante organizar nuevas expediciones. Aunque Colón no pudo establecer la paz en las nuevas colonias ni encontrar grandes tesoros en las dos expediciones de 1498, consiguió llegar hasta el Orinoco en su ruta hacia el sur. Al regresar a Santo Domingo, encontró la nueva colonia sublevada, los indios en guerra y abundantes quejas sobre su mando. Como resultado, los monarcas enviaron a Francisco de Bobadilla, fiscal supremo de la monarquía que, habiendo escuchado las reclamaciones contra Colón y sin emplear tiempo alguno para verificarlas, ordenó que el Almirante fuese encadenado y devuelto a la corte para ser juzgado por los Reyes Católicos.

Una vez en España, el genovés logró vindicar su honor y de nuevo zarpó en un cuarto y último viaje, en 1502, aunque le fueron negados los derechos a usar nuevamente sus títulos de almirante o virrey o a participar en el gobierno de La Española. En esta última expedición se dedicó a explorar la costa de América central y terminó siendo abandonado en la isla de Jamaica durante casi un año. No consiguió recuperarse de tal fracaso y volvió, enfermo e incomprendido a Valladolid, donde murió en 1506.

Aún después de su muerte, la audacia de Colón abrió el camino para otros exploradores. Alonso de Ojeda continuó la exploración del Caribe, descubrió la costa norte de Sur América y dio nombre a Venezuela. Iba acompañado del tripulante y cartógrafo Américo Vespucci, cuyas descripciones del Nuevo Mundo recibieron una mayor atención de Europa y condujeron a la adopción de "América" como denominación para las tierras recién descubiertas. Por su parte, Rodrigo de Bastidas exploró América Central, mientras que otros tomaron rumbo hacia la costa noroeste de América del Sur.

A la etapa del descubrimiento siguió otra de conquista y colonización. Los oficiales españoles, deseosos de incrementar el suministro de mano de obra y buscar nuevas fuentes de riqueza, comenzaron a volverse hacia Cuba. El hijo de Colón, Diego, que había sido designado como gobernador de las Indias y residía en La Española, estaba especialmente interesado en extender el territorio bajo su control. De este modo, y como un primer paso para la colonización, el gobernador de La Española, Nicolás de Ovando, alistó una expedición encabezada por Sebastián de Ocampo, con la orden de realizar un bojeo a la isla que trajo consigo relatos de riqueza e imágenes de los fértiles y bellos terrenos y puertos de la isla.

La búsqueda de un conquistador que combinara cualidades militares y administrativas y fuese al mismo tiempo tan leal a la corona como a Diego Colón, culminó con la selección de Diego Velázquez de Cuéllar. Teniente de Ovando y uno de los soldados más ricos de La Española, Velázquez perteneció al grupo de conquistadores más hábiles en administración que en conquistas, y no al de hombres de acción como Francisco Pizarro, conquistador de Perú, o ambiciosos como Hernán Cortés, el conquistador de México. La reputación de Velázquez se relacionaba más con la sagacidad que había empleado para someter a los caciques indios de La Española.

Al recibir el llamado "asiento" de la corona para lanzarse a la colonización de Cuba, Velázquez reclutó a más de cien hombres para la expedición y se prepararon varios barcos entre cuyos tripulantes estuvieron Cortés, Pedro Alvarado y el Padre Bartolomé de las Casas. En 1511 llegó a un punto cercano a Baracoa, en la costa norte de Oriente, donde organizó el primer gobierno permanente en la isla y se preparó para el resto de la conquista.

Tan pronto como desembarcó, Velázquez tuvo que combatir a los indios. El *cacique* Hatuey, fugitivo de La Española, les animaba a pelear narrándoles los horrores cometidos por los españoles en su isla natal. Mas, a consecuencia de su naturaleza dócil y su falta de ventaja militar, los taínos fueron vencidos fácilmente. Sin embargo, con la muerte de Hatuey no terminó totalmente la resistencia de los *caciques*, que continuaron peleando contra conquistadores como Pánfilo de Narváez y Francisco de Morales, quienes permitieron a sus soldados actos de pillaje y saqueo contra los indígenas cubanos. Los reyes y Velázquez intentaron frenar aquellos abusos al enviar a Morales de vuelta a La Española, pues los monarcas exigían el buen trato de los indios y su conversión a la fe por razones humanitarias y religiosas tanto como económicas, ya que esperaban que fuesen miembros productivos de la nueva sociedad, por lo que la desaparición de la población indígena de La Española no debía repetirse en Cuba. Velázquez sabía que, de fracasar en ello, el éxito de su encomienda en Cuba podría verse comprometido. Se esmeró entonces en someter pacíficamente a los indios y los ubicó, entre 1511 y 1512, en nuevas villas fundadas en Baracoa, Bayamo, Trinidad, Sancti Spiritus, La Habana, Puerto Príncipe y Santiago de Cuba.

El padre Bartolomé de las Casas, por su parte, cumplió exitosamente el propósito de los reyes al convertirse en el Protector de los Indios. Aunque cooperó con Velázquez, el sacerdote, horrorizado con la crueldad de los conquistadores, especialmente durante la masacre de Caonao, criticó duramente la conquista. En sus escritos arguyó que los indios tenían raciocinio y eran hombres libres con derecho a sus tierras, y se opuso a quienes apoyaban la idea de que la conquista otorgaba superioridad y autoridad divina a los españoles, permitiéndoles utilizar cualquier medio violento para conseguir su objetivo. Sus escritos, y en especial su *Historia de las Indias*, recibió amplia acogida en toda Europa, con lo cual influyó en la política de España hacia indígenas y dio credibilidad en el Viejo Continente a la llamada "leyenda negra" sobre la crueldad española.

Velázquez logró asegurar no sólo su poderío, sino la lealtad de muchos conquistadores, a través del sistema de encomiendas. Éste fue usado anteriormente en Santo Domingo, y consistió en la ubicación de las familias indígenas en diferentes villas fundadas por españoles o encomenderos, quienes recibían de los indios trabajo y tributos al tiempo que se ocupaban de cristianizarlos. Muchos encomenderos ignoraban las responsabilidades cívicas, morales y religiosas que tenían para con los indios, al igual que los conquistadores del resto del Nuevo Mundo.

De estos errores surgió un grave conflicto entre monarquía y encomenderos. No se trataba de que las ideas del trabajo y la conversión de almas fuesen incompatibles, sino que este segundo fin se sacrificó constantemente al del lucro: las conversiones en masa se llevaban a cabo con un simple bautismo comunal, y a pesar de que la monarquía hizo hincapié en que los indios no eran esclavos, su compra y venta era constante. La corona no sólo se beneficiaba del sistema de encomiendas como procedimiento suministrador de obreros para la minería y otras obras, sino del impuesto personal exigido al encomendero sobre el número de indios que poseía. El Código de Burgos (1512–1513), más adelante conocido como Código del Nuevo Mundo, que trató de regular los abusos de las encomiendas, fue sólo una idea ejemplar que no tuvo vigencia como ley.

Las encomiendas fueron en Cuba un instrumento político para consolidar el control de España sobre los indígenas. Aunque los reyes españoles estaban en gran parte motivados por la intensidad religiosa del siglo XVI, esperaban también ganancias políticas y económicas similares a las que colmaron los cofres españoles tras la conversión de moros y árabes durante la Reconquista.

La nueva colonia

T an pronto como se completó la conquista y los indígenas fueron
dominados, la corona comenzó a introducir en la isla órganos
institucionales. Como el más alto representante de la
monarquía en la isla, el gobernador regía en Cuba con autoridad casi
completa en asuntos administrativos, políticos y judiciales, aunque
técnicamente, debía subordinarse a la audiencia de Santo Domingo y al
virrey de Nueva España. Sin embargo, en la práctica, procedía con
mucha autonomía, más aún después de ser descubierta la riqueza de
México, que apartó de Cuba los intereses de la corona ante los escasos
recursos de la isla. Diego Velázquez fungió como primer gobernador
desde el momento de su desembarco hasta su muerte, en 1524. A finales
del siglo XVI, el gobernador también recibió el título de capitán
general, lo que agregó poder militar a la extensa autoridad civil que ya
ejercía y le otorgó rango similar al de los comandantes de las flotas que
hacían escala en el puerto de La Habana.

Nominalmente responsable del cobro y desembolso de las rentas
públicas y todos los asuntos financieros, el gobernador delegó estas
funciones en varios oficiales reales designados directamente por la
corona, que buscaba diversas vías para incrementar las rentas públicas
reales, tanto con el gobernador como con la Casa de Contratación,
ubicada en Sevilla, una institución dedicada a las finanzas, el

establecimiento de impuestos y las operaciones marítimas entre España y América. Los oficiales eran un tesorero, un contador y, algunas veces, un agente, designado para administrar las propiedades del rey, quienes se unían al gobernador como jueces en casos relacionados con el contrabando. A principios del siglo XVIII, el aumento de la población y de la riqueza de Cuba, así como las crecientes demandas de la corona en busca de mayores rentas públicas para apoyar su creciente participación en los asuntos europeos, forzaron a los funcionarios a designar delegados que les representasen en las ciudades a todo lo largo de la isla. Cuando en 1765 se estableció la intendencia, toda la organización se renovó para adoptar el sistema monárquico de los Borbones, más racional y eficiente.

Originalmente, la sede del gobierno permaneció en Baracoa, la primera villa fundada por Velázquez. Después fue transferida a Santiago y finalmente, en 1538, a La Habana, a causa de su ubicación geográfica y excelente puerto. En 1607, Cuba fue dividida en dos provincias, con capitales en Santiago y La Habana. En La Habana, el gobernador-capitán general tenía bajo su mando los asuntos militares de toda la isla, pero el gobernador de Santiago mantenía una considerable independencia política.

Aunque el gobernador-capitán general debía obediencia nominal al virrey de Nueva España, el más alto funcionario real en el Nuevo Mundo, éste último ejercía poco control sobre los asuntos de la isla. La audiencia de Santo Domingo, en cambio, influía más directamente sobre el gobernador, ya que analizaba casos criminales y civiles en los que eran apeladas decisiones tomadas por él. No obstante, pronto la audiencia, como en España, devino en algo más que una corte legal: se transformó en un consejo consultivo para el gobernador y siempre ejerció el derecho de supervisar e investigar su administración. A veces, ello tenía lugar a través de una orden real para llevar a cabo un juicio de residencia o audiencia formal, al culminar los períodos en el cargo de los gobernadores. En ese momento, los testigos declaraban sobre el desempeño del funcionario ante un juez especialmente designado, y si era hallado culpable de mala conducta durante el ejercicio de su cargo, se le exigía una restitución a quienes había maltratado, e incluso, en ciertas circunstancias, se le administraban castigos más severos. Otra importante inspección del desempeño del gobernador era la visita hecha por un funcionario especial designado por la corona, que informaba posteriormente al monarca sobre las operaciones de la colonia y la actuación de sus representantes.

En el ámbito local, la institución más importante era el cabildo. Presidido por el gobernador o su lugarteniente, y compuesto por alcaldes, regidores y otros funcionarios menores, el cabildo era la unidad política, judicial y administrativa de cada nuevo poblado. Se ocupaba de los impuestos, designaba a la policía local y mantenía los edificios públicos, las cárceles y las carreteras. Los alcaldes actuaban como jueces de primera instancia, y en ausencia del gobernador o su lugarteniente presidían las reuniones del cabildo. También visitaban los territorios bajo su jurisdicción y administraban justicia en las áreas rurales.

En sus primeros tiempos, el cabildo emergió como una institución representativa del gobierno local. Aunque el gobernador nombraba al presidente —el llamado teniente de guerra—, los miembros eran elegidos por los pobladores o designados por los conquistadores: lejos del control directo del gobernador y siguiendo la tradición española de independencia, los españoles procedían con una significativa autonomía. Los cabildos, a su vez, elegían a un procurador que representaba los intereses de la comunidad y servía de mediador entre los pobladores y la corona. Los procuradores de varios pueblos se reunían anualmente en Santiago para debatir las necesidades de la isla y elegir a este procurador general, que llevaría sus quejas y solicitudes al rey. Sin embargo, este incipiente desarrollo de un gobierno representativo pronto fue aplastado por varios intentos de los gobernadores de centralizar el gobierno y la última reunión de procuradores en Santiago, en 1532, tuvo lugar en medio de encarnizadas discusiones y oposición al gobernador.

A mediados de siglo, el gobierno representativo y autónomo dio paso a la centralización y la interferencia política de España. La corona comenzó a nombrar regidores vitalicios —quienes, a su vez, designaban a los alcaldes— e inició una práctica de venta de cargos. Estos cambios se acompañaban frecuentemente de peleas entre los miembros del cabildo y el teniente de guerra sobre la distribución del poder. También había diferencias entre el cabildo y los gobernadores, pues estos últimos se negaban a dar independencia a los gobiernos locales y se quejaban de que los concejales, bajo la protección de sus cargos, especulaban, monopolizaban mercancías necesarias y poseían grupos de indígenas para su beneficio personal. En un intento por reafirmar su autoridad, algunos gobernadores designaron delegados y tenientes de gobernadores con amplios poderes representativos en pueblos alejados. Los cabildos, no dispuestos a ver sus poderes reducidos por los gobernadores, apelaron en 1583 a la audiencia de Santo Domingo, mas aunque la audiencia decidió a su favor y ordenó la eliminación de los tenientes, la práctica continuó, en detrimento del gobierno municipal.

En la medida en que el gobierno real se organizaba y atrincheraba en Cuba, los poderes y prerrogativas del cabildo se reducían progresivamente. Hacia fines del período colonial, pocos ciudadanos responsables deseaban involucrarse en los gobiernos locales, y quienes lo hacían estaban más interesados en su bienestar personal que en los asuntos de la colonia. Los peninsulares que compraban cargos buscaban recompensas para sus inversiones y riquezas a expensas de los fondos públicos, mientras que los criollos —hijos de españoles nacidos en el Nuevo Mundo—, unidos a la burocracia española para buscar riqueza y otras oportunidades hasta el momento controladas por los peninsulares, miraban el gobierno local como una de las áreas potenciales de empleo en la que podrían tener éxito. Muy pocos criollos alcanzaron posiciones importantes en la jerarquía política de la isla, pues a medida que la burocracia crecía en el período colonial, se desarrollaba una hostilidad latente entre españoles y criollos que estalló en odio y violencia durante las guerras por la independencia del siglo XIX.

En los años iniciales de su existencia, los miembros del cabildo se conformaban con ganarse la existencia a duras penas hasta que surgieran nuevas oportunidades para viajar a tierras mejores o hasta que se descubrieran depósitos minerales que les hicieran ricos instantáneamente, mas quienes esperaban enriquecerse con los recursos minerales de Cuba quedaron decepcionados, pues la isla no tenía grandes depósitos de oro ni de otros minerales, como los que se encontraron posteriormente en México y América del Sur. El oro hallado en las riberas de los ríos no representaba una gran riqueza, aunque sí requería un abundante suministro de mano de obra, así como un equipamiento costoso para lavar el oro cerca de los ríos. Un puñado de empresarios españoles controlaba los negocios y usaba a los indígenas como fuerza de trabajo, y también la corona trató de controlar lo que parecía un negocio lucrativo: una quinta parte de toda la producción era tomada por los monarcas españoles como impuesto por el derecho de extracción minera, especialmente cuando esta labor era realizada por indígenas procedentes de encomiendas.

A pesar de la dificultad para encontrar suficiente fuerza de trabajo adecuada, el lavado de oro fue la base de la economía cubana en sus primeros años: aumentó la atención de España en la isla y condujo a mucha especulación sobre la riqueza que pudiera ser encontrada allí; aunque también fue fuente del descontento general entre los indígenas, víctimas de abusos que originaron numerosos levantamientos, particularmente hacia el final de la administración de Diego Velázquez.

Los comestibles también constituyeron una parte importante de la economía, ya que los españoles asumieron las prácticas de la agricultura indígena y siguieron cultivando algunos productos de la isla, particularmente la yuca. Se introdujeron también nuevos cultivos y granos del Viejo Mundo, y la caña de azúcar, cultivada por los españoles en las Islas Canarias, se convirtió en parte de la economía de Cuba. Ya en 1523, la corona dio instrucciones a la Casa de Contratación de prestar dinero a los colonos en Cuba para financiar la construcción de un central azucarero. Otros préstamos similares se efectuaron en los años siguientes, pero no fue hasta el siglo XVIII y particularmente el XIX, cuando el azúcar asumió gran importancia. Sin grandes cantidades de capital, adecuado suministro de mano de obra o incentivo oficial, el azúcar permaneció superado en importancia por los más lucrativos e importantes negocios vinculados a la industria ganadera y sus productos derivados.

La ganadería se había ido convirtiendo en uno de los negocios más prósperos de la isla, especialmente en el siglo XVII. Aunque la actividad exigía pericia en equitación, no requería de esfuerzos sostenidos (en 1514 Velázquez reportó a la corona que había en la isla más de treinta mil cerdos y un número no especificado de caballos), pues los abundantes pastizales de Cuba facilitaban la crianza del ganado, que permanecía libre en las sabanas de Cuba, donde se multiplicaba rápidamente y era usado como medio de transporte y con propósitos alimentarios. La carne salada era un artículo importante que se vendía a los barcos que tocaban los puertos cubanos, pero quizá el valor principal del ganado descansaba en las pieles. En los siglos XVII y XVIII, como la demanda de cuero crecía en Europa, la piel del ganado vacuno se convirtió en la principal exportación de Cuba, rindiendo considerables ganancias.

Los españoles preferían la actividad pastoril a la labranza de la tierra. Labrar el suelo era una labor manual y había sido el trabajo principal de los moros en España, que ahora, en el Nuevo Mundo, correspondía a los indígenas o los negros. Además, como resultado de la Reconquista —las luchas que culminaron con la expulsión de los moros de España a fines del siglo XV— los españoles habían transformado la práctica de la ganadería, que se transportaba a las nuevas tierras a medida que éstas eran capturadas a los moros. Aquellos emprendedores que llevaron la ganadería hasta Cuba, recibieron grandes concesiones de tierra por parte de la corona, interesada en estimular la colonización de vastas áreas despobladas.

El cultivo del tabaco también creció, particularmente en el siglo XVII. Como no era voluminoso y se vendía a altos precios en Europa, resultaba ser objeto preferido para el contrabando y ya en el siglo XVIII se convirtió en un importante renglón de exportación hacia Francia. A lo largo de este período, el negocio del tabaco permaneció en manos privadas, pero bajo la administración de Carlos III (1759–1788), se convirtió en monopolio del gobierno. La corona anticipó dinero a los cultivadores, quienes venderían sus cosechas al gobierno a un precio fijo. A principios del siglo XIX, el valor del tabaco para la exportación empezó a declinar, pues el precio de la tierra había aumentado tremendamente, en parte como resultado del crecimiento de las haciendas azucareras, y los tabacaleros eran echados de sus tierras o debían venderlas a los capitalistas azucareros. El énfasis de la corona en el desarrollo del café y el azúcar también fue en detrimento de la industria del tabaco, ya que ante la desesperada necesidad de capital, los monarcas españoles alentaron el más lucrativo negocio del azúcar como fuente de ingresos.

La economía estaba orientada hacia la importación de productos para satisfacer las necesidades básicas, con poca o ninguna provisión para la manufactura doméstica. Artículos tan esenciales como herramientas, papel e incluso comestibles llegaban del exterior. España seguía una política de economía totalmente mercantilista, alentando la dependencia de Cuba en fuentes exteriores de abastecimiento para sus necesidades y considerando la isla básicamente como productora de materias primas para satisfacer las necesidades de la madre patria.

Las primeras relaciones comerciales se desarrollaron con La Española, ya que gran parte del oro encontrado en Cuba se embarcaba a la cercana isla y de allí a España. Pero pronto La Española no consiguió satisfacer las necesidades de sus vecinos y el comercio directo con la península comenzó a desarrollarse, ya que la compra directa era más barata para los habitantes de Cuba que a través de un intermediario. De este modo, se les permitió comerciar con el puerto español de Sevilla, donde la Casa de Contratación almacenaba todas las mercancías importadas y exportadas del Nuevo Mundo y supervisaba el comercio entre Sevilla y las colonias. En los primeros años se exportaba principalmente oro, pero más adelante se vendían también a España algunos productos agrícolas de la isla.

Cuba también se convirtió en base de apoyo para la conquista de tierras cercanas: la expedición de Hernán Cortés, partió de la isla en 1519 para conquistar el imperio azteca. La conquista de México significó prosperidad temporal y gran euforia, pero también el declinar de la importancia de Cuba, pues al auge siguieron años de depresión económica, durante los cuales muchos granjeros y aventureros abandonaron la isla en busca de "El Dorado" en México, o se unieron a las desafortunadas expediciones de Pánfilo de Narváez, en 1527, y Hernando de Soto, en 1539, para conquistar La Florida. El éxodo de la población, la disminución de la producción de alimentos y la miseria económica afligieron a la isla. Las haciendas fueron abandonadas por sus dueños y compradas a bajo precio por españoles menos emprendedores, personas sin pretensiones, dispuestas a producir para los barcos en tránsito y vivir una vida modesta.

Durante los dos siglos siguientes, España concentró su atención en las colonias continentales, de donde obtenía gran parte de los bienes minerales que necesitaba. Desarrolló un complejo y a veces incómodo sistema político y de defensa para asegurar el flujo ininterrumpido de su riqueza, en el que Cuba quedó relegada al rol de simple puerto en el que se detenían los barcos de paso: continuaba siendo valiosa gracias a su ubicación estratégica como puerta de entrada al Nuevo Mundo, no a lo que producía.

Durante todo este período, la población de Cuba disminuyó continuamente. Los indígenas continuaban muriendo y llegaban pocos inmigrantes españoles, pues una economía pobre y un clima tropical tórrido, en el que eran frecuentes las enfermedades, ofrecía poco incentivo para una nueva inmigración. En otras partes del continente la abundancia de tierras, la riqueza mineral y la presencia de mano de obra atraía a los colonos españoles dispuestos a abandonar su tierra natal y atravesar el Atlántico en busca de un mundo diferente y quizá mejor, pero quienes llegaban a Cuba eran en su mayor parte funcionarios, soldados y miembros del clero, además de un buen número de emigrantes transitorios en su camino a México o América del Sur. Hacia 1544 Cuba tenía una población de menos de 7000 habitantes, compuesta por 660 españoles, unos 5000 indígenas y 800 negros esclavos.

Esta sociedad inicial se caracterizó por su poca movilidad social y falta de interés en las artes o la educación. Los criollos estaban menos preparados que sus antepasados y parecían menos interesados en una educación formal. Vivían en pequeños pueblos, rodeados por un medio ambiente desconocido y en ocasiones hostil, temerosos en un principio de los indígenas, y después de las rebeliones de los negros esclavos o de ataques extranjeros, por lo que la mayoría tenía poco tiempo para actividades culturales y se preocupaba más por los problemas de la existencia cotidiana. La brutalidad, el oportunismo, la corrupción y el contrabando caracterizaban a una sociedad en la que la violencia y la falta de obediencia a la ley progresaban mientras la lucha por la supervivencia se hacía más severa. La única educación ofrecida tenía lugar dentro de la iglesia católica. En la catedral de Santiago de Cuba, por ejemplo, se estableció alrededor de 1530 una cátedra de gramática para proveer de educación elemental y religiosa a los españoles, así como a algunos niños indígenas previamente seleccionados.

Como en el resto de América Latina, la iglesia, que estaba bajo el control directo de la corona —excepto para los asuntos doctrinales—, desempeñó un papel muy importante. El patronato real, un conjunto de derechos y privilegios concedidos por el Papa, permitía a los monarcas españoles nombrar a los más altos dignatarios de la iglesia que iban al Nuevo Mundo y controlar la administración de los impuestos eclesiásticos, de modo que, en la práctica, el rey y sus funcionarios en el Nuevo Mundo se convirtieron en los jefes seculares de la iglesia, que devino en un arma política del estado para dominar tanto a indígenas y negros como a colonizadores.

Así protegida por el poder del estado, la iglesia creció en influencia y seguidores, y ya a mediados del siglo XVII, había alrededor de doscientos frailes y sacerdotes y cerca de un centenar de monjas en la isla y se construían templos en cada nueva ciudad. La riqueza de la institución religiosa aumentaba a través de continuas donaciones de tierras, del cobro de rentas, así como de impuestos especiales denominados diezmos. Con la abundancia no sólo llegaron el prestigio y la influencia, sino también la pérdida del celo de los primeros misioneros de la iglesia: el clero comenzó a identificarse con las clases más ricas, descuidó a indígenas y negros y se convirtió en una institución conservadora e interesada en preservar su estatus quo.

Por otra parte, la llegada ininterrumpida de esclavos negros durante el período colonial influyó decisivamente en esta sociedad en desarrollo. La esclavitud africana existía ya en España y los primeros esclavos llegaron a Cuba con los conquistadores. Después fueron traídos en grandes cantidades para trabajar en el lavado de oro ya que, siendo más fuertes y mejor dispuestos para labores duras, fueron usados para reemplazar a los indígenas, que eran más débiles. Sin embargo, la importación de esclavos era costosa, y más adelante, cuando las reservas de oro comenzaron a agotarse, ya no fue necesaria tanta mano de obra y su importación disminuyó hasta que tuvo lugar el comienzo a gran escala del desarrollo de la industria azucarera. Este último fenómeno, especialmente a fines de los siglos XVIII y XIX, causó una importante revolución en la isla: las pequeñas plantaciones de caña dieron paso a las grandes haciendas azucareras y los pequeños empresarios fueron reemplazados por grandes capitalistas. Pero fue en la composición racial de la isla donde se sintió más fuertemente el impacto de esta revolución azucarera. Miles de negros esclavos entraron a Cuba en el siglo XIX y ya en 1825 la población negra había sobrepasado a la blanca.[1]

Los negros eran mucho más valiosos y al parecer recibieron mejor trato que el dado anteriormente a los indígenas. No obstante, los funcionarios españoles se quejaban a la corona de que a los esclavos se les daba poco alimento o ropa y que recibían abusivos castigos corporales, lo que obligaba a muchos a escapar a las montañas. Estos esclavos fugitivos, llamados cimarrones, constituían una constante

---

1 En 1775 la población de Cuba estaba integrada en un 44% por negros. En 1817, la cifra llegó al 57%. En 1858 bajó hasta llegar a un 50%. Ver Perez Sarduy, Pedro and Stubbs, Jean, editores: *Afrocuba: An Anthology of Cuban Writing on Race, Politics and Culture* (Melbourne: Ocean Press, 1993); Kiple, Kenneth T.: *Blacks in Colonial Cuba*, 1774–1889 (Gainesville: University Press of Florida, 1976); y Martínez Alier, Verena: *Marriage, Class and Culture in Nineteenth Century Cuba* (London: Cambridge University Press, 1974).

preocupación para los españoles, pues con su ejemplo estimulaban a otros a escapar del cautiverio o a rebelarse. En 1538, esclavos negros se amotinaron y saquearon La Habana mientras corsarios franceses atacaban la ciudad desde el mar.

Aunque la mayoría de los negros trabajaba en áreas rurales, algunos desempeñaban diversos trabajos en las ciudades. Un número considerable trabajaba en las industrias de la artesanía, en la construcción, en los muelles y en el servicio doméstico. Algunos podían quedarse con parte de sus propios ingresos y de esta forma pagaban el precio de su liberación. Otros eran liberados por sus dueños en recompensa por servicios prestados. El número de esclavos decreció continuamente, hasta alcanzar la baja cifra de 38,879 de una población total de 171,620 habitantes en 1774.

Esas oportunidades de liberación que tenían los esclavos contribuyeron al desarrollo de una sociedad única en su género. Tanto la legislación española como la religión católica, las condiciones económicas de la isla y la actitud de los españoles hacia los negros, contribuyeron a facilitar la integración de éstos a la sociedad cubana. Mientras la población negra de las colonias azucareras británicas o francesas en el Caribe vivía bajo el fuerte control político de una pequeña minoría explotadora integrada por capataces y funcionarios oficiales, los negros en Cuba coexistían con el resto de la población y vivían principalmente del cultivo y el pastoreo. Antes del siglo XVIII, la isla evitó los latifundios, el sistema de grandes plantaciones que traía aparejada una inversión de capital en gran escala, y una fuerza laboral de esclavos negros, y la sociedad se desarrolló lentamente con poca interferencia del exterior. De este modo, Cuba comenzó a encontrar su propia identidad combinando, en un marco español, el balance racial, la agricultura en pequeña escala y el catolicismo popular.

El reto europeo

Durante las primeras décadas del siglo XVI los asentamientos españoles en Cuba y el Caribe fueron ignorados por las potencias europeas. La lejanía y la aparente pobreza de las tierras recientemente descubiertas desalentaban a las naciones del viejo continente de emprender aventuras colonizadoras. Además, los problemas religiosos en Europa consumían la atención y finanzas de los posibles competidores de España. La monarquía española era además suficientemente poderosa como para mantener su supremacía sobre los mares y expulsar a los intrusos del Caribe. Sin embargo, a partir de mediados de siglo, las que España consideraba como aguas exclusivas fueron objeto de incursiones foráneas de dos tipos: las de los piratas, que no debían lealtad a nación alguna y estaban en su mayor parte interesados en saquear barcos y nuevos asentamientos españoles; y las de los corsarios, que navegaban bajo bandera de algún estado europeo y se encargaban de comerciar con los colonizadores o atacar colonias y barcos españoles en tiempos de guerra en Europa.

Los colonizadores establecían diferencias entre los dos grupos, pero para la corona ambos eran inoportunos. Los colonizadores temían a los piratas, pero daban la bienvenida a los contrabandistas, que traían mercancías más baratas que las de los monopolistas de Sevilla. También desaprobaban la política naval española, que siendo poco eficiente contra los piratas, reducía además el contrabando. Pronto se desarrolló un conflicto de intereses entre España y los colonos, que persistiría durante todo el período colonial: la corona estaba principalmente interesada en que el oro, la plata y otros productos del Nuevo Mundo llegaran seguros a España, mientras que los colonos estaban más interesados en defender sus puertos y obtener mercancías europeas al más bajo precio posible.

Hasta 1580, cuando las coronas española y portuguesa se unieron, los principales contrabandistas eran portugueses y el más importante contrabando era el de los esclavos africanos. Sin embargo, eran los corsarios franceses, particularmente activos en el Caribe, los que amenazaban al comercio español. El inicio de las hostilidades entre España y Francia, así como el Tratado de Lyon firmado por esta última y Portugal, que prohibía a la navegación francesa atacar naves portuguesas, dirigió la atención de los corsarios franceses hacia Cuba y otras posesiones españolas en el Caribe, y condujo a numerosas incursiones en pueblos y puertos. La más notoria de ellas fue el ataque de Jacques de Sores, que ocupó y quemó gran parte de La Habana en 1555. Mas, afortunadamente para los españoles, estos ataques coincidieron con una ascendente disensión religiosa en Francia que condujo a acuerdos de paz con España, y a la reducción, al menos temporal, de las incursiones francesas en el Caribe.

Pero el creciente volumen del comercio y de la riqueza minera del Nuevo Mundo abrió el apetito de otra potencia europea: la Inglaterra protestante. Durante el reinado de Isabel de Inglaterra, las relaciones anglo-españolas se deterioraron y los ingleses mostraron un creciente interés en comerciar con el Caribe español. En la década de 1560, el capitán inglés John Hawkins hizo cuatro viajes comerciales al área que, aunque no reportaron provecho financiero a los ingleses, sí alertaron a los españoles sobre las intenciones de aquéllos. España reaccionó rápidamente, encomendando a uno de sus más capaces estrategas, Pedro Menéndez de Avilés, la tarea de coordinar las defensas de mar y tierra y unificar el mando en el Caribe. Partidario de una estricta disciplina y excelente administrador, Menéndez era ferozmente leal a

España y a Felipe II, que lo apoyó durante toda su carrera. Felipe lo nombró "adelantado" —delegado real encargado de fundar una colonia— en La Florida y más tarde gobernador de Cuba.

Como la mayor parte de los embarques de oro y plata del Nuevo Mundo a España tenía lugar mediante un sistema de caravanas, Menéndez tomó las medidas necesarias para garantizar la seguridad de las flotas y fortificar los puertos españoles más importantes del Caribe. Así, supervisó la construcción en el puerto de La Habana, donde construyó un excelente astillero y convirtió la ciudad en una fortaleza casi inexpugnable. Fortificó también las ciudades de Cartagena, Santo Domingo, Santiago de Cuba y San Juan, e incluso, dando rienda suelta a su ira contra los protestantes, destruyó un asentamiento hugonote francés en La Florida y construyó un fuerte español en su lugar. Después de su muerte, en 1574, sus sucesores continuaron su obra y durante el medio siglo siguiente las flotas españolas pudieron regresar a España sin complicaciones. No fue hasta 1628, cuando el pirata holandés Piet Heyn capturó una flota española en la costa norte de Cuba, que España perdió un cargamento completo de oro y plata por el ataque de una potencia extranjera.

Aunque Menéndez fue un estratega brillante, tuvo menos éxito en ganarse el apoyo de los colonos en Cuba. Éstos se quejaban de que, como gobernador, Menéndez había delegado la mayor parte de sus funciones en los subordinados, mientras él se preocupaba de La Florida y de la marina española. También se quejaban de que se ocupaba demasiado de La Habana en detrimento de Santiago, el asentamiento más importante de la isla en aquel momento. Indudablemente, desde el punto de vista de España, Menéndez había tenido éxito en su gestión, pero su política acentuó la reducción del interés de la corona en los asentamientos de la isla con relación a las más ricas y mejor pobladas colonias continentales, y relegó a La Habana a un simple puerto de escala para las flotas. Además, a pesar de los logros de Menéndez, La Habana, Santiago y otras ciudades españolas en el Caribe nunca estuvieron completamente seguras contra los ataques extranjeros. Los ingleses, en particular, miraban con envidia la creciente riqueza que provenía del Nuevo Mundo y codiciaban las posesiones y barcos de su rival. Durante las décadas de 1570 y 1580, Inglaterra envió al Caribe a uno de sus más brillantes corsarios, Francis Drake, un terrateniente inglés empobrecido y convertido en marino, que intentó infructuosamente arrebatarle el Caribe a España. En 1585, Drake capturó y saqueó Santo Domingo y Cartagena y casi capturó la flota española de Panamá. Navegó cerca del puerto de La Habana, donde más de mil españoles, algunos traídos desde México, esperaban inútilmente entrar en combate con él mas, en lugar de desembarcar en Cuba, Drake se dirigió a San Agustín, en La Florida, destruyó las fortificaciones españolas construidas allí y finalmente regresó a Inglaterra. En 1595, junto a Hawkins, Drake atacó de nuevo el Caribe. En esta ocasión, sin embargo, los españoles estaban preparados e infligieron costosas pérdidas a los atacantes ingleses. Los propios Drake y Hawkins murieron, y su flota regresó a Europa gravemente diezmada.

Los problemas de España se complicaron más aún a causa de la rebelión de sus colonias en Holanda, que fortaleció el poderío naval antiespañol en el Caribe. Aunque los holandeses estaban más interesados en los depósitos de sal de Brasil y Venezuela, sus corsarios saquearon las islas caribeñas mientras sus comerciantes mantenían un contrabando continuo con los colonos españoles. La unión de holandeses e ingleses permitió que a principios del siglo XVII estuviesen listos para establecer asentamientos permanentes en el Caribe. En el Tratado de Londres (1604) que puso fin a las hostilidades anglo-españolas y en la Tregua de Amberes (1609), que terminó la guerra de Holanda con España, holandeses e ingleses establecieron el principio de no reconocimiento de los derechos españoles en los lugares no ocupados de América, y que sólo serían respetados en territorios efectivamente ocupados. De este modo advirtieron a los españoles que la contienda a partir de ese momento no sería solamente por el saqueo y el comercio, sino también por las colonias.

Las condiciones se agravaron a partir de la llegada al poder de Oliver Cromwell en Inglaterra. Como Drake en el siglo XVI, Cromwell en el siglo XVII soñaba con apoderarse de todo el Caribe y colocarlo bajo la bandera inglesa. Su llamado "Diseño Occidental" incluía capturar primero a Santo Domingo y después a Cuba; sin embargo, una expedición lanzada en 1654, no pudo apoderarse de Santo Domingo y las medidas defensivas tomadas en Cuba desalentaron a los ingleses de atacar la isla. En su lugar, la expedición tomó rumbo sur y capturó Jamaica en 1655, lo cual incrementó la vulnerabilidad de las costas cubanas ante los ataques de corsarios y piratas, puesta de manifiesto en la captura inglesa de Santiago de Cuba en 1662, originada en territorio jamaiquino. Los invasores saquearon e incendiaron la ciudad y se apoderaron de esclavos, campanas de iglesias y de toda la artillería que pudieron encontrar. Ante la posibilidad de que la ciudad recibiera refuerzos, los ingleses se retiraron rápidamente a Jamaica, dejando a los colonos y al gobierno español en el temor de que los ataques se repitiesen.

Así vemos que la presencia de colonias y asentamientos ingleses, franceses y holandeses en el Caribe creó un nuevo desafío para España, ya que sus rivales tenían ahora bases locales desde donde atacar las posesiones españolas. Jamaica, por ejemplo, proporcionaba a los ingleses una ubicación ideal para el contrabando con los colonos, que recibían con agrado las mercancías inglesas y, paralelamente, creció también el precio de los esclavos, pues su demanda se elevó con el florecimiento de la industria azucarera en las islas caribeñas.

También surgió por entonces un nuevo y diferente tipo de pirata: los bucaneros, mercenarios sin lealtad a país alguno que servían a las naciones europeas en tiempos de guerra y saqueaban para su propio beneficio en tiempos de paz. Su blanco principal de odio e intereses era la España católica, e hicieron del Caribe su hogar y de las islas de Tortuga y Jamaica sus cuarteles generales; incluso la Isla de Pinos, en la costa sur de Cuba, fue uno de sus refugios. El más conocido de los bucaneros fue Henry Morgan, que mantenía aterrorizados a los colonos españoles y saqueó el norte de América del Sur, Porto Bello y las provincias de Camagüey y Oriente en el este cubano, asesinando o torturando a los españoles que no conseguían escapar a su furia. Hasta fines del siglo XVII, los habitantes de la isla vivieron bajo el temor de los ataques de bucaneros, "los degradados y brutalizados sucesores de los corsarios protestantes del siglo XVI".[1]

Mas la práctica bucanera no se limitaba a Inglaterra y Francia. Después de liberarse de España, en 1630, los portugueses también se movilizaron en el área, e incluso España se armó de barcos para atacar por sorpresa las colonias de sus enemigos. Apoyados por grupos de comerciantes y por el gobernador de Cuba, los bucaneros españoles atacaron Port Royal, en Jamaica; Santo Domingo, el asentamiento francés en la parte oriental de La Española, y se aventuraron hacia el norte hasta un lugar tan lejano como Charleston. Muchos de estos bucaneros llegaron a abandonar el servicio español para enrolarse en el saqueo privado.

A medida que pasaba el tiempo y Jamaica y otras colonias inglesas y francesas se hacían más productivas, estas dos potencias comenzaron a considerar de nuevo el uso de los bucaneros y las incursiones contra España. Ahora que también los españoles tenían sus propios bucaneros, el costo en vidas y bienes crecía, y ni Inglaterra ni Francia estaban dispuestas a pagar el precio de esta guerra continua. Los influyentes plantadores de caña de azúcar en el Caribe presionaron a sus gobiernos para finalizar las hostilidades con España y en lugar de ello, dedicarse a la competencia económica. Inglaterra se dio cuenta de que continuar una política de hostilidad hacia España era reducir sus oportunidades de abastecer a las colonias españolas con productos ingleses que éstas necesitaban, y terminó por aceptar la idea de que sería mejor comerciar pacíficamente con España, que se iba debilitando, que continuar acosando su distante imperio.

Las ambiciones de Luis XIV, que se manifestaron en sus ataques contra los territorios españoles de los Países Bajos, aumentaron las aprensiones de ingleses y españoles. Holanda, en particular, temía que si Luis XIV lograba incorporar la parte española de los Países Bajos a Francia, trataría luego de anexarse las provincias holandesas. Los

---

1 Parry, J.H. y Sherlock, P.M.: *A Short History of the West Indies* (New York: St. Martin's Press, 1956), p. 87

ingleses y holandeses pronto pusieron a un lado su mutuo antagonismo y se unieron a Suecia, en 1668, para formar la Triple Alianza contra Francia. Aunque la alianza obligó a Luis XIV a firmar el Tratado de Aix-la-Chapelle (1668) y a renunciar a sus reclamaciones de los territorios españoles de los Países Bajos, no renunció a vengarse de los holandeses. Pronto tuvo éxito al separar a Inglaterra y Suecia de la Alianza e incluso Carlos II de Inglaterra firmó un efímero pacto secreto, en el que aceptaba, a cambio de asistencia financiera, ayudar a Luis XIV en una guerra contra los holandeses.

No es sorprendente entonces que Inglaterra y España estuvieran principalmente interesadas en mantener relaciones armoniosas en tiempos tan decisivos. En el Tratado de Madrid (1670), España reconoció las posesiones inglesas en el Caribe y prometió poner fin a las incursiones de sus bucaneros. Más de dos décadas después, en la Paz de Ryswyck (1697), que puso fin a nueve años de guerra entre Francia y la Liga de Asburgo (España, Holanda, Saboya, Austria e Inglaterra), creada para refrenar los proyectos expansionistas de Luis XIV, una Francia fatigada por la guerra fue forzada a abandonar todos los territorios europeos que había tomado durante la guerra, excepto Estrasburgo. También tuvo que reconocer a Guillermo III de Orange como rey de Inglaterra, conceder un acuerdo comercial favorable a los holandeses y comprometerse con el fin de los ataques bucaneros en el Caribe, a cambio del control permanente de parte de la isla de La Española, que más tarde se convertiría en Haití.

El Tratado de Ryswyck marcó así el final de la era de los bucaneros. Inglaterra y Francia hicieron cesar sus ataques y tras el Tratado de Utrecht (1713), que puso fin a la Guerra de la Sucesión Española, Inglaterra obtuvo autorización de España para llevar esclavos africanos a las colonias españolas. La recién organizada Compañía Marítima del Sur de Londres también fue autorizada a llevar un barco lleno de mercancías inglesas para venderlas en las posesiones españolas y pronto los barcos ingleses invadieron el mercado caribeño. El contrabando creció, igual que el descontento de la corona española, debido a la reducción en el cobro de impuestos de la isla.

Por otro lado, la economía de Cuba se vio estimulada por la entrada de una mano de obra relativamente barata y de suministros para sustentar a los esclavos. Desafortunadamente para Cuba, esa situación duró sólo pocos años, hasta la nueva ruptura de hostilidades entre Inglaterra y España: la así llamada "Guerra de la oreja de Jenkins" (1740) fue usada por España para reprimir el contrabando e intentar barrer a los mercaderes ingleses del Caribe.

Hacia el siglo XVIII cambió el carácter de la lucha por el Caribe. En lugar de los indisciplinados bucaneros y corsarios del siglo XVII, se enfrentaron marinas de guerra bien organizadas y las rivalidades europeas empezaron a ventilarse en el Caribe. Con el paso del tiempo, los valores estratégicos y económicos de las colonias aumentaron y las potencias europeas fueron a la guerra para defender sus posesiones y diezmar las capacidades comerciales de sus enemigos. Las contiendas ya no comenzaban a causa de los incidentes en Europa para ser porteriormente trasladadas al Caribe. En su lugar —como evidenciaron la citada "Guerra de la oreja de Jenkins" e incluso la Guerra de los siete años (1756–1763)—, los conflictos comenzaban en el Nuevo Mundo y se trasladaban a Europa. Los vínculos y las sucesiones dinásticas, la búsqueda del balance de poder en Europa y las ambiciones monárquicas estaban en muchos casos detrás de estas guerras, pero las rivalidades comerciales y el control de las tierras del Caribe representaron también un papel importante en los conflictos europeos.

Además, España no era ya el objetivo de los ataques ingleses y franceses. Las dos grandes potencias ahora se enfrentaban entre sí. En franca decadencia, empobrecida y debilitada después de años de conflicto y gobernada por monarcas ineptos y vacilantes, España se batió en retirada. Descendió a la posición de una potencia de segunda categoría, generalmente apoyando las políticas de Francia contra Inglaterra y dejándose arrastrar a guerras que no le pertenecían.

Las islas del Caribe se convirtieron en peones en el ajedrez de la política internacional. Capturadas en tiempos de guerra por las potencias rivales, habitualmente eran devueltas en la mesa de negociaciones o cambiaban de manos de forma permanente como pago por tierras en Europa o por concesiones comerciales. Para la mayor parte de las islas y para Cuba, especialmente, la guerra dislocó el comercio, incrementó los impuestos y causó grandes sufrimientos a la población.

El reinado del azúcar

De todas las guerras que ocurrieron en el Caribe, una en particular, la Guerra de los siete años (1756–1763) tuvo un profundo efecto sobre Cuba. Al inicio, sólo se enfrentaron Francia e Inglaterra, pero pronto España se colocó del lado de los franceses. Motivada por conexiones dinásticas con Francia, por quejas contra Inglaterra y sus colonias en el Nuevo Mundo —especialmente en América Central—, y por el convencimiento de que, en caso de que Francia fuese derrotada, Inglaterra dominaría el Caribe, España se alió a los franceses. La entrada de España a la guerra resultó desastrosa, pues no contaba con suficiente poder naval para enfrentar a los ingleses o para impedir que éstos capturaran sus posesiones. En agosto de 1762, los ingleses destruyeron una gran fuerza naval española y capturaron Manila y La Habana, para luego cambiar esta última a la propia España por La Florida en el Tratado de París de 1763.

Antes del fin del siglo XVIII, Cuba había vivido una existencia humilde y sin grandes novedades, amenazada sólo por ataques piratas y disturbios internos de poca importancia. No obstante, al estar ubicada en el trayecto de las flotas, La Habana se había convertido en un próspero centro comercial y naval y había crecido más rápidamente que otras ciudades de la isla, pues el paso de las flotas españolas había estimulado el desarrollo de una variedad de negocios relacionados con los viajes. El desarrollo de la ganadería y la cría de cerdos aumentaron también, así como el cultivo de las frutas y vegetales que se vendían a las flotas.

También la ganadería alcanzó una posición privilegiada. Durante el siglo XVII y parte del XVIII, en la isla había grandes haciendas de ganado vacuno. Aunque adquiridas mediante donaciones individuales, más tarde se transformaron en propiedades colectivas o haciendas comuneras por transferencias de propiedad y ventas o herencias. Cada comunero recibía, en lugar de un pedazo de tierra como antes, una parte del valor en que estaba tasada la finca, y marcaba su propio ganado dentro de la granja colectiva. Con el paso del tiempo, estas prácticas limitaron el crecimiento de las grandes haciendas de ganado y alentaron las pequeñas propiedades.

Otro factor que evitó la tenencia de tierra a gran escala o latifundio fue el crecimiento de la industria del tabaco, especialmente en el siglo XVII y principios del XVIII. Debido a la creciente demanda de tabaco en Europa y a la fertilidad de Cuba, se establecieron muchas fincas de tabaco, o vegas, en La Habana y Pinar del Río. La pequeña fuerza de trabajo y el poco capital que se requería para el cultivo del tabaco permitieron que las vegas se expandieran, a pesar de los monopolios y restricciones del gobierno. Cultivado principalmente por inmigrantes de las Islas Canarias en pequeñas granjas independientes, el tabaco pronto rivalizó con la ganadería y fue uno de los factores que contribuyeron a la subdivisión de las haciendas ganaderas.

Con el crecimiento de la demanda del tabaco en Europa, España fortaleció su control sobre la industria en Cuba. En un intento por aumentar los ingresos, se estableció un monopolio gubernamental, mediante el cual la corona compraba el tabaco cubano a precios bajos para luego venderlo en Europa con considerables ganancias. Toda la producción tabacalera fue puesta bajo el contro de dicho monopolio a principios de 1717, y además se estableció en La Habana una agencia de venta general, con oficinas en varias ciudades importantes de la isla.

Los cultivadores de tabaco se quejaban en vano de estas políticas económicas opresivas y el descontento con las normas mercantilistas de España tomó varias formas: el contrabando, que había existido casi desde el establecimiento de la colonia, se incrementó sustancialmente; la resistencia y la oposición aumentaron al punto de una alzamiento armado. En la década de 1720 ocurrieron numerosas e infructuosas rebeliones de los tabacaleros contra el mercantilismo español y particularmente en repudio al monopolio del tabaco, pero España continuó con su estrategia. No fue hasta que tuvo lugar la sangrienta pero exitosa rebelión de 1812 —en los momentos en que crecía el liberalismo español— que España puso fin a su monopolio.

Mas los sembradores de tabaco no eran los únicos afectados por las medidas españolas. El establecimiento de la Compañía Real del Comercio, en 1740, puso todo el comercio de la isla en manos de unos pocos comerciantes de Cádiz y La Habana, con el respaldo de la corona. Los productores cubanos debían vender su azúcar, tabaco y cueros a esta compañía y a bajos precios. El costo de las importaciones también aumentó, a medida que la compañía buscaba obtener mayores beneficios de su posición privilegiada como principal exportador e importador. Durante las dos décadas de su existencia, esta fue una empresa exitosa para los accionistas españoles, pero constituyó un impedimento para el desarrollo comercial de Cuba, donde tanto los pequeños cultivadores y productores como la población en general, sufrieron las consecuencias de estas medidas.

La ganadería y el tabaco, así como la industria azucarera, que comenzaba a tener importancia dentro de la economía, contribuyeron a conformar la sociedad cubana en diferentes clases. En la cima se hallaba un pequeño grupo de propietarios que dominaban las grandes industrias del tabaco, la ganadería y el azúcar, y que, junto a los comerciantes y abogados de las ciudades, influían decisivamente en la política de la isla. En estrecho contacto con las autoridades españolas, tanto en la isla como en España, esta nueva clase usaba su influencia para promover sus intereses económicos. Inicialmente, los mercaderes de las ciudades y los productores rurales trabajaban juntos, pero durante el siglo XIX surgió un conflicto entre ambos grupos, pues los productores solicitaban un comercio más libre y los mercaderes e importadores se aferraban a una política proteccionista y monopolista.

A continuación estaban los pequeños terratenientes,

principalmente cultivadores individuales de tabaco, que se ganaban la vida a duras penas y compartían su pobre existencia con una variedad de aparceros y arrendatarios. Un grupo de inspectores, contadores y empleados de las plantaciones formaba una clase aparte, encargada del cuidado las propiedades en representación de sus dueños, que se ausentaban con frecuencia. En las ciudades, el equivalente de ese grupo lo integraban comerciantes, carpinteros y otros artesanos. A un nivel más bajo se ubicaba un conjunto de campesinos sin tierras: el proletariado rural, que trabajaba por salarios y tenía pocas esperanzas de obtener territorio alguno. El número de éstos creció a medida que la industria azucarera se desarrollaba durante los siglos XIX y XX. En las ciudades, un grupo similar, los blancos pobres, trabajaba por salarios o viajaba diariamente a las plantaciones para cubrir empleos temporales. Durante la zafra azucarera, éstos vivían junto a un buen número de negros y mulatos libres, con los se mezclaban libremente.

En la posición más baja de la escala social estaban los negros esclavos, que trabajaban principalmente en las plantaciones azucareras. Con pocas esperanzas de movilidad, muchos se resignaban a su infeliz destino; mas algunos escapaban de las plantaciones y se unieron, particularmente en el siglo XIX, a organizaciones secretas que prometían poner fin a su servidumbre. A finales del siglo XIX, cuando los negros esclavos se dieron cuenta de que la liberación sólo llegaría tras la ruptura de los lazos de Cuba con España, muchos de ellos se unieron a las guerras de independencia (1868–1898).

El crecimiento de la industria azucarera desequilibró este esquema social. En el primer cuarto del siglo XIX, la cantidad de habitantes de la isla aumentó de forma significativa y por entonces la población negra era mayor que la blanca.[1] Hasta aquel momento, la industria del azúcar había crecido lentamente, debido a la falta de mercados y a las dificultades y el costo de esclavos y equipos. La propia España era incapaz de absorber la producción de azúcar de Cuba y las Leyes de

---

1 En 1791 ya había 138,700 negros y 133,500 blancos. En 1872, de una población de 700,000 habitantes, había 286.942 esclavos y 106.949 negros liberados.

Indias prohibían que Cuba comerciara con otras naciones, reduciendo así el crecimiento dinámico de la industria.

Varios factores convergieron a finales del siglo XVIII para sacar a Cuba de su aislamiento y dar a la industria azucarera el impulso que necesitaba: la relajación de las restricciones comerciales de España; la aparición, con el establecimiento de Estados Unidos en 1776, de un mercado importante y cercano para los productos cubanos; y la devastación de las haciendas haitianas de azúcar y café a consecuencia de la rebelión de los esclavos en la década de 1790. Todo ello provocó la incorporación de la isla a las corrientes comerciales del mundo, pero fue la captura y ocupación de La Habana por los ingleses lo que realmente sacudió a la sociedad cubana de su sueño letárgico.

Durante los once meses de ocupación inglesa se levantaron las opresivas restricciones del comercio español y La Habana comerció con Inglaterra y particularmente con las colonias norteamericanas. Más de 700 barcos mercantes visitaron el puerto durante aquellos meses, una proporción que sobrepasaba cuantos habían atracado en La Habana durante la década anterior, con lo que el capital inglés y una gran cantidad de esclavos de bajo precio entraron a la isla, impulsando la producción azucarera. Inglaterra mantuvo en general las instituciones administrativas españolas, aunque hizo un intento por modificar el sistema judicial, poniendo fin a algunos de los privilegios que existían y modernizando las prácticas judiciales.

La ocupación tuvo un efecto de largo alcance. Hizo que los cubanos tomaran conciencia de los beneficios de comerciar con los ingleses y particularmente con un mercado cercano y en crecimiento como el de Estados Unidos. La población cubana se aficionó a las mercancías inglesas que entraron a la isla y aumentó la demanda a favor de un comercio más libre. Al mismo tiempo, la ocupación centró la atención de los empresarios norteamericanos sobre la posibilidad económica de Cuba como área para inversiones, fuente de materias prima y mercado para los productos ingleses y norteamericanos. Finalmente, España se vio obligada a reexaminar su política hacia Cuba: la isla no sería ya más el punto de escala de las flotas, sino la manzana de la discordia entre las potencias europeas, lo bastante importante como para haber merecido el esfuerzo de los ingleses por conquistarla. España tuvo que volverse a sus posesiones en el Caribe y tratar de satisfacer, o al menos apaciguar, las demandas y aspiraciones de sus súbditos tropicales.

La ocupación inglesa dio a la isla el impulso económico inicial que necesitaba. Cuando ocurrieron los levantamientos de esclavos y la destrucción de las propiedades en Haití, Cuba estaba preparada para convertirse en la mayor productora de azúcar del Caribe y pronto reemplazó a Haití en el abastecimiento de azúcar a los europeos. Los cultivadores cubanos abogaron para que la corona española facilitara las relaciones de comercio y la libre importación de esclavos. Francisco de Arango y Parreño, uno de los más relevantes hacendados criollos de la isla, que se encontraba en Madrid durante la rebelión haitiana, se percató de las oportunidades que ésta traería a Cuba y llevó el mensaje de su grupo a los monarcas en España. A través de sus influyentes alegatos, obtuvo la eliminación de muchas barreras comerciales y el permiso para la importación ilimitada de esclavos a partir de 1791.

En los años que siguieron, la industria azucarera creció sustancialmente. La producción anual se elevó de 14,000 toneladas en 1790 a más de 34,000 toneladas en 1805, y el número de centrales azucareros creció a 478, más del doble de los que habían existido con anterioridad a la toma de La Habana por los ingleses. El azúcar también sacó provecho de las estrechas relaciones comerciales que se desarrollaron entre Cuba y Estados Unidos. Las guerras de la Revolución Francesa habían aislado a España de sus colonias y, en consecuencia, ayudaron al crecimiento de las relaciones entre Cuba y Estados Unidos. A inicios del nuevo siglo, Cuba ejercía un comercio sustancial con Estados Unidos, y cuando los puertos cubanos se abrieron al mercado libre con todas las naciones en 1818, las relaciones comerciales entre los dos países vecinos se hicieron aún más estrechas.

A todo lo largo del siglo XIX, el azúcar y el café se hicieron cada vez más importantes en la economía cubana. Las grandes haciendas ganaderas fueron subdivididas y vendidas a españoles emprendedores para el cultivo del azúcar y el café. Consciente de sus posibilidades de obtener beneficios de ello, la corona española estimuló las subdivisiones de tierra. Con anterioridad a esa época, las tierras más fértiles con frecuencia formaban parte de las grandes haciendas, cuyos dueños no podían dividirlas ni venderlas, pues les habían sido otorgadas para usufructo y no como propiedad.

Alejandro Ramírez, distinguido economista y superintendente financiero de Cuba desde 1816 hasta 1821, estudió la situación y obtuvo, en 1819, la aprobación de la corona para considerar terratenientes a todos aquellos que pudieran probar haber permanecido en su tierra durante los últimos cuarenta años. Esto facilitó la división de las grandes haciendas, contribuyó al crecimiento de la industria azucarera y benefició a una nueva clase de propietarios que podían vender su tierra, convertirse en productores de azúcar ellos mismos, o arrendar la tierra a pequeños plantadores menos afortunados que no hubieran recibido título de propiedad sobre hacienda alguna. En 1827 había en Cuba 1,000 centrales azucareros, 2,067 haciendas cafetaleras y 5534 granjas tabacaleras. Para 1860, se estima que había cerca de 2,000 centrales azucareros, quizá la cifra más alta en la historia cubana: una clase próspera de propietarios rurales que basaba su prosperidad en el cultivo del azúcar y el tabaco había surgido.

A pesar de su rápido crecimiento, el desarrollo de la industria azucarera no se efectuó sin serios problemas y reveses. La superproducción, las fluctuaciones en el precio, la competencia de las islas inglesas del Caribe, y la aparición de una terrible competencia, el azúcar de remolacha, durante la segunda década del siglo, deprimió el mercado azucarero y retrasó el auge del azúcar en Cuba. Estos problemas se vieron agudizados por la supresión impuesta por los ingleses sobre el comercio de esclavos en 1821, que privó a la isla de una fuente continua de mano de obra, y por la falta de una red apropiada de transporte interno que facilitara la movilidad de la caña a los centrales y del azúcar a los puertos de embarque.

Sin embargo, en la década de 1840 el desarrollo de la industria azucarera se aceleró debido, principalmente, a dos acontecimientos importantes. El café, que había llegado a ocupar una posición importante en la economía de la isla, resultó seriamente afectado por una caída de precios que casi arruinó a los cafetaleros. El capital y la mano de obra pasaron del café al azúcar, y una gran parte de la tierra se usó para el cultivo de la caña. El segundo acontecimiento fue la introducción del ferrocarril: la caña podía ahora ser traída desde remotas regiones hasta los centrales y de allí ser llevada a los puertos de embarque. Se desataron entonces encarnizadas rivalidades entre los dueños de los centrales por el control de los cultivadores individuales de caña y las tierras cercanas. A medida que al ferrocarril se le daba un uso más amplio y aumentaba la demanda de azúcar, los dueños de los centrales compraban tanto tierras ociosas como de pequeños productores. Lo que comenzó como un negocio no demasiado grande, se convirtió en una poderosa empresa capitalista sobre la base de grandes tenencias de tierra, mano de obra esclava y producción masiva.

Las guerras por la independencia en las últimas tres décadas del siglo retrasaron este avance, ya que las condiciones que prevalecieron en la isla durante esos sangrientos años de lucha no condujeron a nuevas inversiones, por lo que el capital sufrió una retracción y la producción descendió. Los aún limitados recursos de los dueños de centrales azucareros necesitaban una nueva infusión de capital, que no ocurrió hasta después de que la isla se independizara, en 1902. Protegido por una política que favorecía las inversiones extranjeras, el capital norteamericano invadió la industria azucarera, aceleró la concentración de tierras y cimentó la dependencia de Cuba de un único cultivo para la exportación.

En las primeras décadas del siglo XIX, la sociedad cubana no mostraba conflictos sociales visibles. La nueva aristocracia que se había enriquecido por el auge de la industria azucarera disfrutaba la riqueza adquirida recientemente y temía que la posible repetición en Cuba de las guerras de independencia en el continente afectara el orden social del cual dependía su prosperidad. Estos "aristócratas" estaban dispuestos a tolerar un número limitado de reformas políticas y económicas, siempre que su *status quo* no se viera en peligro, lo cual implicaba la presencia de una potencia extranjera que protegiera sus posiciones contra la posibilidad de una rebelión negra similar a la ocurrida en Haití.

Hacia 1840, una preocupación real por la preservación del estado colonial de la isla existía en Cuba. Temerosos aún de una rebelión de los esclavos, e incluso de que Inglaterra obligara a España a eliminar la esclavitud, los aristócratas miraban hacia Estados Unidos con vistas a una posible relación permanente. Conscientes de los problemas en el Caribe inglés desde la abolición de la esclavitud y su impacto sobre la producción azucarera, los dueños de propiedades veían en Estados Unidos, y particularmente en los estados del sur, una sociedad de dueños de esclavos similar a la economía de plantación cubana. Una serie de rebeliones de esclavos en Cuba a principios de la década de 1840, aumentó la aprensión y el deseo de establecer relaciones permanentes con Estados Unidos.

Ya desde el período de la administración de Thomas Jefferson, Estados Unidos había mostrado interés en Cuba y miraba favorablemente la posibilidad de anexionarse la isla. En momentos en que la nueva nación se expandía hacia el oeste, algunos líderes de Estados Unidos veían a Cuba como una adquisición valiosa y temían que Inglaterra pudiese desear adquirirla. En 1825, Henry Clay confirmó esta preocupación norteamericana, explicando que su país "no podía ver con indiferencia" el tránsito de Cuba a manos de otra potencia europea. El interés de Estados Unidos en Cuba y su ubicación estratégica creció principalmente después de la guerra con México y la adquisición de California. Durante las décadas de 1840 y 1850, los presidentes James K. Polk, Franklin Pierce y James Buchanan intentaron infructuosamente comprarle Cuba a España. En 1854, tres embajadores de Estados Unidos en Europa firmaron un informe secreto, posteriormente conocido como "Manifiesto de Ostend", que clamaba por la compra de Cuba por Estados Unidos o, si eso no ocurría, por arrebatar militarmente la isla a España.

El Manifiesto de Ostend fue la señal más evidente del interés de Estados Unidos por adquirir a Cuba pacíficamente en la década de 1850; sin embargo, otros esfuerzos resultaron más audaces. Durante las administraciones de los presidentes Zachary Taylor (1849–1850) y

Millard Fillmore (1850–1853), elementos proesclavistas en Estados Unidos se desalentaron por la falta de apoyo oficial y algunos se lanzaron en expediciones de filibusteros, con la esperanza de que éstas condujeran a la caída del poder español en la isla. El principal filibustero fue Narciso López, un general nacido en Venezuela de padres españoles, que vivió en Cuba y participó allí en una conspiración que perseguía la anexión de la isla a Estados Unidos.

Desterrado a Estados Unidos, López reanudó sus actividades conspirativas y, con el apoyo de líderes sureños norteamericanos, organizó una expedición que zarpó en 1850 de New Orleans, con una fuerza de más de seiscientos hombres —en su mayor parte norteamericanos veteranos de la guerra con México— y desembarcó en Cárdenas, en la provincia de Matanzas. Los expedicionarios aplastaron la pequeña fuerza española y tomaron el pueblo, pero al encontrar poco apoyo de la población y tener que enfrentar refuerzos españoles, López se batió en retirada y escapó a Estados Unidos. En 1851 organizó una nueva expedición con más de cuatrocientos hombres, integrada mayormente por norteamericanos del sur, algunos húngaros y alemanes y unos pocos cubanos. Su plan era unirse a los conspiradores de la isla, pero éstos se rebelaron prematuramente y fueron aniquilados con rapidez. López desembarcó en Pinar del Río, en un área desolada, alejada de la rebelión. Encontró poco apoyo y pronto fue derrotado y capturado por el ejército español. Antes de ser públicamente ejecutado en La Habana, el primero de septiembre de 1851, insistió: "Mi muerte no cambiará el destino de Cuba".

Los historiadores aún están en desacuerdo acerca de los objetivos reales de López. Algunos señalan que buscaba la independencia de la isla; otros insisten en que deseaba la anexión de Cuba a Estados Unidos. Quizá quería una Cuba libre que, no obstante, preservara la esclavitud. Mas, cualesquiera fueran sus motivaciones, las acciones de Narciso López ayudaron a despertar el sentimiento antiespañol en la isla y prepararon el camino para levantamientos posteriores.

El fracaso de López y la Guerra Civil de Estados Unidos pusieron fin, al menos temporalmente, al interés en la anexión. La abolición de la esclavitud en Estados Unidos privaba a los esclavistas cubanos de una razón para querer atarse permanentemente con su vecino del norte. Por otra parte, el arribo al poder de Abraham Lincoln también tuvo un efecto significativo sobre la política cubana de Estados Unidos, pues Lincoln y sus asesores estaban dispuestos, mientras España mantuviera una actitud no agresiva, a permitir que Cuba se mantuviera bajo el control español. Los intentos expansionistas de las décadas de 1840 y 1850 cedieron así ante la menos agresiva de 1860; sin embargo, los anexionistas no habían sido derrotados, sólo silenciados. Lo que no se pudo lograr a mediados del siglo XIX, los expansionistas de la década de 1890 lo consiguieron al final del siglo, cuando Estados Unidos ocupó Cuba durante la Guerra hispano-cubano-americana y posteriormente ejercieron una considerable influencia política y económica sobre los asuntos de la isla.

El destino de Cuba parecía inexorablemente atado al azúcar y a Estados Unidos. El azúcar era rey y dictaba la dirección política y económica de la isla. A medida que avanzaba el siglo XIX, el latifundismo suplantó la pequeñas tenencias de tierra, los negros esclavos suplantaron a los trabajadores blancos y Estados Unidos comenzó a proyectar su sombra sobre el futuro desarrollo de Cuba.

El siglo de oro

A principios del siglo XIX Cuba experimentó una prosperidad económica estrechamente relacionada con el desarrollo de la industria azucarera. Los cambios progresistas conocidos como Reformas Borbónicas, iniciados por Carlos III (1759–1788) a lo largo de América Latina, aceleraron las actividades políticas y económicas e iniciaron una transformación completa de la sociedad cubana. La población aumentó; se ampliaron la producción agrícola y sus beneficios y se hicieron más estrechos los contactos con varios puertos españoles, así como con el resto de Europa. Todo ello condujo a la introducción de nuevas ideas dentro de la colonia. El viejo orden empezó a descomponerse y a la vanguardia de la sociedad cubana llegó una nueva y activa clase de hacendados criollos y empresarios que basaban su prosperidad en el azúcar, el café, la especulación de la tierra y el comercio de esclavos.

Era natural que con el aumento de su poder, los miembros de este grupo se preocuparan por asuntos económicos y sociales, por lo que comenzaron a cuestionar las políticas mercantilistas españolas. En la prensa, en los escritos y durante sus visitas a España, abogaban a favor de un mercado más libre para Cuba, importación ilimitada y barata de esclavos, así como tarifas reducidas para productos importados hacia la isla. Su interés fundamental eran sus intereses económicos inmediatos;

no obstante, en un momento en que Europa estaba experimentando profundos cambios intelectuales como resultado de la Ilustración, esta objeción a la política económica de España condujo naturalmente a una actitud más crítica por parte de muchos escritores e intelectuales criollos en la isla. El deseo de reformas económicas se tradujo posteriormente en aspiraciones al cambio político e incluso social. La actividad intelectual floreció tan intensamente, que ese período ha llegado a ser conocido como el Siglo de Oro cubano.

Dos individuos en particular contribuyeron a dar forma al clima intelectual de la isla: el capitán general Don Luis de Las Casas y el obispo Díaz de Espada. Gobernante verdaderamente ilustrado, tanto en los asuntos culturales como económicos, Las Casas fue enviado a Cuba como capitán general en 1790. Al adquirir un central azucarero, sus propios intereses se vincularon a los de los cultivadores criollos, y en particular al hacendado y economista criollo Francisco de Arango y Parreño. Juntos fundaron, en 1792, la Sociedad Económica de Amigos del País, un centro de enseñanza y discusión; la Junta de Fomento, un consejo agrícola y de desarrollo; y el *Papel Periódico*, el primer diario que tuvo Cuba.

La Sociedad Económica se convirtió en el punto de reunión de un influyente grupo de criollos de La Habana, exclusivo y bien organizado. En sus reuniones se discutía sobre ciencia y artes, cultura y educación, y comercio e industria; pero su interés mayor radicaba en la agricultura y en el azúcar. La intervención del grupo fue decisiva para la obtención del permiso español para la importación de esclavos libre e ilimitada; y al iniciarse la guerra entre España y Francia, en 1793, convencieron al gobernador Don Luis de las Casas para abrir los puertos cubanos a las naciones neutrales y aliadas, tras lo cual la compra de azúcar cubano por Estados Unidos e Inglaterra trajo como resultado una prosperidad creciente. La Sociedad también se convirtió en la más influyente defensora de cambios significativos en la estructura de la tenencia de tierras en la isla: en 1815 el grupo convenció al gobierno español de que permitiese la propiedad absoluta sobre la tierra previamente poseída en usufructo, vendiese las tierras de la corona y dedicase bosques de madera a la producción agrícola. De esa forma, preparaban el camino para la rápida expansión de la industria azucarera.

La influencia de los miembros de la Sociedad no radicaba en su número, que apenas llegaba a doscientos, sino en su poder económico. La corrupción y la poca eficiencia de la burocracia española en la isla debilitó el control real y convirtió a los funcionarios españoles en herramientas al servicio de los hacendados criollos. Con respecto a la cuestión de la esclavitud, los criollos, los peninsulares y los mercaderes de esclavos o negreros establecieron una alianza para preservar la institución, por lo que los funcionarios españoles no tenían poder para aplicar la legislación española que protegía a los esclavos. Desesperadamente necesitada de capital para su agotado tesoro y exhausta por la guerra, España también se sometió a las demandas de los hacendados cubanos de vender tierras de la corona a fin de hacer crecer la industria azucarera.

La Sociedad encontró un aliado importante en el obispo Espada. Enviado a La Habana en 1802, llegó a ser director de la Sociedad y mentor de numerosas reformas e instituciones educacionales. Patrocinó una cruzada por la vacunación contra la viruela, la construcción de un nuevo cementerio y abrió su propia biblioteca a estudiantes y amigos. Fue él quien, si bien con cierto retraso, trajo a Cuba las ideas de la Ilustración, abriendo de este modo el camino para el intenso período de fermentación intelectual del siglo XIX.

Espada encontró dos centros de enseñanza superior en La Habana: la Real y Pontificia Universidad de San Gerónimo, establecida en 1728, y el Real Colegio Seminario de San Carlos y San Ambrosio, fundado en 1773. De los dos, fue quizá el seminario el que tuvo un impacto más fuerte sobre los acontecimientos intelectuales del siglo XIX; de sus aulas salieron influyentes criollos, algunos de los cuales fueron posteriormente miembros prominentes de la Sociedad Económica, como José Agustín Caballero, Arango y Parreño, José de la Luz y Caballero, Félix Varela y José Antonio Saco. Fundado después de la expulsión de los jesuitas, el seminario educaba tanto a quienes entraban en el sacerdocio como a quienes aspiraban a ocupaciones laicas. Espada liberalizó las lecturas disponibles y bajo su guía se abandonaron los tradicionales métodos escolásticos.

El escolasticismo, pensamiento teológico y filosófico basado en la lógica aristotélica y en el dogma de la iglesia, había permeado la educación en Cuba y en toda América Latina. Los estudiantes memorizaban y recitaban los materiales en latín que leía el profesor, mas a través de las obras de Espada y de algunos de sus discípulos, entre los cuales se distinguió notablemente el padre Félix Varela, el sistema sufrió cambios significativos. Varela comenzó a enseñar filosofía moderna en el seminario y estableció el método explicativo de enseñanza en lengua vernácula. Con la ayuda del obispo, que le proporcionaba tanto equipos como seguridad, Varela ofreció las primeras clases de física. De todos los protegidos de Espada, él en particular ejerció una fuerte influencia en la juventud de la isla, especialmente en la última mitad del siglo, al convertirse en un ardiente defensor de la independencia cubana.

Con su estusiasmo, Espada convenció a Varela para que dictara conferencias sobre legislación constitucional en San Carlos, una experiencia que lo preparó para su participación posterior en las Cortes Españolas. Constante defensor de la constitución liberal española de 1812, Varela fomentó entre sus alumnos una creciente simpatía por las ideas liberales y aversión hacia el absolutismo de Fernando VII. Contrariamente a Las Casas, Varela proclamó que la abolición de la esclavitud era necesaria para el futuro bienestar de Cuba, a diferencia de los hacendados, que aún abogaban por mantener la esclavitud en la isla. La posición de Varela, que mantuvo ante las Cortes Españolas, tuvo un profundo impacto sobre sus alumnos y la sociedad cubana.

Después del fracaso del liberalismo en España y la restauración del gobierno autoritario de Fernando VII con ayuda de la Santa Alianza y la invasión de los ejércitos franceses en 1823, Varela partió hacia Estados Unidos, desde donde comenzó a exigir la completa separación de Cuba de España. A través de su periódico *El Habanero*, publicado en Nueva York e introducido secretamente en Cuba, expuso detalladamente la necesidad de la independencia cubana. Su llamado se extendió con tanta fuerza que, preocupadas, las autoridades españolas enviaron a Estados Unidos a un asesino, en un infructuoso intento por matarlo. Temeroso de que sus escritos pudieran incitar a sus jóvenes partidarios a una rebelión prematura e inútil, y consciente de que los hacendados cubanos no se unirían todavía a un movimiento independentista, Varela dejó de publicar su periódico en 1826 y se abstuvo de una mayor participación política.

La significación de Varela va mucho más allá de la enseñanza y las reformas que introdujo en San Carlos con la ayuda del obispo Espada: su importancia reside en el hecho de representar a un creciente número de intelectuales criollos cada vez más desilusionados con la posibilidad de reformas dentro del imperio español. Estos criollos formaban una élite cosmopolita, coherente y bien educada que, a diferencia de la élite rural de hacendados de México y otras regiones de América Latina, que miraba hacia adentro y estaba en su mayor parte preocupada por el mantenimiento de sus propiedades, era urbana y se orientaba hacia el mundo exterior. La naturaleza de la industria azucarera la forzaba a luchar con una incipiente empresa capitalista y con problemas de mano de obra, tecnología, transporte, comercialización y finanzas. Cuba se había convertido en actor de la escena mundial, con una economía ligada a los centros del comercio internacional y dependiente de éstos, un rasgo que sobrevivió a su período colonial.

Naturalmente, muchas de las actitudes y acciones del grupo que llegó a dominar la economía y la política cubanas en el siglo XIX recibieron la influencia de esos lazos con la comunidad internacional y, particularmente, de la incapacidad de España de satisfacer las necesidades económicas de la isla. Finalmente, quedó claro que la política de España tenía poco que ofrecer a cambio de los altos impuestos que fijaba, una administración poco eficiente y una virtual exclusión de los criollos de posiciones responsables en el gobierno. Así, los cubanos se alejaron de cualquier esperanza de reforma y se inclinaron hacia la independencia.

Varela, reformista constitucional y temprano admirador del liberalismo español, ya había aceptado, en la década de 1820, la idea de que el único camino abierto para los cubanos era la completa separación de España. Junto a otros intelectuales criollos, como José Antonio Saco, sociólogo, periodista y autor de una *Historia de la Esclavitud* (1879) en varios volúmenes, y José de la Luz y Caballero, expuso una vaga y romántica forma de nacionalismo. Pero fue quizá en la poesía de la época donde el alma cubana que emergía encontró su mejor expresión. Algunos poetas como José Fornaris y El Cucalambé elogiaron el pasado indígena y se valieron de esa temática para atacar la opresión y fomentar el amor por las tradiciones de la isla. A medida que el siglo avanzaba, aumentaba la belicosidad de la poesía cubana, especialmente desde la década de 1830 hasta las guerras por la independencia, en la década de 1860. Poetas como José María Heredia y Juan Clemente Zenea vivieron exiliados, mientras otros como Fernando Hernández Echerri fueron ejecutados por sus actividades antiespañolas. En su famoso poema "Mi propósito", Miguel Teurbe Tolón atacó el despotismo español y exhortó a los cubanos a sacrificarse por su país. A través del verso y la prosa de estos hombres, la conciencia nacional y de identidad comenzaron a fomentarse en una sociedad que antes se orientaba sólo hacia el enriquecimiento personal, permeada de cinismo político.

Principalmente en la primera mitad del siglo, el deseo de separación de España se había centrado en la anexión a Estados Unidos. Temerosos de que Inglaterra pudiera obligar a España a abolir la esclavitud en la isla o de una rebelión como la haitiana, y viendo numerosas ventajas comerciales en una relación estrecha con el norte, algunos cubanos miraban hacia la sociedad esclavista de Estados Unidos con esperanzas de establecer con ella un vínculo duradero. Los anexionistas, generalmente hacendados criollos y dueños de esclavos, así como algunos escritores e intelectuales, se percataron de los peligros inherentes a una lucha para la anexión de Cuba a Estados Unidos: amenazada con perder a Cuba, España podría liberar a los esclavos y usarlos contra los colonos blancos, o los propios esclavos podrían ver el enfrentamiento como una oportunidad para su liberación. De este modo, el resultado final de los intentos anexionistas se opondría a su objetivo principal: el mantenimiento del sistema esclavista. Sin embargo, el ejemplo de Jamaica —donde un levantamiento de esclavos había sido aplastado en la década de 1830— y la conciencia de su propio poder, alentaron a los anexionistas, que pusieron en tela de juicio el futuro de Cuba bajo España y caracterizaron al cubano como "un esclavo, política, moral y físicamente". La anexión, enfatizaban, aseguraría "una paz y un futuro exitosos para Cuba; su riqueza aumentaría; se le daría la libertad a la acción individual, y sería destruido el sistema de odiosas y dañinas restricciones que frenaba al comercio y la agricultura".

Sin embargo, varios acontecimientos ocurridos en la mitad del siglo debilitaron al movimiento anexionista. Por un lado, los temores de los hacendados cubanos se apaciguaron algo cuando España fortaleció su resistencia a la presión inglesa de poner fin al comercio de esclavos y dar paso a su emancipación. La falta de incentivo oficial de Estados Unidos, particularmente en la década de 1850, así como la violenta expansión de Estados Unidos hacia Texas, el norte de México y California, desalentaron los esfuerzos anexionistas. El desarrollo de un nacionalismo incipiente, particularmente entre los elementos criollos de la isla, también debilitó el sentimiento anexionista entre la ya pequeña minoría que lo defendía pues, en realidad, la gran mayoría de los cubanos no patrocinaba la anexión. Finalmente, la Guerra Civil en Estados Unidos propinó un golpe mortal a quienes todavía tenían la esperanza de una relación estrecha con una sociedad esclavista similar a la cubana.

Un representante de esta etapa del movimiento fue el distinguido escritor criollo José Antonio Saco. Temprano defensor de la anexión, a mediados del siglo Saco observó que no era aquella la vía para obtener la libertad política de Cuba. Admiraba al vecino del norte, pero sentía que Estados Unidos no lucharía para incorporar a Cuba y, sin su ayuda, cualquier rebelión en la isla resultaría desastrosa para la población blanca. Saco veía numerosas ventajas en la anexión a Estados Unidos, pero temía la poderosa influencia que las ideas y la población anglosajonas pudieran ejercer sobre los cubanos. Inevitablemente, su población en crecimiento y expansionismo emergente, conducirían a Estados Unidos a imponer su voluntad y su cultura en la isla, y los cubanos se convertirían en una minoría oprimida dentro de su propio país. Saco advirtió que Cuba no sólo sería anexada, sino absorbida, lo cual impediría el desarrollo de una nacionalidad realmente cubana.

Ante un movimiento de anexión vacilante y observando la posibilidad de independencia todavía remota, algunos cubanos recurrieron de nuevo al intento de lograr reformas del imperio español. El reformismo, que había existido en Cuba desde principios del siglo XIX, adquirió nuevos ímpetus a mediados del siglo, a consecuencia del fracaso de las conspiraciones que pretendían expulsar al poder español y de los levantamientos de esclavos. Asimismo, España seguía en aquel momento una política más conciliatoria hacia Cuba. Bajo las administraciones de los capitanes generales Francisco Serrano (1859–1862) y Domingo Dulce (1862–1865), se inició un período de tolerancia, en un posible intento español por contener las tendencias independentistas. A los cubanos les fue permitido entonces publicar un periódico que proyectaba las reformas que esperaban del régimen colonial, y Serrano llegó incluso a preparar un proyecto de ley, según el cual se restauraría la participación cubana en las Cortes Españolas.

Los reformistas buscaban obtener de España numerosas concesiones políticas y económicas. Solicitaban impuestos más equitativos y mayor libertad de comercio, así como representación política en las Cortes. Al contrario de algunos de sus predecesores, que habían defendido no sólo la continuación de la esclavitud, sino la expansión del mercado esclavista, los reformistas abogaban por el fin del comercio de esclavos y por la abolición gradual de la esclavitud.

Varios factores —entre ellos, la presión de los reformistas, la insistencia británica en en el fin de la esclavitd y el ejemplo de la Guerra Civil en Estados Unidos— gravitaban a favor de la abolición. Muchos de los propietarios de grandes haciendas comenzaban a reconocer las desventajas económicas de la esclavitud en momentos en que crecía la mecanización. Por otra parte, a finales de la década de 1840 y durante la de 1850, jornaleros chinos e indígenas de Yucatán llegaron a Cuba para trabajar en los campos de caña y en la construcción del ferrocarril, proporcionando una fuerza de trabajo que, aunque todavía pequeña, resultaba barata, y cuyo mantenimiento era menos problemático que el de la población esclava. Un número significativo de trabajadores blancos, muchos con el conocimiento requerido para operar las nuevas maquinarias, también se unió a la fuerza laboral de los centrales azucareros. Por último, quienes buscaban la caída del poder español miraban a la población negra como un aliado fuerte y necesario en cualquier intento de liberar a Cuba. Mas, a pesar de tal coincidencia de fuerzas en interacción, la emancipación sería un proceso lento. En 1865, el mercado de esclavos fue parcialmente reducido, pero no fue hasta 1886, mucho después del fin de la Guerra de los Diez Años —el primer intento significativo por la independencia de Cuba— que la esclavitud fue completamente abolida.[1]

En 1865, el movimiento pro-reformas fue lo suficientemente fuerte como para organizar el Partido Reformista, el primer partido político que existiese en la isla. No se trataba de una organización política cohesionada, pues algunos de sus miembros habían participado antes en el movimiento por la anexión y unos pocos aún la consideraban posible; otros aspiraban solamente a cierta forma de autonomía política para Cuba dentro del imperio español; otros exigían representación para la

---

1 El 5 de noviembre de 1879, el gobierno español proclamó una ley que abolía la esclavitud en Cuba y establecía una condición de ocho años de tutelaje (*patronato*) para todos los esclavos liberados. Imitando de alguna manera el ejemplo del anterior sistema de aprendizaje introducido por Inglaterra para sus posesiones en el Caribe, el *patronato* garantizaba la continuidad del trabajo de los negros para sus amos. A estos últimos se les exigía proveer a sus tutelados con ropas y alimentos apropiados y pagarles sueldos mensuales. Sin embargo, demostró ser más beneficioso para los amos liberar a los negros y emplearlos como trabajadores, y de esa forma evitar la necesidad de mantenerlos durante las temporadas ociosas. Con el desarrollo del azúcar como una industria moderna y mecanizada, sin el continuo suministro de nuevos esclavos y con la disponibilidad de fuerza de trabajo suplente, compuesta por blancos pobres y asiáticos, la esclavitud negra se hizo cada vez más antieconómica. Los mismos abolicionistas condenaron el *patronato* como "una servidumbre más dura que la esclavitud misma" y el 7 de octubre de 1886, dos años antes de que el *patronato* concluyera, un decreto real abolió la esclavitud.

isla en las Cortes, y unos pocos opinaban que el reformismo podría ser un paso que, con el tiempo, conduciría a una completa independencia. En general, el partido abogaba por iguales derechos para cubanos y peninsulares, limitación de los poderes del capitán general y mayor libertad política en la isla. También demandaba un comercio más libre, una abolición gradual de la esclavitud y aumento en el número de inmigrantes blancos. El periódico *El Siglo*, publicado en La Habana desde 1862, fue comprado un año después por los reformistas y colocado bajo la dirección del hábil Francisco Frías, conde de Pozos Dulces, reconocido estadista y economista.

Las actividades de los reformistas pronto encontraron fuerte oposición en un grupo de peninsulares que fundaron el Partido Incondicional Español. Para evitar cualquier cambio político o económico —especialmente si éste pudiera afectar sus intereses—, los peninsulares utilizaron su periódico, el *Diario de la Marina*, para atacar a los reformistas, advirtiendo que cualquier concesión de España fortalecería a los criollos y debilitaría el control de España sobre la isla.

La obra de los reformistas y su choque con los peninsulares tuvo un gran impacto sobre España. Con posterioridad al éxito del movimiento por la independencia en Santo Domingo en 1865, y en un momento en que España experimentaba nuevas dificultades políticas y económicas, la monarquía española sintió que lo mejor sería moderar su política hacia Cuba, por lo que convocó la elección de una comisión reformista que debatiría cambios para ser introducidos en la isla.

La Junta de Información, como se llegó a conocer la referida comisión, estaba compuesta por reformistas criollos y peninsulares. A fin de aplacar los temores de los elementos conservadores dentro de Cuba e impedir la elección de reformistas radicales, el gobierno español dio instrucciones a las municipalidades cubanas de establecer requisitos como el de ser dueño de grandes propiedades para poder votar. Sin embargo, para sorpresa de todos, los reformistas resultaron victoriosos en las elecciones. De dieciséis comisionados cubanos, doce eran criollos, y entre ellos se hallaban algunos de los más prominentes miembros de la sociedad cubana, como José Morales Lemus, Miguel

Aldama, conde de Pozos Dulces, y José Antonio Saco. Los resultados de esta elección indicaron claramente el deseo de los cubanos por las reformas; sin embargo, no pueden interpretarse como un deseo generalizado por la independencia, pues una significativa proporción de la población blanca criolla de la isla todavía tenía esperanzas de que se modificara la política española y fueran introducidos cambios que les permitiesen continuar formando parte del imperio español.

La Junta se reunió en Madrid a finales de 1866 y principios de 1867, y los debates dieron inicio en medio de la atmósfera pesimista que siguió a la caída del gobierno liberal español. No obstante, se adoptaron varias reformas políticas, incluyendo la representación en las Cortes, la igualdad de acceso a los empleos civiles, la protección contra el registro y arresto arbitrarios, así como códigos civiles y criminales similares a los de la península. Con respecto a la esclavitud los comisionados cubanos, opuestos a conceder la libertad inmediata a los esclavos, favorecieron una emancipación gradual. El hecho de que muchas de las demandas políticas y económicas fueron inmediatamente adoptadas durante las sesiones, sumado a que el gobierno de España mirara con simpatía estas posibles reformas, parecían augurar un éxito futuro. El último día de la conferencia, el secretario colonial, Alejandro de Castro, felicitó públicamente a los comisionados y exhortó a la rápida implementación de sus recomendaciones.

Sin embargo, las esperanzas de cambios fueron efímeras. Pronto quedó claro que el secretario colonial sólo había expresado sus opiniones personales. El gobierno de Narváez, que había llegado al poder al inicio de las deliberaciones de la comisión, varios meses antes, había decidido permitirle a ésta que se reuniera, pero no tenía intenciones de implementar sus recomendaciones. A principios de 1867, el gobierno español no sólo dispersó la Junta y desestimó todas sus recomendaciones, sino que también impuso nuevos e irritantes impuestos. Finalmente, España envió a Cuba a Francisco Lersundi, un reaccionario capitán general que prohibió las reuniones públicas y ejerció una férrea censura política sobre la literatura reformista.

El fracaso de la Junta de Información en particular y del

reformismo en general, otorgó nueva energía al movimiento independentista. Conscientes de que España no permitiría ningún cambio significativo y de que el destino de la isla y el de ellos mismos sería mejor en una Cuba independiente, los criollos comenzaron a prepararse para una completa separación de España.

La colonia se rebela

Aunque se mantenía dentro del rebaño español, la "siempre fiel" isla —nombre con el cual llegó a conocerse—, creció alejada del poder metropolitano. Los intereses y expectativas de criollos y peninsulares chocaban cada vez más y la reconciliación parecía difícil; quienes se declaraban en favor de la violencia se hacían cada vez más numerosos. Finalmente, estallaron las guerras por la independencia que siguieron a estos acontecimientos, y duraron más de treinta años: desde 1868 hasta el estallido de la Guerra hispano-cubano-americana, seguida por la intervención de Estados Unidos en 1898. En Cuba, las guerras fueron una reacción tardía a las luchas por la independencia que ocurrieran en la mayor parte de América Latina durante el primer cuarto de siglo.

Ello no implica que no hubiera intentos por parte de los cubanos de separarse de España durante la primeras décadas del siglo. En 1809, cuando ya existían disturbios y rebeliones contra el poder español en América Latina, varios cubanos dirigidos por un distinguido abogado, Joaquín Infante, conspiraron para obtener la independencia de Cuba. Infante redactó, incluso, una constitución destinada a gobernar Cuba después que ganara su independencia. A principios de la década 1820–1830, la conspiración "Rayos y Soles de Bolívar", la más importante de este período, buscó el establecimiento de la llamada

"República de Cubanacán". Dirigida por José Francisco Lemus, un cubano que había peleado en el ejército colombiano, esta conspiración se organizó en el seno de las logias masónicas de Cuba y recibió el apoyo de Colombia y de Simón Bolívar, el *Libertador* suramericano.

Los revolucionarios mexicanos también ayudaron a sus hermanos cubanos: una célula de la "Gran Legión del Águila Negra" de México fue organizada en Cuba para extender la propaganda antiespañola, así como para preparar una rebelión contra España en la isla. En momentos en que España planeaba reconquistar sus colonias perdidas, Colombia y México vieron en los acontecimientos cubanos la oportunidad de debilitar al poder español mediante la distracción de sus fuerzas, por lo que se mostraron ansiosos por ayudar a los cubanos en su batalla contra España.

A pesar de esta ayuda externa, los intentos cubanos de principios del siglo XIX fracasaron en producir un movimiento sólido en favor de la independencia. En su mayor parte, estas conspiraciones eran esporádicas, desconectadas entre sí y comenzaron a declinar hacia los años treinta. Al carecer de amplio apoyo popular, este temprano movimiento independentista fue debilitado por varios factores, entre los cuales estuvo el crecimiento de la industria azucarera y de la riqueza en general, el temor a una rebelión de esclavos y el incremento de los sentimientos de anexión a Estados Unidos. Además, un grupo de monárquicos y tropas españolas se establecieron en Cuba tras sus derrotas en América Latina y Cuba se convirtió en una guarnición fortificada, el último bastión significativo del poder español en el Nuevo Mundo.

El panorama internacional tampoco era favorable para la causa de la independencia cubana. Ante el temor de una expansión europea en el Nuevo Mundo y particularmente de los proyectos de ingleses y franceses para con Cuba, Estados Unidos promulgó la Doctrina Monroe (1823), que en parte advertía que no toleraría la transferencia de colonias del Nuevo Mundo de un poder europeo a otro. Estados Unidos parecía preferir a Cuba bajo una España débil que bajo una Gran Bretaña poderosa. Si alguien estaba destinado a poseer Cuba, según el razonamiento de algunos políticos norteamericanos, debía ser su vecino del norte.

Las razones para la guerra que estalló en 1868 fueron muchas y complejas. A lo largo del siglo XIX, España había experimentado un incremento de la inestabilidad política, con gobiernos liberales y reaccionarios alternándose en el poder. Los cambios de la política española se reflejaron en la colonia con capitanes generales tan despóticos y despiadados como Miguel Tacón (1834–1838) y Francisco Lersundi (1867–1869), que alternaron en el poder con funcionarios más moderados y comprensivos como Domingo Dulce y Serrano. Tacón conspiró para impedir que los diputados cubanos ocuparan asientos en las restablecidas Cortes Españolas, un insulto que los cubanos no olvidarían; también expandió los poderes de los tribunales militares y desterró a varios cubanos ilustres, como José Antonio Saco. Lersundi suprimió las reuniones políticas y la lectura de periódicos y libros en áreas de lectura, particularmente en las fábricas de tabaco. Durante la época del férreo despotismo de Lersundi los cubanos sufrieron la más áspera administración experimentada en la isla. Los cubanos se fueron enajenando y desilusionando progresivamente de la política española y de la capacidad de ese país para gobernar a Cuba.

El choque entre las medidas económicas españolas y los deseos de los azucareros criollos esclavistas también contribuyó a aumentar la tensión social. Los colonos surgieron durante el siglo XIX como un poderoso grupo con opinión, un grupo que podía controlar, o al menos influir decisivamente en la política interna de la isla, que ahora se encontraba con un poder imperial cuyas políticas proteccionistas desafiaban su estatus al intentar detener sus prerrogativas y reducir su importancia. Naturalmente, este grupo no estaba dispuesto a renunciar a sus posiciones sin luchar.

También a lo largo del siglo los cubanos habían desarrollado progresivamente una identidad distinta y precisa. Mientras que muchos consideraban a Cuba como otra provincia de España y demandaban iguales derechos y representación, otros deseaban una nación independiente. Escritores, pintores y poetas miraban hacia el interior de la isla, reflejando en sus obras diversos temas patrios, con frecuencia a través de los denominados "cuadros de costumbres", un tipo de escritura representativa de las usanzas y el modo de vida de un área particular, que contribuyó al desarrollo de las raíces de la nacionalidad. A través de su obra, los artistas e intelectuales fomentaron no sólo el orgullo de ser cubano y el amor por los temas nacionales, sino también una especie de vergüenza ante el hecho de que la isla fuera todavía una colonia española. Mientras que la América Española, con excepción de Puerto Rico, había abatido exitosamente al poder español, Cuba aún mantenía sus lazos coloniales.

La guerra estalló en 1868, organizada y dirigida por hacendados criollos radicales en la provincia de Oriente, junto a un grupo de abogados y profesionales. El peso de la lucha, sin embargo, estuvo a cargo de los campesinos, quienes contaron con la ayuda de negros y chinos que se unieron a las filas rebeldes. La conducción del movimiento recayó en Carlos Manuel de Céspedes, hijo de un rico hacendado oriental. Nacido en Bayamo, Oriente, el 18 de abril de 1819, Céspedes asistió a escuelas secundarias en la capital y después matriculó en la Universidad de La Habana. También viajó a España completar su educación y recibió el título de bachiller en leyes de la Universidad de Barcelona, así como un doctorado en leyes de la Universidad de Madrid.

En España Céspedes experimentó por primera vez el gusto de la revolución. La nación ibérica experimentaba un período de disturbios políticos y Céspedes se sumó a las actividades conspirativas del General de Ejército Juan Prim contra el régimen de Baldomero Espartero. El fracaso de un levantamiento contra Espartero en 1843, obligó a Céspedes a abandonar el país, tras lo cual viajó por Europa y finalmente regresó a Cuba en 1844. El apuesto, culto y enérgico Céspedes abrió entonces un negocio dedicado a la práctica legal en Bayamo; pero las leyes pronto cedieron paso a la política, cuando un fuerte movimiento antiespañol comenzó a desarrollarse en el país. Las fracasadas expediciones de Narciso López contra el poder español y su subsiguiente ejecución en 1851, impactaron al joven Céspedes.

Arrestado a causa de sus declaraciones antiespañolas y desterrado de Bayamo, Céspedes comenzó a organizar la guerra por la independencia en la provincia de Oriente. Después de la llamada "Gloriosa Revolución" de 1868 en España, vio una oportunidad para rebelarse en Cuba y llamó a la inmediata acción revolucionaria, proclamando que "el poder de España es decrépito y anticuado" y que si aún parecía poderoso a los cubanos era porque "por más de tres siglos lo hemos mirado de rodillas".

Céspedes y su grupo estaban determinados a propinar un revés al control español de la isla, y el descubrimiento de sus actividades conspirativas por las autoridades españolas los forzó a actuar. El 10 de octubre de 1868, desde su hacienda La Demajagua, Céspedes emitió el histórico "Grito de Yara", proclamando la independencia de Cuba. Pronto liberó a sus propios esclavos, los incorporó a su desorganizada y mal armada fuerza e hizo público un manifiesto en el cual explicaba las causas de la rebelión. Emitido por la recién organizada Junta Revolucionaria de Cuba, el manifiesto sostenía que la rebelión estaba provocada por el arbitrario gobierno español, los impuestos excesivos, la corrupción, la exclusión de los cubanos del empleo gubernamental y la privación de libertades políticas y religiosas, particularmente de los derechos de asamblea y petición. El documento reclamaba la completa independencia de España, el establecimiento de una república con sufragio universal y la emancipación indemnizada de los esclavos.

Al manifiesto siguió la organización de un gobierno provisional con Céspedes como comandante en jefe del ejército y jefe del gobierno, y tal poder casi absoluto, así como su fracaso en decretar la inmediata abolición de la esclavitud, pronto originaron oposición dentro de las filas revolucionarias. Enfrentando una presión ascendente, Céspedes cedió parte de su poder y llamó a una convención constitucional a fin de establecer un gobierno provisional más democrático.

Delegados de varios pueblos orientales se reunieron en Guáimaro en abril de 1869 y adoptaron allí una constitución de tipo republicano. Descontentos con Céspedes y temerosos de que se concentrara demasiado poder en la oficina del presidente, los miembros de una facción liderada por el jefe rebelde de Camagüey, Ignacio Agramonte, obtuvieron un amplio grado de autoridad para la Cámara de Representantes, que incluía poder legislativo y control sobre las decisiones presidenciales. Este grupo, en tanto que retenía el poder, también pudo finalmente legalizar la abolición de la esclavitud mediante la introducción del Artículo 24 de la constitución, que declaraba que "todos los habitantes de la República eran absolutamente libres". Céspedes fue electo presidente de la nueva república y Manuel Quesada fue nombrado comandante en jefe del ejército.

Pronto la guerra se intensificó en la parte oriental de Cuba. Céspedes decretó la destrucción de los campos de caña y aprobó la práctica de exhortar a los esclavos a rebelarse y unirse a los mambises, como se denominaba a los rebeldes cubanos de entonces. Ocurrieron numerosas escaramuzas, pero las fuerzas cubanas eran incapaces de obtener una victoria decisiva contra el ejército español. Simultáneamente, Céspedes llevó a cabo varios intentos infructuosos de obtener el reconocimiento de Estados Unidos hacia los rebeldes cubanos.

Mientras Céspedes conservaba el liderazgo civil, los aspectos militares de la guerra estaban bajo la dirección del dominicano Máximo Gómez. Descontento con el trato que los dominicanos habían recibido de España durante la ocupación española de su propio país (1861–1865), y horrorizado por la explotación de que eran objeto los negros esclavos, Gómez empezó a conspirar con los revolucionarios cubanos y se unió a Céspedes después del Grito de Yara. Su experiencia como estratega militar fue de gran valor para la causa revolucionaria y pronto fue promovido al rango de general y más adelante pasó a comandar la provincia de Oriente. Como verdadero maestro en el arte militar de la guerra de guerrillas, Gómez entrenó a los cubanos en ese tipo de lucha y dirigió sus fuerzas en numerosas batallas, organizando a los rebeldes cubanos en pequeñas unidades de extrema movilidad que podían operar independientemente y que de forma continua hostigaban a las tropas españolas.

Al principio, los cubanos obtuvieron algunas pequeñas victorias, pero los españoles pronto ganaron la ofensiva. Para 1871, los rebeldes habían tenido que retroceder a la provincia de Oriente y la rebelión se mantenía sólo en esa parte de la isla. En una reunión con el presidente rebelde Carlos Manuel de Céspedes, Máximo Gómez pidió invadir el occidente de la isla, señalando que la rebelión debía convertirse en una carga económica insoportable para España, lo cual podría efectuarse a través de esa invasión que emancipara a todos los esclavos de la isla y paralizara la industria azucarera. "Si no se les da la libertad a los esclavos", escribió Gómez en su diario de campaña, " y si la producción de las grandes plantaciones de azúcar no es impedida, la revolución está destinada a durar mucho más y ríos de sangre inundarán innecesariamente los campos de la isla".

El plan de Gómez para una invasión al oeste cubano fue totalmente apoyado por el líder mulato Antonio Maceo. Bajo la dirección de Gómez, Maceo se había convertido en uno de los más osados guerreros del ejército cubano. Por sus extraordinarias capacidades tácticas de liderazgo se ganó el respeto y la admiración de sus hombres, así como el temor de las tropas españolas, y mantenía una estrecha disciplina en su campamento, planeando y organizando constantemente futuras batallas. Maceo era más astuto y sabía moverse mejor que los generales españoles, a quienes en varias ocasiones infligió severas pérdidas. Sus incursiones dentro de las zonas azucareras orientales no solamente contribuyeron a interrumpir la zafra, sino que liberaban a los esclavos, que se unían a las filas del ejército cubano.

En 1872, ya Maceo había logrado el grado de general, y su posición prominente dentro del liderazgo revolucionario levantó intrigas y suspicacias. Los elementos conservadores que apoyaban los esfuerzos de la guerra temían el establecimiento de una república negra con Maceo a la cabeza, pues el ejemplo de Haití todavía asomaba a la mente de muchos, y tales disensiones y temores en las filas rebeldes sólo frenaban el esfuerzo revolucionario. Después de un prolongado silencio, Maceo finalmente respondió a sus acusadores: "Al sembrar estas semillas de desconfianza y disensión, no parecen darse cuenta de que es el país el que sufrirá. Debo protestar enérgicamente que ni ahora ni en algún otro momento debo ser considerado como defensor de una república negra... Este concepto sería algo devastador para la república democrática, que está cimentada sobre las bases de la libertad y la fraternidad".

Por otra parte, varios grupos de hacendados se opusieron con fuerza al plan de invasión de Gómez. Aunque apoyaban la causa cubana, temían por sus intereses económicos y, luego de arduas discusiones, el plan fue finalmente rechazado y el líder dominicano regresó a la zona de Guantánamo, donde continuó combatiendo exitosamente contra las fuerzas españolas. En 1872, Gómez convenció de nuevo al gobierno de que aceptara su plan, pero antes de que éste pudiera ser implementado, las disensiones dentro de las filas revolucionarias obligaron a Céspedes a relevarle como comandante de la provincia oriental. El propio Céspedes fue depuesto en 1873 y posteriormente forzado a refugiarse en San Lorenzo, una finca en Oriente donde murió, el 27 de febrero de 1874, después de una valiente pero infructuosa pelea contra las fuerzas españolas que atacaron la finca.

A Gómez le fue restituido su cargo de comandante y comenzó nuevamente a poner en movimiento planes para la invasión, que no se realizó hasta 1875 y, cuando finalmente tuvo lugar, halló una oposición tan fuerte —sobre todo de parte de los hacendados e intereses azucareros—, que las acciones nunca se propagaron más allá de la provincia de Las Villas, en la parte central de Cuba. La resistencia a Gómez también llegaba desde el interior de las filas: algunos se resistían a ser comandados por un dominicano; otros estaban celosos de sus acciones y su posición. Para complicar aún más la situación, se interrumpió el envío de abastecimientos, armas y dinero por parte de los exiliados en Estados Unidos, de manera que, en 1876, Gómez fue forzado a renunciar a su cargo militar. "Me retiré aquel mismo día", escribió en su diario, "con el corazón roto por tantas decepciones".

La guerra se hizo interminable, sin que cubanos ni españoles fueran capaces de lograr una victoria decisiva. Finalmente, el 11 de febrero de 1878, la "Paz del Zanjón" puso punto final a la Guerra de los Diez Años. La mayoría de los generales del ejército cubano aceptaron el pacto, pero Maceo rechazó la capitulación y continuó peleando con su reducido ejército. Durante la llamada "Protesta de Baraguá", la histórica reunión que Maceo sostuvo con el mariscal Arsenio Martínez Campos, general en jefe de las fuerzas españolas, el jefe mambí solicitó la independencia de Cuba y la abolición total de la esclavitud. Al ser rechazadas estas condiciones, Maceo decició reanudar la lucha.

Fue, sin embargo, un esfuerzo inútil: años de derramamiento de sangre y guerra habían dejado exhaustas a las fuerzas cubanas. La ayuda del exilio decreció y Maceo se enfrentaba solo al grueso de las fuerzas españolas: al comprender lo desesperanzado de la situación, partió hacia Jamaica y de allí a Nueva York, a fin de reunir el dinero y las armas necesarias para continuar la guerra. Pronto se unió a las actividades del Mayor General Calixto García, quien por entonces organizaba una nueva rebelión. Este levantamiento, conocido como "La Guerra Chiquita" (1879–1880), también culminó en desastre. A Maceo se le retuvo en el exilio por temor a que antagonizara a los elementos conservadores en Cuba y García fue capturado poco después de desembarcar en la isla.

Exhaustos y desilusionados después de tan larga y amarga contienda, y enfrentados a una España poderosa y decidida, los cubanos no estaban en disposición de ánimo para unirse a este nuevo y mal preparado intento. Luego de más de diez años de lucha, no pudieron vencer al poder español en la isla, y las razones de este fracaso radicaron, por una parte, en la disensión interna, el regionalismo y los celos entre los líderes, y por otra, en la poca organización interna y la falta de apoyo externo, que condujo a la escasez de abastecimiento y municiones. Realmente, las probabilidades de vencer de los cubanos eran mínimas: se enfrentaban a fuerzas disciplinadas, organizadas y equipadas para la lucha, robustecidas constantemente por los refuerzos que llegaban de España y poseedoras del control de los mares, lo cual impedía el contrabando y la llegada de armas del extranjero. De este modo, los cubanos se vieron forzados a continuar efectuando operaciones de guerrilla, con la esperanza de desmoralizar al ejército español o de crear una situación internacional favorable a su causa.

La coyuntura internacional continuaba siendo poco propicia: Estados Unidos se negaba a reconocer a los rebeldes, quizá con la esperanza de que España deseara venderle la isla. Durante la presidencia de Ulysses S. Grant, Estados Unidos reafirmó la neutralidad de sus leyes y aseguró que no estaba preparado para intervenir en Cuba. Estas acciones afectaron el embarque de armamentos para los rebeldes, facilitaron las actividades españolas de espionaje y crearon desilusión y frustración entre los grupos del exilio. La posición de Gran Bretaña no fue muy diferente: interesada en mantener estrechas relaciones con Estados Unidos, no estaba dispuesta a oponerse a la política norteamericana y parecía satisfecha de ver permanecer a Cuba bajo el control español. A pesar de tales contrariedades, resulta admirable que los rebeldes hayan mantenido viva su lucha durante diez años.

En efecto, la prolongada guerra tuvo un profundo impacto sobre los cubanos. Muchos criollos pelearon en lugares de la isla que jamás habían visto antes y gradualmente el regionalismo decreció para dar paso a la emergencia de una causa común: la "patria chica", con su énfasis en las lealtades locales, cedió lugar a la patria. Por otra parte, el conflicto condujo a muchos a tomar partido sobre los temas que afectaban al país, con lo cual se vio acelerado el proceso de participación popular e integración. Finalmente, con la guerra aparecieron símbolos que se convirtieron en parte de la herencia cubana, como el himno y la bandera nacionales, así como el arma nacional, el machete. Y en especial la dedicación de los mambises, que abandonaron su posición social y sus hogares para combatir al poder español, se convirtió para las generaciones futuras en un ejemplo de sacrificio por la patria.

La economía experimentó una fuerte conmoción con la guerra, pues la destrucción causada por el avance de los enfrentamientos destruyó la fortuna de muchas familias cubanas. Aunque los combates se concentraron en la parte oriental de Cuba y muchas plantaciones de caña de azúcar escaparon a los estragos, el desarrollo de la clase terrateniente y esclavista sufrió un severo revés, ya que numerosos participantes y simpatizantes de la causa cubana perdieron sus propiedades. La mayoría de los peninsulares apoyaban a España, por lo que muchas haciendas pasaron a manos reales, aunque algunos criollos, que se unieron a la causa española, sacaron provecho de las pérdidas de sus compatriotas; mas el crecimiento y poder de la clase propietaria criolla volverían a debilitarse más adelante, en 1886, con la abolición de la esclavitud.

Las inversiones norteamericanas en Cuba también crecieron como resultado de la guerra. Aprovechando la bancarrota de muchas empresas cubanas y españolas, el capital norteamericano adquirió haciendas azucareras e intereses en minería. La expansión de la producción europea de azúcar de remolacha cerró este mercado para el azúcar cubano, tras lo cual Estados Unidos pasó a ser el mayor y más importante comprador de la cosecha de la isla. El bajo precio mundial del azúcar crudo arruinó a muchos productores cubanos y facilitó la penetración económica norteamericana. La llamada "Tarifa McKinley", de 1890, que situaba al azúcar crudo en una lista de importaciones sin aranceles, condujo a un incremento en el comercio cubano-norteamericano y especialmente a la expansión de la producción de azúcar. Aunque en 1895 el control de la economía estaba mayormente en manos de los españoles, el capital norteamericano, sobre todo en la industria azucarera, ya ejercía una fuerte influencia.

Como el primer intento importante de independencia culminó en un desastre parcial, muchos cubanos se volvieron hacia el autonomismo. El movimiento, que abogaba en favor de un mando autónomo para Cuba bajo la monarquía española, difería poco del reformismo y tuvo sus orígenes en la primera mitad del siglo XIX, pero había perdido ímpetu durante los períodos de anexión y reformismo. Al finalizar la Guerra de los Diez Años se creó el Partido Liberal Autonomista, cuyos fundadores, antiguos anexionistas y reformistas, reclamaban un sistema de autogobierno local, copiado del modelo de las colonias inglesas y solicitaban numerosas reformas políticas y económicas, pero dentro del imperio español.

Pronto fue claro, sin embargo, que España no intentaría cambios radicales en su política. Para 1892, las muy prometidas y esperadas reformas no se habían materializado, frustrando a quienes aún confiaban en el mantenimiento de la asociación con España. Mientras la escena se preparaba para una lucha decisiva, las fuerzas que abogaban por la independencia sufrían aún el asedio de cismas e indecisiones, pues ni el entusiasmo ni el prestigio de los líderes militares de la Guerra de los Diez Años eran suficientes para coordinar los esfuerzos independentistas contra España. Un joven poeta y revolucionario, José Martí, se convirtió en líder de esta campaña.

Hijo de padres españoles y nacido en La Habana el 28 de enero de 1853, Martí fue un excelente estudiante que a los quince años había compuesto varios poemas y a los dieciséis publicó un periódico, *La Patria Libre*, y escribió un poema dramático, *Abdala*. Sus maestros despertaron en él la devoción por la causa de la libertad y mientras estudiaba en el Instituto de Segunda Enseñanza de La Habana, fue arrestado por sus actividades antiespañolas. Después de cumplir una condena de varios meses de trabajo forzado, fue deportado a España en enero de 1871. Allí, Martí publicó un ensayo político, *El presidio político en Cuba*, que constituyó una denuncia de la opresión española y las condiciones de las cárceles en la isla.

Al reanudar sus estudios, el joven revolucionario recibió en 1874 el título en Filosofía y Leyes de la Universidad de Zaragoza. De España viajó a través de Europa, y en 1875 se trasladó a México, donde trabajó como periodista. Luego de una breve visita a Cuba en 1877 se estableció en Guatemala, donde enseñó literatura y filosofía. Ese mismo año contrajo matrimonio con Carmen Zayas Bazán, hija de un exiliado cubano. Poco después publicó su primer libro, *Guatemala*, en el cual registró sus impresiones y describió la belleza de ese país. El libro fue su tributo a una joven, María Granados, a quien amó secretamente.

Descontento con las condiciones políticas de Guatemala, Martí regresó a Cuba en diciembre de 1878. La "Paz del Zanjón" había sido recientemente firmada, y creyó que las condiciones en la isla eran propicias para su retorno. Las autoridades españolas, sin embargo, pronto descubrieron la continuidad de sus actividades revolucionarias y de nuevo le deportaron a la península, de donde escapó a Francia y posteriormente a Estados Unidos y Venezuela. Por último, a partir de

1881, hizo de Nueva York el centro de sus actividades, aunque continuó viajando y escribiendo acerca de muchos de los problemas de las naciones latinoamericanas. Tuvo a su cargo la redacción de una columna regular para *La Opinión Nacional*, de Caracas y para *La Nación*, de Buenos Aires, que le ganaron reconocimiento en toda América Latina.

La poesía y la prosa martianas, así como sus artículos periodísticos, se hicieron populares. Martí fue un precursor del movimiento modernista en poesía: en 1882, sus más significativos poemas, compuestos para su hijo, se publicaron en un libro titulado *Ismaelillo*. La poesía más conocida de Martí son sus *Versos sencillos* (1891), con temas como la amistad, la sinceridad, el amor, la justicia y la libertad. *La Edad de Oro* (1889), revista enteramente creada por él y dedicada especialmente a los niños, ganó el corazón de muchos adolescentes latinoamericanos. La mayor contribución de Martí a las letras hispanoamericanas fueron sus ensayos que, caracterizados por un estilo muy personal, significaron una innovación en la prosa escrita de la época.

Martí comprendió muy pronto que la independencia cubana de España era la única solución para Cuba, y que únicamente se lograría a través de una guerra rápida que evitara, al mismo tiempo, la intervención de Estados Unidos en la isla. Su temor a una dictadura militar después de la independencia lo llevó a romper en 1884 con Máximo Gómez y Antonio Maceo, quienes en esa época se hallaban comprometidos en actividades conspirativas. Apartado temporalmente del movimiento, en 1887 se une a ellos de nuevo y trabajan esta vez bajo la conducción política de Martí, que en 1892 fundó el Partido Revolucionario Cubano en Estados Unidos y encaminó sus esfuerzos hacia la organización de una nueva guerra contra España.

Martí clamaba por la supresión del sistema colonial español y el establecimiento de un gobierno republicano en Cuba. El nuevo orden, surgido de la revolución, promulgaría leyes de acuerdo con las necesidades de la sociedad, y advertía Martí que, después de independizarse de España, Cuba tendría que liberarse de las costumbres españolas y su legado de vicios sociales, lo cual sólo sería posible a través de un lento proceso de madurez política y educación, que fundase una república sana y libre de odios. La nueva nación debería estar basada en la estrecha colaboración de todas las clases sociales y no en la lucha de una clase contra otra. Sería la patria donde cada uno podría vivir en paz con libertad y justicia, "una nación basada en la ley, el orden y el trabajo firme de sus habitantes".

La tarea del gobierno, en el programa martiano, era poner fin a las injusticias sociales, operando como una fuerza de equilibrio, activa y dispuesta a participar en la formación de la sociedad. Proyectaba un gobierno nacido de las necesidades del país y ajustado a ellas, "un gobierno que, sin originar insatisfacción entre la aristocracia intelectual, pueda permitir el desarrollo de los numerosos elementos faltos de educación de la población". Pensaba que para crear una sociedad justa no era suficiente otorgar la libertad política; sino que también era necesario distribuir la riqueza, aunque no era partidario de despojar de la tierra a los grandes terratenientes, sino de distribuir la que el gobierno poseyera. Creía en el liberalismo clásico del siglo XIX, pero sostenía que la riqueza nacional debía provenir de la agricultura más que de la industria, y hacía énfasis en el hecho de que la grandeza de las naciones dependía de la independencia económica de sus ciudadanos, por lo que consideraba necesario que todos poseyeran y cultivaran un pedazo de tierra; y sobre todo abogaba a favor de la distribución de la tierra entre quienes recibían salarios bajos, como un medio para librarles de la pobreza. Martí tenía también la esperanza de suprimir la dependencia cubana del azúcar, y exhortaba a la diversificación de las exportaciones agrícolas con el fin de evitar los perjuicios del monocultivo.

Mucho se ha escrito sobre la actitud de Martí hacia Estados Unidos. Sus escritos han sido sacados de contexto para mostrar que era un antiyanqui vehemente y a veces para retratarlo como el defensor de América Latina ante lo que representaba Estados Unidos. La verdad, quizás, yace en algún punto intermedio entre ambos extremos: Martí admiraba los logros de Estados Unidos, pero al mismo tiempo veía a ese país como una sociedad que ponía demasiado énfasis en la riqueza material y los intereses individuales. "Los cubanos", escribió, "admiran a esta nación, la mayor alguna vez edificada por la libertad, pero desconfían de las nefastas condiciones que, como los gusanos en la sangre, han empezado su labor de destrucción en esta poderosa República... No pueden creer honestamente que el exceso de individualismo y reverencia por la riqueza estén preparando a Estados Unidos para ser una típica nación de libertad".

Martí creía en la iniciativa individual, la propiedad privada y el lucro honesto, pero veía dos perjuicios en la sociedad capitalista nosteamericana: el monopolio, que limitaba el libre flujo de productos en el mercado nacional, y el proteccionismo, que causaba los mismos resultados en el mercado internacional. Para él, las injusticias del capitalismo eran sólo defectos temporales y abusos que podían ser enmendados. No defendía la supresión de la libre empresa, mas su acercamiento humanitario a la economía y su deseo de justicia para los pobres y la clase trabajadora lo llevaron a criticar al capitalismo. "El capitalista rico", escribió, "obliga al trabajador a laborar por los más bajos sueldos... Es el deber del estado poner fin a la miseria innecesaria".

Al comprender la influencia de la economía sobre la política, Martí abogaba por eliminar la dependencia de una nación de un mercado único: "Cualquiera que diga unión económica", señaló en uno de sus textos, "estará diciendo unión política. El país que compra, manda; el país que vende, obedece". De ahí que contemplase con alarma los lazos económicos que Cuba había establecido con Estados Unidos, avizorando el peligro que podía encerrar cualquier tipo de relaciones comerciales más estrechas con el vecino del norte. Consciente de la importancia económica de Estados Unidos y de la situación geográfica de Cuba, Martí defendía las relaciones amistosas, pero sin una dependencia política o económica; aunque también comprendió la imposibilidad de mantener la independencia de Cuba contra la voluntad de Estados Unidos: "Estamos firmemente resueltos", dijo, "a merecer, solicitar y obtener su simpatía [la de Estados Unidos], sin la cual, la independencia sería muy difícil de obtener y mantener".

Quienes se consagran a la liberación de su país están frecuentemente tan absortos en su tarea, que pueden perder contacto con los acontecimientos que tienen lugar en su entorno; mas éste no fue el caso de Martí, que era un ciudadano de América. Como Bolívar, Martí pensaba en términos del continente; observaba los acontecimientos de su patria, pero no perdía de vista a América. Se veía a sí mismo como un hijo de América y, como tal, se sentía en deuda con ella. Consideraba como un espectáculo magnífico la visión de un continente, compuesto por tantos factores diferentes, emergiendo como un grupo de naciones compactas, en el que la unión de todos los latinoamericanos resultaba también imprescindible: "La unión espiritual", afirmó, "es indispensable para la salvación y felicidad de los pueblos de América". Advertía la división del hemisferio occidental en dos pueblos con orígenes y costumbres diferentes, pero esperaba que a través del entendimiento mutuo y el respeto por la soberanía de cada nación, las diferencias pudieran ser superadas.[1]

Martí había visto el caos y la confusión de las naciones latinoamericanas, así como las ambiciones de los caudillos, que sacrificaban los intereses del pueblo a su deseo de mantenerse en el poder; había sido testigo de la confusión política y previsto las dificultades que Cuba tendría que enfrentar. Su obra no sólo tiene valor como ejercicio retórico, sino como una viva lección para sus contemporáneos y las futuras generaciones.

La peregrinación de Martí a través de las Américas en los años ochenta y principios de los noventa del siglo XIX, contribuyó a unir y organizar a los cubanos. Junto a Gómez y Maceo, Martí trabajó tanto y tan efectivamente en la organización de las fuerzas antiespañolas, que su orden de levantamiento, el 24 de febrero de 1895, aseguró la expulsión definitiva de España de Cuba. Sin embargo, la guerra no fue la lucha rápida y decisiva que él había buscado, e incluso le cobró prematuramente la vida en una escaramuza con las tropas españolas, el

---

1 Ver Infiesta, Ramón: *El pensamiento político de Martí* (La Habana: Imprenta de la Universidad de La Habana, 1957); Mañach, Jorge: *Martí: El apóstol* (Madrid: Espasa-Calpe, 1933); y *Obras completas de Martí* (La Habana: Editorial Trópico, 1936–37).

19 de mayo de 1895. La lucha se extendió por otros tres años, y finalmente incitó la intervención norteamericana (1899–1902) que Martí tanto había temido.

Después de la muerte de Martí, la conducción de la guerra recayó en Gómez y Maceo, ahora listos para implementar su plan de invadir las provincias occidentales. En repetidos ataques, hostigaron y derrotaron a las tropas españolas y llevaron la guerra al corazón azucarero de la isla. De enero a marzo de 1896, Maceo emprendió una encarnizada y exitosa campaña contra las fuerzas españolas en las provincias de Pinar del Río y La Habana, y a mediados de 1896 las tropas españolas emprendían la retirada y los cubanos parecían victoriosos en toda la isla. Fue entonces que se produjo un cambio en el comando español: el conciliador mariscal Arsenio Martínez Campos fue reemplazado por Valeriano Weyler, un duro y rígido general. La política de Weyler de concentrar a la población rural en pueblos controlados por su ejército y el incremento del número de las tropas españolas, permitió a los españoles recuperar la iniciativa después de la muerte de Maceo, el 7 de diciembre de 1896, en una breve escaramuza. No obstante, fueron incapaces no sólo de derrotar a los rebeldes, sino incluso de involucrarlos en una batalla decisiva. Gómez inició en Las Villas su campaña de "La Reforma", que duró veinte meses y en la cual, con fuerzas que no excedieron nunca los cuatro mil combatientes, hizo frente a cuarenta mil soldados españoles, rechazando cualquier compromiso con España. En enero de 1898, cuando la monarquía española introdujo un plan que le otorgaría a Cuba categoría de provincia con gobierno propio dentro del imperio español, Gómez se opuso categóricamente.

Éstas eran las condiciones existentes en Cuba cuando Estados Unidos declaró la guerra a España. Las razones de esta guerra fueron muchas: como nación vigorosa y en crecimiento, Estados Unidos buscaba nuevos mercados para su floreciente establecimiento industrial, y las inversiones norteamericanas en la isla estaban amenazadas por la guerra. La seguridad nacional estadounidense también exigía control sobre el istmo centroamericano y sus vías de acceso marítimas, por lo que una marina poderosa, así como el establecimiento de bases navales, serían esenciales para proteger el futuro Canal de Panamá. A pocas millas de la costa de la Florida, dominando las líneas oceánicas que conducían al istmo, la rica colonia española era un paraíso en desarrollo para los inversionistas y el sueño de cada expansionista norteamericano: la isla ahora parecía lo suficientemente madura como para caer en manos de su vecino del norte.

Todos los ingredientes para la intervención de Estados Unidos estaban presentes, por lo que sólo eran necesarias la disposición nacional y una buena excusa para intervenir. Lo primero se logró con facilidad, pues el pueblo norteamericano deseaba la intervención. Estimulados por los relatos sobre la crueldad española, propagados por la irresponsable "prensa amarillista" y por un nuevo sentido de responsabilidad "racial" anglosajona hacia el "inferior" pueblo del mundo latino, grandes sectores de la opinión pública clamaron por la participación de Estados Unidos y presionaron al presidente William McKinley para que interviniera. La excusa fue proporcionada por la explosión en el puerto de La Habana del barco de guerra norteamericano *Maine*, a principios de 1898.

La Guerra hispano-cubano-americana fue corta, decisiva y popular. Los defensores del "destino manifiesto" de los Estados Unidos, como Alfred T. Mahan, Theodore Roosevelt y Henry Cabot Lodge, parecían reivindicados por una guerra fácil y relativamente barata. Los hombres de negocios norteamericanos veían nuevas oportunidades comerciales y de inversiones como resultado de la captura de Cuba, Puerto Rico y Filipinas. Los intereses estratégicos de Estados Unidos también estaban asegurados tras la expulsión definitiva de España del Nuevo Mundo y la aparición de Estados Unidos como el poder dominante en el Caribe.

Los defensores del imperialismo, sin embargo, fueron desafiados: en el Congreso norteamericano, el senador Henry M. Teller, logró aprobar bajo su propio nombre una resolución que comprometía a los Estados Unidos a ayudar a una Cuba independiente, y varios líderes católicos y laborales criticaron al país y exigieron el otorgamiento de una completa independencia para Cuba. Los líderes cubanos se quejaron también de que Cuba no hubiese tenido participación ni voz en el Tratado de París (1898), que puso fin a la Guerra hispano-cubano-americana; de que sus soldados hubiesen sido excluidos de las ciudades por el ejército norteamericano; y de que, a pesar de innumerables sacrificios, la independencia aún lucía más como una esperanza que como una realidad. Manuel Sanguily, un ardiente defensor de la soberanía cubana, denunció que a la mayoría de los elementos españoles reaccionarios se les había permitido permanecer en la isla y retener sus posesiones, quejándose de que "los cubanos habían sido privados de su momento de venganza histórica".

Sin embargo, aquellas que criticaban la política norteamericana fueron voces clamando en el desierto, pues se trataba de la mejor hora para los expansionistas, que no estaban dispuestos a renunciar a Cuba completamente. No fue hasta 1902, luego de más de dos años de ocupación norteamericana, que Estados Unidos otorgó a la isla independencia nominal, y ello ocurrió únicamente después que el Congreso en Washington definiera las futuras relaciones entre ambos países.

El 25 de febrero de 1901, el senador Orville H. Platt introdujo en el Congreso la famosa enmienda que lleva su nombre. La Enmienda Platt estipulaba lo siguiente:

El presidente de Estados Unidos queda por la presente autorizado para "dejar el gobierno y el control de la isla de Cuba a su pueblo" tan pronto como se haya establecido en la isla un gobierno bajo una constitución en la que, como parte de la misma, o en una ordenanza añadida a ella, se definan las futuras relaciones entre Estados Unidos con Cuba, sustancialmente como sigue:

I. Que el gobierno de Cuba no establecerá nunca tratado o convenio alguno con ningún poder o poderes extranjeros que pueda menoscabar o tienda a menoscabar la independencia de Cuba, ni en manera alguna autorice o permita a ningún poder o poderes extranjeros, a obtener, por colonización o para propósitos militares o navales o de otra índole, asiento en o control sobre ninguna porción de dicha isla.

II. Que dicho gobierno no asumirá o contraerá ninguna deuda

pública para el pago de cuyos intereses y amortización definitiva, después de cubiertos los gastos del gobierno, resulten inadecuados los ingresos ordinarios.

III. Que el gobierno de Cuba consienta que Estados Unidos pueda ejercer el derecho de intervenir para preservar la independencia cubana, mantener un gobierno adecuado para la protección de la vida, la propiedad y la libertad individual, y para cumplir las obligaciones que con respecto a Cuba han sido impuestas a Estados Unidos por el Tratado de París y que ahora deben ser asumidas y cumplidas por el gobierno de Cuba.

IV. Que todos los actos realizados por Estados Unidos en Cuba durante su ocupación militar, sean tenidos por válidos y ratificados y que todos los derechos legalmente adquiridos en virtud de ellos, sean mantenidos y protegidos.

V. Que el gobierno de Cuba ejecutará y, si fuera necesario, cumplirá los planes ya trazados u otros que mutuamente sean acordados, para el saneamiento de las poblaciones de la isla, con el fin de que la recurrencia de enfermedades epidémicas e infecciosas pueda ser prevenida y asegurando con ello protección para el pueblo y comercio de Cuba, así como para el comercio de los puertos del sur de Estados Unidos y sus residentes.

VI. Que la Isla de Pinos será omitida de los límites constitucionales de Cuba, y que la propiedad de la misma quedará para su futuro arreglo mediante un tratado.

VII. Que para permitir a Estados Unidos mantener la independencia de Cuba y proteger a su pueblo, así como para su propia defensa, el gobierno de Cuba venderá o arrendará a Estados Unidos las tierras necesarias para carboneras o estaciones navales en puntos determinados, que serán acordados con el presidente de Estados Unidos.

El 2 de marzo el proyecto se hizo ley, y el 12 de junio una convención se reunió en La Habana para redactar una constitución que adoptó la enmienda por mayoría de un miembro, como anexo a la Constitución Cubana de 1901. La constitución también estipulaba el sufragio universal, la separación de la Iglesia y el Estado, la presencia de un presidente electo popularmente pero con todos los poderes, con la posibilidad de ser reelecto para un segundo término, así como un Senado y una Cámara de Diputados con poder limitado.

Juan Gualberto Gómez, destacado general negro de la guerra contra España, resumió los sentimientos de los líderes más radicales: "La Enmienda Platt ha reducido a un mito la independencia y la soberanía de la república de Cuba". Sin embargo, otros parecían preferir su presencia a una continua ocupación de Estados Unidos. Sanguily, por ejemplo, concedió: "La independencia, con algunas restricciones, es mejor que un régimen militar". Otros pocos apoyaron sin objeciones las acciones tomadas por Estados Unidos.

No obstante, y a pesar de la oposición que generó, la ocupación tuvo una serie de resultados beneficiosos y generalmente apoyados. Estados Unidos enfrentaba una difícil tarea en el gobierno de Cuba: el hambre y las enfermedades asolaban el país, la producción agrícola e industrial estaban paralizadas, el tesoro público estaba vacío y el ejército revolucionario cubano, ocioso, se impacientaba. Sin experiencia en asuntos coloniales, Estados Unidos asumió el desafío. Los gobernadores militares, generales John Brooke (enero a diciembre de 1899) y Leonard Wood (diciembre de 1899 a mayo de 1902), apoyados por diversos funcionarios cubanos, constituían la máxima autoridad y bajo su mando, otros generales norteamericanos que estaban a cargo de cada provincia pronto fueron reemplazados por gobernadores cubanos. Se estableció un método de distribución de alimentos que pronto demostró su efectividad, y un sistema de guardias rurales, iniciado por el general Leonard Wood en Oriente, se extendió con posterioridad a todas las provincias, lo cual proporcionó empleo a muchos soldados luego de la desactivación del ejército cubano.

Bajo la administración de Wood se dio particular atención a la salud y la educación. Se construyeron hospitales, mejoraron las condiciones de salud y saneamiento y fue erradicada la fiebre amarilla, principalmente a través de la obra del científico cubano Carlos J. Finlay, descubridor del mosquito que la transmitía. Fue establecido también un sistema de escuelas públicas y se modernizó la universidad. Wood reorganizó el aparato judicial, para lo cual hizo construir edificios y otras facilidades, y otorgó salarios a los jueces por vez primera.

En 1899, Wood proclamó una ley electoral que daba el derecho al voto a los varones adultos que supieran leer y escribir, fueran dueños de propiedades o hubieran servido en el ejército revolucionario. Las elecciones para los cargos municipales tuvieron lugar en junio de 1900, y en septiembre fueron electos para la Convención Constituyente que redactó la Constitución de 1901 treinta y un delegados, en su mayoría partidarios o representantes del ejército revolucionario.

El 20 de mayo de 1902 finalizó la ocupación. Ese día, el general Wood entregó la presidencia a Tomás Estrada Palma, el primer presidente electo de la nueva república y antiguo sucesor de Martí al frente del Partido Revolucionario Cubano. Fue un día de júbilo nacional, en el que los cubanos entraron a una nueva era de libertad política y gobierno republicano, aún cuando el optimismo fuese moderado a consecuencia de la sombra que la presencia de Estados Unidos suspendía sobre la nación. Mirando el futuro, algunos cubanos advertían que la tarea inmediata era resistir la intrusión extranjera, pues recordaban aún las proféticas palabras de Martí: "Una vez que Estados Unidos esté en Cuba, ¿quién lo sacará?"

La República bajo la Enmienda Platt

Aparentemente, condiciones altamente favorables acompañaban la transición de Cuba a nación independiente. No existían graves problemas sociales o políticos, similares a los que otros países de América Latina habían experimentado después de romper con España; no había grandes masas indígenas no incorporadas a la sociedad, y aunque las personas de raza negra representaban una significativa proporción del total de la población, el conflicto social no era relevante, pues ambos grupos habían aprendido a coexistir desde el período colonial. Tampoco existía un fuerte regionalismo o un poder eclesiástico que desafiara la autoridad del Estado. Más aún, las contiendas entre liberales y conservadores que plagaron a países como México durante el siglo XIX, eran inexistentes en Cuba.

La situación económica también era favorable, ya que la infusión de capital extranjero, el creciente mercado con Estados Unidos y los altos precios del azúcar, auguraban un próspero futuro. Cuba y Estados Unidos firmaron el Tratado de Reciprocidad Comercial en 1903, que aseguraba la entrada de azúcar cubano a Estados Unidos con tarifas preferenciales y, en compensación, Cuba concedía tratamiento preferencial a ciertos productos norteamericanos. El tratado reforzó las estrechas relaciones comerciales entre los dos países, pero también hizo a Cuba cada vez más dependiente de una economía monoproductora y de un mercado todopoderoso.

A pesar de las condiciones aparentemente favorables, la visión martiana de una nación económica y políticamente independiente no se materializó en los años que siguieron al fin de la ocupación. Un proceso de centralización comenzó a agrupar las grandes plantaciones azucareras, frenando el crecimiento de una clase media rural y creando un proletariado agrario de blancos pobres, mulatos y negros desprovistos de tierras. Cuba se hacía más y más dependiente de Estados Unidos desde el punto de vista comercial, y la inclusión de la Enmienda Platt en la Constitución cubana de 1901 establecía la supervisión norteamericana en los asuntos políticos en Cuba.

Otro problema fue la persistencia en Cuba de la actitud colonial española que consideraba los cargos públicos como fuente de lucro personal. Los fraudes electorales constituían una práctica constante, y la política se convirtió en un camino para la prosperidad, una contienda entre facciones por los privilegios del poder. El personalismo reemplazó a los principios; por lo que la fidelidad a un hombre o a un grupo se convirtió en la única vía para asegurar la supervivencia en la arena pública. El legado español de inmoralidad política y administrativa creció demasiado rápido en la nueva nación, sin conseguir ser controlado por un pueblo con poca experiencia en el ejercicio del autogobierno. Aunque Estados Unidos disolvió el ejército de veteranos y con ello previno una repetición de la ya típica experiencia hispanoamericana del siglo XIX, según la cual el vacío de poder dejado por España era asumido por el ejército, muchos veteranos tomaron parte activa en la política y su influencia, a veces no muy beneficiosa, se hizo sentir en los años que siguieron al establecimiento de la república en 1902.

Como sucesor de España a cargo de los asuntos de la isla, Estados Unidos involuntariamente perpetuó la falta de responsabilidad política de los cubanos, que vivían convencidos de que el poderoso vecino intervendría para protegerles ante cualquier amenaza extranjera o para solucionar dificultades domésticas, lo cual alentó una actitud indolente e irresponsable hacia los asuntos propios y obstaculizó la formación de un autogobierno responsable. En las primeras décadas de la república, muchos políticos cubanos desarrollaron la conocida como "mentalidad plattista", que les facilitaba depender de Estados Unidos para la toma de decisiones. "El tutelaje", escribió el intelectual cubano Jorge Mañach, "favoreció el crecimiento de una indolencia cívica general, una tibia indiferencia ante los peligros nacionales". Obviamente, esta indolencia cívica no favoreció el crecimiento del nacionalismo cubano. Aunque compartían un territorio, un idioma, una religión y tenían los mismos antecedentes históricos, los cubanos carecían de unidad y propósito nacional.

La influencia de Estados Unidos debilitó la fuerza del nacionalismo durante la primera parte del siglo XX, y mientras el siglo avanzaba, otra fuerza, "el españolismo", se convirtió en un importante factor que mantuvo la nacionalidad dividida. Al independizarse la isla, a los españoles se les garantizó el derecho a sus propiedades y se les permitió conservar el comercio y los negocios de ventas al por menor. La inmigración de España, además, aumentó considerablemente —en 1934 ya había aproximadamente 300,000 españoles en Cuba. Esta afluencia constante fortaleció la presencia de tradiciones y costumbres españolas, pues muchos inmigrantes permanecían aislados y conservaban los hábitos de sus provincias natales, a la espera de regresar en algún momento a España, por lo que no conseguían incorporarse totalmente a la sociedad cubana.

Una peligrosa tendencia a solucionar los conflictos a través de la violencia permeó también la atmósfera política. En 1906, el presidente Estrada Palma solicitó la intervención de Estados Unidos para contrarrestar la denominada "Guerrita de Agosto". Organizada por José Miguel Gómez y sus seguidores liberales, esta revuelta pretendía evitar la reelección de Estrada Palma para un segundo mandato. A la revuelta se unieron activistas negros que querían asegurar que los derechos políticos ganados después de la independencia se extendieran a todos los cubanos. Estados Unidos envió a sus marines a poner fin al conflicto, dando inicio así a una nueva intervención, que se extendió desde 1906 hasta 1909.

Esta segunda intervención fue significativamente diferente de la primera. Estados Unidos no deseaba comprometerse en un nuevo período de dominio en Cuba, y el gobernador provisional, Charles. E. Magoon, recurrió a prebendas gubernamentales o "botellas" para establecer la paz entre las facciones en disputa. Magoon también lanzó un extenso programa de obras públicas, dotó a La Habana de un nuevo sistema de alcantarillado y organizó un ejército moderno. Sin embargo, estos logros fueron parcialmente opacados por gastos extravagantes, que crearon una deuda flotante donde anteriormente había existido un superávit. Magoon también puso en práctica un cuerpo de leyes orgánicas para los poderes ejecutivo y judicial y para los gobiernos provinciales y municipales, e implementó una ley electoral, así como leyes para el servicio civil y tributos municipales. Evidentemente, el gobierno de Estados Unidos consideraba como uno de los principales propósitos de la intervención la promulgación de una legislación justa que consiguiera prevenir confrontaciones civiles.

Tras haber pacificado el país e introducido el nuevo aparato legislativo, Estados Unidos convocó a elecciones municipales y nacionale que los liberales ganaron con una sólida mayoría, eligiendo a su líder, José Miguel Gómez, para la presidencia (1909–1913). Estados Unidos estaba dispuesto a permitir que el proceso democrático siguiera su curso y el 28 de enero de 1909 las fuerzas intervencionistas se retiraron de la isla.

El impacto de esta segunda intervención tuvo gran influencia en aspectos menos positivos: eliminó cualquier pretensión de independencia cubana, fortaleció la mentalidad plattista e incrementó las dudas acerca de la habilidad de los cubanos para gobernarse. La desilusión se apoderó de varios líderes, intelectuales y escritores y este sentimiento se transmitió a la población. El cinismo y la irresponsabilidad aumentaron, y lo mismo ocurrió con el recurso de la violencia para resolver diferencias políticas. Incluso, las hasta entonces pacíficas relaciones raciales se vieron afectadas.

Descontento con la falta de oportunidades políticas, un grupo de ciudadanos negros radicales organizó la Agrupación Independiente de Color, que creció rápidamente hasta convertirse en un partido político, pero que, a pesar de su apelación a la conciencia racial de los ciudadanos negros, tuvo una actuación extremadamente pobre en las elecciones de 1908.

Ese fiasco electoral aumentó su frustración. Cuando el Senado cubano aprobó una ley que prohibía la existencia de partidos basados en lineamientos raciales, la agrupación organizó un levantamiento armado y, bajo el mando de Evaristo Estenoz, antiguo soldado de la Guerra de Independencia, varias bandas de ciudadanos negros merodearon por las montañas de la provincia de Oriente. Mas la mal organizada rebelión encontró mucha oposición y notables líderes negros, como Juan Gualberto Gómez y el senador Martín Morúa Delgado, criticaron a los rebeldes. Estados Unidos, alarmado por el levantamiento y a pesar de las protestas del presidente José Miguel Gómez, hizo desembarcar marines en varias partes de la isla. A fin de impedir otra intervención, Gómez se movió veloz y severamente. Estenoz y la mayoría de los líderes menores fueron capturados y ejecutados y la rebelión fue aplastada. Después de estos infortunados acontecimientos, la agrupación se vino abajo. Sería la última vez que una rebelión estrictamente basada en conflictos raciales se desarrollara en Cuba.

La tendencia a recurrir a la violencia se manifestó en otros dos casos durante el período. En 1912, los Veteranos de la Guerra de Independencia demandaron la expulsión de elementos proespañoles de posiciones burocráticas y amenazaron con tomar las armas contra el gobierno del presidente Gómez. Cuando Estados Unidos expresó su "grave preocupación" al respecto, los veteranos rápidamente renunciaron a sus tácticas violentas. El segundo incidente tuvo lugar en 1917, cuando el Partido Liberal se rebeló para protestar contra la reelección fraudulenta del presidente Mario García Menocal (1913–1921). Liderados por el antiguo presidente Gómez, los rebeldes tomaron el control de las provincias de Camagüey y Oriente. Pero Menocal, advertido por Estados Unidos de que no planeaba reconocer a un gobierno que llegara al poder por medios inconstitucionales, movilizó sus tropas hacia las áreas controladas por los rebeldes y capturó a Gómez. La rebelión fue pronto apagada y, aunque sus líderes fueron arrestados, poco después resultaron absueltos.

Por otra parte, la negligencia por los asuntos educacionales agravó una situación ya precaria, que ignoraba los argumentos críticos a favor de un sistema educacional acorde con las necesidades del país. La Universidad de La Habana, fundada en 1728, era el único centro de altos estudios en Cuba, y durante la primera intervención de Estados Unidos, bajo el mando del ministro de Instrucción Pública, Enrique José Varona, le fueron incorporados nuevos profesores, adquirió un equipo científico actualizado y la sede se trasladó del convento de Santo Domingo a su actual ubicación. Las medidas de Varona atrajeron a nuevos estudiantes y se incrementó el presupuesto total universitario.

Mas, a pesar de este relativo progreso, la universidad estaba lejos de cumplir sus importantes tareas educacionales. Carecía de recursos financieros apropiados, de un cuerpo docente competente y a tiempo completo y de un sistema de educación actualizado con el que, además, estaba produciendo una superabundancia de profesionales. Casi treinta años después, el profesor de la Universidad de La Habana Pablo F. Lavín, se quejaba en uno de sus escritos del retraso educacional de Cuba, de las pocas facilidades de la universidad, de la falta de profesores y del excesivo número de profesionales del sexo masculino. También criticó el método de enseñanza, basado en la expresión oral y el aprendizaje de memoria que se empleaba en la universidad: "Existe", afirmaba, "un divorcio entre la educación y las necesidades económicas y sociales del país".

Entre los factores que contribuían al divorcio entre la educación y las necesidades de la isla se encontraba la vieja actitud española que favorecía al trabajo intelectual sobre el manual. Muchos cubanos, particularmente pertenecientes a las clases altas, extendieron un estigma social sobre el comercio y los negocios y dejaron estos esfuerzos en manos de grupos de inmigrantes, especialmente españoles, chinos y judíos. Con los negocios más grandes controlados, o al menos fuertemente influidos por corporaciones norteamericanas y las empresas más pequeñas dominadas por los grupos de inmigrantes, numerosos cubanos se volvieron hacia las carreras profesionales. El derecho y la medicina se convirtieron en las más populares; la primera, por su importancia como trampolín para obtener prominencia política y la segunda gracias al estatus social que proporcionaba. Aunque las áreas rurales cubanas necesitaban médicos, la mayoría de éstos se mantenía en La Habana, atraídos por las mejores oportunidades y la atmósfera cosmopolita de la capital.

La incapacidad de la sociedad cubana para absorber a todos los graduados universitarios acentuó los sentimientos de frustración de una generación que halló pocas oportunidades para aplicar los conocimientos adquiridos. La severa crisis económica, con su correspondiente caos financiero, y la miseria social que afectaba a Cuba en 1920, después de una brusca caída del precio del azúcar, aceleraron el deseo de cambio, que condujo a un cuestionamiento del orden existente en la sociedad, no sólo entre los intelectuales y escritores, sino también entre otros grupos excluidos de la posibilidad de convertirse en miembros productivos de la sociedad.

Esta crisis económica condujo en particular al resurgimiento del nacionalismo económico, por lo que varios grupos comenzaron a demandar una legislación que protegiera los intereses cubanos y a cuestionar los estrechos lazos económicos entre Estados Unidos y Cuba. Tanto la Enmienda Platt, como las repetidas intervenciones norteamericanas en los asuntos internos del gobierno de Cuba fueron atacadas, y el sentimiento antinorteamericano, la xenofobia y la recuperación de la riqueza nacional, se convirtieron en los temas principales de este floreciente nacionalismo que, con el avance de la década, incluyó también llamados en favor de la justicia social, la eliminación de la corrupción política y la dependencia económica de un solo cultivo.

Alfredo Zayas, presidente de Cuba entre 1921 y 1924, tan corrupto como la administración que encabezó, se aprovechó de este nacionalismo a fin de reafirmar la soberanía de Cuba frente a Estados

Unidos y a su representante, Enoch Crowder. Este último había sido enviado a Cuba como emisario personal del presidente Warren G. Harding, con la tarea de supervisar el arreglo pacífico de las diferencias políticas y alentar al gobierno cubano a introducir varias reformas, como la modificación de las prácticas electorales fraudulentas y una reducción del presupuesto. Así, Crowder logró imponer en 1922 la formación de un llamado "Gabinete Honesto", compuesto por varios cubanos ilustres, reducir el presupuesto, recortar la burocracia y anular varios contratos de obras públicas destinados únicamente a enriquecer a numerosos funcionarios públicos.

Al principio, Zayas colaboró, aunque sin entusiasmo, con el nuevo gabinete ministerial, pues se hallaba en negociaciones con Estados Unidos para solicitar un préstamo. Las acciones de Crowder, en su conjunto, se caracterizaban por una actitud menos agresiva de parte de Estados Unidos, ya que, en lugar de la injerencia directa del pasado, el gobierno norteamericano fomentaba una política preventiva, con menos participación. Sin embargo Zayas, capitalizando el constante y creciente sentimiento contra la injerencia de Estados Unidos y respaldado por un préstamo de 50 millones de dólares de la firma J.P. Morgan que fortaleció su situación financiera, se encontró en una posición fuerte: dispersó al "Gabinete Honesto" y cortó la intervención de Crowder en los asuntos internos cubanos. Esto último encontró la desaprobación del gobierno norteamericano, que recordó a Zayas su promesa de mantener el gabinete "indefinidamente". Pero Estados Unidos poco podía hacer ante las llamaradas de nacionalismo que se propagaban en los periódicos y las calles, instigadas por Zayas y su gobierno.

A pesar de los problemas de su presidencia, Zayas recuperó crédito para el país, evitó la intervención e incluso, por medio de negociaciones, logró que Isla de Pinos fuese reconocida como parte de los límites territoriales de Cuba, después de una espera de dos décadas impuesta por la Enmienda Platt. Sin embargo, el soborno político y la poca eficiencia de su administración, opacaron estos logros, dando paso a diversos intentos por reformar la vida pública. Uno de ellos estuvo integrado por un grupo de intelectuales que fundó el Consejo Cubano de Renovación Cívica, cuyos integrantes criticaban la administración de Zayas en artículos de periódicos y revistas, y solicitaban el incremento de impuestos sobre la riqueza, la formulación de un nuevo tratado de reciprocidad entre Cuba y Estados Unidos, el control del gobierno sobre la producción de azúcar, un sistema nacional de salud, la incorporación de las mujeres a la vida pública y la purificación del sistema político. Los trabajadores, por su parte, constituyeron la Federación de Trabajadores de La Habana y organizaron varias huelgas en demanda de mejores salarios y condiciones laborales; y los veteranos de guerra patrocinaron un movimiento denominado Asociación de Veteranos y Patriotas, cuyas acciones desencadenaron en 1924 una breve revuelta contra el gobierno.

El fracaso de estos grupos en el logro de reformas lanzó a los estudiantes universitarios, apoyados y estimulados por un grupo de intelectuales cubanos de la vieja generación, a dirigir la revolución que se fraguaba. Influenciados por las revoluciones mexicana y rusa, así como por las ideas emanadas del Movimiento de Reforma de Córdoba, Argentina —que buscaba que las universidades se hicieran accesibles a los sectores menos privilegiados de la sociedad y pudieran proyectarse dentro de la vida social, política y económica de la nación—, los estudiantes comenzaron a buscar respuestas a los problemas de Cuba. La estrecha supervisión de los asuntos cubanos por los Estados Unidos se convirtió en el objeto de sus ataques, que culpaban al vecino norteño de las dificultades de la isla.

A principios de la década del veinte, varios artículos y libros cultivaban el sentimiento nacionalista, o "cubanismo", entre la población en general y los estudiantes en particular. Fernando Ortiz publicó varios estudios sobre el folklore cubano, Carlos M. Trelles escribió sobre el crecimiento y la declinación de la nación cubana, y Jorge Mañach lamentaba en sus obras la ausencia de un sentido de nacionalidad. El compositor Amadeo Roldán comenzó a incluir exitosamente temas cubanos en su música; y revistas tan influyentes como *Revista Bimestre Cubana* y *Cuba Contemporánea* y más adelante la *Revista de Avance* se hicieron eco de las demandas de los grupos reformistas. En sus artículos eran objeto de análisis las consecuencias del monocultivo, la decadencia del sistema educacional, así como la necesidad de una purificación de la política y de un papel menos sumiso ante Estados Unidos.

La efervescencia de los estudiantes se incrementó cuando, a finales de 1922, José Arce, rector de la Universidad de Buenos Aires, visitó la Universidad de La Habana, en cuyas aulas impartió conferencias acerca de los logros del Movimiento de Reforma de Córdoba y los métodos empleados por los estudiantes argentinos para obtener sus demandas. Sus palabras inspiraron a los oyentes y propiciaron la creación del Directorio de la Federación de Estudiantes, la ocupación de edificios universitarios por los estudiantes y la organización de breves huelgas estudiantiles.

Este movimiento se centró en la universidad como institución y su papel dentro de la sociedad, pues los estudiantes aspiraban, de acuerdo con las necesidades del país, a una universidad moderna, alejada de la interferencia del gobierno y en cuya administración pudieran participar, haciéndola asequible a los sectores sociales menos privilegiados, y particularmente a aquellos que vivían lejos de La Habana. Los estudiantes obtuvieron una serie de reformas administrativas y académicas, más amplios subsidios gubernamentales y el establecimiento de una Comisión Universitaria compuesta por profesores, estudiantes y alumnos graduados que elaboró planes para reformar la universidad y expulsó a varios profesores acusados de "senilidad e incompetencia". Sin embargo, los estudiantes no tuvieron éxito en sus demandas de autonomía universitaria: quizás consciente de que tales medidas crearían un santuario para los agitadores políticos, el gobierno mantuvo el control de la universidad.

Uno de los principales líderes del movimiento reformista universitario fue Julio Antonio Mella, joven estudiante de leyes con fuertes sentimientos antinorteamericanos. Mella, nacido en La Habana en 1903, fue criado por su padre, un sastre de ascendencia dominicana, luego de que su madre, una inglesa, se trasladara a New Orleans.

Durante su vida escolar, Mella estuvo bajo la influencia de uno de sus maestros, el poeta mexicano exiliado Salvador Díaz Mirón, cuyos relatos sobre la Revolución Mexicana inspiraron a sus jóvenes discípulos con ideas de justicia social y reforma política. Después de un fracasado viaje a México y New Orleans en 1920, con la intención de estudiar una carrera militar, Mella entró a la Universidad de La Habana.

Allí, Mella pronto se convirtió en el ídolo de los estudiantes universitarios. Poderoso orador y agitador constante, apuesto, atlético y de tez oscura, participó en manifestaciones estudiantiles contra el presidente Zayas y Enoch Crowder y fue secretario general de la Federación Estudiantil, desde la cual Mella dirigió el movimiento de reforma universitaria y organizó el Primer Congreso de Estudiantes Cubanos, en 1923. En opinión de Mella, el movimiento estudiantil debía trascender los muros académicos, como parte de lo que consideraba una lucha social para mejorar las condiciones de los sectores de la sociedad menos favorecidos, al calificar al movimiento como "otra batalla de la lucha de clases". Inspirado por la "Universidad Popular González Prada", de Víctor Raúl Haya de la Torre, en Lima, Mella fundó en La Habana la efímera "Universidad Popular José Martí", una institución de izquierda, consagrada a la educación de los trabajadores. Además de publicar dos revistas, *Alma Mater* y *Juventud*, Mella también organizó la Liga Antiimperialista y la Federación Anticlerical.

A través de estas actividades, Mella se asoció también con varios cubanos marxistas. Uno de ellos, Carlos Baliño, prestigiosa figura de la Guerra de Independencia de Cuba y luego fundador de la Asociación Comunista de La Habana, colaboró estrechamente con él en *Juventud* y más adelante incorporó al joven estudiante a la Asociación. Alentados por el Partido Comunista Mexicano, Baliño y Mella convocaron a un congreso de todos los grupos comunistas en la isla en agosto de 1925, aunque la cantidad de militantes comunistas en Cuba era pequeña y, de nueve agrupaciones comunistas, sólo cuatro enviaron delegados al encuentro.

De este congreso de 1925 emergió el Partido Comunista Cubano.

José Miguel Pérez, un comunista español, fue designado secretario general y pronto el partido se afilió a la Internacional Comunista. Mella se convirtió en uno de sus más importantes líderes, y le fue encomendada la propaganda de la creación del partido, así como la publicación del periódico de la organización, *Lucha de clases*, y la educación de los nuevos miembros. Aunque el partido era pequeño y desorganizado, pronto estableció una Liga Juvenil, utilizando a Mella y otros líderes estudiantiles para la búsqueda de adeptos dentro de la universidad.

Mella y un pequeño grupo de estudiantes dirigían sus ataques contra el presidente electo Gerardo Machado. Aunque el régimen gozaba de mucho apoyo, Mella percibió la naturaleza autoritaria de Machado y lo describió como un "Mussolini tropical". Las actividades de Mella chocaron primero con las autoridades universitarias, que lo expulsaron temporalmente, y después con el propio Machado, que lo acusó de actividades terroristas y lo envió a prisión, donde protagonizó una huelga de hambre que duró diecinueve días. Finalmente, la presión de la opinión pública forzó a Machado a liberarlo y después de volar a México, Mella viajó a Bélgica y posteriormente a la Unión Soviética para asistir a reuniones comunistas. Su vida turbulenta terminó misteriosamente en México, en 1929, supuestamente a manos de un asesino pagado por Machado, poco después de su rompimiento con los comunistas y de haber sido expulsado del Partido Comunista Mexicano.

Realmente es difícil determinar cuáles fueron las motivaciones de un líder estudiantil como Mella. El papel prominente de su abuelo paterno en el movimiento independentista de la República Dominicana pudo haberle inspirado el deseo de luchar contra la opresión; también la presencia de ancestros de diferentes nacionalidades estimuló su búsqueda de identidad. Así, Mella abrazó el comunismo y encontró en éste una razón para su existencia, al proponer una ideología que prometía traer la justicia al sistema económico y social de Cuba, creando un nuevo orden.

Mella puede ser considerado como representante de su generación estudiantil sólo parcialmente, pues compartió con sus colegas universitarios el deseo de mejorar las condiciones políticas y educacionales de Cuba y de oponerse a la supervisión de Estados Unidos en los asuntos cubanos. Sin embargo, a diferencia de ellos, renunció al nacionalismo romántico y las vagas concepciones ideológicas de su generación para abrazar un movimiento internacional dedicado al derrocamiento del orden existente y el establecimiento de la dictadura del proletariado.

La "revolución frustrada"

E l movimiento de reforma universitaria, que había comenzado como una cruzada en favor de reformas académicas, pronto tomó matices políticos ante la decisión de Machado de permanecer en el poder por un segundo período. Al considerar que su programa económico no podría completarse sin otro mandato de cuatro años y que sólo él podría llevarlo a cabo, Machado anunció su decisión de reelegirse. En abril de 1928, una convención constitucional cambió a seis años el período de presidencia sin derecho a reelección y abolió el puesto de vicepresidente. A través de elecciones fraudulentas en las que participó como candidato único, Machado consiguió en noviembre de ese año un nuevo mandato, que se extendería desde el veinte de mayo de 1929 hasta el 20 de mayo de 1935.

Aún cuando un intento similar de Estrada Palma para permanecer en el poder había terminado en rebelión años antes, la decisión de Machado sólo causó una ola de indignación nacional contra la invalidación del sufragio. El régimen todavía gozaba del apoyo de sectores de negocios y de elementos conservadores, pues la eficiente administración de Machado, especialmente en el campo de las obras públicas, le había hecho ganar partidarios. Además, las rentas públicas se habían incrementado y traído prosperidad al país. Las fuerzas armadas cubanas, organizadas durante la administración de Gómez hacía ya dos décadas, también respaldaban al régimen: Machado se había ganado el apoyo de los militares a través de sobornos, amenazas y purgas de oficiales considerados desleales, tras lo cual ubicó a militares en numerosos cargos civiles, tanto a nivel local como nacional, elevando así la militarización de la sociedad. Los pocos oficiales descontentos con la reelección de Machado no tenían, pues, poder ni efectividad para oponerse al régimen.

En medio de crecientes problemas domésticos e internacionales, Estados Unidos miraba con indiferencia los acontecimientos en Cuba y no parecía dispuesto a involucrarse de nuevo en los asuntos cubanos, pues la administración de Machado mantenía el orden y la estabilidad en la isla, así como una postura amistosa hacia Washington. Machado, además, impidió el crecimiento de la oposición política al ganar el control del Partido Conservador y alinearlo con su propio Partido Liberal y con el pequeño Partido Popular. Mediante sobornos e intimidaciones, Machado subordinó tanto el Congreso como el poder judicial a la voluntad del poder ejecutivo.

La decisión de Machado de extender su presidencia, encontró la firme oposición del estudiantado, que organizó revueltas y manifestaciones en varios puntos de la isla, pero Machado tomó medidas inmediatas para evitar una oposición más amplia en ese sector: cerró temporalmente la universidad, disolvió la Federación Estudiantil y abolió la Comisión de Reforma Universitaria. También estrechó el control político expulsando del país a varios líderes laborales españoles y europeos como extranjeros indeseables. Numerosos periódicos antigubernamentales fueron clausurados y los militares asumieron un papel cada vez más preponderante en la vigilancia y el control de la población. Machado advirtió severamente que mantendría el orden y la paz a cualquier precio.

Sin embargo, estas medidas no consiguieron controlar totalmente a los estudiantes. Un grupo pequeño, pero activo, organizó a mediados de 1927 el Directorio Estudiantil Universitario para hacer frente al régimen y publicó un manifiesto en defensa del derecho de los estudiantes universitarios a la discusión política y atacando los intentos de reelección de Machado. Los estudiantes se manifestaron frente a la universidad, gritando consignas antimachadistas y destrozando carteles públicos gubernamentales, pero Machado tomó represalias inmediatas. Siguiendo sus órdenes, el Consejo Universitario, compuesto por miembros del cuerpo docente y funcionarios administrativos, formó tribunales disciplinarios y arrojó de la universidad a la mayoría de los líderes del Directorio.

La expulsión de la juventud rebelde sólo trajo una paz temporal. La reelección sin oposición de Machado en noviembre de 1928 dio nuevo ímpetus a las protestas estudiantiles, al tiempo que el asesinato de Mella lo convertía en un mártir cuya memoria enardecía el odio estudiantil. A lo largo de 1929, los líderes del Directorio expulsados de la universidad renovaron sus contactos con los estudiantes, y en septiembre de 1930 establecieron un segundo Directorio y acordaron emitir un manifiesto de condena al régimen y efectuar una manifestación masiva el 30 de septiembre.

Cuando la policía intentó dispersar a los estudiantes durante la manifestación, los disturbios crecieron y un policía hirió mortalmente al líder del Directorio Rafael Trejo. Otros estudiantes y policías también resultaron heridos y numerosos jóvenes fueron arrestados. La muerte de Trejo desató una ola de sentimiento antimachadista, y esta vez el gobierno respondió cerrando tanto numerosos institutos preuniversitarios como la Universidad de La Habana, que se mantuvo clausurada hasta 1933. Al estar prohibidas por la policía las reuniones abiertas, los estudiantes comenzaron a organizar las llamadas "tánganas" (asambleas de protesta improvisadas), que en un primer momento condujeron a choques con la policía y más adelante a la violencia organizada y el terrorismo.

La muerte de Trejo fue crucial en la batalla contra el régimen, ya que a partir de ese momento muchos cubanos vieron con admiración y respeto a la valiente generación de estudiantes que luchó contra la policía de Machado. Para algunos, "la generación del 30", como fue llamada posteriormente, era irresponsable e indisciplinada, pero para otros constituyó el mejor ejemplo de idealismo desinteresado. Ante el impacto de la depresión mundial y el dominio de un dictador cada vez más despiadado, muchos cubanos, en especial de los sectores menos privilegiados de la sociedad, se volvieron esperanzados hacia estos jóvenes y depositaron su fe en una generación que, aunque inmadura y sin experiencia, parecía incorruptible y deseosa de traer integridad a la vida pública cubana.

Efectivamente, los miembros de la generación del 30 eran muy jóvenes. La mayoría de los líderes estudiantiles rondaba los veinte años; la mayor parte provenía de la clase media y algunos eran descendientes de veteranos de las guerras de independencia —la participación de sus antecesores en la vida pública parecía haber inspirado sus propias actividades políticas—. Muchos provenían de áreas del interior y, al vivir separados de sus familias y de la disciplina paterna en la soledad de un nuevo ambiente, concurrían más frecuentemente al campus y eran, quizá, más dados al compromiso político que los estudiantes de la capital. Llegados de pueblos pequeños, donde la estratificación social y económica era más acentuada, podían también advertir las diferencias entre la vida de provincias y la habanera. Así, mientras algunos olvidaron pronto sus orígenes y asumieron como propia la vida citadina, otros se percataban del contraste e intentaban atenuar las diferencias, reclamando una sociedad más igualitaria en las ciudades y modernización en el campo, con avances de salud y educación para la población rural.

La confrontación entre el gobierno y los estudiantes se agudizó con la clausura de la universidad, pues ante la imposibilidad de asistir a clases, muchos se unieron a las filas antimachadistas. Con el paso del tiempo, comenzaron a convencerse de que sólo la acción armada forzaría a Machado a renunciar al poder. Floreció entonces un fenómeno casi desconocido hasta ese momento en Cuba: la violencia urbana.

El régimen respondía a cada manifestación con medidas más severas y, no obstante, por cada estudiante golpeado o arrestado por la policía, surgían otros nuevos que tomaban la bandera de la rebelión. El 3 de enero de 1931 la policía arrestó a veintidós estudiantes acusados de conspirar contra el gobierno. El mes siguiente, ochenta y cinco profesores de la Universidad de La Habana, casi la totalidad del claustro, fueron acusados de sedición y conspiración para derrocar al régimen. Entre los detenidos se hallaba el Dr. Ramón Grau San Martín, distinguido profesor de medicina y futuro presidente de Cuba. Los profesores fueron liberados, pendientes de investigación, pero Machado se opuso a dejar en libertad a los jóvenes rebeldes.

A fines de 1931, líderes estudiantiles conspiraron con un grupo de oficiales del ejército descontentos con la cada vez más despiadada administración de Machado, a fin de tomar el campamento habanero de Columbia y deponer al dictador. El gobierno descubrió el complot y arrestó a los principales conspiradores. La "porra" (policía secreta de Machado) asesinó a dos de los detenidos.

Mientras los principales líderes del Directorio estaban en prisión, un pequeño grupo formó, en 1931, una organización disidente, el Ala Izquierda Estudiantil. La ruptura obedecía a varias razones. En primer lugar, los grupos diferían en sus orígenes económicos: la mayoría de los líderes del Ala Izquierda provenía de hogares más pobres; los del Directorio eran principalmente de la clase media. También había diferencias ideológicas pues, influidos fuertemente por ideas marxistas y radicales, los miembros del Ala Izquierda se oponían a las relaciones que los líderes del Directorio mantenían con los partidos y políticos de Cuba.

Muchos líderes del Ala Izquierda se unieron a la causa del comunismo y, durante el período insurreccional antimachadista, el grupo se convirtió en una herramienta del Partido Comunista Cubano. Este partido, liderado por Rubén Martínez Villena, reconocido poeta e intelectual, dirigió las actividades de la organización y la utilizó para influir en el movimiento estudiantil. Raúl Roa, uno de sus integrantes —y futuro ministro de Relaciones Exteriores de Castro—, explicó en una ocasión que "tanto el Ala, como la Liga Antimperialista, se convirtieron en organizaciones paralelas del Partido Comunista Cubano".

Durante la mayor parte del régimen de Machado, los comunistas se le opusieron, abogando por una movilización del proletariado que culminase en huelga general como la única estrategia correcta para derrocar al gobierno. Insistían en que sólo el proletariado constituía una clase verdaderamente revolucionaria, cuya hegemonía garantizaría la victoria de todas las clases oprimidas y la revolución social que pondría fin a todos los conflictos de clase. El Buró del Caribe de la Internacional Comunista exhortó al partido a cooperar con las fuerzas antimachadistas con el objetivo específico de ganar el liderazgo del movimiento revolucionario. Ello no aludía a la creación de frentes unidos, sino más bien a la toma del control del movimiento a través del énfasis en la idea de la lucha de clases, alentando a soldados y trabajadores a unirse a la causa comunista. Además, los comunistas cubanos recibieron la orden de dividir el movimiento antimachadista denunciando a los líderes no comunistas como "un conjunto de opositores" interesados únicamente en el poder.

Obviamente, el Directorio y el Ala Izquierda no eran los únicos grupos opuestos a Machado. La Unión Nacionalista, encabezada por Carlos Mendieta, un coronel de la Guerra de Independencia, también condenaba al régimen en periódicos y manifestaciones públicas. En 1931, Mendieta y el ex-presidente Menocal organizaron un efímero levantamiento en la provincia de Pinar del Río. Ese mismo año, un grupo comandado por el ingeniero Carlos Hevia y el periodista Sergio Carbó, preparó una expedición en Estados Unidos que desembarcó en la provincia de Oriente y fue aplastada de inmediato por el ejército de Machado. En Nueva York, representantes de varias organizaciones antimachadistas se unieron y formaron una junta revolucionaria.

Pero quizá el grupo de mayor prominencia fue el ABC, una organización clandestina integrada por intelectuales, estudiantes y otros sectores de la clase media. Dirigido por varios graduados de la universidad de Harvard, el ABC socavó la posición de Machado con acciones de sabotaje y terrorismo, y en diciembre de 1932 publicó un manifiesto en el que criticaba la estructura de la sociedad cubana y trazaba un programa de reformas económicas y políticas. Aunque los medios para lograr su programa no eran claros, el ABC exigía la eliminación de los grandes latifundios, la nacionalización de los servicios públicos y la implementación de limitaciones a las compañías norteamericanas para la adquisición de tierras. También proponía el establecimiento de cooperativas de productores, así como libertad política y justicia social.

A fines de 1932, el ABC confeccionó un plan en dos fases para eliminar a Machado. La primera fase planeaba asesinar a un prominente funcionario gubernamental, y la segunda consistía en hacer estallar explosivos enterrados en el cementerio de La Habana durante los funerales del funcionario para eliminar de esta forma a los líderes de mayor rango dentro del gobierno, Machado incluido. La primera parte del plan se llevó a cabo el 28 de septiembre de 1932, cuando miembros del ABC ajusticiaron al presidente del Senado Clemente Vázquez Bello en el Country Club de La Habana. Sin embargo, la segunda parte fracasó, pues el gobierno ordenó los funerales de Vázquez Bello en Santa Clara, su ciudad de origen, en la provincia de Las Villas. Días después, un jardinero que trabajaba en el cementerio de La Habana descubrió accidentalmente los explosivos enterrados.

El asesinato de Vázquez Bello costó caro a la oposición de Machado. La policía realizó ataques sorpresivos a lugares secretos de reunión y arrestó a líderes estudiantiles y del ABC, a quienes torturaron y mataron bajo la "ley de fuga" el nombre dado al método de la policía de Machado para asesinar prisioneros mientras "trataban de escapar". Los estudiantes y líderes de la oposición que no fueron capturados o marcharon al exilio vivían en un continuo estado de terror. Fueron perseguidos y, en muchos casos capturados en sus escondites y asesinados por la porra de Machado.

Éstas eran las condiciones de la isla cuando Estados Unidos, tratando de encontrar una solución pacífica a la situación política de Cuba, envió al embajador Benjamín Sumner Welles en 1933 para actuar como mediador entre el gobierno y la oposición. Para entonces, los intereses de Estados Unidos en Cuba habían aumentado de forma significativa. Las inversiones se concentraban en la tierra y en la industria azucarera, pero también se extendían al transporte, los recursos naturales, los servicios públicos y el sistema bancario. La Primera Guerra Mundial había acelerado esta tendencia, que volvía a Cuba cada vez más dependiente de su vecino del norte, y a medida que aumentaba la dependencia económica, se incrementaba la dependencia política. Se desarrolló una nueva clase de hombres de negocio, tecnócratas y, naturalmente, políticos cubanos, que se identificaban con sus pares en Estados Unidos y buscaban una guía política en Washington y Wall Street. Este "complejo de Enmienda Platt" permeó a grandes sectores de la sociedad cubana, con la excepción, quizá, de algunos escritores, intelectuales y estudiantes, que veían los peligros de tan estrecha relación para el desarrollo de la nacionalidad cubana e identificaban a la patria con los trabajadores, los pobres y los negros. Sin embargo, no eran muchos y la prosperidad económica ahogaba sus voces, ya que el temor o el deseo de buscar la participación de Estados Unidos en los asuntos cubanos era el tema dominante, pues muchos cubanos estaban dispuestos a usar la amenaza de intervención —o incluso la intervención misma— para promover sus limitados objetivos políticos y económicos.

Los esfuerzos mediadores de Sumner Welles culminaron en una huelga general, en disensión dentro de las fuerzas armadas y en varias pequeñas revueltas que forzaron a Machado a renunciar y abandonar el país el 12 de agosto de 1933. Es interesante tener en cuenta que la huelga general profundizó la escisión entre el Partido Comunista Cubano y los grupos antimachadistas. Aunque el partido desempeñó un papel importante en promover la huelga, dio marcha atrás justo antes de la caída de Machado y ordenó el regreso al trabajo, temiendo que la huelga general provocara la intervención de Estados Unidos o el establecimiento de un gobierno pronorteamericano. El líder del Partido Comunista Cubano, César Vilar, visitó a Machado, llegó a un acuerdo con el dictador y obtuvo concesiones para el partido como recompensa por disuadir la realización de la huelga.

Sin embargo, pocos trabajadores obedecieron la orden de los comunistas de regresar al trabajo, pues la falta de organización del partido impidió que la orden llegara a todos sus integrantes. El pacto con Machado desacreditó a los comunistas, especialmente entre los estudiantes, que encontraban difícil aprobar sus mudables tácticas y maniobras. A partir de entonces para el partido, alejado de las fuerzas progresistas y revolucionarias del país, fue más fácil alcanzar acuerdos y trabajar con los tradicionales partidos políticos y gobiernos conservadores, incluso con presidentes militares.

Carlos Manuel de Céspedes fue designado por Sumner Welles y el ejército para reemplazar a Machado. El hijo del primer presidente de Cuba durante la rebelión contra España era una figura prestigiosa, aunque poco carismática, que pronto recibió el apoyo de Estados Unidos y el respaldo de la mayoría de los grupos antimachadistas. Céspedes anuló las enmiendas constitucionales que había efectuado Machado en 1928, restauró la constitución de 1901 y se preparó para devolver el orden al país.

Mas el retorno de Cuba a la normalidad parecía casi imposible, ya que no escapaba del caos mundial de principios de los años treinta. La profunda depresión económica había empeorado la miseria del pueblo, y el derrocamiento de Machado desató una ola incontrolable de ira y ansiedad. El saqueo y el desorden se extendieron en La Habana, donde bandas armadas buscaron y ejecutaron a los hombres de confianza de Machado, mientras que en áreas rurales, los campesinos descontentos tomaban centrales azucareros y amenazaban a terratenientes ricos.

Sin embargo, la caída de Machado, marcó el principio de una era de reforma. La ola revolucionaria que barrió a la dictadura había empezado a adquirir las características de una verdadera revolución. Aunque carecía de una ideología definida, este proceso apuntaba claramente a la transformación de todas las facetas de la vida nacional, y los líderes de la generación del 30 eran los mejores exponentes de este fervor reformista. Adoptando los acostumbrados temas de la propaganda comunista, como el antinorteamericanismo y la no intervención, y abogando por medidas de significado social y económico en favor de los sectores menos privilegiados de la sociedad, los estudiantes monopolizaron la retórica de la revolución. Para ellos, el régimen de Céspedes representaba un intento de retrasar el proceso reformista que había ido ganando ímpetu desde los años veinte, y consideraban al régimen un producto de la mediación y una herramienta de Estados Unidos. Así, el Directorio y varios pequeños grupos manifestaron su incesante oposición al gobierno de Céspedes. La negativa de Céspedes de revocar la Constitución de 1901, considerada demasiado similar a la Constitución norteamericana y mal adaptada al ambiente cultural de Cuba, creó una crisis. Además, el Directorio vinculó a Céspedes con el depuesto dictador, aludiendo a su servicio durante el primer gabinete de Machado y su vida en el extranjero como diplomático. Los estudiantes acusaron al régimen de tener "mano blanda con los porristas" y de fracasar en la confiscación de las inmensas fortunas de los partidarios del dictador.

En septiembre de 1933, el desasosiego en el panorama político cubano alcanzó un punto culminante. Descontentos por una propuesta disminución en el pago y con una orden que restringía sus promociones, los más bajos estamentos del ejército, comandados por el sargento taquígrafo Fulgencio Batista, invitaron al Directorio a una reunión en el Campamento de Columbia el 4 de septiembre. La relación de Batista con los líderes del Directorio se remontaba a la lucha antimachadista, durante la cual había participado como taquígrafo en algunos de los juicios contra los estudiantes. Cuando los miembros del Directorio llegaron al Campamento de Columbia, ya los sargentos estaban al mando del ejército y habían arrestado a numerosos oficiales. Después de consultar con Batista y el ejército, el Directorio estuvo de acuerdo con el derrocamiento de Céspedes y nombró a cinco hombres para integrar la llamada Pentarquía —comisión ejecutiva de cinco miembros civiles— que encabezaría un gobierno provisional. Esa misma noche Céspedes entregó la presidencia a la comisión, que tomó posesión formal del palacio presidencial.

El 4 de septiembre de 1933 fue un momento crucial para la historia de Cuba, ya que marcó la entrada del ejército como fuerza organizada dentro del manejo del gobierno y la emergencia de Batista como jefe autodesignado de las fuerzas armadas y árbitro del destino de Cuba para los años venideros. También en esa fecha, estudiantes y militares, dos grupos armados y violentos, se unieron para gobernar a Cuba. No obstante, el pacto tuvo poca duración, pues pronto comenzó entre ellos una disputa por la supremacía en la que muy pocos esperaban que los estudiantes salieran victoriosos.

La incapacidad de la Pentarquía para gobernar el país se hizo evidente de inmediato. El grupo carecía no sólo del apoyo de los diversos grupos y partidos políticos, sino también del de Estados Unidos. La administración de Roosevelt, sorprendida y confundida por los acontecimientos de la isla, se negó a reconocer la Pentarquía y envió rápidamente fuerza naval a las aguas cubanas. Cuando uno de los miembros de la Pentarquía ascendió a Batista al grado de coronel sin la aprobación de los demás, otro de los integrantes renunció y el gabinete se desplomó. En otro encuentro con Batista y el ejército, el 10 de septiembre de 1933, el Directorio nombró al Dr. Ramón Grau San Martín como presidente provisional.

El nuevo mandatario carecía de experiencia política que lo calificase para la tarea, y mucho menos en ese momento tan especialmente crucial. Grau había ganado la admiración de los estudiantes cuando, en 1928, permitió que los líderes del Directorio expulsados de la universidad leyeran su manifiesto en las aulas, pues otros profesores habían rechazado la petición de los estudiantes. Durante su prisión, en 1931, Grau y los estudiantes se encontraron nuevamente y cimentaron su relación, de manera que, al derrumbarse la Pentarquía, el antiguo profesor fue la primera opción de los estudiantes. Agudo e inteligente, Grau proyectaba una imagen ambigua: parecía indeciso y débil, mas era hábil y determinado; afeminado en su apariencia y gestos, tenía sin embargo reputación de haber sido afortunado con las damas.

Con Grau, la generación de 1930 se catapultó al poder. Los estudiantes tenían el destino de Cuba en sus manos, lo cual, en verdad, era un espectáculo único. En medio de condenas de izquierda y de derecha y oposición de una mayoría de los partidos políticos y personalidades, el Directorio se reunía diariamente para dar forma a la política gubernamental. Un periodista norteamericano que presenció uno de estos encuentros reportó que los estudiantes consideraban su gobierno "como una dictadura no comunista de izquierda".

Originalmente, los líderes del Directorio no tenían programa alguno más allá de la eliminación de Machado, considerada como la panacea para todos los males de Cuba. Sin embargo, a medida que el tiempo transcurría, varios factores contribuyeron al aumento de las convicciones y la sofisticación política de sus miembros. Así, aquellos que habían permanecido exiliados en Estados Unidos regresaban a Cuba con ideas sugeridas por la política del New Deal o "Nuevo Trato" de Franklin Delano Roosevelt, pues el experimento norteamericano de justicia social con libertad ejerció sobre ellos una fuerte influencia; otros se identificaban con la ideología del ABC; aquellos que regresaban de Europa habían entrado en contacto con la ideología comunista o fascista o con las ideas económicas y sociales de la España republicana. De hecho, algunos estudiantes, en la entrevista concedida a un corresponsal norteamericano que visitó La Habana en 1933, declararon que su movimiento "era muy similar a la nueva España republicana revolucionaria". Sus lecturas incluían a autores como el argentino José Ingenieros, el uruguayo José Enrique Rodó, el mexicano José Vasconcelos, los cubanos José Martí y Enrique José Varona y los españoles Francisco Giner de los Ríos, Miguel de Unamuno y José Ortega y Gasset. Los estudiantes cubanos estaban fuertemente influidos por la generación española de 1898 y sus ideales humanistas, espirituales y de tolerancia.

Los líderes del Directorio abogaban por varias reformas: ahora que Machado había sido derrocado, querían barrer todo vestigio de su régimen, lo cual incluía a oficiales corruptos del ejército machadista, políticos, funcionarios y profesores universitarios. Llamaron a una completa reorganización de la estructura económica nacional que abarcara la revisión de la deuda externa, reformas de impuestos y un sistema bancario y monetario que apartara a Cuba de la dependencia de Estados Unidos. Buscaban también la eliminación de la Enmienda Platt, conscientes de que sólo permitiría continuas interferencias de Estados

Unidos en la isla. Los estudiantes demandaban también una reforma agraria, la nacionalización de las industrias del azúcar y la minería y, finalmente, una universidad autónoma, protegida de cualquier injerencia política.

El régimen de Grau fue el momento más importante del proceso revolucionario y del intenso nacionalismo de la generación de 1930, ya que fue sentimiento nacionalista, más que las doctrinas radicales, el que dominó la consideración oficial de los problemas económicos. El gobierno apoyó al movimiento obrero y se opuso al predominio del capital extranjero. Tan pronto llegó al poder, Grau revocó la Constitución de 1901, promulgó estatutos provisionales para dirigir el país y convocó a una convención constitucional con elecciones señaladas para el primero de abril de 1934. También exigió la abrogación de la Enmienda Platt y tomó acciones inmediatas para despedir a los funcionarios que hubiesen sido seguidores de Machado, para lo cual nombró una comisión encargada de "purgar" las oficinas gubernamentales. Considerando que la dictadura había utilizado la maquinaria de los viejos partidos políticos, Grau emitió un decreto que los disolvía. Por último, Grau cumplió una de las más viejas demandas del movimiento de reforma universitaria, al otorgarle a la Universidad de La Habana su ansiada autonomía.

Con la isla estremecida por una ola de huelgas y desasosiego social, Grau implementó un programa reformista y popular. El 20 de septiembre emitió un decreto estableciendo un máximo de ocho horas de trabajo diario y el 7 de noviembre hizo público otro decreto sobre la organización del trabajo que buscaba "cubanizar" el movimiento laboral y restringir las influencias comunistas, al limitar el papel de los líderes extranjeros en un documento que exigía a los ciudadanos cubanos de todas las organizaciones laborales que se registrasen en el Departamento del Trabajo. Al día siguiente, Grau firmó el Decreto de Nacionalización del Trabajo, popularmente conocido como "Ley del 50 por ciento", que requería que al menos la mitad de la fuerza laboral de todas las empresas industriales, comerciales y agrícolas estuviera compuesta por cubanos (exceptuando a gerentes y técnicos que no pudiesen ser suplantados por nativos) y que la mitad de la suma destinada a salarios fuera asignada a los cubanos. Estos dos decretos obtuvieron un gran apoyo obrero para el gobierno y disminuyeron la influencia comunista en los sindicatos, pero enajenaron a muchos españoles y otras minorías extranjeras que vivían en la isla.

Las medidas de Grau también estimularon la hostilidad norteamericana. Estados Unidos observaba a Cuba con preocupación, ya que el derrocamiento de Céspedes constituyó indudablemente una derrota para la política de Roosevelt hacia Cuba en general, y para los esfuerzos mediadores del embajador Sumner Welles en particular. La confiscación ordenada por Grau de dos centrales azucareros de propiedad norteamericana que habían sido cerrados por problemas laborales y la ocupación de la Compañía Cubana de Electricidad a causa de conflictos de tarifas y problemas laborales incrementaron la aprensión de Washington.

La negativa de Estados Unidos a reconocer a Grau complicó los muchos problemas que éste enfrentaba, teniendo en cuenta que el reconocimiento norteamericano era considerado por los líderes políticos cubanos como un factor clave para la existencia de cualquier gobierno en la isla. La política norteamericana debilitó al régimen de Grau y alentó a los grupos de oposición y a oficiales rebeldes del ejército. La oposición más fuerte provenía de los comunistas, los oficiales del ejército desplazados y el ABC. El líder estudiantil Eduardo Chibás se quejaba de que, mientras el Directorio jamás usó el terrorismo contra el régimen de Céspedes, que había tenido el respaldo del ABC, éste último sí acudió a estrategias terroristas contra el gobierno de Grau. Los miembros del ABC estaban descontentos por haber quedado fuera del gobierno y temían que la consolidación del régimen de Grau los excluyera de una futura participación política. El 29 de septiembre, una manifestación en homenaje a Mella apoyada por los comunistas culminó en un choque con el ejército, en el cual resultaron muertas seis personas y hubo numerosos heridos. El ejército tomó represalias al irrumpir en las oficinas principales de la

Confederación Nacional de Trabajadores y la Liga Antiimperialista, dando fuego a muebles y ejemplares de literatura comunista.

A este ataque militar contra los comunistas siguieron confrontaciones tanto con oficiales del ejército como con el ABC. Algunos antiguos oficiales del ejército se habían refugiado en el Hotel Nacional de La Habana —donde residía el embajador Sumner Welles— y se prepararon para luchar contra el gobierno. El 2 de octubre el ejército comenzó a bombardear el hotel —para entonces, ya Welles se había marchado de allí—. La batalla del Nacional duró varias horas, hasta que finalmente los oficiales se rindieron. Poco después, mientras los amotinados eran retirados del hotel, un disparo inesperado precipitó el pánico entre los soldados y el asesinato de varios de los capturados. Por otra parte, el 8 de noviembre fuerzas rebeldes apoyadas por el ABC y reclutadas entre el ejército, la policía y la población civil, tomaron el Fuerte de Atarés y otras fortalezas de La Habana. Esta rebelión también fue aplastada, pero sólo después de dos días de batalla. Ambas victorias consolidaron temporalmente al gobierno, mas fortalecieron también la influencia del ejército y de Batista, que lo conducía.

Los conflictos internos del gobierno contribuyeron a su inestabilidad. Una facción, dirigida por el líder estudiantil y ministro del Interior Antonio Guiteras, defendía la continuación de un programa de reformas sociales. Fuertemente nacionalista, Guiteras emprendió gran parte de la nueva legislación del régimen y era considerado por muchos como la "eminencia gris" de Grau. Otra facción, controlada por Batista y el ejército, aspiraba a un programa más conservador que atrajera el reconocimiento de Estados Unidos. Grau quedó atrapado en medio de estas fuerzas en conflicto y de hecho, sintiendo que su mandato había expirado, el 6 de noviembre el Directorio se disolvió. No obstante, anunció que sus miembros continuarían apoyando al presidente Grau.

En enero se hizo evidente que el régimen estaba por desplomarse: el apoyo estudiantil había disminuido rápidamente y los militares conspiraban para tomar el poder, Washington rehusaba reconocer a un régimen que amenazaba sus intereses en la isla. La mayor parte de los españoles se oponía a Grau, y también los líderes industriales y comerciales condenaban su legislación. Ante el temor de que el programa gubernamental pudiera atraer el apoyo laboral, también los comunistas atacaron violentamente a Grau. Por último, una huelga nacional de maestros en demanda de mejores salarios agravó la ya inestable situación y el 14 de enero de 1934, el Jefe del Ejército Fulgencio Batista obligó al presidente Grau a renunciar. Después de un gobierno de dos días encabezado por el ingeniero Carlos Hevia, Batista designó a Carlos Mendieta como presidente provisional de Cuba. A los cinco días de la llegada de Mendieta al poder, Estados Unidos reconoció al nuevo gobierno.

Para Estados Unidos y sus embajadores en Cuba, Sumner Welles y su sucesor, Jefferson Caffrey, Batista representaba orden y progreso bajo un gobierno amistoso. Welles había sido persistentemente hostil hacia Grau: desconfiaba de su personalidad, sus ideas y sus programas, temeroso de la revolución social y económica que Grau intentaba promulgar y del daño que ello pudiera causar a los intereses de Estados Unidos en la isla. Caffrey, que había reemplazado a Welles en diciembre, declaró coincidir con su antecesor "en que el gobierno de facto es ineficiente, inepto e impopular. Solamente está apoyado por el ejército y masas de ignorantes seducidas por promesas utópicas".

Tanto Welles como Caffrey veían a Batista como el único líder capaz de mantener el orden y garantizar una posición cercana a Estados Unidos y sus intereses corporativos en Cuba. Dos días después de la batalla del Hotel Nacional, Welles mantuvo con él una prolongada reunión, durante la cual afirmó considerar a Batista como "el único individuo en Cuba que hoy representa autoridad". Evidentemente, Caffrey pensaba del mismo modo, pues el 10 de enero, ante la pregunta de Batista sobre los pasos necesarios para que Estados Unidos reconociera al gobierno cubano, el embajador contestó: "No estableceré términos específicos; el asunto de su gobierno es un asunto cubano y es usted quien debe decidir lo que hará al respecto". Naturalmente, para Batista, jefe del ejército y con un gran poder en sus manos, una declaración de este tipo podía sólo ser interpretada como la invitación a seguir una línea de conducta que sirviera a sus propios intereses. En menos de una semana, Batista llegó a un acuerdo con Mendieta, el líder de la oposición con mayores probabilidades de obtener el reconocimiento de Washington, y forzó la renuncia de Grau.

Desde su posterior exilio, Grau criticó severamente a Batista y a los Estados Unidos: "El factor decisivo que condujo a mi renuncia final", escribió, "aparte de la perturbadora influencia de intereses ilegítimos y la maniobra del Sr. Caffrey, fue mi rechazo a conceder una extensión de la jurisdicción militar, repetidamente solicitada por el jefe del ejército [Batista], que hubiera impedido que las cortes ordinarias de justicia juzgaran crímenes comunes cometidos por miembros de las fuerzas armadas".

Fracaso del reformismo

A pesar de su corta duración, el proceso revolucionario de 1933 tuvo un profundo impacto sobre el ulterior desarrollo de los acontecimientos en Cuba, pues permitió a los estudiantes universitarios probar el poder, les catapultó hacia la política y creó, tanto en ellos como en la población, conciencia de la necesidad y la posibilidad de un cambio rápido y drástico. El proceso también debilitó la dominación extranjera de la economía y abrió nuevas oportunidades para varios sectores del país hasta entonces excluidos, a causa de las presencias española y norteamericana, de obtener una mayor parte de la riqueza nacional. Además, se aceleró la participación del gobierno en el manejo de la economía y se dio nuevo impulso al crecimiento del movimiento laboral.

Pero el fracaso de la revolución también convenció a muchos de que sería casi imposible hacer cambios estructurales en Cuba mientras la isla mantuviera relaciones amistosas con Estados Unidos. Para los elementos más radicales que emergieron del proceso de 1933, quedó claro que sólo una revolución antinorteamericana que destruyera al ejército de Batista podría tener éxito en Cuba.

En los años que siguieron a la caída de Grau, la generación de 1930 experimentó en primera persona la ferocidad del poder político en Cuba. Los estudiantes pensaron que la caída de Machado señalaría el principio de una nueva era de moralidad y cambio, pero pronto pudieron percatarse de su error ya que, dominada por el ejército, la vida política de Cuba regresó a la corrupción y las prácticas del pasado. Batista eligió como aliados a muchos de los políticos expulsados del poder junto a Machado, individuos oportunistas e inescrupulosos que asumieron importantes cargos gubernamentales, con lo cual la corrupción siguió su curso y la represión y el terrorismo florecieron. Los años de lucha y sufrimiento parecían haber sido en vano.

Los estudiantes se sintieron desilusionados y frustrados. La mayoría de ellos abandonó su anterior idealismo para dedicarse a sus profesiones y negocios, algunos partieron para no retornar más a la isla. Otros asumieron ideologías radicales como el comunismo o el fascismo. Sin embargo, varios rompieron con su pasado y tomaron parte en las prebendas otorgadas por los cargos públicos, mientras otros, a fin de continuar la lucha por la frustrada revolución, organizaron o se unieron al Partido Revolucionario Cubano (Auténtico) en febrero de 1934.

Este grupo, que tomó su nombre del Partido Revolucionario Cubano fundado por Martí en 1892, se convirtió en el depositario de la herencia revolucionaria. Los líderes del Directorio se unieron al nuevo partido y Grau San Martín, que por entonces vivía en el exilio en México, fue designado presidente del mismo. El programa reclamaba nacionalismo económico y político, justicia social y libertades civiles, haciendo énfasis en el derecho de los cubanos a una participación mayor en el acceso a los recursos económicos del país. Aunque el partido no se pronunció sobre los métodos —pacíficos o violentos para llegar al poder, Grau parecía preferir una oposición pacífica a Mendieta y Batista.

La oposición de algunos al uso de la violencia dividió a la generación de 1930. Opinando que la violencia era la mejor estrategia para luchar contra Batista, Antonio Guiteras, antiguo ministro del Interior de Grau, fundó La Joven Cuba, una organización revolucionaria clandestina a la que se unió la mayoría de los militantes opuestos a Batista, dando continuidad a las tácticas de violencia urbana usadas exitosamente contra Machado. El terrorismo creció nuevamente: las bombas explotaban a diario y el sabotaje paralizaba el suministro eléctrico. La violencia de los días de Machado reapareció con renovada fuerza.

Los estudiantes se mostraron particularmente activos contra el gobierno de Mendieta. A principios de 1934, la Universidad de La Habana fue reabierta, luego de tres años de suspensión de clases y las manifestaciones pronto se reanudaron. Con la protección de la autonomía y el control casi total de los asuntos universitarios, los estudiantes desplegaron una creciente hostilidad hacia Mendieta y Batista y anunciaron su determinación de combatir al régimen con todos los medios a su alcance. Sus demandas incluían el total restablecimiento de las garantías constitucionales, la subordinación del ejército a la autoridad civil, la derogación de la medida constitucional que prohibía la confiscación de la propiedad a los seguidores de Machado y, finalmente, la retirada de todas las tropas de las instituciones educacionales.

La oposición de trabajadores y auténticos deterioraba la ya inestable situación. En 1934 y principios de 1935, tuvo lugar un centenar de huelgas en toda la isla, donde el descontento se extendía también a los centrales azucareros. Los auténticos condenaban al régimen repetidamente y exigieron elecciones en un manifiesto público en el que señalaban que el acontecimiento más importante del año había sido "el tremendo crecimiento en la influencia del ejército".

El enfrentamiento al gobierno culminó en una huelga general, en marzo de 1935. Iniciado como una protesta de los maestros de escuelas primarias contra las negligencias gubernamentales en el campo de la educación, el paro se extendió rápidamente a otros sectores de la sociedad a lo largo del país y adquirió un carácter político. Los estudiantes universitarios organizaron un comité de huelga y exhortaron al pueblo a unirse al movimiento, tras lo cual el cuerpo docente universitario pronto votó en favor de apoyar a los estudiantes, criticando la incapacidad del gobierno para restaurar la paz política y social. Los obreros siguieron el ejemplo y se unieron a los huelguistas.

Un factor que precipitó la huelga fue la ruptura de la coalición que hasta entonces había apoyado a Mendieta. Los primeros en abandonar el gobierno fueron los menocalistas y más adelante lo hizo el ABC, que se quejaba de no haber recibido la parte de autoridad que le había sido prometida. Otros miembros prominentes del gabinete renunciaron, descontentos con el incremento del control militar, la represión y la extorsión, lo que debilitó la fe del pueblo en el régimen. La desconfianza alcanzó niveles aún más altos cuando el ministro de Finanzas fue acusado de malversar fondos públicos.

Mendieta criticó severamente la huelga, denunciando que estaba dirigida contra la riqueza y la propiedad privada, la paz, el orden e incluso la familia cubana; y ante el temor de que el movimiento hiciera caer al régimen, Batista lanzó todo el peso del ejército contra los huelguistas. Los líderes estudiantiles y laborales fueron perseguidos, detenidos o asesinados, los sindicatos fueron disueltos, la universidad fue cerrada y ocupada por el ejército. Después de varios días de lucha, la huelga resultó aplastada.

Sin embargo, la represión continuó y, el 8 de mayo, Batista eliminó a su más implacable opositor, Antonio Guiteras. Mientras se encontraba en la provincia de Matanzas a la espera de una embarcación que le conduciría a Estados Unidos, el fundador de La Joven Cuba fue traicionado por uno de sus compañeros y murió en un encuentro con fuerzas gubernamentales. Los meses previos habían sido testigos de la primera vez en la historia de la república cubana que pelotones de fusilamiento del ejército ejecutaran a civiles. Las dos víctimas, Jaime Greinstein y José Castiello, fueron acusados de terrorismo por el gobierno, cuando su único crimen había sido oponerse a Batista.

El fracaso de la huelga consolidó al régimen, y en los años siguientes la vida política de Cuba estuvo casi totalmente dominada por Batista y el ejército. Hasta 1940, en que asumió oficialmente el cargo de primer mandatario, asegurando su elección a través de una coalición de partidos políticos que incluyó a los comunistas, Batista mantuvo el control político a través de presidentes títeres: Mendieta (1934–1935), José A. Barnet (1935–1936), Miguel Mariano Gómez (1936) y Federico Laredo Bru (1936–1940).

Interesado en ganar apoyo popular y rivalizar con los auténticos, Batista se dedicó a imitar a su homólogo mexicano, el general Lázaro Cárdenas, al patrocinar un impresionante cuerpo de legislación sobre asistencia social que permitió el mejoramiento de la administración pública, la salud, la salubridad y las obras públicas. A los trabajadores les fue permitido sindicalizarse y organizar la Confederación de Trabajadores de Cuba (CTC). La legislación para el otorgamiento de pensiones, seguridad, límite de horas de trabajo y salarios mínimos, satisfizo en gran parte las demandas obreras.

Batista también hizo serios esfuerzos por llevar educación y mejores condiciones de vida al campo. Bajo su ambicioso programa "cívico rural", fueron construidas numerosas escuelas y, donde faltaran maestros, fue enviado personal del ejército a ocupar las plazas. Fundó también el Instituto Cívico Militar, que dio albergue y educación a los huérfanos de trabajadores, soldados y campesinos. En 1936, implementó la "Ley de Coordinación Azucarera", que protegía contra el desahucio a los inquilinos de las pequeñas plantaciones de azúcar de caña. Aunque Batista y sus socios persistieron en la práctica de apropiarse de parte de los fondos reservados para estos proyectos, éstos fueron un intento sincero por mejorar la salud y la educación de la población rural.

Mientras tanto, la participación de los estudiantes en la política se tornó casi nula; aún después de la reapertura de la universidad, en 1937, hubo poco activismo estudiantil: con la mayoría de los líderes de la generación de 1930 en el exilio, y por tanto incapacitados de asumir dirección alguna, y con la disminución del enfrentamiento por parte del régimen, los estudiantes siguieron una trayectoria menos militante. El método de Batista y el ejército de hacer beber dosis forzadas de aceite de ricino a los estudiantes rebeldes, también pareció disminuir el ardor estudiantil.

Otros factores contuvieron el activismo estudiantil a finales de la década del 30. La desilusión que siguió a la "revolución frustrada", fomentó entre ellos una actitud más cínica hacia la política: el idealismo de la generación de 1930 era menos evidente entre los nuevos líderes estudiantiles. Además, la política más conciliadora seguida por el presidente Gómez y por su vicepresidente y sucesor, Federico Laredo Bru, generaron un clima cordial. Laredo Bru permitió el retorno de los exilados políticos, eliminó las medidas represivas contra los estudiantes y propició la redacción de una nueva constitución. Con esperanzas de elecciones para una asamblea constituyente y un nuevo presidente, la política tomó un curso más normal. El propio Grau, consciente de que la violencia no lo llevaría al poder, retornó del exilio y tomó parte en las campañas electorales, legitimizando así a los regímenes apoyados por Batista.

Con sólo el 57 por ciento de la participación de los votantes en la elección para la asamblea constituyente, los partidos de gobierno eligieron a treinta y cinco delegados, mientras la oposición colocó a cuarenta y uno. Varios líderes de la generación de 1930 fueron electos, incluyendo a Eduardo Chibás y Carlos Prío Socarrás. Cuando la convención se reunió en La Habana a principios de 1940, Grau San Martín fue elegido presidente. A pesar de la presión, tanto de derecha como de izquierda, el trabajo se desarrolló tranquilamente, con Batista y Grau compitiendo por el apoyo popular. Pero cuando Batista y el antiguo presidente Menocal firmaron un pacto político que dejaba a los grupos opositores en una posición minoritaria en la asamblea, Grau renunció. A pesar de ello, hubo un inusitado grado de cooperación entre los numerosos grupos políticos y pronto la constitución fue llevada a término y proclamada ese mismo año.

En muchos aspectos, la constitución corporeizaba las aspiraciones de la generación de 1930: el presidente sólo ejercería por un término de cuatro años, aunque podría ser reelecto después de ocho años fuera del cargo; el Estado desempeñaría un papel importante en el desarrollo económico y social; se definían numerosas libertades civiles y medidas de bienestar social. A los trabajadores les fueron garantizadas vacaciones pagadas, salarios mínimos y derechos de antigüedad y permanencia, y los cubanos debían ser favorecidos con respecto a los extranjeros en el establecimiento de nuevas industrias. La autonomía de la Universidad de La Habana recibió una sanción constitucional en el Artículo 53, con lo cual la convención satisfizo una de las viejas demandas de los estudiantes.

Batista fue el primer presidente electo bajo la nueva constitución. Con el apoyo de una coalición de partidos políticos y de los comunistas, derrotó a su viejo rival Grau San Martín. Su administración coincidió con la Segunda Guerra Mundial, durante la cual Cuba colaboró estrechamente con Estados Unidos al declarar la guerra a los poderes del Eje Berlín-Roma-Tokío, en 1941. A su vez, Estados Unidos incrementó su ayuda y relaciones comerciales, otorgando créditos para el desarrollo agrícola y para obras públicas en La Habana. Batista permitió también el establecimiento de varias instalaciones del ejército norteamericano en territorio cubano.

El Export Import Bank prestó a Cuba 11 millones de dólares para asegurar una cosecha azucarera mayor y, a principios de 1941, Batista firmó un convenio azucarero con Estados Unidos que autorizaba la venta de toda la zafra a $0.0265 por libra. Muchos cubanos se lamentaban de que un precio talmente bajo imponía a Cuba un sacrificio excesivo. Esta carga, unida a una serie de impuestos de guerra que Batista había implementado anteriormente y a la escasez de algunos alimentos y productos de primera necesidad, causó gran descontento entre la población.

Aunque Batista gozaba de extensos poderes gracias a la guerra, su administración no parecía ser dictatorial: tenía el respaldo de los propietarios y cultivó el apoyo de la clase obrera. También intentó satisfacer los deseos de la izquierda, permitiendo a los comunistas completa libertad de acción. En el primer aniversario de la llegada de Batista a la presidencia, el presidente del Partido Comunista, Juan Marinello, elogió sus logros, y después que Alemania atacase a la Unión Soviética, en 1941, los comunistas cubanos pusieron fin a sus denuncias contra Estados Unidos como poder imperialista y comenzaron a defender al presidente Roosevelt como "un gran estadista" y a la guerra contra Alemania como una "guerra justa".

Batista recompensó entonces a sus aliados leales: en 1942, Marinello fue incorporado al gobierno como ministro sin cartera, y más adelante un joven teórico comunista, Carlos Rafael Rodríguez, también se sumó al gabinete ministerial. De origen burgués, Rodríguez se unió al Partido Comunista a temprana edad, luego de haber sido líder del Directorio en su natal Cienfuegos. También participó en la huelga de 1935, antes de graduarse en la Universidad de La Habana en 1939. La entrada de Rodríguez —escritor, economista y consagrado marxista— en el gobierno fue el punto máximo de colaboración comunista con Batista.[1] En 1944, los comunistas cambiaron el nombre de su partido, que pasó de ser la Unión Revolucionaria Comunista a Partido Socialista Popular, y proclamaron un programa político que llamaba a la igualdad racial y la consideración de los derechos de la mujer. El partido dejó entonces de atacar a Estados Unidos y solicitar la reforma agraria o la nacionalización a gran escala de las propiedades extranjeras en Cuba.

Comenzaron a notarse por entonces signos de un fenómeno social que posteriormente permeó la política cubana. Con anterioridad al régimen de Machado habían sido frecuentes los levantamientos contra el gobierno en el campo y la lucha de guerrillas, y durante la insurrección antimachadista fue más bien el terrorismo urbano el empleado exitosamente. El patrón de la violencia, hasta entonces existente a nivel nacional, comenzó a reaparecer, esta vez a nivel local, con grupos que la empleaban no sólo para movilizar el poder político y la influencia gubernamental, sino también para otros propósitos, que iban desde castigar a quienes hubieran apoyado previamente a Machado y escapado de la "justicia revolucionaria", hasta obtener privilegios y subsidios del gobierno, influir en la designación de personal para diversos cargos y asegurar títulos universitarios basados en poco o

---

1 Dos décadas después, Rodríguez se convirtió en uno de los más cercanos colaboradores de Castro y su enlace con los soviéticos y otros líderes comunistas.

ningún estudio previo. Las rivalidades entre las nuevas pandillas produjeron frecuentes venganzas y enfrentamientos callejeros .

Tanto el fuerte control político de Batista como los eventos de la Segunda Guerra Mundial impidieron el crecimiento de estos grupos. Sin embargo, algunos incidentes de violencia ocurrieron a fines de los años 30 y principios de los 40. Quizás los más notables fueron dos infructuosos intentos de asesinato: uno contra Chibás, en noviembre de 1939 y otro dirigido a eliminar a Orestes Ferrara, en marzo de 1943. Ferrara era un viejo partidario de Machado y había sido electo para la convención constituyente de 1940.

Al finalizar la Segunda Guerra Mundial, con la llegada de Grau y los auténticos al poder, el uso de la violencia organizada tomó una dimensión sin precedentes. La relativa calma de los años de la guerra finalizó abruptamente, para dar paso a una era materialista y violenta, durante la cual la violencia urbana reapareció en trágicas proporciones. Aunque parte de la generación que emergió de la Segunda Guerra Mundial conservaba un fanatismo redentor y un deseo de cumplir las aspiraciones de "la revolución frustrada", una parte aún mayor mostraba un insaciable apetito de poder y riqueza, así como una obstinada determinación de obtener ambas cosas enfrentando cualquier obstáculo. La inclinación a la violencia de los refugiados procedentes de la Guerra Civil Española también extendió a Cuba su activismo y sus rivalidades.

Electo como presidente en 1944, Grau implementó hacia estos grupos una política conciliatoria que permitió su proliferación, en muchos casos ubicando a sus líderes en la nómina de cargos gubernamentales. Tenía varias razones para acudir a tal política: en primer lugar, algunos de los líderes pandilleros habían participado en la lucha antimachadista y mantenido estrecho contacto con los auténticos, por lo que Grau no estaba dispuesto ahora a enfrentarse a sus viejos amigos, los "muchachos", como solía llamarles. Ante la imposibilidad de contar con el apoyo del ejército, de neta orientación batistiana, las figuras designadas por Grau habían organizado sus propias fuerzas a fin de proteger sus áreas de extorsión y privilegios. Además, estos grupos colaboraban con el gobierno en la implementación de decretos de los auténticos y contribuyeron a despojar a los comunistas del control de los sindicatos.

Ante el temor de las pandillas y de que éstas empleasen sus capacidades perturbadoras contra el gobierno, Grau les permitió una libertad de acción casi total. Cuando, en septiembre de 1946, una pandilla asesinó al hijo de un ministro del gobierno, Grau se quejó, indignado, aduciendo que había hecho todo lo posible por establecer un gobierno tolerante: "En el Ministerio de Educación", añadió cínicamente, "hay una nómina dedicada especialmente a apoyar a estos pandilleros. Pero no puedo permitir que uno de mis colaboradores sea atacado de esta forma". No obstante, la situación se mantuvo bajo la presidencia de Carlos Prío Socarrás, un protegido de Grau: electo en 1948, el antiguo líder del Directorio también evitó la confrontación con sus viejos amigos y llevó adelante la tibia política de su predecesor.

Los tres grupos urbanos más importantes que operaban en Cuba en ese momento eran la ARG (Acción Revolucionaria Guiteras), el MSR (Movimiento Socialista Revolucionario) y la UIR (Unión Insurreccional Revolucionaria). Algunos miembros de estas organizaciones pertenecían a la generación de 1930 y muchos habían participado en la Guerra Civil Española o la Segunda Guerra Mundial. Los activistas de la ARG habían estado originalmente vinculados al gobierno revolucionario de Grau de 1933 y a La Joven Cuba, de Guiteras. El MSR tenía entre sus líderes a Rolando Masferrer, que había luchado durante la Guerra Civil Española junto a los comunistas, con quienes rompió a su regreso; posteriormente fue electo al Congreso por el Partido Liberal y más adelante ayudó a organizar el MSR. Por su parte, el líder de la UIR, Emilio Tro, peleó con las fuerzas de Estados Unidos en el Pacífico y, después de regresar a Cuba, fue designado por Grau como director de la Academia de la Policía Nacional, una posición que lo colocó en una posición de fuerza y le otorgó la protección necesaria para sus actividades. Mas no sólo Tro, sino también otros líderes de los grupos de acción como Mario Salabarría, jefe del rival MSR, fueron nombrados en cargos importantes dentro del departamento de la policía.

Estos pistoleros encontraron también refugio y aliados en la Universidad de La Habana. La autonomía universitaria, que impedía a la policía entrar a las instalaciones de la casa de altos estudios, les proporcionaba un emplazamiento seguro para sus actividades. Aunque la mayoría de los pistoleros no eran estudiantes, algunos líderes estudiantiles se unieron a las pandillas, mientras otros actuaban por cuenta propia, utilizando su influencia en la política estudiantil, y aún otros vendían sus servicios al mejor postor. El prestigio asociado al hecho de ser un líder estudiantil fue usado por individuos inescrupulosos para fomentar sus aspiraciones políticas y obtener cargos gubernamentales para amigos y familiares. Una posición de liderazgo dentro de la universidad permitía a un estudiante pasar cursos habiendo estudiado poco, o incluso nada. El claustro de profesores y el personal administrativo también fueron presa de este círculo de políticos, estudiantes profesionales y gángsters. Un interesante ejemplo de la vida universitaria de entonces fue proporcionado por el presidente de la Asociación Estudiantil de la Escuela de Ingeniería Agrónoma, que mudó a su esposa e hijos a un chalet ubicado en los jardines de la Escuela de Botánica, adquirió una vaca y varias cabras y vivió allí cómodamente instalado.

El uso organizado de la fuerza se convirtió en una de las principales características de la política estudiantil, en la que las rivalidades entre la UIR y el MSR fueron particularmente fuertes. En febrero de 1948, el líder del MSR Manolo Castro fue asesinado en La Habana, y su muerte condujo al asesinato de otros dos estudiantes. Uno de ellos fue Justo Fuentes, vicepresidente de la Federación Estudiantil Universitaria (FEU), muerto a tiros en abril cuando, en violación fragrante de la autonomía universitaria, la policía tomó por asalto los terrenos de la entidad, confiscó un escondite de armas que guardaba ametralladoras y miles de balas y arrestó a varios estudiantes. El otro fue Gustavo Mejías, presidente de la Asociación Estudiantil de la Escuela de Ciencias y opositor de los "bonches" (como eran conocidas las bandas armadas estudiantiles), que el 20 de septiembre recibió disparos mortales en el club de natación de la universidad. La actividad de los bonches indujo al diario cubano *El Mundo*, a declarar en uno de sus editoriales: " ...la violencia se reserva el dominio de la universidad. Los profesores y estudiantes no son otra cosa que prisioneros de unos pocos grupos de bandidos que imponen su voluntad y pasan sus exámenes a punta de pistola. El propio Consejo Universitario ha declarado su impotencia para reprimir a estas pandillas por falta de poder coercitivo".[2]

La política estudiantil no era más que un microcosmo de la vida política de Cuba, pues un entero sistema de nepotismo, favoritismo y pandillerismo predominaba en el país. A pesar de sus numerosos logros, los auténticos fracasaron en dar al país un gobierno honesto o diversificar la economía cubana, que continuaba teniendo su base en el azúcar. El celo reformista que se evidenció durante la primera administración de Grau, había disminuido considerablemente en la década intermedia. El propio Grau parecía reblandecido después de años de exilio y frustración: enfrentaba tanto la oposición en el Congreso como la de los elementos conservadores que se habían unido a su partido. No sólo él, sino muchos de los viejos líderes estudiantiles de la generación de 1930, habían tomado parte en los robos propiciados por los cargos públicos. Enfrentados a la realidad de la política cubana, el idealismo y el reformismo anteriores dieron paso al materialismo y el oportunismo.

Para muchos, los auténticos habían fracasado en el cumplimiento de las aspiraciones de la revolución antimachadista, especialmente en el área de la honestidad administrativa. Quizás los cubanos esperaban demasiado en muy corto tiempo: las rápidas reformas implementadas durante la primera administración de Grau eran aún recordadas, y el pueblo esperaba que hubiesen continuado adelante.

El fracaso de Grau en llevar honestidad y orden a la vida pública cubana, así como las aspiraciones presidenciales del congresista

2 *El Mundo*, 5 de septiembre de 1949, p. 3

auténtico Eduardo Chibás produjeron una escisión en el partido. Chibás, antiguo líder estudiantil de la generación de 1930, fundó en 1947, junto a otros líderes auténticos, el Partido del Pueblo Cubano (Ortodoxo), que se convirtió en el depositario de los ideales de la "revolución frustrada" y en el refugio de una nueva generación, decidida a convertir en realidad aquellos ideales.

En 1950, los ortodoxos ya constituían una fuerza política considerable. Aunque carecían de una plataforma bien definida, el programa nacionalista del partido, que abogaba por la independencia económica, la libertad política, la justicia social y un gobierno honesto, así como su insistencia en mantenerse libre de pactos políticos, le había ganado un considerable número de simpatizantes, especialmente entre los estudiantes de la Universidad de La Habana. Con su lema de "vergüenza contra dinero", Chibás, por entonces senador electo, movilizaba la conciencia de los cubanos en sus programas radiales de cada domingo, tratando de desenmascarar la corrupción de los gobiernos auténticos.

Chibás monopolizó la retórica de la revolución al convertirse en líder de una nueva generación empeñada en traer moralidad y honestidad a la vida pública cubana. Fue, más que ningún otro, con sus constantes exhortaciones, demandas de reformas y ataques contra el liderazgo político cubano, quien preparó el camino para la revolución que tuvo lugar posteriormente.

Muchos estudiantes compartieron este fanatismo redentor y la disposición a sacrificarlo todo por la salvación política de Cuba. En la universidad, más que en ningún otro lugar, eran debatidos los problemas de la nación y florecían teorías de toda índole: las ideas autoritarias del fascismo y el comunismo, que ofrecían fórmulas para traer orden al caos que reinaba en Cuba, eran ampliamente discutidas. Aunque los comunistas habían atraído a varios intelectuales y algunos estudiantes habían asumido al marxismo como ideología, la historia de oportunismo y acomodamientos políticos del Partido Comunista Cubano lo había desacreditado ante los ojos del pueblo y particularmente ante los jóvenes. En esta atmósfera, fue sobre todo el programa nacionalista del Partido Ortodoxo, con su llamado a la independencia económica, la libertad política, la justicia social y el fin de la corrupción, el que se apoderó de la imaginación de la juventud cubana. Chibás se convirtió en el ídolo de los estudiantes universitarios y de gran parte del pueblo cubano.

Uno de los cautivados por la mística de Chibás fue Fidel Castro. Como estudiante del colegio jesuita de Belén, en La Habana, a principios de los años 40, Castro cayó bajo la particular influencia de dos de sus maestros, el padre español Amando Llorente y el padre Alberto de Castro. Admiradores de la España de Franco y de la ideología falangista, ambos transmitieron a su joven discípulo el entusiasmo por esa causa y por la Hispanidad, un movimiento iniciado por Ramiro de Maetzu, entonces muy de moda en España.

En sus clases sobre historia de América Latina, el padre Alberto exponía detalladamente las ideas de la Hispanidad, explicando que la independencia de América Latina se había frustrado por falta de reformas sociales y lamentando que los valores anglosajones hubieran suplantado la dominación cultural española. Exhortaba a una identidad más estrecha entre las naciones latinoamericanas y España, y ponía énfasis en que la nueva España había sido liberada tanto del marxismo-leninismo como del materialismo anglosajón. De Castro criticaba además la democracia liberal como "decadente" y proclamaba la supremacía de los valores espirituales sobre los materiales, afirmando que quienes tenían la verdad "que es revelada por Dios", tenían la tarea de defenderla contra todos los errores. Rechazaba, pues, cualquier tipo de concesión y demandaba la purificación de la sociedad.

Fidel Castro parecía cautivado por las enseñanzas de sus profesores y especialmente por las ideas del padre Alberto de Castro y leía todos los trabajos de José Antonio Primo de Rivera, que en 1933 había fundado la Falange Española, una rama española del fascismo. Se mostraba fascinado por los discursos de Primo de Rivera y por la idea de un hombre rico que lo había abandonado todo y se había marchado a pelear por aquello en lo que creía.

Ello no implica que Fidel Castro fuese fascista o que admirase los poderes fascistas en el momento de abandonar el Colegio de Belén, pero su permanencia en la escuela y las ideas de sus maestros habían impactado en su manera de pensar. Uno de sus condiscípulos en Belén, José Luis Alemán, comentó al autor de este libro que durante aquel período había poco aprecio por las ideas democráticas en el colegio, mientras que las ideas fascistas y falangistas eran muy fuertes. "Fidel", explicó Alemán, "estaba especialmente impresionado por las ideas falangistas".[3] Así, Castro se había ya relacionado con una variedad de ideologías, familiarizándose desde temprana edad con un modelo totalitario para la organización de la sociedad.

A su salida de Belén, Fidel Castro entró en la universidad y sucumbió inmediatamente al encanto del carisma de Chibás. Más adelante se presentó como candidato de los ortodoxos para la Cámara de Representantes en las elecciones de 1952. Al año siguiente, en su manifiesto del Moncada —redactado para ser leído una vez que culminase exitosamente la captura de ese cuartel militar—, Castro explicaba que su revolución contra Batista estaba inspirada "en las ideas de José Martí y adopta como propios los programas revolucionarios de La Joven Cuba, del radical ABC y del Partido del Pueblo Cubano (Ortodoxo)".[4]

Mientras fue un estudiante de Leyes en la Universidad de La Habana, a finales de los años 40, Castro participó en las actividades de las pandillas estudiantiles y se asoció estrechamente a los líderes de la UIR. Aunque los expedientes de la policía lo implicaban en el asesinato del líder estudiantil rival Manolo Castro en 1948 y en otras acciones violentas, nada pudo probarse. Pronto adquirió reputación de ambicioso y de excelente orador, mas nunca llegó a ser un líder estudiantil prominente: en varias ocasiones fue derrotado en elecciones estudiantiles o imposibilitado de ganar por la naturaleza de la política estudiantil. Quizás sus desafortunadas experiencias en la universidad

3 Entrevista en Miami, 1974
4 Dubois, Jules, *Fidel Castro: Rebel-Liberator or Dictator?* (Indianapolis: Bobbs-Merrill Co., 1959), p. 34–35

hayan creado en él la aversión hacia las elecciones que evidenció después de su llegada al poder.

En 1947, Castro se enroló en la abortada expedición contra el dictador de la República Dominicana, Rafael Leónidas Trujillo. Supuestamente financiada por el gobierno de Grau y apoyada por la FEU, la fuerza expedicionaria involucró también a Rolando Masferrer y otros miembros del MSR. Un general dominicano, respaldado por el líder dominicano exiliado Juan Bosch, comandaba a los expedicionarios, cuya preparación tuvo lugar en Cayo Confites, en la parte oriental de Cuba. Interesado en participar, Castro hizo contacto con el presidente de la FEU Enrique Ovares, pero al hallarse en un campo de entrenamiento que estaba a cargo de sus rivales políticos, Castro temió por su vida y solicitó a Ovares que negociase una tregua con los líderes del MSR. Finalmente, fue autorizado a unirse a los preparativos, pero pronto el gobierno cubano, presionado por varios países de América Latina y por Estados Unidos, suspendió la operación. Mientras los expedicionarios regresaban a la Bahía de Nuevitas en una fragata de la marina de guerra cubana, Castro saltó al mar y nadó a tierra. "Tenía temor" comentó posteriormente Ovares al autor, "de que Masferrer intentara matarlo, ahora que la tregua había terminado. Además, su acción le otorgaba buena publicidad".[5]

Uno de los episodios más polémicos de la vida estudiantil de Fidel Castro fue su participación en el "Bogotazo" —los disturbios en Bogotá, que siguieron al asesinato del líder del Partido Liberal, Jorge Eliécer Gaitán, en abril de 1948. Tras una escisión dentro de la Unión Internacional de Estudiantes (UIE), la FEU comenzó a organizar la Unión Latinoamericana de Estudiantes, financiada por Juan Domingo Perón. El dictador argentino favorecía el establecimiento de una Unión Estudiantil Latinoamericana anticolonialista y antiimperialista que estuviera bajo su control. En oposición a la Novena Conferencia Interamericana, programada en Bogotá, Perón sugirió que la FEU sostuviese un encuentro preliminar de estudiantes latinoamericanos en

5 Entrevista en Miami, 24 de mayo de 1967

Bogotá que coincidiera con la referida conferencia. No sólo Perón, sino también los comunistas, estaban empeñados en sabotear la celebración de la Conferencia Interamericana.

Enrique Ovares, Fidel Castro, Rafael del Pino y Alfredo Guevara representaron a los estudiantes cubanos. Ovares explicó a este autor que Fidel Castro tuvo que salir de Cuba antes, ya que por entonces el MSR lo acusaba de estar involucrado en el asesinato de Manolo Castro. Luego de viajar a Venezuela, Fidel Castro se reunió con sus colegas en Bogotá, donde Ovares recuerda que, afirmando que sería bueno para su futuro político, Fidel solicitó presidir el encuentro estudiantil; mas, a pesar de los ruegos de Castro, Ovares insistió en presidirlo él mismo.[6] Ambos intentaron visitar a Gaitán con la solicitud de que pronunciara el discurso de clausura del encuentro estudiantil, pero Gaitán no vivió para pronunciar ese discurso: poco antes de su reunión con los estudiantes cubanos, fue asesinado, y su muerte desencadenó una ola de ira y disturbios contra el régimen conservador del presidente Mariano Ospina Pérez.

Castro tardó poco en sumarse a la violencia que sacudía Colombia: tomó un rifle de una estación de policía, se unió a las turbas y recorrió las calles distribuyendo propaganda antinorteamericana e incitando a las masas a la rebelión. Ovares quedó perplejo ante la conducta de Castro: "Cuando lo encontré varias horas después, portando el rifle", afirma Ovares, "le pregunté qué estaba haciendo. Fidel sólo respondió que aquel era su deber".[7] Para algunos, estas acciones de Castro ponían de manifiesto sus vínculos con el comunismo internacional, mientras que para otros sólo se trató de una coincidencia. Ovares niega enfáticamente que Castro fuera un agente comunista. "Era", afirmó, "un histérico, ambicioso e incontrolable Fidel quien actuaba en aquellos acontecimientos".[8]

Perseguidos por el gobierno colombiano a causa de su participación en los disturbios, los estudiantes buscaron asilo en la embajada de Cuba

6 Ibid.
7 Ibid.
8 Ibid.

para retornar más tarde a La Habana por vía aérea. Castro reanudó entonces sus actividades en el Partido Ortodoxo, pero antes de involucrarse una vez más en política, se tomó una pausa para desposar a Mirta Díaz Balart, hermana de uno de sus amigos de la Facultad de Derecho. Un año después nació su hijo, Fidelito, y posteriormente, durante la dictadura de Batista, Castro se divorció de su esposa.

Como muchos cubanos, Castro siguió a Chibás con entusiasmo, considerándole como la única esperanza de Cuba para la redención de sus instituciones políticas y la defensa de su soberanía. Varios años después, al hablar sobre su propio Movimiento 26 de Julio, Castro reiteró su lealtad a las ideas de Chibás: "Para las masas de Chibás, el Movimiento 26 de Julio no es diferente al Partido Ortodoxo; es la ortodoxia. Por eso ofrecemos a Eduardo Chibás el único homenaje digno de su vida y su holocausto: la libertad de su pueblo".

El "holocausto" al que hizo referencia Castro marcó uno de los más raros episodios de la historia política de Cuba; un acontecimiento que iba, una vez más, a frustrar las esperanzas del pueblo cubano. En agosto de 1951, al final de lo que comenzó como una de sus habituales apariciones radiales de cada semana, Chibás se descargó un disparo ante el micrófono y, sin advertir que el programa radial había terminado, continuó hablando. "¡Pueblo cubano, despierta!", fueron sus últimas palabras, al tiempo que sacaba un revólver y se disparaba en el estómago. El llamado "último aldabonazo a la conciencia de los cubanos" de Chibás, así como su muerte, ocurrida varios días después, generaron conmoción y tristeza en las masas emocionadas. Su cuerpo fue llevado a la Universidad de La Habana, donde el pueblo cubano y los estudiantes pudieron llorarlo. Su muerte creaba un vacío de liderazgo, ocasionando una escisión en el Partido Ortodoxo que facilitó el golpe de estado de Batista el 10 de marzo de 1952.

Varias razones han sido aducidas para explicar el suicidio de Chibás. Algunos afirman que, al verse imposibilitado de probar una acusación de extorsión que había previamente formulado contra un ministro de Prío, no tuvo otra opción que el suicidio. Otros culpan a una encuesta realizada antes de las elecciones presidenciales, señaladas para 1952, que mostraba, para su sorpresa, un declive en su popularidad. Otros han señalado su inestable personalidad como la causa principal de su renuncia a la vida. Unos pocos aún han sostenido que, en realidad, Chibás no había intentado matarse, sino sólo herirse, como estratagema para estimular la simpatía del pueblo.

Indudablemente, una combinación de factores convergió para que este hombre tomase tan drástica decisión, encabezada por la frustración de años de lucha con pocos resultados evidentes, ya que pesar de haber dedicado su vida a la promoción de los ideales de la revolución de 1933, Chibás encontró que al final de su largo viaje era muy poco lo que había logrado, y los males que había combatido estaban más generalizados que nunca. Quizás consideró entonces que su muerte podría producir lo que no consiguió su vida: la revolución soñada por Martí.

Al momento de la muerte de Chibás, la vida política de Cuba era efectivamente un triste espectáculo. Aunque Prío había introducido varias reformas y el pandillerismo en la Universidad de La Habana había disminuido, su administración era semejante a la de su predecesor. El pueblo cubano no sentía respeto alguno por la política, y verse involucrado en ella era sinónimo de acceder a una élite apartada de los intereses del pueblo, ya que los políticos electos no debían lealtad a sus electores ni a la nación, sino sólo a sí mismos y a sus insatisfechos apetitos de poder y fortuna. Las figuras políticas, y en particular, la imagen de la presidencia, ridiculizada y maltratada, eran objeto de burla popular. Por otra parte, las críticas de Chibás ayudaron a socavar no sólo la autoridad de los auténticos, destruyendo el poco prestigio de que aún disfrutaban, sino también la estabilidad de las ya frágiles instituciones políticas cubanas. El colapso de la moral, el respeto y los valores públicos, se agravó aún más con la interrupción del proceso constitucional que protagonizara Batista en 1952. El retorno de un gobierno militar, algo que los cubanos creían que nunca volvería a ocurrir, se hizo realidad.

El batistato

XI

Convencido de que no ganaría las elecciones programadas para junio de 1952, Batista derrocó al gobierno del presidente Carlos Prío Socarrás el 10 de marzo, en un golpe de estado incruento y hábilmente ejecutado. El golpe dependió casi totalmente del apoyo del ejército y tomó por sorpresa a la población cubana, así como al presidente Prío y sus seguidores. Batista consolidó rápidamente su posición al reemplazar a oficiales del ejército por otros leales a él; envió al exilio o arrestó a los principales colaboradores de Prío y tomó temporalmente el control de los medios de comunicación. El mismo Prío buscó asilo en la embajada de México y más tarde abandonó el país.

Batista justificó su acción afirmando que Prío tenía intenciones de perpetuarse en el gobierno y que la tendencia a la violencia reinante en el país requería del orden y la autoridad que únicamente él podía garantizar. No obstante, otras razones quizás sirvan para explicar mejor su acción: Batista se había rodeado de un pequeño e íntimo grupo de políticos inescrupulosos que habían sido excluidos del proceso político por los dos gobiernos auténticos anteriores, y él mismo anhelaba el poder que una vez tuvo, por lo que esperaba que su acción le daría la popularidad que siempre había codiciado sin llegar a lograr. Su posición, cada vez más débil a medida que se acercaban las elecciones, y las maniobras del presidente Prío, que había sobornado a varios aliados de Batista para minimizar sus posibilidades políticas, convencieron al antiguo general de que el único camino al poder era a través de la violencia.

La facilidad con que Batista tomó el poder subrayó las debilidades de las instituciones políticas de Cuba y la tendencia hacia la violencia que había penetrado el proceso político: la rama legislativa era débil y estaba permeada por la corrupción, e incluso el poder judicial había perdido prestigio a causa de su subordinación a la rama ejecutiva. Los ortodoxos estaban sin líder y se mostraron bastante ineficaces luego de la muerte de Chibás y, por otra parte, la corrupción de los auténticos, así como su incapacidad para hacer profundos cambios estructurales en la economía cubana, les había hecho perder apoyo y credibilidad ante los ojos de muchos cubanos. El fracaso de este partido reformista democrático fue quizás el más importante factor que contribuyó tanto al golpe de 1952 como a los hechos que se desarrollaron con posterioridad.

Los cubanos reaccionaron con escepticismo ante la nueva situación. Si no hubiera sido por el estado deplorable de la vida política —evidente en la ausencia de respeto hacia las figuras políticas—, el pandillerismo y las extorsiones que prevalecieron durante los gobiernos anteriores, quizás los cubanos habrían reaccionado más vigorosamente. El desempeño de Batista en 1944, cuando permitió elecciones libres, y sus promesas de elecciones honestas e imparciales en noviembre de 1953, contribuyeron a la aquiescencia del pueblo. También la rapidez del golpe y el despliegue del poder militar de Batista ayudaron a contener cualquier intento de oposición. Grupos de hombres de negocios, tanto locales como extranjeros, interesados en la estabilidad y el desarrollo económico, dieron mayoritariamente la bienvenida a un régimen que impondría orden después de años de caos.

La importancia y el poder de la comunidad financiera y comercial habían aumentado significativamente, ayudados en parte por el rápido crecimiento económico experimentado por la isla durante los años 40. La Segunda Guerra Mundial había paralizado la producción de azúcar en muchas áreas de Europa y Asia y hecho posible la nueva expansión de la industria azucarera cubana. Al mismo tiempo, el deterioro del comercio internacional durante los años de guerra dio a Cuba una extraordinaria cantidad de divisas que de otra forma hubieran sido destinadas a la compra de artículos importados, todo lo cual contribuyó a acelerar el proceso de diversificación de la economía cubana. La producción nacional floreció y se establecieron nuevas actividades productivas, una circunstancia que fue bien utilizada por los empresarios cubanos, que comenzaron a ocupar posiciones relativamente importantes en el desarrollo económico de la isla.

Otros factores se aliaron para propiciar este crecimiento de la economía cubana en los años de la posguerra, como la política nacionalista moderada en el campo económico internacional, adoptada durante las administraciones de Grau y Prío, que logró importantes concesiones tarifarias. Las instituciones de la banca comercial de Cuba se expandieron y las facilidades crediticias que ofrecían favorecieron todas las actividades de la economía privada. En 1950, año en que comenzó a operar el Banco Nacional de Cuba, el país contó, por primera vez en su vida republicana, con un sistema bancario central y oficial, que se expandió poco después con el establecimiento del BANFAIC (Banco de Fomento Agrícola e Industrial). Gracias a estos bancos comerciales, Cuba podía coordinar el sistema de crédito requerido para el desarrollo económico de sectores productivos no azucareros.

En los años de posguerra, los empresarios nacionales intensificaron el proceso de "cubanización" de la industria azucarera que había comenzado en los años 30. En 1939, el capital cubano era propietario de 54 centrales azucareros, que generaban el 22 por ciento del total de la producción de azúcar de la isla. En 1952, eran ya 113 cubanos los dueños de centrales azucareros, responsables del 55 por ciento de la producción, excluyendo los centrales operados por compañías azucareras foráneas en las que el capital cubano poseía la mayor parte de las acciones emitidas. Los empresarios cubanos, que se habían convertido en un importante factor en los sectores comercial, azucarero y financiero, mostraron gran habilidad para desarrollar nuevas producciones y aprovechar la combinación de circunstancias favorables.

Batista alentó el crecimiento del capital cubano y su retorno al poder estimuló también la inversión extranjera. El sector de la minería, apoyado por considerables inversiones de capital norteamericano, expandió su producción de níquel, cobalto y otros minerales; el gobierno ayudó a desarrollar nuevos centros turísticos y la industria del turismo se convirtió en una de las más importantes fuentes de ingresos; proyectos de obras públicas abandonados o inconclusos por las administraciones de Grau y Prío fueron financiados y concluidos. La industria ganadera se expandió, al punto de poderse comparar con las más importantes del resto de América Latina. También el costo de las viviendas disminuyó gracias a créditos otorgados por el gobierno y fue construido en La Habana un sistema de suministro de agua que la ciudad necesitaba urgentemente. Hacia el final del gobierno de Batista, la economía de Cuba estaba ya dentro de lo que Walter Rostow ha llamado la "plataforma de despegue".

Sin embargo, la economía cubana padecía de ciertas debilidades en su estructura que impidieron la existencia de períodos sostenidos de rápido crecimiento económico. Encabezando estas debilidades estaban la excesiva concentración en la producción de azúcar y en el comercio extranjero, la crítica dependencia de un comprador y abastecedor principal, las considerables proporciones de desempleo y subempleo y las desigualdades entre los niveles de vida del campo y la ciudad.

Cuba era un enclave de comercio basado en un cultivo único y orientado a la demanda externa del azúcar, cuyas reglas dominaban la economía e influían poderosamente en el diseño de la política. De 1949 a 1958, alrededor del 30 por ciento del producto interno bruto fue generado por el sector azucarero y el azúcar constituía el 85 por ciento de las exportaciones, que a su vez representaban más de un tercio del producto interno bruto. De tal modo, Cuba era altamente vulnerable a los efectos de las fluctuaciones del precio del azúcar en el mercado internacional azucarero, y el convenio preferencial acordaba que el azúcar cubano estaba sujeto en el mercado de Estados Unidos a cuotas y precios establecidos por el Congreso norteamericano. En los años 50, pues, era ya evidente que el azúcar había dejado de ser desde hacía tiempo una industria en crecimiento, por lo que carecía de fuerzas para impulsar el desarrollo.

Estrechamente ligada a su papel de abastecedor de azúcar estaba la excesiva dependencia cubana de Estados Unidos con respecto a las relaciones comerciales. La ventajosa posición del azúcar cubano en Estados Unidos tuvo lugar a cambio de grandes concesiones en las tarifas cubanas que limitaban el crecimiento de la industria doméstica y favorecían las importaciones de los productos manufacturados norteamericanos. En los años 50, cerca del 75 por ciento de las importaciones cubanas llegaban a la isla procedentes de su vecino del norte, mientras que un 65 por ciento de las exportaciones cubanas iban dirigidas al mercado norteamericano. La mayoría de los fondos de inversión también llegaban de los centros financieros de Estados Unidos, aún considerando que la banca doméstica había mostrado un notable crecimiento después de la creación del Banco Nacional.

El desempleo y el subempleo se extendieron. Un estudio realizado entre 1956 y 1957 dio como resultado que cerca del 17 por ciento de la fuerza laboral no tenía trabajo, mientras que otro 13 por ciento era clasificado como subempleado. Incluso durante los meses de la zafra azucarera, unas 200,000 personas estaban sin trabajo, una cifra que saltaba a 457,000 durante el llamado "tiempo muerto". La gran proporción de trabajadores empleados en puestos de servicio (36 por ciento en 1957) era también un claro indicio del vasto subempleo.

Las condiciones de vida diferían grandemente entre las áreas urbanas y rurales. Fuera de los principales centros urbanos, las viviendas habitables y los servicios de educación y salud eran escasos y de poca calidad. La tasa de analfabetismo en el campo, por ejemplo, era casi cuatro veces superior a la de las áreas urbanas. La mayoría de las casas construidas en los años 50 eran edificios de residencia múltiple y residencias suburbanas en los alrededores de La Habana. Al mismo tiempo, inmigrantes rurales invadieron vecindarios improvisados, ocupando cualquier fragmento libre de tierra urbana. Con escasas oportunidades laborales disponibles, estos vecindarios se convirtieron en centros de indigencia, crimen, o, en el mejor de los casos, de subempleo.

A pesar de estas debilidades, el progreso económico de la mitad de los años 50 y la eliminación de la violencia de pandillas que había prevalecido durante las administraciones auténticas, le reportaron a Batista el apoyo de los sectores de negocios que no estaban íntimamente vinculados a los grupos de oposición. También tomó medidas para ganar el apoyo de los obreros y los campesinos: siguió adelante con la política a favor de los trabajadores iniciada por las administraciones precedentes y mediante sobornos, adulación e intimidaciones, obtuvo el respaldo de los líderes obreros más importantes.

Sin embargo, Batista no fue capaz de formar un movimiento laboral que le fuera completamente leal. Bajo el control del zar de los trabajadores cubanos, Eusebio Mujal, la Confederación de Trabajadores de Cuba cooperó como aliado independiente del régimen, pero sin que Mujal perdiera su dominio sobre la confederación. Batista también introdujo numerosos decretos extendiendo a los pequeños arrendatarios de fincas el derecho de permanencia, del cual ya gozaban los inquilinos de plantaciones donde prevalecía la caña de azúcar. Así expandió sus bases de apoyo a las áreas rurales.

A pesar del aparente apoyo de los grupos de negocios, obreros y campesinos, Batista no logró crear una activa base de respaldo político. Las lealtades eran a menudo el resultado de la intimidación o la conveniencia, por lo que frecuentemente tenían poca duración. De esta suerte, la base política de Batista en ese momento era más limitada que en los años 30 ya que, incluso dentro de las fuerzas armadas, y particularmente en los escalones intermedios y más bajos del cuerpo de oficiales, había numerosos oficiales ortodoxos y auténticos disgustados, que comenzaron a participar en actividades conspirativas contra el régimen.

El establecimiento de la dictadura de Batista tuvo un profundo impacto sobre el contenido y el tono de la literatura cubana. Los escritores criticaban la descomposición moral de la república y hasta cuestionaban la capacidad de los cubanos para gobernarse a sí mismos. Aunque temas como el nacionalismo, el reformismo y el antinorteamericanismo se mantuvieron presentes en la literatura posterior a 1952, aparecían ahora impregnados de pesimismo y tristeza con respecto al futuro y al retroceso que la vuelta a una dictadura militar significaba para el desarrollo político de Cuba. Los escritores señalaban la presencia de un sentimiento de culpa general originado por la incapacidad de actuar conforme a los principios y al ejemplo de los fundadores de la república. Insistían en que los cubanos rechazaban sus responsabilidades individuales al afirmar que la sociedad en su conjunto no estaba cumpliendo sus responsabilidades colectivas y llegaron incluso a creer que nunca habían merecido a hombres de la estatura de Martí, Maceo o Gómez.

La admiración por Martí creció más aún después de 1952. Dos acontecimientos, la conmemoración del medio siglo del nacimiento de la república, en 1952, y la celebración del centenario del nacimiento de Martí, en 1953, dieron lugar a un intento literario de evaluar el desarrollo y la situación del país ante tan significativas ocasiones. Vieron la luz varios libros y artículos sobre la vida de Martí y relacionados con la épica batalla por la independencia de Cuba, en los cuales las enseñanzas de Martí eran contrastadas con las condiciones en que la dictadura había sumergido a Cuba. Viejos revolucionarios, idealistas, intelectuales, periodistas y hasta políticos corruptos invocaban a Martí: todos parecían encontrar protección y confort al repetir sus palabras y bañarse en la corriente bautismal de su pensamiento.

Los escritos y discursos pronto dieron paso a la violencia, ya que la imposición de una estricta censura por el régimen de Batista silenció todas las críticas. Los líderes de la oposición fueron encarcelados o exiliados y se incrementó la represión. Las voces que clamaban por una solución pacífica a la interrupción del proceso constitucional cubano pronto fueron ahogadas: Cuba se sumergía nuevamente en el terrorismo y la violencia que finalmente culminaron en revolución.

La oposición provino de varios sectores: numerosos ortodoxos, una facción del Partido Auténtico bajo Grau, y la mayoría de los políticos pacifistas opuestos a Batista, tenían esperanzas de que se llevaran a cabo elecciones honestas. Otra facción de los auténticos, junto a varios líderes ortodoxos, pasaron a la clandestinidad y empezaron a tramar actividades insurreccionales.

Pero fueron los estudiantes universitarios quienes tomaron la parte más activa en la rebelión: abandonaron sus rivalidades y dirigieron sus esfuerzos a combatir al nuevo régimen. Los líderes estudiantiles que militaban contra Batista emergieron con un poder político efectivo, no sólo en la comunidad estudiantil, sino también nacionalmente. Durante los primeros tres años del régimen batistiano, la oposición estudiantil se limitó a esporádicos disturbios, manifestaciones y protestas, y aunque en aquel momento estos actos carentes de organización parecían de poca importancia, ayudaron a despertar la conciencia de los cubanos hacia la naturaleza crecientemente tiránica del régimen de Batista y prepararon el camino para la insurrección que siguió.

Varios factores prestaron mayor fuerza a la importancia de los estudiantes de la Universidad de La Habana durante los años 50. En primer lugar, los más de 17,000 estudiantes que asistían a la universidad estaban representados por una sola organización, la Federación Estudiantil Universitaria (FEU), lo cual les proporcionaba concentración y fuerza. En segundo lugar, la ubicación de la universidad en el corazón de la capital exponía a los estudiantes a las continuas olas provenientes del hervidero político cubano y les colocaba en una situación ideal para dar a conocer sus opiniones. La insuficiente adecuación de las instalaciones recreativas y de la biblioteca, así como la presencia de un grupo de profesores contratados a tiempo parcial, que no formaban parte del claustro y carecían de responsabilidad pedagógica, empobrecieron aún más la atmósfera educacional de la universidad. Finalmente, la autonomía universitaria —originalmente una defensa contra la intrusión del gobierno— había convertido al recinto de estudios en un santuario para los agitadores políticos, pues en la mayoría de los casos las fuerzas policiales se abstenían de entrar a las instalaciones universitarias y los estudiantes contaban entonces con un emplazamiento seguro desde el cual llevar a cabo actividades políticas y de agitación.

Durante los primeros años del régimen de Batista, los partidos políticos ejercieron considerable influencia sobre los estudiantes en La Habana. Los ortodoxos fueron particularmente populares e influyentes gracias a la decisión de no comprometerse con Batista, la mística de Eduardo Chibás, su líder convertido en mártir, y el hecho de que sus más prominentes miembros fueran profesores de la Universidad de La Habana.

El Movimiento Nacional Revolucionario, una rama del Partido Ortodoxo, también disponía de fuerte apoyo estudiantil. Dirigido por un profesor universitario, Rafael García Bárcena, este grupo reclutó a numerosos estudiantes para un ataque a Columbia, el campamento militar que había dado a Batista el mando del ejército. Bárcena, también profesor de la Escuela de Guerra, un colegio para oficiales del ejército, había mantenido estrecho contacto con miembros de las fuerzas armadas y esperaba que su ataque coincidiera con un golpe militar. Bárcena invitó a Fidel Castro a participar en el ataque, pero Castro se negó, considerándolo quizás un ataque suicida, o tal vez deseando dirigir su propio movimiento. El servicio de inteligencia de Batista descubrió el complot y arrestó a Bárcena y a otros asociados a la conspiración en abril de 1953. Fueron brutalmente golpeados por la policía, enjuiciados y sentenciados a prisión.

Una pequeña facción dentro de la ortodoxia defendía la violencia como la táctica correcta para combatir a Batista, y Fidel Castro pertenecía a ese grupo. Después de recibir su doctorado en Leyes, en 1950, se unió al partido y fue nominado para presentarse como candidato ortodoxo a la Cámara de Representantes durante la abortada elección de 1952. El golpe de Batista frustró las ambiciones de Castro con respecto a una posible carrera parlamentaria, por lo que comenzó a organizar un pequeño grupo de seguidores con vistas a su mal aventurado ataque al cuartel Moncada en la provincia de Oriente, el 26 de julio de 1953.

Aunque almacenaba armamentos y entrenaba a activistas dentro de la sede universitaria, Castro sólo fue capaz de reclutar a unos pocos estudiantes para su aventura por varias razones. En primer lugar, Batista llevaba aún poco tiempo en el poder y prometía elecciones y un rápido retorno a la constitucionalidad; su actitud de 1944, cuando permitió elecciones honestas, persuadió a muchos —que de otro modo habrían seguido una vía más drástica—, que decidieron entonces esperar antes de acudir a respuestas violentas. Por otra parte, la población apenas se había recuperado del sobresalto provocado por el golpe de estado, la oposición estaba dividida y debilitada y el ejército, luego de la purga de oficiales contrarios a Batista de que fue objeto, respaldaba sólidamente al régimen, todo lo cual conducía a una consideración de la violencia como reacción prematura y no aconsejable. No obstante, otros grupos con mayor influencia entre los estudiantes, como el de Bárcena, habían estado planeando el derrocamiento violento del régimen de Batista, pero Castro no consiguió atraer el apoyo de sus aliados en la UIR: los pistoleros profesionales de este grupo se negaban a aceptar el liderazgo de un hombre de acción de menor estatura, como era Castro en aquel momento.

El ataque al Moncada estaba señalado para que coincidiera con el carnaval de Santiago de Cuba, en la provincia oriental de la isla. Este carnaval, celebrado en el mes de julio, era un festival afrocubano de tres días de duración. Aunque el catolicismo era la religión oficial en Cuba, la santería —un culto sincrético en el que los santos católicos son igualados a las deidades africanas—, era ampliamente practicada, particularmente entre los elementos más pobres de la población, tanto blancos como negros, aunque también era frecuente entre las clases blancas más altas. En Santiago el carnaval era una festividad para honrar a las deidades afrocubanas con animados bailes en las calles, al sonido de los instrumentos africanos.

Contando con que la disciplina militar era débil en aquel momento, Castro y su grupo planearon un ataque sorpresa para tomar el cuartel Moncada, acción que coincidiría con una vigorosa campaña publicitaria destinada a proyectar la acción como un levantamiento ortodoxo, apoyado por oficiales pro-ortodoxos del ejército. Castro esperaba que la sorpresa causaría suficiente confusión como para paralizar al ejército y de esta forma impedir que reaccionara contra los rebeldes. Batista, entonces, se vería forzado a renunciar y los ortodoxos serían catapultados hacia el poder con Castro, ahora convertido en el indiscutible líder del partido. En realidad, el partido no fue previamente consultado y sus líderes fueron informados del plan de Castro únicamente el día anterior al asalto al Moncada.

El ataque fue un gran fracaso militar, pues la disciplina del cuartel se mantuvo y el ejército se defendió del ataque. Algunos de los atacantes ni siquiera consiguieron entrar a las instalaciones militares, y quienes lo lograron fueron masacrados. El propio Castro escapó a las montañas únicamente para ser capturado y sentenciado a varios años de prisión. Sin embargo, el ataque otorgó prestigio nacional al movimiento y a Castro, dando muestras de su conocimiento sobre la violencia y la guerra psicológica, así como la importancia que concedía a la publicidad y los medios de comunicación como herramientas en la lucha contra Batista. Más adelante, mientras estaba en la cárcel, reescribió el famoso discurso pronunciado ante el tribunal que le sentenciara, junto a su hermano y a otros conspiradores, a prisión. El manuscrito del panfleto "La historia me absolverá" fue sacado a escondidas de la cárcel y varios miles de copias se distribuyeron a lo largo de la isla. Sin embargo, su impacto no fue significativo, ya que la mayoría de la población ignoraba su existencia o había considerado el ataque como un intento suicida e inútil contra el régimen.

En "La historia me absolverá", Castro trazó las coordenadas de su programa político. Asociaba a su movimiento con los ideales de Martí y Chibás y exigía reformas que estaban dentro de la corriente principal de la tradición política cubana. De la misma forma, en el manifiesto del Moncada, que sería leído en caso de que el cuartel Moncada fuese tomado por los rebeldes, Castro declaró su revolución estaba "inspirada en las ideas de Martí y [adopta] como suyos los programas revolucionarios de la Joven Cuba, del ABC radical y de los ortodoxos".

Sin embargo, en ningún momento de su lucha contra Batista Castro trazó un programa que partiera de la tradición política cubana. Aunque algunos de los elementos más radicales de la dirección revolucionaria pensaran que Cuba necesitaba profundos cambios en su estructura económica que pusieran fin a los males del monocultivo, el desempleo, el subempleo y la dependencia, la mayoría de los líderes de la oposición a Batista buscaba cambios políticos. Ninguno de estos grupos, incluyendo a Castro o su Movimiento 26 de Julio, ofrecían un programa de líneas marxistas. La gran mayoría del pueblo cubano que apoyaba la lucha contra Batista lo que esperaba era el retorno a la Constitución de 1940, honestidad en el gobierno y el fin de la violencia.

El pequeño Partido Socialista Popular, aunque a través de medios pacíficos también se opuso a Batista. Los comunistas habían trabajado estrechamente con él durante su primera administración y se habían alejado de los grupos más progresistas de Cuba desde que, durante los años 30, apoyaran a la dictadura de Machado, tras lo cual el partido comenzó a perder prestigio y membresía y se convirtió en un contendiente débil e ineficaz en el proceso político. Ahora, debido a la situación internacional, y particularmente a la presión de Estados Unidos, los comunistas eran incapaces de llegar a una convivencia con Batista, ya que defendían la idea de un "frente gubernamental nacional democrático que se alcanzara por la acción de las masas". El partido criticó los atentados terroristas y otras formas de acción "pequeño burguesas", tales como la aventura de Castro en el Moncada, calificándola de "putschismo" y de "locas aventuras, algunas veces fraguadas en las instalaciones universitarias". No fue hasta mucho después en la lucha contra Batista que los comunistas se unieron a las fuerzas revolucionarias, y aún así, su participación contribuyó en poco al derrocamiento final del régimen.

Las elecciones simuladas de noviembre de 1954, de las cuales Batista salió victorioso al presentarse como candidato único, colocaron a Cuba en una peligrosa encrucijada. La oposición exigía nuevas elecciones, mientras que Batista insistía en mantenerse en el poder hasta que expirara su nuevo mandato, en 1958. Funcionarios gubernamentales y líderes oposicionistas se reunieron durante 1955, en un intento de hallar un compromiso factible, mas el fracaso en la toma de acuerdo alguno forzó finalmente al pueblo cubano a iniciar un camino que conduciría a la guerra civil, el caos y la revolución.

Un intento final de compromiso tuvo lugar a finales de 1955, con el nacimiento de la Sociedad de Amigos de la República (SAR), una organización independiente, comandada por el coronel Cosme de la Torriente. Ilustre jurista octogenario, diplomático y veterano de la Guerra de Independencia, Cosme de la Torriente intentó sostener una entrevista con Batista, a través de la cual esperaba influir en el gobierno con vistas a celebrar nuevas elecciones. Sin embargo, Batista rechazó la entrevista, alegando que Cosme de la Torriente era simplemente el líder de otra facción política. La negativa de Batista catapultó a Cosme de la Torriente a una prominencia nacional: los partidos políticos y los líderes estudiantiles le dieron su apoyo, la SAR efectuó una reunión pública, una de las más grandes en la historia de Cuba, para mostrar el apoyo de las masas a la causa de la oposición, y obligar al gobierno a convocar nuevas elecciones.

Al percibir la ascendente insatisfacción con el régimen y la significación del desafío de la SAR, Batista cambió su actitud inicial y dio inicio a las prolongadas negociaciones conocidas como "El diálogo cívico", una serie de encuentros en los que Cosme de la Torriente, encabezando un comité de líderes opositores, trató de llegar a una fórmula de compromiso con un grupo similar de líderes gubernamentales. Pronto fue evidente que el "diálogo" estaba condenado al fracaso, ya que en marzo de 1956 el grupo de Batista rechazó considerar una propuesta de elecciones para ese mismo año y las conversaciones llegaron a su fin.

Los estudiantes reaccionaron violentamente ante el fracaso de los grupos políticos para encontrar una solución pacífica. A finales de 1955, una serie de disturbios sacudió al país. El 27 de noviembre la FEU organizó una ceremonia para rendir homenaje a la memoria de los ocho estudiantes fusilados por las autoridades españolas en 1871, y tan pronto como el encuentro se transformó en una manifestación antibatistiana, la policía intervino, arrestó a varios líderes estudiantiles y provocó que otros fueran hospitalizados. Acontecimientos similares ocurrieron en Santiago de Cuba, donde la policía golpeó despiadadamente a quienes trataron de conmemorar los fusilamientos de 1871.

En protesta, la FEU llamó a una huelga estudiantil que rápidamente se extendió a todo el país; todas las universidades y escuelas secundarias cerraron sus actividades y durante tres semanas por toda la isla tuvieron lugar manifestaciones diarias contra la policía .

El 2 de diciembre, estudiantes que intentaban una marcha desde la Universidad de La Habana fueron interceptados y golpeados por la policía. El presidente de la FEU, José Antonio Echeverría, debió ser hospitalizado a consecuencia de los golpes recibidos. El 4 de diciembre, durante un juego de béisbol, un grupo de quince estudiantes se lanzaron al terreno con estandartes de condena al régimen y varias docenas de policías, que habían estado esperando por los manifestantes, los rodearon y golpearon brutalmente frente a miles de asombrados televidentes.

Los choques con la policía continuaron durante las semanas siguientes. El 10 de diciembre, un popular líder de la juventud ortodoxa murió a causa de las heridas sufridas tres días antes en su natal Ciego de Ávila, en la provincia de Camagüey, transformándose instantáneamente en un nuevo mártir, cuyo funeral devino en una gran protesta. Miles de personas asistieron desde todos los puntos del país, incluyendo una delegación de la FEU que, a su vez, convocó a los trabajadores y al público en general a unirse el 14 de diciembre a un paro laboral nacional de cinco minutos de duración. El paro se expandió por toda la isla, a pesar de no contar con el apoyo de la jerarquía de la clase trabajadora, que apoyaba a Batista.

Había escasamente transcurrido un mes cuando nuevos disturbios estallaron en La Habana: el aniversario del nacimiento de Martí, el 28 de enero, y el de la muerte de un estudiante asesinado durante una manifestación antibatistiana, el 13 de febrero, fueron usados por la FEU para desafiar al gobierno. El 24 de febrero tuvieron lugar a lo largo del país nuevas manifestaciones para conmemorar el "Grito de Baire", con el cual había dado inicio la Guerra de Independencia contra España en 1895.

El 19 de abril un grupo de estudiantes intentó entrar a una sala de justicia en Santiago de Cuba, para asistir a los juicios de sus condiscípulos, acusados de participar en los disturbios y de posesión ilegal de armas. Ante la prohibición de entrar, los estudiantes comenzaron a manifestarse en la calle, pero fueron dispersados cuando la policía y las tropas del ejército dispararon sobre ellos, tras lo cual dos estudiantes murieron y muchos recibieron lesiones. La indignación pública en Santiago aumentó y la venganza costó la vida a dos soldados, un policía y dos civiles. Como resultado, la mayor parte de las escuelas del país cerró sus puertas en gesto de simpatía hacia los estudiantes de Santiago. Estudiantes de las escuelas normales que intentaban celebrar una reunión en un parque público de la ciudad de Guantánamo, fueron impedidos de hacerlo por las autoridades, en un encuentro que arrojó el saldo de cuatro estudiantes heridos y siete arrestados.

Los disturbios se extendieron rápidamente a La Habana, donde un grupo de estudiantes universitarios apedreó el 21 de abril una estación de televisión que transmitía un programa juvenil patrocinado por el gobierno y varios participantes fueron heridos. Un cordón policial fue tendido alrededor de los terrenos de la Universidad de La Habana y, con el pretexto de buscar armas escondidas, las fuerzas del gobierno entraron a las instalaciones docentes, arrasaron la oficina del rector y destruyeron documentos, equipos científicos y muebles. Batista respondió a la indignación de las autoridades y estudiantes universitarios declarando que la autonomía de la universidad se limitaba a asuntos internos, educacionales y administrativos, y que si elementos subversivos usaban el campus como trinchera, era tarea del gobierno imponer la ley y el orden.

En lugar de intentar desalentar la rebelión mediante la moderación, el régimen la estimuló al hacer frente al terrorismo con un contraterrorismo violento. Ningún método pudo haber sido mejor concebido para incrementar la amargura y la oposición del pueblo. Cada asesinato originaba otro mártir y nuevos partidarios de la contienda contra Batista, de manera que, a fines de 1955, los líderes de la FEU comprendieron que los esfuerzos para reconciliar al gobierno y la oposición eran inútiles, luego de lo cual propusieron la creación de un movimiento insurreccional para llevar a cabo la lucha. Ante la pobre acogida que su propuesta encontró entre los políticos inclinados al electoralismo, los estudiantes formaron su propia organización clandestina: el Directorio Revolucionario. En una reunión secreta realizada en la universidad, Echeverría anunció la creación de este grupo y su condición de jefe del mismo.

Mientras que los estudiantes de las generaciones anteriores habían sido capaces de encontrar líderes nacionales, como Grau o Chibás, que representasen sus aspiraciones e ideales, los estudiantes de mediados de los años 50 no consiguieron hallar a un líder carismático comparable. Algunos de los viejos representantes de la generación de 1930 parecían haber renunciado a su anterior idealismo, otros estaban desilusionados y frustrados, Chibás estaba muerto y el liderazgo de los reformistas nacionales parecía no existir o ser ineficaz. Aunque los estudiantes aún se identificaban con algunos líderes ortodoxos, ya no se mostraban dispuestos a depositar su fe en los miembros de una generación mayor. Una ruptura generacional, quizás más fuerte que ninguna otra en la historia cubana, se desarrolló entonces en los años 50, una ruptura que traspasó el mando del movimiento antibatistiano a la juventud, ya que los estudiantes estaban dispuestos a seguir a un líder, siempre que éste proviniese de sus propias filas. De esta manera, Echeverría emergió como el representante de los ideales de Martí y Chibás: más que ningún otro, él contaba con la admiración de los estudiantes y, con el paso del tiempo, consiguió también la del pueblo cubano.

Mientras estos sucesos tenían lugar, otros cubanos no relacionados con las actividades estudiantiles estaban también conspirando contra Batista. Un grupo conocido como Montecristi planeaba, junto a oficiales del ejército, un complot para derrocar al régimen, pero Batista les descubrió y arrestó a sus principales conspiradores en abril de 1956. Ese mismo mes otro grupo, perteneciente a la Organización Auténtica de Prío, atacó infructuosamente el cuartel Goicuría, en la provincia de Matanzas.

Mientras tanto, Castro salió de la cárcel gracias a una amnistía general decretada por Batista. Al menos un político, el congresista Rafael Díaz-Balart, se pronunció contra la amnistía diciendo que "Castro y su grupo solamente quieren una cosa: el poder, pero el poder total". Batista, sin embargo, evidentemente veía en Castro tan sólo a un rebelde joven e impulsivo, no a un líder que pudiera hacer peligrar la dictadura.

Castro viajó entonces a México, donde comenzó a crear un nuevo grupo militar. También visitó Estados Unidos en busca de fondos para organizar a sus partidarios dentro del Movimiento 26 de Julio, la organización así denominada luego del fallido ataque al cuartel Moncada. En 1956, Echeverría viajó a México para encontrarse con él, en reunión destinada a trazar una estrategia común en el derrocamiento de Batista. Los estudiantes accedían a apoyar las acciones de Castro con disturbios y acciones en La Habana que distrajeran a las fuerzas gubernamentales.

En noviembre de 1956, Castro y un grupo de más de ochenta jóvenes revolucionarios que incluía a su hermano Raúl y al médico argentino Ernesto "Che" Guevara, partieron de México en el pequeño yate *Granma* y desembarcaron en la provincia de Oriente, mientras grupos de comandos clandestinos atacaban varias instalaciones militares y desencadenaban una ola de sabotajes en toda la provincia. El terrorismo entonces se extendió: bombas explotaban por doquier, células clandestinas descarrilaban trenes y saboteaban las líneas de energía eléctrica, produciendo apagones en pueblos enteros.

En La Habana, los líderes estudiantiles observaban ansiosamente los acontecimientos de Oriente, pero cuando tuvo lugar el desembarco del *Granma*, este levantamiento de apoyo en varios puntos de la provincia, había sido ya aplastado y la mayoría de los líderes del Movimiento 26 de Julio habían resultado muertos o detenidos y enviados a la cárcel. Batista suspendió las garantías constitucionales y estableció una estricta censura de prensa. La terrible policía militar patrullaba las calles de La Habana día y noche, haciendo redadas de elementos sospechosos de ser revolucionarios. La acción del desembarco no fue apoyada por el público en general, el ejército o los partidos regulares de oposición. Castro, junto a un grupo de doce sobrevivientes, encontró refugio en las montañas de la Sierra Maestra y desde allí dio inicio a la guerra de guerrillas contra el régimen.

Los acontecimientos de Oriente incitaron al profesorado y al cuerpo administrativo de la universidad a suspender temporalmente las clases el 30 de noviembre de 1956. Por más de cuatro años, los estudiantes habían sido una espina en el costado de Batista. El gobierno esperaba que el cierre de la universidad neutralizara a la oposición estudiantil, pero en cambio, esa decisión lanzó a casi 18,000 estudiantes al centro de la política nacional, pues a medida que el tiempo pasaba y la universidad continuaba cerrada, crecía la impaciencia de los jóvenes, muchos de los cuales comenzaron a unirse a organizaciones insurreccionales. Al igual que sus predecesores en la exitosa lucha contra Machado en los años 30, los estudiantes se concentraron en una única meta inmediata: acabar con la dictadura. La universidad se mantendría cerrada hasta principios de 1959.

A pesar de la inestabilidad de finales de los años 30, la caída de Machado había conducido al país a casi dos décadas de libertad política y gobierno constitucional. Los estudiantes y el pueblo cubano en general sólo veían al régimen de Batista como una interrupción temporal del proceso democrático, provocada por las ambiciones de poder de Batista y la corrupción del gobierno de Prío, sin percibir lo que era en realidad: un síntoma de problemas nacionales más profundos. La reducida fuerza de las instituciones cívicas, el predominio del "personalismo", la dependencia económica de un cultivo único y la corrupción administrativa eran condiciones a las que no se daba el peso que merecían. La eliminación de la dictadura de Batista se convirtió, pues, en la panacea que curaría todos los males de Cuba. Esta simplista manera de pensar fue muy útil a los propósitos de Fidel Castro durante su estancia en la Sierra Maestra, ya que, adoleciendo de un programa bien definido, Castro proclamó el derrocamiento del régimen como la única tarea que debía imponerse la nación, abogando sólo a favor de las más obvias reformas populares.

El Directorio Revolucionario, junto a varios líderes auténticos, planeaba derrocar al gobierno asesinando a Batista. Los líderes estudiantiles opinaban que una acción rápida y decisiva causaría el desmoronamiento del régimen y evitaría pérdidas innecesarias de vidas en una posible guerra civil. El 13 de marzo de 1957, en una de las más audaces acciones de la rebelión, un grupo de cuarenta hombres entró violentamente en el palacio presidencial en el centro de La Habana y casi logró matar a Batista. Su rápida huida a uno de los pisos superiores del palacio y los refuerzos que llegaron oportunamente salvaron la vida del dictador.

A pesar de la audacia del asalto, la fuerte defensa del palacio pudo resistir. La pobre calidad de las armas de los atacantes y el fracaso de la llegada de un segundo grupo de asalto convirtió una victoria posible en costosa derrota. De acuerdo con el informe oficial emitido por el gobierno, hubo veinte muertos, incluyendo a cinco miembros de la guardia del palacio. Sin embargo, esta cifra no tomó en consideración a los muchos conspiradores a quienes la policía capturó y asesinó con posterioridad.

Mientras tenía lugar el ataque al palacio, un grupo comandado por Echeverría tomó por asalto una estación radial de La Habana. Ignorantes del fracaso en la toma del palacio, los estudiantes transmitieron el anuncio de que Batista había sido ajusticiado y su régimen derribado. Mas su alegría fue efímera, pues minutos después la policía disparaba a Echeverría y le daba muerte, mientras otros estudiantes resultaban heridos.

Desde su posición en las montañas, Fidel Castro criticó el ataque de los estudiantes, en una entrevista grabada y mostrada por la televisión norteamericana en mayo, en la que calificó la acción, como "un inútil derroche de sangre. La vida de un dictador no tiene importancia. Aquí en la Sierra Maestra es donde hay que luchar". Durante toda su estancia en las montañas, Castro se opuso a un golpe militar, al asesinato de Batista, o a cualquier otro acto violento de un grupo que no estuviera directamente bajo el control de su Movimiento 26 de Julio.

Otro grupo que se pronunció tanto contra el ataque al palacio presidencial como contra el desembarco de Castro en Oriente fue el Partido Socialista Popular (el partido de los comunistas). El dirigente del PSP, Juan Marinello, explicaba en una carta al periodista norteamericano Herbert L. Matthews del 17 de marzo de 1957, la línea oficial del partido: "En estos días, y con referencia a los asaltos a los cuarteles y expediciones desde el exterior —que se llevaron a cabo sin contar con el apoyo popular— nuestra posición es muy clara: estamos en contra de estos métodos". Los comunistas defendían la lucha de masas como la estrategia correcta contra Batista, basada en la movilización del proletariado y conducente a la celebración de elecciones nacionales. Clamaban por la creación de un Frente Democrático de Liberación Nacional para formar un gobierno que representara a los trabajadores, los campesinos, la pequeña burguesía urbana y la burguesía nacional, todos bajo la conducción del proletariado.

Sin embargo, los líderes del PSP seguían una doble estrategia. Mientras públicamente defendían una oposición pacífica a Batista, secretamente hacían ofertas a los grupos insurreccionales para establecer una colaboración más estrecha. Aparentemente, creían que a la larga podrían dominar a la FEU y neutralizar al Directorio Revolucionario, pero ninguna unión surgió de los contactos de los comunistas con los estudiantes. Echeverría y otros líderes estudiantiles no estaban dispuestos a establecer una alianza con los comunistas y siguieron adelante con sus propios planes.

Durante la mayor parte del período de gobierno de Batista los comunistas habían disfrutado prácticamente de completa libertad, e incluso, varios de ellos ocuparon cargos menores en el gobierno. Batista tomó ciertas medidas contra el PSP, principalmente para apaciguar al gobierno de Estados Unidos, pero fueron pocas en comparación con el hostigamiento sufrido por la oposición no comunista. El PSP buscó persistentemente medios para socavar, infiltrar y controlar los grupos que combatían a Batista, ya que la importancia del Directorio como un peligroso rival y la militancia anticomunista de muchos de sus líderes, preocupaba constantemente a los más altos miembros del PSP.

La derrota sufrida en el palacio presidencial y la muerte de Echeverría, quizás por entonces la figura más popular de la oposición a Batista, dejó al Directorio sin líder y desorganizado. Transcurrió casi un año antes de que la organización se recobrara del revés, y aún así nunca recuperó el prestigio e importancia de que había gozado antes del asalto. Mientras el Directorio declinaba, en las remotas montañas de Oriente Castro ganaba prestigio, fortaleza y partidarios. Ganó para su causa simpatizantes en las ciudades, así como muchos elementos descontentos que, cualesquiera fueran las diferencias que pudieran tener con el Movimiento 26 de Julio, carecían de otra organización insurreccional a la cual unirse.

A partir de ese momento, el movimiento guerrillero ganó en fortaleza e importancia. Con una gran dependencia de la población local para obtener información y abastecimientos, los rebeldes permanecieron en las montañas, realizando emboscadas a pequeños puestos de avanzada del ejército para capturar armas y municiones —su principal táctica de combate— y concentrándose en preservar y aumentar el número de sus reclutas y a la espera de una huelga general o de un levantamiento masivo que nunca tuvo lugar. El 30 de julio de 1957, tras el asesinato a manos de la policía de Frank País, el coordinador clandestino nacional del Movimiento 26 de Julio, estalló una huelga espontánea en las tres provincias más orientales de Cuba. Esta acción fortaleció la convicción de Castro de que una huelga general podría derribar el régimen. Cuando la resistencia clandestina del Movimiento 26 de Julio finalmente anunció una huelga general el 9 de abril de 1958, ésta fracasó, pero el revés condujo al incremento de la importancia y el prestigio del movimiento guerrillero. A partir de ese momento, Castro cambió de estrategia, haciendo énfasis en una guerra de guerrillas a gran escala, que incluía incursiones sorpresivas de corta duración, conocidas como "muerde y huye", sabotajes y ataques a instalaciones militares. El principal objetivo de los rebeldes era el aislamiento de los puestos del ejército y la reducción de las actividades económicas en la mitad oriental de la isla.

Corroído por la desafección, la corrupción y las disputas internas, el ejército era incapaz de derrotar a la guerrilla, lo cual aumentó el prestigio de ésta y contribuyó a la desmoralización de las fuerzas armadas. La guerrilla tenía otras ventajas sobre el ejército, ya que durante años, los campesinos de la Sierra Maestra habían sido aterrorizados por la Guardia Rural de Batista, por lo que dieron la bienvenida a la protección y promesas que les ofrecían Castro y su grupo. El conocimiento del terreno y la información suministrada por estos aliados demostraron ser de gran valor, pues en aquellos momentos la guerrilla operaba en unidades extremadamente móviles que se movían en un terreno vasto y escabroso.

El ejército cubano no tenía entrenamiento en tácticas de guerrilla; además, carecía de una dirección militar capaz de llevar a cabo ese tipo de guerra, y mucho menos contra un enemigo tan altamente motivado. Para muchos de los jóvenes procedentes de las ciudades que se unieron a Castro en las montañas, había misticismo en el hecho de pertenecer a la guerrilla, pelear por una causa justa contra un régimen opresivo y vivir en un ambiente rural. Además, la guerrilla estaba apoyada por una red urbana que le suministraba recursos humanos, armas, dinero y cualquier otra ayuda necesaria.

La guerra de guerrillas en las áreas rurales se acompañó de un incremento del sabotaje y el terrorismo en las ciudades, ya que un fuerte movimiento de resistencia urbana se desarrolló de un extremo a otro de la isla. Células clandestinas del Movimiento 26 de Julio, de su aliado, el Movimiento de Resistencia Cívica, del Directorio Revolucionario y de los auténticos llevaron a cabo atentados dinamiteros, sabotajes, secuestros y distribución de propaganda. Todas estas actividades socavaron los cimientos del gobierno y contribuyeron a crear una atmósfera sombría de guerra civil.

Así, la resistencia urbana se convirtió en la columna vertebral de la lucha contra Batista, y fue su trabajo, más que cualquier otro, lo que condujo a la caída del régimen. La acción de estos grupos provocó en Batista y sus fuerzas la adopción de medidas represivas de venganza tan extremas, que la población cubana se indispuso casi totalmente con el régimen. La policía torturaba y asesinaba tanto a los combatientes reales como a los sospechosos de serlo, y cuerpos baleados de hombres jóvenes eran hallados en las principales calles de la capital con bombas atadas a sus cuerpos, como advertencia del castigo que recibirían los revolucionarios. Una ola de repulsa nacional se extendió contra tales métodos y contra una dictadura que insistía obstinadamente en mantenerse en el poder. Las lealtades se fueron debilitando, incluso dentro de las fuerzas armadas, y ello aceleró la caída del régimen. Una ofensiva militar fue lanzada a mediados de 1958 contra los rebeldes, pero fracasó miserablemente.

La política de Estados Unidos también contribuyó de cierta forma a la desmoralización del ejército. Con anterioridad a 1958, Estados Unidos apoyaba al régimen de Batista y los embajadores norteamericanos en Cuba se comportaban en términos de gran cordialidad hacia Batista. Sin embargo, en el otoño de 1957, el gobierno de Estados Unidos comenzó a retardar los cargamentos de armas y municiones, hasta que un embargo sobre las armas fue anunciado públicamente en marzo de 1958. Aunque tales cargamentos eran pequeños y, desde el punto de vista de Batista, no decisivos en su lucha contra Castro, sí representaban una señal de continuo respaldo a su gobierno. Así, al declararse el embargo, muchos cubanos lo interpretaron como un cambio en la política de Washington, que indicaba con ello su desaprobación a Batista y le retiraba el apoyo. Las acciones de Estados Unidos fueron, indudablemente, un fuerte revés para la declinante moral del régimen de Batista y, en particular, para sus fuerzas armadas.

El gobierno se debilitó más aún cuando varias instituciones y sectores de la sociedad cubana comenzaron a retirarle progresivamente su respaldo. La iglesia, la prensa y grupos profesionales y de negocios ejercieron presión sobre el gobierno para que permitiera una solución pacífica. Al principio abogaban por elecciones libres con absolutas garantías para todos los partidos políticos, pero las elecciones arregladas de noviembre de 1958, en las cuales el candidato seleccionado por Batista ganó la presidencia para un nuevo mandato de cuatro años, convencieron a muchos de que la violencia sería el único método para eliminar al gobierno de Batista. El rechazo del ejército a seguir combatiendo, a finales de 1958, asestó el golpe final a un régimen que se desmoronaba.

La revolución de Castro

C uando Batista y sus colaboradores más cercanos escaparon a la República Dominicana al amanecer del primero de enero de 1959, el poder se hallaba en las calles. De los distintos grupos que habían luchado contra el régimen, el Movimiento 26 de Julio tenía el derecho, casi indisputado, de llenar el vacío que dejó el dictador. El carisma de Castro y su prestigio revolucionario lo convirtieron, a los ojos del pueblo cubano, en el inquilino lógico para ocupar la silla vacante de Batista; era el hombre del momento, el nuevo Mesías. Las otras organizaciones insurreccionales carecían del aura mística, el amplio apoyo y los cuadros organizados del movimiento castrista. El Movimiento de Resistencia Cívica, compuesto por profesionales prominentes y profesores universitarios, era un grupo amorfo que seguía la orientación de Castro. El ejército regular carecía de líderes y estaba desmoralizado. La postura a favor de que Castro ocupara el poder era imposible de desafiar.

Castro tenía incuestionables cualidades para el liderazgo: dotado de una extraordinaria aptitud para la oratoria y de una memoria excepcional, podía improvisar un discurso durante horas. Como antes lo hiciera Martí, Castro instruía a los cubanos sobre los males de su sociedad y sobre la necesidad de cambios profundos y rápidos. La inmensa mayoría de los cubanos aceptaron entusiasmados su mandato, ya que la atmósfera de tristeza que prevaleció durante el régimen recién derrocado se había transformado en euforia y esperanza en el futuro. Incluso aquellos que no habían tomado parte de la lucha contra Batista se unieron a las filas revolucionarias, con un sentimiento de culpa por su conducta pasada.

Durante las primeras semanas en el poder, Castro no asumió ningún cargo oficial, excepto el de comandante de las fuerzas armadas. Seleccionó y puso en el poder al antiguo juez Manuel Urrutia, que organizó el gobierno y designó un gabinete ministerial civil, compuesto principalmente por prominentes figuras políticas antibatistianas. Urrutia procedió también a demoler la estructura del gobierno de Batista: mediante una serie de decretos disolvió el Congreso; destituyó de sus cargos a todos los congresistas, gobernadores provinciales, alcaldes y concejales municipales; abolió todas las restricciones impuestas por Batista sobre la censura y la ley marcial y comenzó un proceso de depuración de los partidarios de Batista en la burocracia estatal.

Sin embargo, pronto quedó claro que el poder real estaba en manos de Castro y los jóvenes oficiales de sus fuerzas rebeldes. En discursos dirigidos a la población, Castro anunció importantes planes públicos sin consultar con el gabinete y se quejó de la lentitud de las reformas. A mediados de febrero, el primer ministro José Miró Cardona renunció en favor de Castro y en octubre Castro obligó a Urrutia a dimitir y nombró a Osvaldo Dorticós, un abogado desconocido y antiguo miembro del PSP, como presidente de Cuba.

La llegada oficial de Castro al poder inició un período de creciente radicalización. Algunos de los más prominentes jefes civiles y militares de Batista fueron sometidos a juicios públicos ante tribunales revolucionarios, en procesos televisados y cientos de ellos fueron ejecutados sumariamente. Debido a las crecientes críticas, el régimen puso fin a los juicios públicos, pero continuó realizándolos en privado, al tiempo que confiscaba las propiedades de antiguos colaboradores o partidarios de Batista.

El 17 de mayo de 1959 se promulgó la primera Ley de Reforma

Agraria, acompañada de la fundación del Instituto Nacional de la Reforma Agraria (INRA), y fue establecido un límite máximo de tenencia de tierras. Los terrenos que sobrepasaran dicho límite eran expropiados por el gobierno, que tomó posesión de las propiedades agrícolas grandes y medianas. Algunas tierras fueron distribuidas entre el campesinado; pero la mayoría se convirtió a la larga en granjas estatales en las que vivían y trabajaban los campesinos, recibiendo un salario y una pequeña parte de los beneficios.

La Ley de Reforma Agraria y una marcada reducción de los alquileres marcaron el inicio de una rápida fase de confiscación y redistribución que se extendió hasta el establecimiento formal de una economía socialista, en abril de 1961, cuando Castro proclamó el carácter socialista de la revolución. A fin de destruir el desequilibrio estructural que había plagado la economía cubana, los dirigentes revolucionarios se propusieron diversificar la agricultura y la industria, intentando reducir la dependencia del rubro azucarero. Con ello, también intentaban debilitar la presencia e influencia económica de Estados Unidos en Cuba y hacer disminuir las notorias desigualdades entre los niveles de vida del campo y la ciudad.

Todo ello fue alcanzado en parte a través de la "nacionalización" (confiscación sin pago) de empresas nacionales y extranjeras. Los recursos naturales, las compañías de servicio, el sistema de crédito y la mayoría de las industrias grandes y medianas pasaron a manos del gobierno, que además se apropió gradualmente de los medios de comunicación y del sistema de educación, que se convirtieron en poderosas herramientas del aparato estatal. El gobierno inició un programa de viviendas de bajo costo y una campaña masiva de alfabetización, la cual, de acuerdo con afirmaciones oficiales, erradicó el 30 por ciento de analfabetismo que existía antes de la revolución. El desempleo disminuyó y los trabajadores urbanos no calificados recibieron aumentos en sus ingresos reales con salarios más altos, aunque los trabajadores calificados sufrieron pérdidas sustanciales. Las clases más altas fueron destruidas y las familias de clase media perdieron la mayoría de las propiedades que les producían ingresos, tras lo cual muchos emigraron, particularmente a Estados Unidos, o fueron absorbidos por el extenso proletariado creado por la revolución.

Mientras tanto, Castro insistía en la necesidad de altos índices morales para la población cubana y en particular para el aparato gubernamental. La inmoralidad, como la existente en la vieja Cuba, estaba asociada con el capitalismo, y éste, con todos sus nocivas consecuencias, tenía que ser destruido. Además, las presiones para la supervivencia económica pusieron fin a la ociosidad, la vagancia y otros vicios. El régimen de Castro, de este modo, asumió y continuaría asumiendo una actitud puritana, prohibiendo la prostitución, el juego, e incluso instituciones tan tradicionales y populares como la lotería y las peleas de gallos.

La reforma moral más importante ocurrió con relación a la administración de los fondos públicos, pues robar al gobierno se convirtió en una ofensa capital y el sistema de prebendas fue eliminado. Aunque la integridad política no se había logrado completamente y aparecieron nuevas formas de privilegios y prebendas, la extendida corrupción administrativa del pasado se redujo durante esta etapa revolucionaria inicial.

El régimen hizo también un gran esfuerzo para dar a las mujeres un papel nuevo y más militante dentro de la sociedad. A partir del triunfo de la revolución, más de medio millón de mujeres se incorporaron a la fuerza laboral y se organizó la Federación de Mujeres Cubanas (FMC), bajo la dirección de Vilma Espín, esposa de Raúl Castro. Las mujeres comenzaron a ocupar gran variedad de puestos de trabajos dentro y fuera de la burocracia gubernamental y muchas trabajaban en guardias nocturnas portando armas. Aunque parte de este trabajo era voluntario, había mucha coerción directa e indirecta. La primera tomaba la forma de directivas del partido, la FMC y otras organizaciones para usar a las mujeres voluntariamente en tareas como el corte de caña. La segunda era y es más sutil: la militancia más comprometida ejerce una presión social sobre los menos comprometidos para que participen, y al plantear que el ascenso político e incluso económico está reservado a aquellos que se sacrifican más por la revolución, el trabajo voluntario se convierte en una vía para demostrar la lealtad al partido y a la causa revolucionaria. También hay mayor interés y participación en la política y el deporte y un número mayor de mujeres se gradúan de la universidad. Aunque es difícil evaluar la profundidad del cambio en los valores y actitudes de las mujeres, así como la reacción de los hombres a estos cambios, el antiguo criterio de que el lugar de la mujer estaba en el hogar fue incuestionablemente superado. Las mujeres han encontrado un papel nuevo, más politizado y comprometido, en la Cuba de Castro.

Las nuevas oportunidades ofrecidas a las mujeres también han socavado la familia, una de las más importantes instituciones en el proceso de conservación de los valores. Las relaciones entre esposo y esposa han sido minadas y la familia ha perdido considerablemente el control sobre los hijos. Una gran cantidad de niños asisten a escuelas gratuitas como estudiantes internos y ven a sus padres sólo por cortos períodos de tiempo. Por lo tanto, no sólo son frecuentes las separaciones entre miembros de la pareja a causa de las demandas de trabajo de la revolución, sino también la separación de padres e hijos. El régimen ha alentado sistemáticamente estas prácticas, quizás consciente de que el único camino para desarrollar al nuevo hombre socialista en Cuba es la destrucción de las instituciones que transmiten los valores tradicionales, como la familia y la iglesia.

En febrero de 1960, el gobierno creó la Junta Central de Planificación (JUCEPLAN), para planificar y dirigir el desarrollo económico del país. En general, fueron adoptados para ello modelos organizativos procedentes de los países de Europa del este. El Ministerio de la Industria, a cargo del Che Guevara, asumió la administración de las mayores instalaciones industriales. La transformación del sistema de empresas privadas cubanas en una economía centralizada bajo el control del estado trajo como resultado un incremento de la inflación, la desorganización, el caos burocrático y la ineficiencia. La producción agrícola declinó agudamente, en cierto modo como resultado de la negligencia y del plan de Castro para la industrialización y en marzo de 1962 se introdujo por primera vez en la historia de la isla el racionamiento de alimentos. Cuba sufre aún gravemente muchos de estos problemas.

La creciente radicalización del gobierno estuvo acompañada por el aplastamiento de cualquier posible oposición y por el aumento en la influencia del PSP. A los partidos políticos les fue prohibido funcionar, con la excepción del PSP, que más adelante se fundió con el Movimiento 26 de Julio para formar el Partido Comunista de Cuba, el partido gobernante y único del país. Muchos de los viejos líderes políticos se alejaron del régimen, varios marcharon al exilio y algunos se unieron a las filas revolucionarias. La mayoría de los líderes y grupos de la lucha contra Batista se sumaron a la revolución y más tarde se fusionaron con los castristas, aunque un creciente número de antiguos aliados de Castro se desencantó de la revolución, pues sentían que Castro había traicionado los ideales que defendiera mientras estaba en las montañas. Apoyados por Castro, ganando en prestigio e influencia, los comunistas fueron ocupando progresivamente importantes cargos en el gobierno.

Evidentemente, Castro vio significativas ventajas en el hecho de usar al PSP, que podía suministrar los cuadros de mando entrenados, disciplinados y organizados que escaseaban en el movimiento de Castro; y, algo aún más importante, el viejo partido contaba con el apoyo de Moscú, por lo que podía servir como puente para un posible acercamiento cubano-soviético. Castro sabía bien que ante cualquier conflicto con Estados Unidos, sólo la protección de la Unión Soviética podría defenderlo contra posibles presiones o ataques, razonando que ningún otro poder enfrentaría a Estados Unidos por Cuba. La experiencia de Guatemala en 1954, cuando Estados Unidos patrocinó una invasión que derrocó al régimen de inclinación comunista de Jacobo Arbenz, era una clara advertencia para Castro y particularmente para su asesor de confianza, Che Guevara, que había sido un funcionario menor del gobierno de Guatemala en el momento de la caída de Arbenz. Ambos sabían, pues, que llevar adelante una revolución que afectara los intereses norteamericanos en Cuba sería una tarea difícil.

Ideológicamente, Castro estaba lejos de ser un marxista, ya que más bien pertenecía a la tradición de la ambigua política populista cubana, como parte de la cual Martí y Chibás habían exigido, cada uno en su momento, el fin de la corrupción política, la erradicación de la dependencia del monocultivo y de un solo comprador extranjero y el desarrollo de una identidad nacionalista. Aunque fuertemente influido por las ideas fascistas y falangistas durante su época de estudiante en el Colegio de Belén, y por el ideario marxista mientras asistía a la Universidad de La Habana, Castro no abrazó ninguna de estas ideologías, acercándose más a la tradición Martí-Chibás, aunque en muchos aspectos fundamentales rompiera con ella. Mientras Martí y Chibás habían ansiado reformas en la estructura democrática de una nación que debía ser independiente política y económicamente de Estados Unidos, ambos abogaron a favor de relaciones amistosas con el "coloso del norte".

Este no fue el caso de Castro, antinorteamericano desde sus días de estudiante, cuando distribuía propaganda contra Estados Unidos en Bogotá. Castro y parte de la dirigencia revolucionaria percibían que los profundos cambios socioeconómicos en la isla y la consolidación del gobierno unipersonal provocarían la oposición de los Estados Unidos. Ya desde la Sierra Maestra Castro le había escrito a un asociado que su verdadero destino era "una revolución en contra de los norteamericanos". Quizás a causa de su antinorteamericanismo y particularmente de su convicción de que una revolución sobre la cual él tuviese control absoluto no podría ser emprendida dentro de la configuración política cubana y en armonía con Estados Unidos, rompió con la tradición de Martí y Chibás y condujo así una revolución antinorteamericana y totalitaria.

En los primeros meses de la revolución, Castro reafirmó su independencia de Estados Unidos manteniendo, al mismo tiempo, relaciones normales con éstos. Durante su visita a Estados Unidos, en abril de 1959, rechazó ofertas de ayuda, pero insistió en que Cuba se mantenía alineada junto a Occidente en la Guerra Fría. También se reunió con varios funcionarios del gobierno de Estados Unidos, incluyendo al entonces vicepresidente Richard Nixon. No obstante, con el paso del tiempo, sus denuncias incendiarias sobre Estados Unidos se incrementaron: acusó a su vecino del norte de cada incursión del exilio contra la isla y culpó a Washington de los males políticos y económicos de Cuba.

Inicialmente, Estados Unidos siguió una política de "esperar y observar", ya que la administración de Eisenhower parecía haber sido tomada por sorpresa con relación a los acontecimientos de Cuba y no fue capaz de captar la magnitud de los cambios que ocurrían o la naturaleza del líder que los propugnaba. En los círculos de poder norteamericanos surgieron entonces diferencias entre quienes, opinando que Castro era marxista, defendían una línea dura para con Cuba, y quienes recomendaban paciencia con el líder barbudo.

Aunque las tensiones se habían originado en conexión con los juicios públicos y las ejecuciones de los partidarios de Batista, las diferencias se hicieron más serias después de la promulgación de la Ley de Reforma Agraria. Estados Unidos protestó, en vano, contra las expropiaciones iniciadas bajo esta ley, pero a las expropiaciones agrícolas siguieron otros ataques contra las inversiones extranjeras, principalmente en las industrias de la minería y el petróleo. La complicación de las relaciones entre ambos países se incrementó con arrestos de ciudadanos norteamericanos, la negativa de Castro a reunirse con el embajador de Estados Unidos, Philip W. Bonsal, a finales de 1959 y los sabotajes e incursiones de exiliados cubanos desde territorio estadounidense.

Las actividades militantes de Castro en el Caribe también incrementaron la aprensión de Washington. Durante los primeros años de la revolución activistas cubanos, junto a exiliados de varias naciones caribeñas, se lanzaron a una serie de expediciones frustradas, en un intento de levantar focos de rebelión en países vecinos. La relación de Castro con estas expediciones nunca ha sido claramente definida, pues aunque muchos de esos exiliados habían contribuido a la victoria de Castro y ahora veían la oportunidad de desarrollar un movimiento internacional para desalojar a los dictadores del área, en varias ocasiones

Castro condenó abiertamente los intentos y detuvo las embarcaciones cargadas con armas y hombres. Es probable que en este temprano período Castro no estuviera vinculado a tales intentos, pero lo cierto es que se lanzaron expediciones desde Cuba contra Panamá, la República Dominicana y Haití.

Haya o no apoyado el régimen cubano tales intentos, Castro, Guevara y Raúl creían que las condiciones políticas, sociales y económicas que habían dado origen a la revolución en Cuba existían también en otros países de América Latina y que otras revoluciones antinorteamericanas podrían ocurrir en todo el continente. De 1960 en adelante, los agentes y representantes diplomáticos cubanos establecieron contacto con los grupos revolucionarios de la región y comenzaron a distribuir propaganda y ayuda. Varios diplomáticos cubanos fueron expulsados por interferir en los asuntos internos de los países ante los cuales estaban acreditados. A medida que las tensiones con Estados Unidos aumentaban, se incrementaban las afirmaciones de Castro sobre el carácter internacional de su revolución y su participación en la promoción de la violencia en América Latina. En julio de 1960, Castro alardeó de que convertiría "la Cordillera de los Andes en la Sierra Maestra de América Latina" y desde La Habana comenzaron a ser enviados dinero, propaganda, hombres y armas en grandes cantidades para fomentar la revolución "antiimperialista".

La radicalización de la revolución y el deterioro de las relaciones con Estados Unidos crecieron paralelamente al acercamiento cubano-soviético. En febrero de 1960, tras la visita a La Habana del viceprimer ministro soviético Anastas Mikoyan, Cuba firmó un importante convenio comercial con la Unión Soviética que estipulaba que Cuba recibiría, entre otros productos, petróleo soviético a cambio de azúcar. Pero en junio, Estados Unidos y las refinerías de propiedad británica en Cuba rehusaron procesar el petróleo soviético y, por otra parte, la Cámara de Representantes de Estados Unidos aprobó un proyecto de ley que otorgaba autoridad al presidente para cortar las cuotas de azúcar a su discreción. En represalia, el 28 de junio Castro nacionalizó las compañías petroleras. En julio, Estados Unidos suprimió el tonelaje restante de la cuota de azúcar cubano correspondiente a ese año. En los meses siguientes Cuba confiscó sin pago las restantes propiedades norteamericanas junto a los más importantes negocios de propietarios cubanos.

En octubre, Estados Unidos anunció un embargo en la mayoría de las exportaciones a Cuba y cuando Castro restringió el personal de la embajada norteamericana a once miembros, Estados Unidos rompió las relaciones diplomáticas y retiró a su embajador con la siguiente declaración: "Hay un límite para lo que Estados Unidos, por auto respeto, puede tolerar. Ese límite ya ha sido alcanzado".

Para entonces Estados Unidos se había lanzado a una política más agresiva hacia el régimen de Castro. Grupos de exiliados cubanos se entrenaban bajo la supervisión de oficiales norteamericanos en campamentos de América Central, planeando un ataque a Cuba. La situación interna en la isla parecía propicia para el intento de derrocar al gobierno cubano, pues aunque Castro todavía contaba con un significativo apoyo popular, ese respaldo había decrecido progresivamente. Su propio Movimiento 26 de Julio estaba críticamente dividido a causa del giro hacia el comunismo y un significativo movimiento de guerrilla urbana se había formado a lo largo de la isla, compuesto por antiguos aliados de Castro, partidarios de Batista, grupos católicos y otros sectores que habían sido afectados por la revolución.

La resistencia urbana veía el desembarco de una invasión auspiciada por Estados Unidos como el acontecimiento culminante que daría continuidad a una serie de levantamientos y actos de sabotaje con los que esperaban debilitar tanto el ejército como la influencia del régimen sobre el pueblo. Esto coincidiría con el asesinato de Castro y con un plan coordinado de sabotajes. En las semanas previas a la invasión, se incrementó la violencia, hubo ataques dinamiteros y se quemaron varios negocios.

Sin embargo, los proyectos del exilio no contaban con las fuerzas dentro de Cuba. Depositaron una fe injustificada en el éxito de la invasión y al mismo tiempo temían que la resistencia interna pudiera estar infiltrada por el régimen. Las armas que debían ser enviadas a Cuba jamás llegaron y las comunicaciones entre exiliados y fuerzas de la clandestinidad eran esporádicas y confusas. La resistencia interna no fue alertada sobre la fecha de la invasión hasta el 17 de abril de 1961 —la fecha misma del desembarco—, un momento en el que su única posibilidad era, en medio de la confusión y la frustración, observar el desastre de Bahía de Cochinos.

Toda la invasión fue una tragedia llena de errores. Aunque el gobierno de Cuba no conocía la fecha en que ocurriría o el lugar exacto donde desembarcarían las fuerzas del exilio, la inminencia de una invasión era conocida dentro y fuera de la isla. Las armas y municiones que usaría la fuerza invasora se colocaron todas en un mismo barco, que fue hundido el primer día de la invasión. El lugar del desembarco estaba escasamente poblado, rodeado de pantanos y con poco acceso a montañas desde donde pudieran llevarse a cabo operaciones guerrilleras en caso de que la invasión fracasara. Consecuentemente, las fuerzas invasoras no podían contar con ayuda de las poblaciones cercanas.

Algunas de las incursiones por aire de los exiliados cubanos, que intentarían dañar la fuerza aérea de Castro, fueron canceladas a última hora por un confuso e indeciso John F. Kennedy que, quizás para tratar de reafirmar su autoridad sobre la CIA —que había auspiciado la invasión—, prever una posible reacción mundial, o apaciguar a los soviéticos, ordenó que Estados Unidos no fuera más allá en su participación. Los aviones Sea Fury y T33 de Castro, consiguieron entonces derribar a los B26 de los exiliados y mantener el control del aire. Mientras la invasión se hallaba en curso, Krushchov amenazó a Kennedy: "El gobierno de Estados Unidos puede todavía evitar que se expandan las llamas de la guerra a una conflagración imposible de enfrentar... Es tal la situación política del mundo actual, que cualquier llamada 'guerra pequeña' puede provocar una reacción en cadena de alcance mundial".

El fracaso de la invasión y la brutal represión que le siguió aplastaron toda la resistencia cubana. El primer día de la invasión, el régimen arrestó a miles de opositores, reales y sospechosos de serlo. La resistencia jamás se recobró de ese revés. Fortalecido y consolidado su régimen, Castro emergió victorioso, jactándose de haber derrotado "una invasión patrocinada por los yanquis". El desencanto y la frustración causados por el fiasco de Bahía de Cochinos entre las fuerzas anticastristas, tanto dentro como fuera de Cuba, impidieron el crecimiento de una oposición mejor organizada. Mientras tanto, el prestigio de Estados Unidos en América Latina y el mundo descendía a bajos niveles.

Luego del fiasco de Bahía de Cochinos, Estados Unidos recurrió a otros métodos para enfrentar a Castro. Uno era la política, enérgica pero sólo parcialmente exitosa, de aislar al régimen cubano y estrangularlo económicamente, para lo cual presionó a sus aliados en el mundo para que redujeran su comercio con Cuba. En la Organización de Estados Americanos (OEA) Estados Unidos obtuvo la suspensión de Cuba por una escasa mayoría en enero de 1962, y varios países rompieron relaciones diplomáticas con el gobierno de Castro en esa misma época. En 1964, ante el incremento de las actividades subversivas cubana en América Latina y el desplazamiento de la isla hacia el campo comunista, la OEA votó a favor de suspender las relaciones comerciales y diplomáticas con Cuba. Todos los países que aún no lo habían hecho cortaron sus relaciones con Cuba, excepto México, que apoyaba fuertemente el principio de autodeterminación y se negó a ceder ante las presiones de Estados Unidos.

Al tiempo que las relaciones cubano-norteamericanas se deterioraban, Cuba estrechó sus lazos con la Unión Soviética. Inicialmente, Moscú mantuvo una actitud cautelosa hacia Castro, ya que el líder "pequeño burgués" cubano parecía impotente para desafiar al "coloso del norte" y las posibilidades de que un régimen antinorteamericano sobreviviera tan cerca de las costas de Estados Unidos parecían remotas, particularmente a la vista de la experiencia de Guatemala, en 1954. Además, los soviéticos no estaban muy interesados en el azúcar u otros productos cubanos y consideraban al Caribe como el "patio trasero" de Estados Unidos. Los intentos de

Krushchov de una distensión con Estados Unidos y su deseo de arrancar concesiones de Washington con relación a Berlín, fueron importantes consideraciones que limitaron la participación soviética en Cuba, ante el temor de provocar mayor tensión en las relaciones soviético-norteamericanas. Asimismo, la Unión Soviética reconoció que los intentos de Castro de identificarse con el campo soviético, como su discurso del 16 de abril de 1961, durante el cual declaró el carácter socialista de la revolución cubana, o su alocución de diciembre de 1961, en la cual se autodeclaró marxista-leninista, tenían el propósito de involucrar a la Unión Soviética en la defensa de Cuba contra posibles acciones hostiles de Estados Unidos.

Otras consideraciones también condicionaron el limitado compromiso soviético con Cuba: su experiencia anterior con gobiernos que habían obtenido el poder sin el apoyo de la URSS había demostrado que estos regímenes seguían líneas políticas independientes de Moscú y eran difíciles de controlar. En efecto, el gobierno castrista se mostraba difícil, y por momentos imposible, de ser influenciado, pues aunque Castro apoyó sin mucho entusiasmo la doctrina soviética de "coexistencia pacífica" y la vía pacífica hacia el poder, también insistió en que el modelo cubano de revolución violenta era el único válido para América Latina y que Cuba debía asumir el liderazgo de un movimiento antiimperialista en el área. Naturalmente, esto le trajo conflictos con Moscú y los partidos comunistas prosoviéticos de América Latina, que no deseaban abandonar su posición, bastante cómoda y pacífica en la arena política latinoamericana, para seguir el curso violento que Castro proponía.

Los acontecimientos internos en la isla también preocupaban a los soviéticos. Durante sus dos primeros años en el poder, Castro aceptó el principio de "mando colectivo" y permitió al PSP elevar su prestigio y obtener posiciones de importancia dentro de las ORI (Organizaciones Revolucionarias Integradas), una fusión del PSP, el Movimiento 26 de Julio y otros grupos, que tuvo lugar en julio de 1961. Sin embargo, en 1962, sintiendo que su posición estaba amenazada, Castro actuó rápidamente para refrenar el poder de la "vieja guardia" comunista y purgó a Aníbal Escalante, un líder del PSP y secretario de las ORI, a quien envió al exilio en la Unión Soviética. Éste fue el primero de varios ataques que sufriría el PSP, que resultó prácticamente destruido como organización al convertirse en instrumento de la política de Castro.

A pesar de estas dificultades y aprensiones, los soviéticos gradualmente comenzaron a aceptar al líder barbudo. El creciente nacionalismo de América Latina y la enorme popularidad de la revolución cubana en la región limitaron las opciones de Estados Unidos de llevar a cabo acciones hostiles contra Castro durante los dos primeros años del régimen y alentaron las esperanzas de los soviéticos en la supervivencia de la revolución. También la radicalización de Castro y el aumento de su conflicto con Estados Unidos acrecentaron el interés de Moscú. Los soviéticos veían en las tensiones entre Cuba y Washington una oportunidad de compensar sus fracasos para obtener concesiones de Estados Unidos sobre Berlín. La vergüenza que la "pérdida" de Cuba pudiera significar para Estados Unidos fue un incentivo para los soviéticos, que sufrían aún por las cicatrices provocadas por las rebeliones de sus satélites de Europa del este. La creciente disputa entre China y la URSS fue también un factor importante que presionó a los soviéticos hacia una política más militante en apoyo a las revoluciones antiimperialistas de los países en desarrollo.

El más importante acontecimiento que alentó y aceleró la participación soviética en Cuba fue el fiasco de Bahía de Cochinos. El fracaso estadounidense al no actuar de forma decidida contra Castro hizo dudar a los soviéticos con respecto a la determinación de Washington y su interés en la isla. Los líderes del Kremlin percibían ahora que una mayor participación económica, e incluso militar, en Cuba, no implicaría peligro alguno para la Unión Soviética y tampoco pondría en serio peligro sus relaciones con Estados Unidos. Esta opinión se vio reforzada por la actitud apologética del presidente Kennedy en relación con la invasión de Bahía de Cochinos y su actuación generalmente débil durante la reunión cumbre con Krushchov en Viena, en junio de 1961.

Los soviéticos actuaron entonces rápidamente: firmaron nuevos convenios culturales y comerciales y enviaron mayor asistencia técnica y económica a Cuba. A mediados de 1962, se lanzaron a una peligrosa aventura al introducir subrepticiamente misiles nucleares y bombarderos en la isla, una acción con la que Krushchov y la dirigencia del Kremlin esperaban alterar el balance de poder y forzar a Washington a aceptar un acuerdo sobre el problema alemán. Una motivación secundaria y quizás menos importante fue la de extender a Cuba la sombrilla nuclear soviética y proteger así a Castro de cualquier otra acción hostil proveniente del norte.

El 22 de octubre el presidente Kennedy reaccionó públicamente al desafío soviético, estableciendo un bloqueo a la isla y exigiendo la retirada de todas las armas ofensivas del territorio cubano. Durante varios días el mundo se balanceó al borde del holocausto nuclear, en lo que se conoce como la "Crisis de octubre". El 26 de octubre un histérico Krushchov escribía a Kennedy:

Creo que usted me entenderá correctamente si en realidad le preocupa el bienestar del mundo. Todos necesitan la paz: los capitalistas, si no han perdido la razón, y, aun más, los comunistas.... Veo, Señor Presidente, que tampoco carece usted de un sentimiento de ansiedad por el destino del mundo, de comprensión y de conocimiento de lo que una guerra implica. ¿Qué le proporcionaría a usted una guerra? Usted nos amenaza con la guerra, pero bien sabe que lo menos que recibirá como respuesta será experimentar las mismas consecuencias de lo que nos envíe.... Nosotros, sin embargo, queremos vivir y no deseamos en lo absoluto la destrucción de nuestro país, sino algo bien diferente: competir con su país sobre bases pacíficas. Discutimos con usted, tenemos diferencias sobre asuntos ideológicos, pero nuestra visión del mundo consiste en lo siguiente: los asuntos ideológicos y los problemas económicos no deben resolverse por medios militares, sino por medio de la competencia pacífica....[1]

Finalmente, luego de un intenso intercambio de correspondencia, Krushchov estuvo de acuerdo en retirar los misiles y bombarderos y permitir una inspección de la retirada bajo la supervisión de Naciones Unidas, a cambio del compromiso estadounidense de no invadir a Cuba. Aunque Castro se negó a autorizar la inspección de Naciones Unidas, los misiles y bombarderos fueron retirados bajo la vigilancia aérea de Estados Unidos y la crisis concluyó. Estados Unidos nunca ha reconocido públicamente haberse comprometido a no invadir a Cuba, pero la subsiguiente política norteamericana indica que un entendimiento entre Estados Unidos y la Unión Soviética fue alcanzado con respecto a Cuba, y que éste incluía una política de no intervención en la isla.

La crisis de los misiles tuvo un significativo impacto sobre todos los países involucrados, pues al mismo tiempo que condujo a un relajamiento en las relaciones soviético-norteamericanas, hizo muy tirantes las relaciones soviético-cubanas. Castro no fue consultado durante las negociaciones Kennedy-Krushchov, y la retirada unilateral de los misiles y bombarderos hirió su orgullo y comprometió su prestigio. Fue una experiencia humillante para el dirigente cubano, relegado a todo lo largo de la crisis a la posición de simple peón en el tablero de ajedrez de la política internacional. Desafiante, Castro rechazó el entendimiento soviético-norteamericano y cuestionó públicamente la buena voluntad y determinación de los soviéticos para defender su revolución.

Resulta irónico que la crisis, aclamada en su momento como una victoria de Estados Unidos, no fuese más que un triunfo efímero, ya que a cambio de la eliminación de las armas ofensivas de la isla, Estados

---

1 Esta versión del mensaje de Krushchov es una traducción del texto proporcionado por el Departamento de Estado norteamericano.

Unidos aceptó un régimen comunista a sólo pocas millas de sus costas, e incluso la retirada de las armas nucleares resultó ser sólo temporal. Como quedó demostrado por eventos posteriores, los soviéticos introdujeron en Cuba armas aún más sofisticadas, pero diferentes, pues usaron la isla como base estratégica para submarinos nucleares. El triunfador real, pese a la humillación sufrida, fue Castro, que con el gobierno consolidado y la supervivencia garantizada, pudo entonces lanzarse a una política agresiva para exportar su estilo de revolución a toda América Latina. Además, la Unión Soviética hizo todo lo posible por apaciguar a su aliado caribeño, aumentando la asistencia económica y militar y recibiéndole como a un héroe durante su viaje a la Unión Soviética, en abril y mayo de 1963.

A pesar de los intentos soviéticos de apaciguar a Castro, las relaciones cubano-soviéticas aún estaban dañadas. Después de la crisis de octubre, Castro aumentó sus contactos con la China comunista, explotando la disputa chino-soviética y proclamando su intención de permanecer neutral y mantener relaciones fraternales con todos los estados comunistas. Cuba firmó varios convenios comerciales y culturales con Beijing y Castro se mostró cada vez más amistoso hacia el gobierno chino, alabando su postura revolucionaria militante. También desafió a los soviéticos cuando al aliarse al gobierno chino en la negativa a firmar el Tratado de Prohibición de Pruebas de Armas Nucleares (1963). Todas estas maniobras incrementaron de alguna forma la influencia de Castro sobre los soviéticos y le reportaron más ayuda.

Pero la luna de miel china fue breve: en 1966 Castro criticó a China por reducir los embarques de arroz a Cuba a cantidades menores a las que, según alegaba, habían sido acordadas entre los dos países. Describió las declaraciones ideológicas de Mao como de poco peso, solicitó la creación de un "consejo de ancianos" para evitar que los líderes envejecidos "hagan efectivos sus caprichos cuando la senilidad se haya apoderado de ellos" y amenazó con tratar a los diplomáticos chinos de la misma forma en que "tratamos a la embajada norteamericana". Para entonces, Castro también se había decepcionado de la actitud de China hacia Vietnam y de los esfuerzos propagandísticos de los asiáticos para inclinar a los cubanos hacia su lado en el conflicto chino-soviético. La insistencia de Castro sobre un control absoluto del movimiento revolucionario en América Latina y su conocimiento de las limitaciones de China para abastecer las necesidades de la economía cubana fueron otros factores claves en el enfriamiento de la amistad entre las dos naciones.

El área principal del conflicto soviético-cubano estaba constituido por las aventuras revolucionarias de Castro en América Latina. En 1963 Castro se lanzó a significativos intentos para subvertir y derrocar al gobierno venezolano. Fue destinado personal cubano, así como entrenamiento, asistencia y dinero, a financiar la campaña de terrorismo urbano que sufrió Venezuela en los años siguientes. Con su vasto litoral y su posición como puerta de entrada a América del Sur, Venezuela era, desde el punto de vista de Cuba, un objetivo ideal para la revolución continental. Las inmensas reservas de petróleo de Venezuela solucionarían los problemas enfrentados por una Cuba escasa de combustible y dependiente de los distantes y poco confiables soviéticos para sus necesidades de petróleo. Que el petróleo venezolano cayera en manos comunistas, lejos de Estados Unidos, era una perspectiva tentadora para Castro, y quizás también para los soviéticos. La caída del gobierno izquierdista de Joao Goulart en Brasil, en 1964, y la derrota de Salvador Allende, el candidato del Frente Popular en las elecciones chilenas de 1964, debilitaron el "camino pacifico" por el que abogaban los soviéticos para tomar el poder en América Latina y reforzaron la posición de Castro de que la violencia era la mejor táctica.

A pesar de un corto período de armoniosas relaciones cubano-soviéticas que siguieron a la expulsión de Krushchov, las diferencias emergieron nuevamente, en esta ocasión involucrando directamente a los partidos comunistas de América Latina. Castro discutió acremente con la dirección de estos partidos por su ausencia de apoyo a los movimientos guerrilleros y denunció al Kremlin por intentar establecer relaciones comerciales y diplomáticas con gobiernos "reaccionarios", hostiles a la revolución cubana. Castro proclamó que la tarea de cada revolucionario era hacer la revolución y rechazó la doctrina comunista de que el partido debería jugar el "papel conductor" en la lucha de liberación nacional.

En un pequeño libro titulado *¿Revolución dentro de la Revolución?*, escrito por Regis Debray, joven marxista francés, y patrocinado por el gobierno cubano, se hacía explícita la nueva línea de Castro: no sólo la teoría comunista y sus dirigentes —que insisten en el papel de líder del partido y minimizan la posibilidad de la lucha en zonas no urbanas— constituyen un impedimento para los movimientos de liberación, sino que tanto partidos como ideología resultan innecesarios en el estado inicial de la lucha. Debray explica que la contribución decisiva del castrismo a la experiencia revolucionaria internacional es que "bajo ciertas condiciones, lo político y lo militar no están separados, sino que forman un todo orgánico, el ejército del pueblo, donde el núcleo está formado por el ejército guerrillero. El partido de vanguardia puede existir en la forma del propio foco guerrillero. La fuerza guerrillera es el partido en estado embrionario".

Durante la Conferencia Tricontinental celebrada en La Habana en 1966, y a la que asistieron dirigentes revolucionarios de todas partes del mundo, Castro insistió en su línea independiente, buscando obtener el liderazgo indiscutido de la lucha guerrillera en el continente y ofreciendo suministrar los medios institucionales para promover su línea. Sin embargo, todos sus intentos revolucionarios terminaron catastróficamente. La aventura venezolana resultó un verdadero fiasco, pues la mayoría del pueblo venezolano rechazó la injerencia de Cuba en sus asuntos internos. El otro esfuerzo importante para abrir un frente guerrillero en Bolivia, a cargo del Che Guevara, finalizó con su captura y muerte, en 1967. Ni otra Cuba ni "muchos Vietnam", como Castro había profetizado anteriormente, germinaron en América Latina.

Los fracasos de Castro en la región debilitaron su autoridad ante los soviéticos, incrementaron la influencia de la URSS en Cuba y lo forzaron a mirar hacia el interior del país a fin de mejorar su deteriorada economía. A finales de los años 60 la economía cubana se caracterizaba por baja productividad, mala administración, planificación pobre y escasez de casi todo. Las negligencias estructurales parecían incluso más afianzadas que antes; los males del pasado estaban aún allí, con fuerza renovada. Los convenios comerciales a largo plazo con la Unión Soviética perpetuaban el papel de Cuba como productor de azúcar, forzándola a abandonar indefinidamente sus planes de diversificación e industrialización. El comercio continuaba siendo solamente con una única nación extensamente industrializada, cuya política comercial recordaba a Castro la de su anterior socio comercial. La deuda externa cubana también alcanzó proporciones alarmantes, sin aumentos significativos en la capacidad de la isla para ahorrar divisas.

El desempleo de la era precastrista cedió a un nuevo tipo de desempleo manifestado en poca productividad laboral, ausentismo, subempleo y la presencia de una burocracia ineficiente y con personal excesivo. El gobierno recurrió a métodos coercitivos con el fin de asegurar el abastecimiento de mano de obra para tareas críticas de la agricultura y el nivel de vida se deterioró, quizás más rápidamente en las áreas urbanas, mientras los productos de consumo se reducían al extremo, lo que causó profundos sufrimientos al pueblo cubano.

Arquitectura clásica cubana. La Catedral de La Habana, excelente ejemplo de arquitectura barroca cubana (arriba, izquierda). Como en Pinar del Río, la arquitectura vernácula (arriba, derecha), puede encontrarse en pueblos y ciudades a lo largo de toda la isla. El palacio Brunet, en Trinidad, uno de los más bellos edificios coloniales de Cuba (abajo, cortesía de la *Cuban Heritage Collection*, Universidad de Miami).

José Martí (arriba, izquierda), es considerado el fundador de la Cuba moderna. Un monumento a su memoria (arriba, derecha) preside la Plaza de la Revolución en La Habana. En otra esquina de la misma Plaza (abajo, izquierda) la enorme efigie de metal del Che Guevara, considerado un mártir después de su captura y muerte en Bolivia, en 1967.

El campo y la ciudad. El Capitolio Nacional (derecha), situado en el centro de La Habana, imita el Capitolio norteamericano. Fue la sede del gobierno durante la etapa constitucional de la República. Bajo el régimen de Fidel Castro, el Capitolio perdió su significación política, y ha sido transformado en museo y centro de convenciones. Uno de los más impresionantes paisajes cubanos es el Valle de Viñales, en la provincia de Pinar del Río (abajo).

Fotografías: con excepción de las fotos acreditadas, pertenecen a la colección del autor y los archivos de Pureplay Press.

La República constitucional. Los presidentes constitucionales de Cuba gobernaron el país durante 47 años, con breves interrupciones, desde mayo de 1902 hasta marzo de 1952. Cuatro de los presidentes más importantes fueron (de izquierda a derecha, de arriba hacia abajo) Gerardo Machado, Fulgencio Batista, Ramón Grau San Martín y Carlos Prío. Los cuatro fueron elegidos, aunque cada uno de ellos, con excepción de Prío, también gobernó en circunstancias inconstitucionales. Los cuatro comparten la experiencia de haber sido apartados por golpes de estado. Levantamientos armados pusieron fin a las carreras políticas de Machado, Prío y Batista. Grau perdió el liderazgo provisional del gobierno en 1934 para regresar una década más tarde como presidente electo. Fidel Castro ha gobernado Cuba, sin ser elegido, y prácticamente sin oposición, desde enero de 1959. Desde el año 2006, Castro permanece en el poder durante un tiempo más extenso que el de todos los presidentes constitucionales sumados. (Arriba, imágenes pertenecientes a la serie *Los presidentes*, del pintor César Beltrán.)

Castro al mando. Líderes del gobierno revolucionario (arriba) marchan en La Habana, el 5 de marzo de 1960, un día después de la explosión del carguero francés *La Coubre*. De izquierda a derecha: el comandante en jefe Fidel Castro, el presidente Osvaldo Dorticós y el ministro Ernesto "Che" Guevara. Abajo: El gobernante soviético Nikita Krushchov, unas de las tantas figuras políticas que Castro ha sobrevivido, aparece a la izquierda, conversando con el líder cubano durante un encuentro en la Unión Soviética. Uno de los legados de Castro fue el reemplazo de la influencia norteamericana por la más rampante presencia soviética.

Revolución en la revolución. La era de Castro ha estado plagada de conflictos civiles. Arriba, izquierda: un cartel propagandístico de las fuerzas armadas cubanas exhorta a la lucha contra la masiva rebelión antigubernamental que estalló en la sierra del Escambray. Arriba, derecha: un guerrillero anticastrista se rinde a las fuerzas gubernamentales en el Escambray. En las dos fotos de abajo, varios miembros del servicio de guardacostas norteamericano ayudan a refugiados cubanos "marielitos". Entre la primavera y el verano de 1980 más de 125 mil cubanos abandonaron la isla a través del puente marítimo del Mariel (fotos de The U.S. Coast Guard).

El poscomunismo. En los años que siguieron al colapso de la Unión Soviética, la economía cubana descendió a niveles sin precedentes, al tiempo que la infraestructura nacional iba en franca caída, como muestra esta foto (arriba) de una calle de La Habana, situada en el que fuera un próspero suburbio. El gobierno concentró sus esfuerzos en el turismo y en industrias de exportación que generaran divisas, como la manufactura de habanos. En la foto de la izquierda, una fábrica de tabacos en Pinar del Río.

Los noventa. En un esfuerzo por mejorar la economía el gobierno cubano intentó atraer al turismo y el país experimentó un influjo de visitantes de Canadá y Europa, que en su mayoría deseaban disfrutar de las playas. Unos de los destinos más populares fue la playa de Varadero (arriba). En la misma época, debido a la escasez crónica de viviendas, miles de cubanos se vieron obligados a residir en albergues "temporales", donde algunas familias vieron incluso crecer a sus hijos. (Foto de la izquierda, cortesía de *Cubanet News*).

Sobrevivientes. Aún cuando la mayor parte de la ciudad está en decadencia, las monumentales construcciones habaneras han permanecido intactas. Durante las décadas anteriores a Castro, la Universidad de La Habana (izquierda) encabezó los conflictos políticos de la nación. Bajo el régimen castrista, la universidad se ha convertido en amanuense del *status quo*, ya desactivada su tradición de rebeldía. El famoso Hotel Nacional (abajo) fue el centro de eventos históricos tanto en la época republicana como en los primeros años de la Revolución. Recientemente ha sido un oasis de comodidad y opulencia dentro de una ciudad cada día más depauperada.

Ayer y hoy. Arriba: Esta clásica foto de la calle San Rafael, en Centro Habana tomada en la década de 1950, ha sido utilizada por el historiador oficial de la ciudad para demostrar el esplendor de la urbe caribeña, aunque, irónicamente, la foto muestra una Habana en el apogeo del batistato. A la izquierda, una instantánea de la misma calle cinco décadas más tarde, donde se advierte la desaparición de los comercios y de la elegancia de antaño. Muchos de los más bellos edificios han caído en el abandono.

La revolución institucionalizada

En su segunda década, la revolución cubana enfrentó problemas críticos. Internamente, las crecientes dificultades económicas condujeron a un nuevo furor de actividad planificadora y mayor reglamentación, con el objetivo de estimular la productividad.

Un resultado de esta política fue el aumento de la influencia de los militares en la sociedad y su ascendente protagonismo en la vida política y económica. El partido, que hasta entonces había permanecido débil e ineficaz, fue extendido y fortalecido como parte del esfuerzo por ampliar su influencia a toda la sociedad. Mientras tanto, el gobierno continuó tratando de transformar el país con el fin último de crear al hombre nuevo del socialismo.

Externamente, la dirección cubana intentaba romper su aislamiento en América Latina haciéndose más selectiva con respecto al apoyo dado a los movimientos revolucionarios en la región y acercándose más a la Unión Soviética. Por otra parte, incrementó su influencia en el movimiento de países no alineados y se lanzó a una serie de exitosas intervenciones militares, principalmente en el continente africano.

Aunque las anteriores relaciones soviético-cubanas habían estado marcadas por frecuentes momentos de insubordinación de Castro e intentos de hacer valer su independencia, a mediados de 1968 entraron en un período de estrecha colaboración y amistad. Un momento crucial tuvo lugar en agosto de ese año, cuando Castro apoyó públicamente la invasión soviética a Checoslovaquia.

Fue la suya una acción dictada principalmente por consideraciones políticas y económicas: en primera instancia, para entonces Castro había comprendido que Cuba se beneficiaría de más protección y ayuda económica al asegurarse una membresía en el bloque soviético, que defendiendo el principio de soberanía de los países pequeños. En segundo lugar, las mediocres zafras azucareras de 1967 y 1968 incrementaron la necesidad de mayor ayuda económica soviética y pusieron de relieve el volumen de dependencia de la colaboración exterior para el desarrollo ulterior de Cuba. En tercer lugar, el fracaso de las actividades guerrilleras de Castro —particularmente el fiasco boliviano—, eliminó un importante elemento irritante en las relaciones cubano-soviéticas, ya que la presencia de un movimiento guerrillero gestándose en América Latina habría obstruido el acercamiento de La Habana con Moscú. Además, luego del revés del Che Guevara, Castro podía aceptar más fácilmente las ideas soviéticas sobre el camino pacífico hacia el poder en América Latina.

En un cuarto plano, la desconfianza de Castro hacia el presidente Richard Nixon y su política también influyó en su decisión de acercarse más a la Unión Soviética, pues percibía a Nixon como el hombre que había ayudado a tramar, en 1960, el apoyo de Estados Unidos a una intervención armada en Cuba y, con el fin de la Guerra de Vietnam, Castro temía que Nixon pudiera volverse de nuevo contra la isla. Finalmente, las ideas de Castro contrastaban marcadamente con las del grupo de Dubcek, en Checoslovaquia. El líder cubano se consideraba a la izquierda tanto de los soviéticos como de los checoslovacos, y por tanto no podía simpatizar con la liberalización que estaba teniendo lugar en Praga. También por razones internas, le resultaba lógicamente imposible apoyar la liberalización en el exterior mientras mantenía la ortodoxia en el plano doméstico.

En los meses que siguieron a su declaración sobre Checoslovaquia, el vínculo de Castro con la URSS se hizo cada vez más evidente. En noviembre de 1968, Castro dio la bienvenida a una delegación del partido comunista de Alemania oriental con gran ceremonia y firmó un comunicado conjunto sobre la "necesidad de luchar contra todas las formas de revisionismo y oportunismo". En su discurso anual por el aniversario de la revolución, el 2 de enero de 1969, presentó un balance de los diez años de la revolución tras el cual concluyó expresando su profunda gratitud al campo socialista, y particularmente a la Unión Soviética, por su ayuda y solidaridad.

En otros aspectos, los cubanos hicieron lo imposible por demostrar su nuevo espíritu de colaboración con los soviéticos. En junio de 1969, Castro revocó una de las infrecuentes decisiones colectivas del Comité Central del Partido Comunista relacionada con la no participación en la Conferencia Mundial de Partidos Comunistas convocada por la Unión Soviética. De acuerdo con la nueva decisión, fue enviado a la conferencia de Moscú Carlos Rafael Rodríguez, el teórico más importante del antiguo Partido Socialista Popular y miembro del Secretariado del Partido Comunista de Cuba. Rodríguez pronunció un discurso pródigo en elogios a la Unión Soviética que finalizaba con esta promesa: "Declaramos desde esta tribuna que en cualquier confrontación decisiva, ya sea un acto de la Unión Soviética para prevenir la amenaza de dislocación o provocación contra el sistema socialista, o un acto de agresión de cualquiera contra el pueblo soviético, Cuba estará firmemente al lado de la URSS".

Esta muestra de solidaridad tuvo extensas implicaciones. Varios de los restantes partidos comunistas gobernantes, incluyendo los de China, Vietnam y Corea del Norte, habían decidido no asistir a la conferencia, precisamente porque su objetivo principal era ganar apoyo para una cruzada contra Beijing. La asistencia de Cuba y la declaración de Rodríguez demostraban el respaldo cubano a la posición soviética: Castro estaba uniendo su suerte a la de la URSS. A este evento siguieron visitas de la marina soviética a puertos cubanos y las visitas a la isla del ministro de Defensa soviético, el mariscal Grechko, y del primer ministro Alexei Kosygin. A su vez, Fidel y Raúl Castro viajaron a Europa del este y a la Unión Soviética por prolongados períodos de tiempo.

A principios de los años 70, la ayuda militar y económica soviética se había incrementado sustancialmente y Cuba se acercó aún más a la Unión Soviética al convertirse, en 1972, en miembro del Consejo de Ayuda Mutua Económica (CAME), una organización de los países de Europa del este, con el resultado de una mayor influencia directa de los soviéticos en la isla. Los técnicos soviéticos participaban directamente en actividades de dirección y planificación a nivel nacional, el número total de asesores militares y técnicos aumentó considerablemente y llegó también a la isla un gran número de asesores económicos. Estos asesores tuvieron particular influencia en los ministerios de Industria Azucarera y de las Fuerzas Armadas, en los que fueron organizadas comisiones consultivas conjuntas soviético-cubanas.

De especial significación fueron los acuerdos a largo plazo entre Cuba y la URSS, que adaptaron la economía cubana a los planes quinquenales soviéticos. También se estableció un nuevo Comité Intergubernamental de Coordinación que otorgaba al Kremlin considerable poder sobre los acontecimientos cubanos. La influencia de la Unión Soviética y su presencia se extendieron más que en cualquier otro momento, con la posible excepción del período inmediatamente anterior a la crisis de octubre de 1962. Castro transformó la influencia penetrante de Estados Unidos en una nueva y más completa dependencia de la URSS y Europa Oriental, que se prolongó hasta el colapso de la Unión Soviética.

Como resultado de sus propios problemas económicos y de la ascendente influencia soviética, Castro comenzó a volverse hacia los asuntos internos de Cuba. Los soviéticos le habían presionado por largo tiempo para que refrenara sus actividades en América Latina y se dedicara a revitalizar su declinante economía. Muy significativo al respecto fue un artículo de *Pravda* del 2 de octubre de 1970, que reafirmaba que "el pueblo cubano y los comunistas cubanos comprenden que la principal contribución de Cuba al sistema socialista mundial y al proceso revolucionario general radica ahora en la edificación económica y la creación de una sociedad socialista desarrollada sobre esta base".

A principios de los años 70, los discursos de Castro restaron importancia a la noción de la revolución latinoamericana o a su continuo apoyo a grupos terroristas y antinorteamericanos, para concentrarse en cuestiones domésticas, tanto políticas como económicas. Los medios de comunicación oficiales todavía exhortaban a la acción revolucionaria, pero sin declarar, como era costumbre, que la lucha armada era el único camino hacia el poder. En agosto de 1972, una publicación de la Organización Continental de Estudiantes de América Latina (OCLAE), creada por Cuba, exhortaba a los estudiantes latinoamericanos a consagrarse a la lucha "hasta sus consecuencias finales" y proponía "nuevas formas de organización para enfrentar la violencia imperialista", pero omitía cualquier referencia a las alusiones, en otros tiempos habituales, a favor de la guerra de guerrillas.

Con anterioridad a 1968, Castro había sido el defensor principal de la revolución violenta, gracias a lo cual revolucionarios y terroristas latinoamericanos recibían entrenamiento en Cuba y regresaban a sus países de origen para dirigir las insurrecciones, mientras Cuba enviaba fondos, armas y propaganda a los grupos rebeldes en varias naciones latinoamericanas. Eran incluso consideradas como objetivos regiones en las que no existían condiciones propicias para la violencia. Castro confiaba en los grupos guerrilleros de vanguardia más que en los movimientos de masas, y sostenía que las campañas de la guerrilla podrían crear las condiciones necesarias para la revolución.

La implementación de estas ideas le había conducido a un conflicto con Moscú y con los partidos comunistas de América Latina, pues durante años los soviéticos clamaron por la formación de frentes populares y movimientos de masas. Criticaron el énfasis de Castro en la lucha armada como "oportunismo de izquierda que conduce a las masas a acciones aventureras" que podría poner en peligro la ofensiva económica soviética en América Latina, así como sus intentos de incrementar su influencia política en el área. Quizás temían también ser arrastrados a confrontaciones con Estados Unidos no elegidas por ellos.

La mayoría de los partidos comunistas tradicionales en América

Latina seguían la política soviética y se manifestaron particularmente ofendidos ante los reclamos de Castro por la supremacía del movimiento revolucionario, así como por su calificación de los comunistas que se oponían a la lucha armada como "traidores, derechistas y desviacionistas". Habiendo logrado una posición segura y cómoda en la mayoría de los países de América Latina, los partidos comunistas y sus líderes temían que un llamado a la violencia los llevara al fracaso, la persecución y el exilio. Trabajaban por la creación de "las condiciones necesarias para la revolución" a través de la propaganda, la infiltración, los frentes populares y hasta las elecciones, pero en la mayoría de los países mostraban poca inclinación a implicarse de lleno en la lucha armada.

Castro llegó a reconocer que había "diferentes caminos para llegar al poder", y aunque no renunció completamente a su objetivo original de exportar un modelo propio de comunismo, se hizo más selectivo en dar el apoyo cubano. Sin embargo, el fracaso electoral del Frente Popular en Uruguay, y fundamentalmente la caída del gobierno de Allende en Chile, en 1973, marcaron un momento crucial para la lucha revolucionaria de inspiración cubana en América Latina. La dirección cubana reexaminó sus estrategias y tácticas en la región para concluir, nuevamente, que el camino hacia el poder en América Latina no era a través de las boletas, sino de las balas. A mediados de los 70, Castro intensificó su apoyo a grupos selectos, particularmente en América Central, suministrándoles material propagandístico, entrenamiento, asesores, ayuda financiera y finalmente armas, de lo cual se derivó una intensificación de la lucha revolucionaria armada en la región.

Cuba se vinculó también con los afroamericanos en Estados Unidos y con los Macheteros, un grupo terrorista puertorriqueño. El régimen castrista prestó particular atención a la lucha de los ciudadanos negros en Estados Unidos, suministrando asistencia y entrenamiento a los Panteras Negras y al Ejército Negro de Liberación, así como un refugio seguro en la isla para los líderes de estos grupos. Castro también promovía continuamente la independencia de Puerto Rico y apoyaba a los Macheteros, que cometían actos terroristas y robos de bancos en Estados Unidos y varios de los cuales aún hoy viven en Cuba.

También personal cubano militar y de inteligencia prestó ayuda a grupos y gobiernos del Medio Oriente en la lucha contra Israel, y tropas cubanas pelearon junto a los estados árabes, y en particular junto a Siria, durante la Guerra del Yom Kippur. Castro envió instructores y consejeros militares a las bases palestinas; cooperó con Libia en la fundación de World Mathaba, un movimiento terrorista; y estableció estrecha colaboración militar e intercambios con Irak, Libia, Yemen del Sur, el Frente Polisario para la Liberación del Sahara Occidental, la Organización para la Liberación de Palestina (OLP) y otros movimientos en el Medio Oriente.

Todo ello coincidió con la debacle de Estados Unidos en Vietnam y el escándalo Watergate. La incapacidad de las administraciones norteamericanas para responder rápida y decisivamente a las circunstancias en América Central y otras partes del mundo, así como al desafío cubano-soviético en África, alentaron al dirigente cubano. Más de 40,000 tropas cubanas, apoyadas por equipos y asesores soviéticos, fueron trasladadas entonces a África para conducir al poder a gobiernos comunistas en Angola y Etiopía.

El compromiso de Cuba con la revolución en África tuvo sus orígenes a mediados de los años 60, cuando el Che Guevara visitó la región para promover la resistencia armada anticolonialista. En particular, el Movimiento Popular para la Liberación de Angola (MPLA) y su líder marxista Agostinho Neto fueron apoyados por Castro, junto a los comunistas portugueses y los soviéticos. La posible derrota del grupo de Neto, uno de los tres, y quizás el más débil, de los que luchaban por el poder, produjo una convergencia de las políticas soviética y cubana en Angola a mediados de los años 70. La participación cubana elevó el prestigio e influencia global de Castro, estimuló la creación de gobiernos marxistas cercanos a Cuba y mostró la solidaridad cubana con los intereses de Moscú en el área, poniendo además a prueba la disposición combativa de las tropas cubanas.

Alentado por las victorias cubano-soviéticas en Angola y Etiopía, el gobierno de Castro centró entonces su atención en Nicaragua. Allí, las viejas e injustas estructuras sociales, políticas y económicas, dominadas por una dinastía opresora, corrupta e ineficiente, comenzaban a desmoronarse adelante el creciente descontento popular. Junto a Panamá y Venezuela, Cuba incrementó su apoyo al Frente Sandinista de Liberación Nacional, el principal grupo guerrillero opositor al régimen de Somoza conducido, entre otros, por un viejo amigo de Castro, el dirigente marxista Tomás Borge. En julio de 1979, Somoza huyó a Estados Unidos y el Frente entró victorioso en Managua.

La victoria sandinista en Nicaragua se proyectó como un monumento a la estrategia y ambiciones cubanas en el hemisferio, pues el derrocamiento de Somoza dio a la línea de Castro su más importante impulso en dos décadas al reivindicar, aunque de forma tardía, su insistencia ideológica en el valor de la violencia y su consideración de la guerra de guerrillas como la estrategia adecuada para alcanzar el poder en América Latina. La creencia sostenida de Castro de que las condiciones políticas, sociales y económicas que habían dado origen a la revolución en Cuba existían o podían ser creadas en otras partes de América Latina, y de que la revolución tendría lugar en todo el continente, al fin parecía justificada. Jesús Montané Oropesa, miembro del Comité Central del Partido Comunista de Cuba, enfatizó que las victorias revolucionarias en Nicaragua y Granada eran los acontecimientos más importantes en América Latina desde 1959. "El triunfo en Nicaragua", explicaba Montané, "demuestra la efectividad de la lucha armada como un medio decisivo para tomar el poder".[1]

A partir de ese momento, el ritmo de la violencia apoyada por Cuba se aceleró en América Central. Con la ayuda de una extensa red de inteligencia, fuerzas militares y una sofisticada maquinaria propagandística, el gobierno cubano incrementó su apoyo a varios grupos en la región. En cooperación con los dirigentes sandinistas, Cuba ayudaba a los grupos insurgentes en El Salvador, Guatemala y

1 Radio Habana Cuba, 21 de octubre de 1980

Colombia. El compromiso de Castro con la violencia revolucionaria se reforzó una vez más, mostrando de manera convincente la voluntad de la dirección cubana de aprovechar oportunidades y correr riesgos con tal de expandir su influencia y poder.

Al inicio de los años setenta la economía cubana se hallaba inmersa en numerosos problemas, que fueron confirmados por Castro en su discurso el 26 de julio de 1970. Después de admitir que Cuba había fallado en alcanzar la meta de 10 millones de toneladas de azúcar y que la producción total para ese año sería sólo de 8.5 millones de toneladas, utilizó el fracaso como punto de partida para un profundo examen con relación al alcance total de las anteriores prácticas políticas y económicas. Explicó que el esfuerzo invertido en la cosecha azucarera había deprimido a la mayoría de los otros sectores de la economía y mencionó la baja productividad de artículos tan vitales como la leche, el pan, los vegetales y la industria ligera, y explicó que la producción industrial estaba gravemente rezagada con respecto a las metas establecidas. La escasez de piezas de repuesto, el colapso del sistema de transporte y el descenso de la productividad en todo el sector de consumo plagaban la economía. "Una producción insuficiente frente a gastos incrementados", dijo, "ha traído como resultado crecientes dificultades". El ausentismo laboral y la escasa productividad eran otros factores que agravaban la situación.

En su discurso, Castro hizo recaer la culpa de los fracasos económicos sobre "la burocracia" e incluso sobre sí mismo. En un gesto deliberado dijo a los cubanos que "[tenemos] cierto subdesarrollo en la dirigencia" y que el pueblo podría cambiar a sus gobernantes "ahora mismo, en cualquier momento que lo desee". Reconoció también la profunda dependencia de Cuba con respecto a la URSS, al admitir que existían "grandes desequilibrios en nuestro mercado externo, particularmente con la Unión Soviética". En conclusión, advirtió a los cubanos que "el próximo año [sería] duro", con pocas esperanzas de prosperidad inmediata.

Las exhortaciones y admoniciones de Castro encontraron eco en otros funcionarios del gobierno. El ministro de Trabajo, Jorge Risquet, atribuyó los problemas económicos cada vez mayores del país a "la extendida resistencia pasiva" de los trabajadores. Hablando sobre las razones de la ineficiencia laboral, Risquet se quejó de que no existiesen buenas relaciones entre los trabajadores y sus superiores, entre los cuales se contaban los dirigentes sindicales, los administradores estatales y los funcionarios del partido comunista. Informó que la productividad entre los trabajadores azucareros era tan baja que el costo de la zafra de 1970 fue tres veces mayor que el valor de la cosecha en el mercado mundial.

A causa de estas dificultades la dirección cubana reexaminó la política económica, en un esfuerzo por trazar planes económicos más factibles. Las metas de producción fueron reducidas y adaptadas a la realidad, el gobierno alentó la descentralización de determinados programas y mostró una renovada preocupación por los objetivos económicos que superaba a la manifestada por los objetivos sociales. El propio Castro admitió que en el período de la construcción del socialismo, algunos incentivos económicos todavía tenían que ser utilizados, con lo cual dio señales de una desviación parcial del énfasis anterior en los incentivos morales. En el discurso del 26 de julio de 1973, Castro explicó que "junto con los estímulos morales, también tenemos que usar el estímulo material, sin abusar de uno o de otro. El primero nos conduciría al idealismo, el segundo nos llevaría a desarrollar el egoísmo individual". Mientras aún se dependía fundamentalmente de los llamados incentivos morales, a causa del compromiso de Castro con esta política y de la incapacidad —o de la falta de voluntad— de la Unión Soviética para entregar grandes cantidades de productos de consumo, Cuba comenzó a reorientarse a la producción de una mayor cantidad de tales productos, en un intento por motivar a la clase trabajadora.

A fin de estimular la productividad e impedir que siguiera decayendo el ímpetu revolucionario, el régimen impulsó una mayor reglamentación y militarización de la sociedad. Los días feriados habituales —tradicionalmente de gran significado en la vida cubana— fueron cancelados. Oficiales del ejército fueron designados en importantes cargos civiles y las fuerzas armadas se convirtieron en una agencia proveedora de administradores que se dedicasen a los asuntos políticos, económicos y educacionales. Las organizaciones de desarrollo, tanto a nivel nacional como local, cayeron bajo la égida militar, y de acuerdo a esa tendencia, el ejército estableció centros especiales para entrenar a los cuadros de mando en su trabajo con varias organizaciones nacionales y locales. Bajo el control de Raúl, el hermano de Castro, el Ministerio de las Fuerzas Armadas Revolucionarias se convirtió en una de las más poderosas instituciones cubanas.

En el frente ideológico se dio un mayor énfasis a la necesidad de sacrificio: la edificación del socialismo demandaba altas tasas de inversión con el máximo conocimiento científico-técnico y el mínimo de consumo. El gobierno argumentaba que la buena voluntad de los trabajadores no era suficiente y que, en ciertas circunstancias, la coerción era inevitable en interés de "construir una sociedad socialista". Fueron instituidas numerosas medidas de austeridad que incluyeron, por ejemplo, reducciones en las raciones de azúcar y café y recortes en artículos de consumo e importaciones de los países del este.

Descontento con el manejo de Castro sobre la economía y con los reiterados fracasos del país en cumplir con sus metas de producción y sus obligaciones internacionales, el Kremlin presionó a los cubanos a adoptar la más ortodoxa política soviética. Castro reconoció el disgusto soviético cuando, en una entrevista publicada por la revista soviética *Ogonek*, en mayo de 1970, confesó que "previamente no cumplimos muchas promesas y, por consiguiente, muy natural y justificadamente, se desarrolló cierto escepticismo con relación a nuestros planes económicos". El presidente Dorticós también reconoció el arduo sendero en la construcción de una "genuina sociedad comunista", señalando que Cuba aún necesitaba desarrollar los fundamentos del socialismo mediante la utilización de los métodos económicos soviéticos, incluido el uso de incentivos materiales.

Estas confesiones destacaron un retorno parcial a la racionalidad económica. En lugar de continuar con sus planes de retirar progresivamente el uso del dinero, la dirección del país admitió la necesidad de las transacciones monetarias y la aplicación de patrones económicos: eficiencia, productividad, crecimiento y contabilidad de costos. En un intento por aumentar la productividad laboral, más adelante el régimen cubano sustrajo énfasis a la aplicación de incentivos morales y la política de distribución de pago igualitario e introdujo una mayor descentralización y discreción administrativa, así como un rol más significativo para las hasta entonces ignoradas fuerzas del mercado.

Estas políticas implicaron una modesta mejoría durante la primera mitad de la década. La producción industrial se expandió y hubo más artículos de consumo disponibles; la economía recibió un refuerzo significativo gracias al alza de los precios mundiales del azúcar y al arribo masivo de ayuda y equipos soviéticos. Además de suministrar varios miles de millones de dólares en equipo militar gratuito, el Kremlin pospuso el pago de la deuda principal cubana, así como de los intereses generados por ella, ofreciendo además a la isla créditos libres de intereses y estableciendo conexiones entre los precios del petróleo y el azúcar para evitar un deterioro de las condiciones del comercio cubano.[2] A través de la venta de petróleo a Cuba a precios inferiores a los de la Organización de Países Exportadores de Petróleo (OPEP), los soviéticos protegían la economía cubana de la sacudida originada por los altos precios del combustible que afectaba a las economías occidentales.

A pesar de esta recuperación, la economía continuó plagada de graves problemas, tales como baja productividad, mala administración, ineficiencia, desempleo y metas demasiado ambiciosas. Los precios del azúcar descendieron vertiginosamente de $.65 la libra en 1974, a $.08 en 1977; las divisas menguaron y las importaciones decrecieron. El impacto habría sido aún mucho más significativo sin la ayuda de los soviéticos, que compraban la mitad de la producción anual del azúcar cubano y subsidiaban la economía de la isla al pagar por el azúcar un

---

2 Ver Theriot, Laurence H.: *Cuba Faces the Economic Realities of the 1980's* (Washington: U.S. Department of Commerce, U.S. Government Printing Office, 1982)

precio considerablemente superior al establecido por el mercado mundial.

Otros problemas inesperados también perjudicaron la economía: una plaga de hongos de moho azul destruyó la mayor parte de la cosecha de tabaco en 1979 y 1980, mientras otras enfermedades afectaron a las industrias azucarera y ganadera; además la propia depresión de la economía soviética a finales de los años 70 retrasó también el ritmo de su ayuda a Cuba. Por otra parte, la intervención en África, si bien políticamente importante para la dirigencia cubana, había sido costosa, pues impuso una movilización interna y gastos significativos en el exterior para mantener a 40,000 tropas cubanas en territorio africano. La institucionalización de una economía de planificación central al estilo soviético había agobiado a Cuba con una vasta burocracia administrativa que asfixiaba la innovación, la productividad y la eficiencia necesarias para un sostenido crecimiento económico.[3]

En un intento por aumentar la eficiencia económica y en concordancia con los objetivos soviéticos, el Partido Comunista de Cuba, que ahora contaba con 482,000 miembros, se expandió y fortaleció, con el fin de lograr una mayor correlación con las necesidades de una sociedad socialista, y poniendo especial énfasis en el más alto nivel de instrucción ideológica y en la adquisición de conocimientos especializados por parte de sus miembros.

A través de la década de los sesenta, el aparato político del movimiento revolucionario dirigido por Castro, se mantuvo débil e incapaz de jugar un papel clave en el proceso político. A la estructura establecida en 1961—una fusión del Movimiento 26 de Julio, el Partido Socialista Popular (PSP) y el Directorio Revolucionario—, se le dio el nombre de Organizaciones Revolucionarias Integradas (ORI), un paso preparatorio hacia la creación del Partido Unido de la Revolución Socialista (PURS), que su vez, en 1965, se transformó en el Partido Comunista de Cuba (PCC), el partido gobernante y único de la isla.

3 Ibid.

Durante su período temprano, el partido permaneció siendo pequeño, desorganizado y relegado a una posición secundaria en comparación con las fuerzas armadas. Adolecía de un papel claro y definido, la dirección y coordinación internas eran mediocres y las reuniones escasas y de cuestionable valor. Evidentemente, Castro consideraba de poca necesidad una estructura partidaria bien desarrollada, que habría reducido, o al menos rivalizado, con su estilo personalista de dirección. El conflicto entre la vieja guardia comunista y los fidelistas también creaba tensiones, obstaculizando el desarrollo de una organización fuerte. Las fuerzas armadas y la burocracia habían apoderado de los mejores talentos del partido, que veían mejores oportunidades para avanzar en estos sectores que en un partido plagado de faccionalismo y apoyado débilmente por el máximo líder.

Sin embargo, la década de los setenta fue de expansión y consolidación para el partido, considerando que durante su primera mitad, la membresía aumentó de unos 55,000, en 1969, a 202,807 al momento de celebrar su primer congreso, en 1975. Durante la segunda mitad de la década, la expansión se tornó más lenta, de manera que para el segundo congreso del partido, realizado en 1980, había poco menos de 400,000 miembros y aspirantes. Al aproximarse el tercer congreso, en 1985, Fidel Castro reveló que el número de miembros y candidatos ascendía a 482,000. Poco antes se había hecho mayor énfasis en la incorporación de candidatos vinculados a la producción, la enseñanza y los servicios, ya que muchos de los miembros iniciales habían sido promovidos rápidamente dentro de las filas y se habían convertido en burócratas del partido, por lo que era necesario atraer a cuadros que trabajaran en la industria y la agricultura, con la esperanza de que estuvieran más conscientes de los problemas de la producción y en estrecho contacto con la realidad de la economía. También tuvo lugar un intento por incorporar más mujeres a las filas partidistas, ya que desde la época de su organización, las mujeres habían carecido de suficiente representación en las filas del partido y en los órganos de dirección; aun cuando más mujeres se incorporaban a la fuerza laboral, pocas de ellas lograban alcanzar posiciones de dirección.

El primer congreso del partido, en 1975, marcó un hito en la legitimación de la posición del partido como fuerza conductora de la sociedad, y aseguró a la Unión Soviética la lealtad y amistad de Cuba, alabando la continua ayuda económica y militar a la revolución cubana. El congreso también rehabilitó a los comunistas de la vieja guardia, algunos de los cuales habían sufrido la desconfianza del partido e incluso habían sido perseguidos por los castristas. Tres viejos comunistas, Carlos Rafael Rodríguez, Blas Roca y Arnaldo Milián fueron electos como miembros del Buró Político.[4] El congreso también amplió el Comité Central de 91 a 112 integrantes, aumentó el Buró Político de 8 a 13 titulares y mantuvo el Secretariado en 11 miembros con Fidel y Raúl Castro como primer y segundo secretarios, respectivamente.

En su informe al congreso, Castro intentó reconciliar la adopción de instituciones de estilo soviético en la isla con un renovado énfasis en el nacionalismo y las raíces históricas de la revolución cubana. Subrayó que el socialismo cubano era la culminación de una lucha contra el colonialismo español y el neocolonialismo de Estados Unidos y su injerencia permanente en los asuntos cubanos. Sin muchas consideraciones, y a fin de justificar la entrada de Cuba al campo comunista, Castro vinculó a José Martí con Lenin. El congreso adoptó un plan quinquenal que llamaba a una integración económica más estrecha con la Unión Soviética y a un sistema económico copiado de otros estados socialistas. La aprobación del programa político del partido, con acento en "los principios marxistas-leninistas y el papel dirigente del partido", era otra evidencia del impacto de la ortodoxia de estilo soviético en la isla.

De esencial importancia fue la adopción de la primera constitución

---

4 Además de Fidel y Raúl Castro, estaban incluidos Juan Almeida, Guillermo García, Ramiro Valdés, Armando Hart, Osvaldo Dorticós, Sergio del Valle, Pedro Miret y José Ramón Machado. Durante el segundo congreso del partido en 1980, el Buró Político fue ampliado a 16 miembros. Sus nuevos integrantes fueron Osmani Cienfuegos, Julio Camacho y Jorge Risquet. Milián murió en 1983, al igual que Dorticós, que se suicidó.

socialista de Cuba, aprobada por una mayoría de 97.7 por ciento en un referéndum popular a principios de 1976. A imitación de otras constituciones comunistas, el documento cubano reconocía al partido como "el máximo poder dirigente del estado y la sociedad" y definía la función de las organizaciones de masas, como los Comités de Defensa de la Revolución (CDR) y la Federación de Mujeres Cubanas (FMC). La isla fue dividida en catorce provincias en lugar de las seis anteriores.[5] El texto constitucional reconoció la libertad de expresión, religión, prensa y asociación, mientras que éstas no estuvieran en pugna con los objetivos del socialismo; enumeró los derechos y deberes de los ciudadanos cubanos y creó un ejército de nuevas instituciones gubernamentales, entre las que se destacaron los llamados Órganos del Poder Popular.

Esta institución estaba constituida por tres series de delegados "electos" en los niveles municipal, provincial y nacional. En la base de la estructura había 10,725 miembros elegidos durante 1976 en 169 asambleas municipales. Éstos, a su vez, seleccionaron a 1,084 delegados a las asambleas provinciales y 481 para la Asamblea Nacional, la cual, a su vez, eligió a 31 miembros para el Consejo de Estado, que resultó integrado por Fidel Castro como presidente, Raúl Castro como primer vicepresidente, otros cinco vicepresidentes, un secretario y otros 23 integrantes. El estado cubano está formalmente representado por un Presidente, Fidel Castro, designado como "Jefe de Estado". Además, el presidente nombra y preside un Consejo de Ministros, aprobado por la Asamblea Nacional, que tiene la responsabilidad principal de administrar el país. La Asamblea Nacional también está autorizada para legislar, regular la producción y designar a los jueces de la Corte Suprema.

Sin embargo, el verdadero poder reside en el pequeño Consejo y principalmente en el Buró Político del partido. La Asamblea Nacional

---

5 Las seis provincias eran: Camagüey, La Habana, Las Villas, Matanzas, Oriente y Pinar del Río. Las 14 provincias son: Camagüey, Ciego de Avila, Cienfuegos, Ciudad de La Habana, Granma, Guantánamo, La Habana, Holguín, Las Tunas, Matanzas, Pinar del Río, Sancti Spíritus, Santiago de Cuba y Villa Clara.

ha sido realmente un cuerpo manipulable que se reúne durante unos pocos días al año para discutir fundamentalmente la legislación social y aprobar leyes y propuestas sometidas al Consejo y previamente aprobadas por éste. A su vez, el hecho de que el Consejo esté bajo el dominio de miembros del Buró Político del partido y que la mayor parte de la Asamblea Nacional está compuesta por militantes del partido, asegura que la posición partidista sea la determinante a todos los niveles. Cada asunto o legislación de importancia es revisado por el Buró Político que, en algunos casos, actúa independientemente de cualquier otra dependencia gubernamental y toma importantes decisiones por sí mismo, o veta las propuestas de legislación. Por lo tanto, el Buró Político goza del poder de veto en la toma de decisiones desde la redacción de las leyes hasta su adopción por la Asamblea Nacional.[6]

Quizás el resultado más importante de los Órganos del Poder Popular ha sido el aumento en la comunicación y capacidad de respuesta a nivel local. En vista de que, hasta entonces, los cubanos habían tenido poca intervención en el proceso de la toma de decisiones, estas organizaciones suministraron los medios para canalizar una cantidad limitada de críticas. Además, la vasta red de asambleas municipales a nivel local proporciona un más fácil acceso a los funcionarios estatales y un mecanismo para la solución de problemas locales.[7]

El partido ha dedicado grandes esfuerzos a asegurar su control sobre las burocracias de la administración y el estado. Los funcionarios del partido no sólo participan en la dirección y supervisión de las empresas agrícolas e industriales y en todos los niveles de gobierno, sino también han desarrollado una maquinaria interna para supervisar y controlar todos los aspectos de la sociedad. Dentro del partido, dieciocho departamentos tienen lazos importantes con otras

6 Ver Leogrande, William M.: "El Partido Comunista de Cuba desde el Primer Congreso", *Journal of Latin American Studies*, noviembre de 1980, p. 399–419.
7 Ver Leogrande, William M.: "La teoría y la práctica de la democracia socialista en Cuba: Mecanismos de responsabilidad de la élite", *Studies in Comparative Communism*, primavera de 1979, p. 39–62.

organizaciones: ocho se ocupan de los aspectos económicos; cinco de los problemas internos del partido; dos de los asuntos exteriores y tres actúan directamente como enlaces con otras organizaciones. También fue creado un departamento de asuntos religiosos a fin de monitorear y supervisar las actividades religiosas en la isla.

El hecho de que cinco departamentos estén dedicados a los asuntos internos indica la importancia atribuida por la dirigencia a la edificación de una fuerte maquinaria partidista. El partido ha creado también un Comité Nacional de Control y Revisión para supervisar el trabajo de sus miembros dentro del partido y en otras organizaciones, una señal del fortalecimiento de su control e influencia.

El segundo congreso del PCC tuvo lugar en diciembre de 1980, y solidificó los principios fundamentales del informe al congreso de 1975, al presentar nuevas directivas para los años 80. A nivel internacional, el congreso reafirmó los fuertes lazos de Cuba con la Unión Soviética y defendió los principios internacionalistas y el apoyo a los movimientos revolucionarios en el extranjero (con especial referencia a Nicaragua y Granada). Dentro de este contexto, se exaltó el papel de asistencia externa e interna de las Fuerzas Armadas Revolucionarias (FAR) a las luchas de liberación nacional y a la defensa de la isla. Con respecto a las relaciones cubano-norteamericanas, el partido anticipó una escalada de tensiones entre los dos países como resultado de la elección de Ronald Reagan.

En la esfera económica, el congreso destacó la necesidad de una mayor planificación estatal y advirtió sobre una posible reducción en la producción y las exportaciones debido a la situación económica mundial. También fortaleció la estructura y función del PCC en la esfera política: siguiendo los principios tradicionales del marxismo-leninismo, el PCC fue caracterizado como la vanguardia del pueblo.

El grado de penetración de la sociedad por el sistema político ha sido excepcionalmente alto y efectivo en Cuba. La mayoría de los ciudadanos está comprometida con organizaciones "voluntarias" y es movilizada constantemente para participar activamente en el proceso político. También son arrastrados a diferentes campañas para cumplir una infinidad de "tareas". Estas "tareas" o "metas" están principalmente relacionadas con la producción industrial, la ideología y la educación. De máxima importancia es la comprensión del marxismo-leninismo, que demanda no sólo la asistencia a cursos formales en instituciones educacionales, sino también la asistencia a reuniones del partido.

El eufemismo comunista de que el estado "dejaría de existir gradualmente" no tiene cabida en Cuba. Por el contrario, el estado es monolítico y sus capacidades ejecutivas dependen del partido y de una nueva clase de tecnócratas. La dirección de los hermanos Castro planea dar continuidad en el futuro a su rol de coordinar y controlar las políticas y funciones de la sociedad cubana, alegando no sólo ejercer el poder legítimo, sino también interpretar los deseos y la voluntad del pueblo. Se ha desarrollado una estructura del partido extremadamente intolerante y jerárquica, basada en los esfuerzos exitosos de la dirección para monopolizar las funciones políticas, tales como el reclutamiento, la socialización y la articulación social, así como la de inculcar uniformidad de opinión y consenso dentro del partido y en toda la sociedad.

Castro no ha mostrado jamás preocupación alguna con respecto al uso de la coerción y el engaño. Justifica dichas técnicas como necesarias y correctas a la luz del marxismo-leninismo, para proteger la revolución contra enemigos internos y externos y aumentar su influencia en el extranjero. Castro es un maestro en la manipulación de la opinión pública y en la propagación de verdades parciales, repetidas incesantemente en sus discursos y en los medios de comunicación —controlados por él—, hasta ser aceptadas como verdades. Está convencido de que la conservación de su revolución requiere dosis masivas de coerción y del uso, por tiempo prolongado, de técnicas de administración y represión centralizadas a fin de aplastar cualquier resistencia.

De las numerosas instituciones que aparecen en el panorama cubano, el ejército sigue siendo la más poderosa, influyente y mejor organizada. La estabilidad del gobierno y la continuidad del proceso revolucionario parecen garantizados principalmente por el poder y lealtad de las Fuerzas Armadas Revolucionarias. Bajo el mando de Raúl

Castro, el ejército cubano se ha transformado en una institución altamente profesional, completamente leal a los hermanos Castro.

Cuando el general Batista huyó de Cuba, el 31 de diciembre de 1958, la mayoría de las organizaciones que habían apoyado su régimen se desmoronaron, y el ejército fue particularmente afectado a causa de su larga y fatigosa campaña contra las guerrillas y del proceso interno de desmoralización y descomposición que había tenido lugar durante varios años. Tan pronto como Castro se atrincheró en el poder, procedió a eliminar las fuerzas armadas nacionales y a reemplazarlas por el denominado Ejército Rebelde, formado por los guerrilleros que habían peleado en las montañas de la Sierra Maestra.

Durante los primeros años de la revolución, este Ejército Rebelde y una milicia precipitadamente organizada constituyeron las únicas fuerzas armadas en la isla. Mientras el régimen se hacía más fuerte y comenzaban a desarrollarse los lazos con la Unión Soviética, se dio comienzo a una reorganización entre los cuadros militares que condujo al desarrollo de un ejército profesional. También fue creado el Ministerio de las Fuerzas Armadas Revolucionarias, con Raúl Castro como titular. El objetivo de Castro era el logro de una organización militar totalmente leal, pues consideraba imposible consolidar la revolución sin la participación activa del ejército. El ejemplo de Guatemala, en 1954, donde las fuerzas armadas fueron el vehículo utilizado por el coronel Castillo Armas para derrocar al gobierno izquierdista de Jacobo Arbenz, permanecía en la memoria de los dirigentes cubanos.

La naturaleza misma del Ejército Rebelde, integrado por diferentes tendencias ideológicas, complicaba el problema de crear una fuerza armada disciplinada, cuyos problemas inherentes se complicaron aún más por los cambios ideológicos implementados por el propio Castro en los primeros días. La solución fue el establecimiento de una completa lealtad a Castro como el principal requisito ideológico para las fuerzas armadas. Las facciones más moderadas dentro del ejército, que se oponían a la participación de los comunistas en el gobierno o rechazaban el rápido ritmo de las reformas, fueron purgadas o eliminadas. En los tres primeros años de la revolución, tuvo lugar una vasta operación de depuración, que afectó no sólo a los viejos adversarios, sino a algunos "camaradas" de la revolución, sospechosos de ser indiferentes, oponerse al gobierno o abrigar sentimientos anticomunistas.

A las purgas siguió un intenso adoctrinamiento de los cuadros del ejército. La presencia de representantes de los órganos políticos del partido evidenciaba un condicionamiento ideológico muy similar al de otros países comunistas. De acuerdo con declaraciones del gobierno, actualmente la mayoría de los oficiales pertenece al partido comunista o a la Unión de Jóvenes Comunistas (UJC) y docenas de oficiales de alto rango son miembros del Comité Central.

Nada de ello sucedió sin resistencia por parte de las fuerzas armadas. En el transcurso de los años los despidos, destituciones y sustituciones fueron creando desconfianza y recelo entre muchos miembros del ejército. Pero tales dudas han sido con el tiempo compensadas de forma extraordinaria por un nuevo protagonismo: las fuerzas armadas no sólo recibieron nuevo y sofisticado armamento, sino que asumieron también un papel predominante en el manejo de la economía y un importante rol en la promoción de la política de Castro, principalmente en África. De este modo, sus responsabilidades han aumentado tanto como su prestigio e importancia.

También las relaciones entre el Partido Comunista de Cuba y las Fuerzas Armadas Revolucionarias parecen ser bastante buenas. Las numerosas medidas de protección establecidas contra la violación por el partido de la autoridad de los oficiales evitan cualquier posible actividad independiente del partido dentro de las fuerzas armadas. La presencia de numerosos militares en el Comité Central, así como las funciones políticas y económicas asignadas por Castro a muchos oficiales, también reflejan la evidente confianza del Comandante en Jefe en las fuerzas armadas y han llevado al ejército a un grado de participación sin paralelo en otras instituciones del país.

Las fuerzas armadas cubanas enfrentaron otro problema en sus primeras etapas de desarrollo, consistente en la falta de personal técnicamente calificado para operar los numerosos equipos sofisticados enviados por la Unión Soviética y los países de Europa Oriental a Cuba. En muchas ocasiones fue necesario no sólo entrenar técnicamente a oficiales capaces, sino, incluso, instruir en técnicas básicas al amplio número de reclutas que, atraídos por el entusiasmo revolucionario de los primeros días, respondieron al llamado de las fuerzas armadas. Enfrentado a estos problemas, el gobierno cubano tuvo que establecer escuelas para oficiales en todas las ramas y enviar a numerosos estudiantes a países de Europa del este, como resultado de lo cual ha ido surgiendo gradualmente una nueva élite de técnicos militares dentro de las Fuerzas Armadas Revolucionarias. Los viejos compañeros de Castro aún gozan de su confianza y la mayoría de ellos continúa ocupando altas posiciones en la clase dirigente del ejército. No obstante, cuando los cuadros subordinados comenzaron a hacerse cada vez más calificados, se ejerció presión sobre los viejos camaradas de Castro para que dieran paso a este nuevo grupo de militares.

Con el crecimiento y el fortalecimiento del papel del partido en la sociedad, el uso de las técnicas militares para impulsar la productividad y el empleo de las tropas como fuerza de trabajo se redujo parcialmente. Las ventajas organizativas que disfrutaban los miembros de las fuerzas armadas en los primeros años comenzaron a ser consideradas con rivalidad por el partido, cuyo protagonismo en la conducción de la economía aumentó. Las presiones soviéticas en demanda de una diferenciación más clara de los roles civiles y militares en Cuba, la necesidad de construir un fuerte aparato militar para la defensa y las misiones exteriores asignadas a miembros de las fuerzas armadas en lugares como Angola, Etiopía y Nicaragua, conspiraban contra una amplia y continua participación de las Fuerzas Armadas Revolucionarias en la administración y la producción, una tendencia que nuevamente se vio revertida durante los años 90.

Las actividades de Cuba en política exterior, la situación geopolítica y los lazos con la Unión Soviética, colocaron al país en una posición de constante movilización y tensión. Toda amenaza externa, cualquiera fuera su grado de peligro, significaba una responsabilidad mayor para los militares y fue utilizada para justificar las demandas de las fuerzas armadas. La retórica propagandística también fue la justificación para continuas movilizaciones. Las fuerzas armadas cubanas desarrollaron una doble función: cuidar el frente exterior y el frente interno, una doble dimensión defensiva que, a pesar de constituir un principio universal para cada ejército, adquirió cierta singularidad en Cuba: los militares cubanos combinaron el entrenamiento para la lucha de guerrillas para enfrentar cualquier posible subversión interna con el entrenamiento operativo de modernos sistemas de armamentos necesarios ante cualquier acción defensiva importante. Además, el ejército cubano recibió un extensa experiencia de combate durante su participación en las guerras de África.

Las fuerzas armadas cubanas estaban organizadas en las tres ramas clásicas: tierra, mar y aire, con un total activo estimado en 225,000 hombres. Además había 190,000 reservistas que debían recibir cada año entrenamiento renovado. El ejército de tierra contaba con el mayor número de hombres, aproximadamente 200,000, y estaba dotado con modernos y sofisticados equipos blindados y artillería procedentes de Europa Oriental. La fuerza aérea tenía aproximadamente 200 aviones de guerra, incluyendo los cazas MiG23 soviéticos y más tarde los bombarderos de combate MiG29, así como helicópteros. La marina era más pequeña y contaba con algunos submarinos, lanchas patrulleras y lanzadores de misiles.

Las unidades del ejército ocupaban tres sectores geográficos, cada uno de los cuales poseía elementos de todas las armas necesarias para integrar una fuerza independiente. En general, todo el concepto de despliegue estaba orientado a la defensa contra desembarcos, la movilidad y un apoyo mutuo entre las fuerzas. Muchos sectores costeros se hallaban protegidos por artillería pesada y numerosas fortificaciones y una defensa antiaérea a gran escala cubría todo el territorio. Por otra parte, los reservistas del ejército, unos 100,000 hombres, podían ser movilizados rápidamente. En 1964, el régimen instituyó el servicio militar obligatorio en las fuerzas armadas, en un decreto que establecía que todos los cubanos mayores de 16 años estaban obligados a servir por tres años en unidades militares regulares o recibir instrucción militar en centros de entrenamiento durante cortos períodos de tiempo.

Una milicia nacional fue creada paralelamente a las fuerzas armadas, con el propósito de movilizar a la población, crear una organización de apoyo a las tropas regulares y usar esta fuerza para las necesidades de desarrollo del ejército. La milicia fue instruida en completos entrenamientos militares, aunque alrededor de 1970 su papel e importancia se redujeron ante el desarrollo de un ejército profesional. En 1980, Castro restableció una milicia territorial de aproximadamente 500,000 hombres y mujeres con el fin de "defender la revolución de las maquinaciones agresivas del imperialismo norteamericano".

Durante la década de los años setenta, las Fuerzas Armadas Revolucionarias se convirtieron en uno de los ejércitos más potentes del hemisferio occidental —el tercero en tamaño, después de los de Estados Unidos y Brasil. Con un Producto Interno Bruto (PIB) de 1300 millones de dólares, Cuba empleaba más de mil millones en la defensa. Buena parte del entrenamiento y la preparación estaba bajo la dirección de expertos provenientes de la URSS, que envió numerosos técnicos y asesores a la isla y mantuvo una fuerte presencia militar que incluía una brigada terrestre de 2,600 hombres, un grupo de más de 2000 asesores militares y una instalación electrónica en el pueblo de Lourdes, provincia de La Habana, destinada a la recopilación de información secreta. También se estima que había cerca de 8000 asesores civiles de la Unión Soviética y Europa Oriental en la isla. El costo de la entrega de armas soviéticas a Cuba desde 1960 excedió los 3,200 millones de dólares. A principios de los años ochenta, los soviéticos intensificaron la entrega de armas a Cuba y equiparon al ejército cubano en una forma sin precedentes.[8]

Este aumento de las fuerzas militares estuvo motivado por varios factores: el primero fue el incremento de las tensiones entre Cuba y

---

8 Únicamente antes de la crisis de los misiles, en 1962, los soviéticos entregaron una cantidad mayor de equipamiento militar a Cuba, unas 250,000 toneladas métricas. Sólo durante 1981, barcos mercantes soviéticos entregaron unas 66,000 toneladas

Estados Unidos con la llegada de la administración de Reagan al poder y la preocupación de Castro por la política norteamericana hacia Cuba. El segundo, fue la necesidad de más equipamiento para armar a las milicias de tropas territoriales que se organizaban en aquel momento para apoyar al ejército. El tercero, el imprescindible aumento de las reservas de armas en la isla a causa de la ayuda militar a Nicaragua, Granada y otros grupos insurgentes en la región, ya que una parte de las armas era enviada a las guerrillas centroamericanas apoyadas por Cuba, particularmente en Nicaragua, El Salvador y Guatemala. Por último, al proveer a Cuba con este vasto y nuevo arsenal, los soviéticos reafirmaban su compromiso de proteger a la revolución cubana y recompensar a su aliado caribeño por los pasados y futuros servicios a la causa del comunismo internacional.

Las Fuerzas Armadas Revolucionarias, en concordancia con su alto perfil técnico, constituían pues la institución más sólida en el espectro político nacional. El ejército, en desplazamiento y armas, estaba orientado principalmente a la defensa de la isla y a la implementación de la política internacionalista de la revolución. No sólo se hallaba bien equipado, sino también excelentemente organizado y entrenado, y además un gran número de reclutas y reservistas había entrado en combate en África. La extensa y moderna fuerza aérea suministrada a Cuba por los soviéticos le otorgaba capacidad para intervenir en el Caribe y América Central. El futuro de la revolución y la continuidad de su liderazgo estaban basados, pues, en la lealtad y el poder de la clase dirigente militar.

Las amenazas a Cuba desde el exterior no parecían representar un grave riesgo para el gobierno de Castro, en vista de que no encontraban suficiente apoyo dentro de la isla. La oposición interna a Castro se hallaba desorganizada y desilusionada, ya que la fuerza militar del régimen y sus órganos represivos eran capaces de infiltrar y frustrar cualquier intento de rebelión. El éxodo masivo de refugiados desde el

---

de equipamiento militar, en comparación con el promedio anual de 15,000 correspondiente a los diez años anteriores.

puerto de Mariel hacia Estados Unidos, en 1980, y otros anteriores habían funcionado como válvulas de escape para los elementos descontentos, eliminando posibles focos de oposición al gobierno. Los repetidos fracasos de varias incursiones en territorio cubano por grupos anticastristas confirmaban la fortaleza y el poder de las fuerzas armadas cubanas y la debilidad de sus opositores.

Tanto el partido como el ejército se enfrascaron en una batalla contra el burocratismo y llegó a considerarse que ser burócrata era ser enemigo de la revolución, pues Castro y sus seguidores aprovechaban cada oportunidad para culpar a la burocracia de los múltiples descalabros que sufría la economía cubana. A medida que la crisis económica se profundizaba a fines de los años 70, aumentaba la impaciencia de Castro con el partido y la burocracia. Así las cosas, en diciembre de 1979 Castro solicitó a la Asamblea Nacional transferir al Consejo de Ministros su autoridad para considerar y redactar leyes más duras contra el delito. A esta decisión siguió una masiva reorganización política, que incluyó el despido de varios ministros y administradores de dependencias estatales mas, en lugar de reemplazar a quienes habían sido despedidos, la cúpula dirigente adquirió nuevos poderes y responsabilidades. El resultado fue una mayor concentración de poder en las manos de los hermanos Castro y sus aliados de confianza.

Las pautas adoptadas en el segundo congreso del partido, en 1980, exigían una mayor eficiencia y productividad del trabajo y una reducción de las importaciones, todo lo cual implicaba mayor escasez de productos de consumo y temporadas aún más difíciles para el pueblo. Castro también prometió librar una batalla contra la corrupción y el abuso de poder de los empleados de las entidades estatales y explicó, además, que el gobierno estaba debatiendo el papel del mercado libre campesino, establecido para estimular la productividad agrícola, ya que permitía a los campesinos vender sus productos excedentes. Sin embargo, el mercado libre había sido manipulado por intermediarios, a quienes Castro calificó de "bandidos".[9]

---

9 Emisora radial de La Habana, 1 de mayo de 1982

El efecto de tales ataques fue reducir, en lugar de incrementar, la eficiencia de los encargados de implementar las metas de la revolución. Por un lado, los ataques destruyeron casi completamente la iniciativa de los funcionarios de menor categoría. Asimismo, las demandas del partido exigiendo mayores sacrificios y dedicación agotaron a los funcionarios gubernamentales y provocaron, entre otras cosas, un incremento del ausentismo.

Dentro de la propia burocracia se desarrollaron marcadas distinciones de clase: los cuadros intermedios y de alto nivel, procedentes del ejército, el partido o la administración estatal, ejercían en todos los sectores un estilo de dirección al mismo tiempo paternalista y autoritaria. Una nueva clase —una nueva élite— emergía en Cuba y gozaba de condiciones de vida que contrastaban con las del promedio de la población. Mejores viviendas, ropas, transporte, e incluso alimentación eran algunos de los privilegios reservados para este grupo que tenía, consecuentemente, intereses creados en la supervivencia del gobierno, así como en la consolidación de su propio poder y posición.

En la ayuda a la labor de las fuerzas armadas y el partido se destacaron los Comités de Defensa de la Revolución (CDR). A este órgano masivo, con más de tres millones de miembros en una población total de unos diez millones, le fue asignada la tarea de movilizar y controlar a la población. Creados en 1960, los CDR continuaban siendo un órgano de vigilancia a nivel de los barrios. Durante la invasión de Bahía de Cochinos, en 1961, fueron un factor clave en mantener a la población bajo control y arrestar a los contrarrevolucionarios y sospechosos pocas horas después del estallido de la batalla. Sin embargo, con el paso de los años, los CDR se han convertido en mucho más que en comités de vigilancia revolucionaria, ya que han devenido en una organización de masas para ayudar a otros órganos del estado. Los CDR colaboran con el Ministerio del Interior en su lucha contra los contrarrevolucionarios, con el Ministerio de Educación en relación a la matrícula y asistencia de estudiantes a las escuelas, con el Ministerio de Salud Pública en campañas especiales, y con el Banco Nacional en programas de ahorro. Los CDR también desempeñan un papel importante en los gobiernos locales, sirviendo de vínculo entre las administraciones municipales y sus barrios.

A principios de 1968 los CDR tomaron parte activa en la ejecución de la llamada "ofensiva revolucionaria", que condujo a la expropiación de cerca de 55,000 bares, clubes nocturnos y otros pequeños negocios privados en la isla. El mismo día que el gobierno decretó la confiscación de casi todos los negocios privados que quedaban en el país, los CDR a lo largo de la isla aportaron voluntarios para cuidar las tiendas locales y se hicieron cargo de ellas oficialmente en nombre del gobierno revolucionario. Designaron entonces a los llamados "Administradores Populares" y abrieron las tiendas al comercio, completando de esta forma el proceso de confiscación en sólo un día.

A fin de elevar el nivel ideológico de sus miembros, los CDR pusieron mucho empeño en la organización de seminarios de estudio a nivel de barriada. El gobierno cubano estima que más de 1.3 millones de personas al mes participaron en estos seminarios, cuyos temas incluían historia de Cuba, la lucha contra el imperialismo norteamericano y la necesidad de mayores sacrificios para aumentar la productividad. Sin embargo, la efectividad de estos seminarios es cuestionable, ya que participantes en los mismos han señalado que la calidad de los instructores era más bien baja y que los asistentes usualmente se aburrían con las repetidas y monótonas charlas y exhortaciones.

El hombre nuevo y la nueva sociedad concebidos por Castro y su régimen debían ser significativamente diferentes a los del pasado, lo cual requería un cambio en los valores y actitudes de los cubanos. La concepción determinista de la historia debía ser transformada, la orientación hacia el presente modificada, y debían prevalecer la consagración a la causa del comunismo y el amor a la patria. La influencia de la iglesia tenía, pues, que ser también eliminada completamente, así como la aversión de los cubanos hacia los trabajos manuales y la noción de que el lugar de las mujeres era en el hogar. El nuevo hombre debía laborar conscientemente por el bienestar de la sociedad, cada uno trabajando para todos y todos para cada uno: "Eso es lo que significa la revolución", explicaba Castro, "que cada uno se beneficiará del trabajo de los demás". Los prejuicios raciales serían eliminados; la honestidad y la veracidad guiarían la vida de cada quien; los jóvenes debían ser enseñados a respetar y admirar a los dirigentes del partido —especialmente a Fidel Castro—, y a obedecer la disciplina partidaria; la conciencia del deber social y la intolerancia ante cualquier violación de los intereses sociales debían predominar.

La nueva moralidad socialista debía conservar las virtudes demostradas por el ejército rebelde mientras luchaba en las montañas contra Batista: espíritu de sacrificio, abnegación, coraje y disciplina. Luego de enfatizar que el comunismo debe desarrollar la conciencia humana, así como la riqueza material, Castro describió el tipo de hombre que su gobierno se proponía crear: "Nosotros desarrollaremos seres humanos desprovistos de egoísmo, desprovistos de los defectos del pasado, seres humanos con un sentido colectivo de esfuerzo, un sentido colectivo de fuerza", y explicaba su sueño en estos términos: "avanzar hacia una sociedad comunista en la cual cada ser humano, con una conciencia superior y un total espíritu de solidaridad, es capaz de contribuir de acuerdo con su capacidad y recibir de acuerdo con sus necesidades".

La nueva sociedad tendría abundantes riquezas materiales, pero el hombre estaría menos preocupado por obtener productos materiales para sí mismo, que por producir para la sociedad en su conjunto. "Desde las edades más tempranas", explicaba Castro, "los niños deben ser desalentados de cada sentimiento egoísta en el goce de aspectos materiales, tales como el sentido de propiedad individual, y ser estimulados hacia el esfuerzo común y el espíritu de cooperación." Aunque la sociedad disfrutaría de riqueza material, el dinero sería abolido: "Llegará el día en que el dinero no tendrá valor. El dinero es un vil intermediario entre el hombre y los productos creados por él".

De forma similar, otros incentivos materiales serían eliminados. Recordando las prédicas del Che Guevara con respecto a la superioridad de los incentivos morales sobre los materiales, un editorial de *Granma*, el diario oficial del Partido Comunista de Cuba, fustigaba al "economismo", que describía como "la tendencia a considerar que los hombres producen más y mejor cuando reciben más y mejor", y destacaba que la nueva ideología comunista se desarrollaría sólo con un gigantesco esfuerzo de organizar la actividad productiva, social, educacional y cultural del pueblo cubano. "Los hombres producen más y mejor", concluyó *Granma,* "cuando mejora la organización del trabajo, cuando mejora la capacitación técnica, cuando los recursos científicos y tecnológicos se usan más extensamente, y cuando la conciencia comunista es mayor".

Con respecto a los asuntos externos, las masas cubanas debían oponerse irreconciliablemente a los enemigos de la patria, y especialmente a Estados Unidos. Los cubanos debían demostrar solidaridad con los pueblos de los países en desarrollo, del campo socialista y, particularmente, de América Latina, así como hermandad y amistad hacia el pueblo de la Unión Soviética. Como señaló James Reston después de un viaje a Cuba, en 1967, "una extraordinaria nueva generación de cubanos, más cultos y disciplinados que cualquier otra, está siendo adoctrinada sistemáticamente en la idea de que Estados Unidos es la personificación de todo lo que es mezquino, egoísta, y perverso en el mundo de hoy".

Todos los esfuerzos estaban dirigidos a comprometer a la más joven generación con estos principios, pues en caso de fracasar el mecanismo de crear el hombre nuevo socialista, la revolución también fracasaría: sin las actitudes apropiadas, no se alcanzarían la paz y prosperidad futuras. Fiel a las ideas de Lenin de que la escuela debía "educar y preparar a los miembros de la sociedad comunista", el régimen de Castro parecía convencido de que, bajo la dirección del partido, la educación sería una herramienta indispensable en el desarrollo de la nueva sociedad y en el hombre socialista. Armando Hart, miembro del Buró Político del partido, describió el objetivo de la educación socialista como "la formación ideológica, científica y técnica de todas las generaciones capaces de construir activamente el socialismo y el comunismo". "Las tareas de la enseñanza y de la lucha ideológica están íntimamente relacionadas", explicaba, "es necesario educar al hombre contra la ideología individualista e inculcar en él los métodos de trabajo derivados del marxismo-leninismo". Por su parte, Castro afirmaba que "La educación es el instrumento básico de la sociedad para desarrollar individuos dignos, capaces de vivir en el comunismo". De los intelectuales y escritores, los dirigentes revolucionarios demandaban particularmente un fuerte compromiso con las metas revolucionarias. El *homo poeta* (el intelectual) debía apoyar el papel dominante del *homo faber* (el hombre hacedor).

Sin embargo, el "hombre nuevo" no ha aparecido jamás, pues a pesar de sus grandes esfuerzos, el gobierno no ha sido capaz de extirpar los viejos hábitos y valores. Casi medio siglo de revolución no ha conseguido destruir todo lo "malo" en el legado cultural cubano. La apatía, el pesimismo y el cinismo de la juventud caracterizan a la sociedad cubana contemporánea.

El arraigo de las tradiciones no permite que éstas sean fácilmente extirpadas del tejido social. La memoria de las ideas y valores del pasado tiene aún un peso considerable en la mente de los cubanos, y las experiencias históricas tampoco son erradicadas simplemente: a pesar de los intentos del gobierno de reescribir y reinterpretar la historia cubana, el pasado se encuentra todavía demasiado cerca como para garantizar un olvido total. No obstante, el régimen utiliza sus propias interpretaciones históricas como armas en la lucha política, y éstas se han convertido en dogmas establecidos que son inculcados a viejos y jóvenes por igual, para lo cual son utilizados todos los símbolos nacionales o culturales que consideren apropiados.

No obstante, este ataque al pasado no significa un total rechazo a la tradición cultural del país: por el contrario, el régimen pone énfasis en ciertos aspectos del pasado, como las contribuciones de la cultura africana y los sacrificios de los cubanos durante las guerras de independencia. El culto a Martí florece, aunque los textos martianos han sido cuidadosamente tamizados a fin de seleccionar aquellos que reflejen su antinorteamericanismo y su admiración por algunas ideas socialistas.

El nacionalismo y el antinorteamericanismo guían los esfuerzos de la revolución con respecto a los cambios culturales. Tal parece que el gobierno intentara encontrar una nueva identidad tomando lo que considera "bueno" del pasado cubano y conservando algunos aspectos de la tradición política, tales como el nacionalismo, mientras subraya los aspectos "malos", como el papel de Estados Unidos. De hecho, Castro y la dirigencia cubana presentan a la revolución como la personificación de las ideas del movimiento independentista y del frustrado proceso revolucionario de 1933. Una historia de Cuba escrita como texto destinado especialmente a los miembros de las fuerzas armadas cubanas concluye señalando que el fracaso de la revolución de 1933 demuestra que el verdadero progreso para Cuba sólo puede ser logrado en oposición a Estados Unidos. Esta búsqueda de una identidad nacionalista influye constantemente en las tendencias culturales y forma parte del pensamiento del hombre nuevo del socialismo que la revolución proclama.

No hay dudas de que la nueva *intelligentsia* cubana es significativamente diferente a la de los tiempos anteriores a Castro. Esta última era cosmopolita, había tenido contacto con una mayor variedad de ideas y provenía principalmente de la clase media o alta. Hoy, una parte de la *intelligentsia* tiene sus antecedentes en la clase obrera y, en algunos casos, en el ámbito rural. Su visión de otras culturas, y particularmente la de Estados Unidos, ha sido deliberadamente distorsionada en concordancia con los objetivos del Partido Comunista, y la falta de disponibilidad de materiales diversos de lectura, así como la política educacional del régimen han acentuado dicha distorsión.

Más allá de la esfera de la educación formal, toda la sociedad debía dedicarse a producir las condiciones adecuadas para el desarrollo del hombre nuevo. En consecuencia, fue creado un masivo mecanismo social para moldear las mentes de la generación en crecimiento, en el que estaban incluidos la prensa y los medios de comunicación, así como las organizaciones sociales, culturales y de los trabajadores. Además, tanto el partido como la Unión de Jóvenes Comunistas (UJC) y el ejército suministraron instrucción política. Ya en 1964, un artículo aparecido en la revista teórica Cuba Socialista, indicaba el reconocimiento del régimen de la importancia del cine, la radio, la televisión y la prensa en la "formación cultural e ideológica de las masas" y reiteraba que los esfuerzos de todos los dirigentes revolucionarios, comenzando por Fidel Castro, estaban dirigidos a hacer de la radio y la televisión "vehículos informativos y educacionales a través de los cuales las masas podían ser tanto *informadas* como *formadas.*"

Por otra parte, reconociendo tempranamente que uno de los más tenaces obstáculos para la conversión ideológica del pueblo cubano era el legado cultural y político documentado en las obras de los escritores cubanos, el gobierno de Castro emprendió una purga masiva de toda la literatura incompatible con el enfoque comunista. No sólo fueron eliminados libros de texto tradicionales, sino que muchos otros fueron escritos nuevamente para justificar tanto la revolución como el desplazamiento de la misma hacia el campo comunista. El gobierno también se lanzó a un esfuerzo masivo para difundir la obra de autores extranjeros, particularmente socialistas y comunistas.

Todos los niveles escolares constituían el núcleo del mecanismo social. Pero antes de que las escuelas pudiesen ser efectivas, la vieja *intelligentsia* "burguesa" debía ser vencida o eliminada. Las escuelas necesitaban ser transformadas y toda una nueva generación de maestros debía ser adoctrinada.

Eliminar a la vieja intelectualidad fue relativamente fácil. Algunos de sus integrantes abandonaron el país voluntariamente durante los primeros años de la revolución; otros fueron expulsados, purgados o jubilados de sus puestos burocráticos o académicos. Aquellos que, en cambio, aceptaron al régimen, fueron incorporados al inicio, únicamente para ser reemplazados con posterioridad por cuadros más jóvenes y confiables.

En la mentalidad del gobierno estaba la suposición de que una generación educada en el sistema capitalista no podía ser confiable o convertida al marxismo-leninismo. Por lo tanto, cada intelectual desleal que abandonara el país podía ser sustituido por un partidario leal.

Además, la política de permitir a los cubanos que abandonaran la isla redujo la oposición y evitó tensiones internas pues, indudablemente, un grupo de escritores, profesores, intelectuales y pensadores desleales podría influir en la opinión pública y convertirse en fuente de problemas potenciales.

Antes de su muerte en Bolivia, en 1967, el Che Guevara describió cómo el sistema educacional funcionaba en Cuba. El proceso de educar a la juventud, explicó, era doble: por un lado, la sociedad actuaba sobre el individuo a través de los medios directos e indirectos de educación; por otro, el individuo experimentaba un proceso consciente de autoeducación. La educación directa era el trabajo desempeñado por las instituciones educacionales, los órganos de información del partido y los medios de comunicación masiva. La educación indirecta consistía principalmente en la presión ejercida por las masas educadas y el aparato social sobre las personas incultas. "El individuo, al recibir los efectos del poder social", escribió Guevara, "se percata de su insuficiencia y trata de ajustarse a la situación. Se está educando a sí mismo".

Nuevo mundo, viejo líder

A principios de los años ochenta, la revolución cubana llegó a una etapa decisiva. Los problemas en la estructura económica, los bajos precios de los productos de exportación y la incapacidad para evitar la dependencia del bloque soviético, condujeron a un examen en profundidad de los objetivos básicos de la economía. Considerando que la producción en la mayoría de los sectores clave no había alcanzado los fines esperados, se hizo énfasis en una planificación incrementada con metas más modestas. El régimen adoptó métodos económicos soviéticos, redujo el acento en los incentivos morales e intentó crear organizaciones económicas más eficientes. Los cubanos sufrían más austeridad, mayor racionamiento de alimentos y bienes de consumo y, por lo tanto, tiempos más duros. La vida se hizo cada vez más difícil, con largas colas para obtener los productos básicos, un sistema de transporte público poco eficaz y sistemas de salud y educación en vertiginoso deterioro. Desesperados, los cubanos preferían arriesgarse a morir en el estrecho de La Florida, huyendo de la isla en endebles balsas, antes que continuar viviendo en la Cuba de Castro.

El establecimiento de una economía planificada centralizada de modelo soviético, lastró a Cuba con una vasta y engorrosa burocracia que asfixió la innovación, la productividad y la eficiencia. La isla reafirmó su confianza en el azúcar para el desarrollo de su economía interna y comercio exterior e hizo pocos intentos para lograr la diversificación de la agricultura o la industrialización, pero la dependencia del azúcar implicaba una prolongación de las irregulares oscilaciones en el campo de las divisas. Al mismo tiempo, Cuba contaba con los soviéticos para una masiva inyección de ayuda, a fin de satisfacer las mínimas necesidades de inversiones y consumo, y dependía casi totalmente del petróleo soviético para las necesidades energéticas.

Mientras tanto, la deuda per cápita de Cuba llegó a ser la mayor de América Latina, cuatro veces superior a la de Brasil y tres veces a la de México: llegaba aproximadamente a 10 mil millones de dólares, más de 200 veces mayor que la existente en la isla en 1959. Los préstamos a Cuba eran a corto plazo y de tasas flotantes, por lo que debían ser refinanciados constantemente a tasas de interés siempre ascendentes. Los pagos de intereses obviamente se incrementaron y los bancos comerciales occidentales se mostraban reacios a suministrar nuevos préstamos en divisas.

Las expectativas populares de una rápida mejoría económica fueron reemplazadas por el pesimismo. Hubo un descenso del entusiasmo entre los trabajadores y aumentaban las señales de apatía ante las constantes exhortaciones revolucionarias. El desempleo se incrementó, la productividad decreció con rapidez y se generalizó el ausentismo. El robo a las empresas estatales se hizo común, así como la venta de alimentos y mercancías en el creciente mercado negro. La corrupción se expandió mientras los cubanos rechazaban la moral y las leyes socialistas y luchaban para sobrevivir día a día.

Sin embargo, ésta era sólo una cara de la moneda, pues en la naturaleza misma de los regímenes totalitarios está el hecho de que el problema fundamental no se relaciona con los factores económicos *per se*, sino con el efecto de tales factores sobre los niveles de control político y social. En un esfuerzo por aumentar la productividad e impedir una mayor declinación del ímpetu revolucionario, el gobierno incrementó la militarización y reglamentación de la sociedad e institucionalizó su dominio a través de la expansión del papel y la influencia del partido. Esta institucionalización progresiva contribuyó a una mayor estabilización del sistema, al tiempo que reducía su vulnerabilidad a las amenazas de subversión externa y rebelión interna. Desde un punto de vista institucional, el régimen parecía equipado para resistir los difíciles años venideros.

Fidel Castro tenía aún el papel dominante, era "la revolución", "el líder máximo", y la evidencia parece indicar que aún grandes sectores del pueblo cubano continuaban atraídos por su estilo personalizado de gobierno. Algunos lo consideraban como una protección contra las estructuras mismas del estado, un líder incontrolable y absolutamente impredecible, que podía cambiar o desafiar políticas creadas previamente por él mismo, y sus extensos discursos ante las masas funcionaban a un tiempo como recurso pedagógico y plebiscito instantáneo. A pesar de cierta fricción en las fuerzas armadas con posterioridad a la invasión de Estados Unidos a Granada, que desconcertó a los cubanos, Castro mantenía el control absoluto de su gobierno, sin ninguna otra figura pública que estuviese en posición de desafiar su indisputable autoridad. Los discursos de los funcionarios gubernamentales y del partido se saturaban de comentarios laudatorios sobre el comandante en jefe, y las organizaciones de masas, como los Comités de Defensa de la Revolución o la Federación de Mujeres Cubanas, continuaban repitiendo consignas en alabanza a Castro, aseguraban total lealtad al máximo líder e insistían en apoyarle "hasta la victoria".

Incluso tras la significativa institucionalización de la estructura de poder, el dominio de Castro no podía ser desafiado, y el hecho de que progresivamente se rodeara de los elementos de la línea más dura dentro del partido y las fuerzas armadas, constituía un indicador de sus preferencias. A partir de diciembre de 1979, las filas de los "tecnócratas" del régimen, encabezadas por el vicepresidente Carlos Rafael Rodríguez y el ministro de Comercio Marcelo Fernández, fueron diezmadas por purgas que convirtieron en víctimas a Fernández y a veintidós ministros, presidentes de comités estatales y otros altos funcionarios, que fueron expulsados del Consejo de Ministros y, en nueve casos, del nuevo Comité Central del partido, creado en diciembre de 1980.

Los valores, objetivos e intereses de las organizaciones que constituían la élite política estaban destinados a reforzar las inclinaciones y preferencias políticas de Castro. Los objetivos de la política exterior de este grupo eran: (1) mantener la independencia de Cuba de Estados Unidos y la oposición a ese país; (2) apoyar activamente a los movimientos revolucionarios en América Latina; (3) promover la liberación nacional y el socialismo en el Tercer Mundo; (4) adquirir influencia y aliados entre los países del Tercer Mundo; y (5) asegurar al máximo los compromisos militares, económicos y políticos con la Unión Soviética.

Los hermanos Castro y sus seguidores tenían absoluto control del Comité Ejecutivo del Consejo de Ministros, al que fueron asignados extensos poderes tras la reorganización gubernamental de los primeros años ochenta. La vieja guardia de veteranos de la guerrilla, los "fidelistas" y "raulistas", junto a las fuerzas armadas, ocupaban las más altas posiciones del partido y el gobierno en una medida sin precedentes desde los años sesenta, y el perfil del gobierno indicaba claramente su ausencia de disposición a políticas moderadas o conciliatorias para acercarse hacia Estados Unidos.

En política exterior, la revolución cubana logró, no obstante, éxitos significativos. A finales de los años setenta, Castro emergió como líder del Movimiento de Países no Alineados, una tribuna desde la cual propugnó cuatro temas para el futuro que devinieron en la piedra angular de la política cubana hacia el mundo en desarrollo: apoyo a la revolución violenta; anticolonialismo y antinorteamericanismo; necesidad de poner fin a la supremacía blanca en África y reducción de la dependencia de las economías occidentales. Al coincidir con los objetivos soviéticos, estos temas condujeron a una convergencia de las acciones de Cuba y la URSS en el mundo en desarrollo. La voluntad de Castro de enviar al continente africano a sus fuerzas armadas, bien entrenadas y equipadas por los soviéticos, ganó mucho respeto y admiración para Cuba, aunque también originó cierto temor entre los dirigentes africanos.

La dirección cubana consideraba su apoyo a las revoluciones violentas como una parte decisiva e integral de la política exterior. Prestar ayuda a los insurgentes izquierdistas en cualquier parte del mundo era un compromiso revolucionario que aseguraba, además, la ayuda futura de esos aliados en momentos de necesidad. Pero aún más importante era el hecho de que la revolución mundial, dirigida contra Estados Unidos y sus seguidores, debilitaba a la nación norteamericana, desviaba su atención y recursos y restringía sus potenciales políticas y acciones contra la isla. A su vez, ello aseguraría la supervivencia de la revolución cubana y de su dirección, el objetivo más importante de la política exterior cubana.

La lucha armada ha continuado siendo fundamental para la imagen que Castro proyecta sobre el escenario mundial, en el que está decidido a desempeñar permanentemente un rol protagónico. Otros líderes revolucionarios podrían, con el tiempo, renunciar a excesos doctrinarios en busca de un poder más moderado, mas nada en la proyección de Castro sugiere que pueda abandonar sus ambiciones globales o sus deseos de imponer su imagen al mundo.

Quizás la victoria sandinista en Nicaragua y el establecimiento temporal de un gobierno marxista en Granada fueron los logros revolucionarios más importantes de Cuba en el hemisferio occidental. Aunque la caída del régimen de Somoza en Nicaragua fue tanto el resultado de la oposición interna como de la ayuda externa, Cuba reivindicó su colaboración en el proceso, junto a Venezuela y Panamá, e incluso declaró porteriormente que había seguido con ello la línea correcta, defensora durante años de la necesidad de la violencia y particularmente de la guerra de guerrillas como vía para obtener el poder en América Latina.

La victoria sandinista dio nueva vida a la violencia revolucionaria y al terrorismo en América Central, apoyados en gran medida por Cuba, cuyo apoyo a los grupos insurgentes en el área, particularmente en El

Salvador y Guatemala, era canalizado cada vez más a través de Nicaragua. El uso de éste y otros países de la región facilitaba el flujo de armas, propaganda y asistencia, al tiempo que hacía mucho más difícil la tarea de detección y prevención. Cuba negaba públicamente estar apoyando a los grupos revolucionarios, con lo cual debilitaba la credibilidad de Estados Unidos y facilitaba sus propias relaciones con gobiernos más conservadores de América Latina. Un ejemplo elocuente al respecto fue el interés de Castro por acudir en ayuda del régimen argentino durante la Guerra de las Malvinas, lo que constituyó una indicación del pragmatismo y el oportunismo de la política exterior cubana, ya que la isla se hubiese alineado, en tal caso, junto a una dictadura militar que mantenía importantes relaciones comerciales con la Unión Soviética y que peleaba contra Gran Bretaña, un fuerte aliado de los Estados Unidos.

A lo largo de todas estas maniobras de la política exterior cubana, Castro permaneció estrechamente ligado a la Unión Soviética. Aunque había fricciones con el Kremlin, la influencia y presencia soviéticas en la isla eran más extensas que nunca antes, la solidaridad con la Unión Soviética permanecía siendo un elemento vital de la política exterior y las tácticas y acciones de Cuba en la arena internacional operaban dentro del marco general de los objetivos soviéticos. De hecho, Castro ejercía su propia política mientras ésta no entrara en pugna con la de los soviéticos. Un periodista norteamericano que visitara Cuba en 1984 y cuestionara la lealtad de Castro hacia los soviéticos, obtuvo esta respuesta: "Yo no soy Sadat", implicando que no abandonaría el campo soviético, como previamente hiciera el líder egipcio Anwar El Sadat.

No obstante sentirse incómodo al verse perennemente "abrazado por del oso ruso", las otras opciones de Castro eran limitadas. Aunque las relaciones con China habían mejorado luego de la crisis, cuyo punto más bajo se alcanzara en 1967, el gobierno chino no parecía capaz o deseoso de tomar a su cargo un cliente tan costoso como Cuba. El apoyo de Castro a la política de Moscú fue criticado por Beijing como "revisionista", y sus denuncias contra Mao a finales de la década del sesenta aún eran recordadas por el gobierno chino con enojo y amargura.

El aumento de los lazos comerciales con Canadá, Europa occidental y Japón se proyectó como una perspectiva saludable desde el punto de vista de Cuba. Sin embargo, la capacidad de estos países para absorber las exportaciones de azúcar de la isla era limitada y La Habana contaba con escasas reservas de efectivo para la compra de mercancías europeas y japonesas. El fuerte compromiso económico con la Unión Soviética y los países de Europa del este constituía un impedimento adicional para la ampliación del ámbito de potenciales socios comerciales, al tiempo que Estados Unidos también ejercía presiones sobre sus aliados occidentales para limitar el comercio con Cuba.

La difícil situación económica de Cuba podía haber incrementado el deseo del régimen cubano de reducir sus lazos con la URSS y llegar a algún tipo de arreglo con Estados Unidos. Tal acercamiento pudo haber conducido a una disminución del embargo y al fin de la prohibición de viajar a la isla para los turistas norteamericanos, e incluso a crear un importante mercado cercano, en caso de que Estados Unidos tuviese intenciones de comprar azúcar cubano; también hubiera reforzado la seguridad de Cuba y otorgado a Castro mayor poder en sus tratos con la Unión Soviética. Tal reconocimiento de Estados Unidos hubiera podido incluso significar una importante victoria psicológica para Castro, ya que hubiera sido interpretado en América Latina como una derrota para "el imperialismo yanqui", obligado finalmente a aceptar al gobierno de Castro como un fenómeno irritante, pero permanente.

Desde una perspectiva de determinismo económico, Estados Unidos ha tendido a dar prioridad al análisis económico en el intento de comprender las motivaciones de regímenes marxistas como el de La Habana; mas la historia de las últimas décadas ofrece una clara prueba de que las consideraciones económicas nunca han dominado la política de Castro. Por el contrario, muchas de las iniciativas y acciones que la dirección cubana ha emprendido en el extranjero, como las intervenciones en Angola, Etiopía, Granada y Nicaragua o las constantes movilizaciones de masas en el país, han sido costosas, perturbadoras y perjudiciales para un desarrollo económico ordenado. Si el bienestar económico del pueblo cubano hubiera sido el motivo esencial de la política de Castro, estaríamos en la actualidad ante una Cuba totalmente diferente.

El Kremlin, por su parte, observaba con preocupación el establecimiento de lazos cubanos con Occidente, en tanto éstos pudieran fomentar deseos de independencia en otros miembros del bloque soviético y condujeran a una progresiva liberalización interna, como ya había mostrado el resultado de los esfuerzos de Alemania occidental por establecer relaciones diplomáticas y comerciales con Europa del este. Aunque Cuba no era tan decisiva para la Unión Soviética como Europa oriental, una reanudación de las relaciones de la isla con Estados Unidos y el consecuente debilitamiento de los lazos cubano-soviéticos, eran vistos como el primer paso hacia una posible subversión de la revolución cubana, así como su ulterior renuncia a la membresía dentro del campo socialista. Moscú veía una posible defección de Cuba como un golpe a su prestigio, perjudicial además para la postura soviética frente a Estados Unidos.

Un acercamiento a Estados Unidos también habría creado peligros e incertidumbre para la dirigencia cubana, ya que requeriría reducir la intensidad de los lazos militares con la Unión Soviética, abandonar el apoyo a las revoluciones violentas en América Latina y retirar las tropas cubanas de África y otras regiones. Éstas eran condiciones que Castro no estaba dispuesto a aceptar, pues las percibía como un intento de Estados Unidos para aislar a Cuba y fortalecer las fuerzas anticastristas dentro de la isla, amenazando de este modo la estabilidad de su gobierno.

Además, el embargo económico había engendrado en Cuba una especie de "mentalidad de asedio" que facilitaba la movilización de la población y justificaba las constantes demandas del gobierno de más trabajo y sacrificios, al tiempo que proporcionaba una excusa para los fracasos económicos. Por otra parte, aun cuando ello fuera políticamente factible, los estrechos lazos de la economía cubana con la Unión Soviética impedían una rápida reorientación hacia Estados Unidos,

Por lo tanto, Castro no estaba dispuesto a hacer las concesiones indispensables para un acercamiento cubano-norteamericano. En el pasado, Castro había extendido periódicamente notorias ramas de olivo a Estados Unidos, para luego retractarse. Incluso en aquellos años, los complejos senderos diplomáticos entre Washington y La Habana nunca estuvieron completamente obstruidos; las negociaciones han proseguido y se han adoptado convenios con fines específicos, como los relacionados con el trato a los secuestradores aéreos o los refugiados del Mariel. Sin embargo, el problema no radica en la voluntad de Castro para negociar, sino más bien si está listo para hacer las concesiones significativas que ha obstaculizado en el pasado, concernientes a su apoyo a grupos revolucionarios y terroristas, así como al respeto en Cuba por los derechos humanos y el desarrollo de una sociedad pluralista.

Es improbable que un líder tan profundamente antinorteamericano, megalómano y astuto como Castro acceda a convertirse en un nuevo caudillo amistoso-autoritario-paternalista, relegado a una insignificante isla tropical. El estilo y la ideología política de Castro, sumados a su aprensión acerca de las motivaciones de Estados Unidos, lo han hecho más proclive al mantenimiento de una línea dura. El compromiso con la revolución violenta y la solidaridad con regímenes antinorteamericanos como Corea del Norte, Irán y Libia, son piedras angulares de su política exterior, y la preservación de una posición radical le resulta imprescindible para defender la revolución y alentar la lucha contra Estados Unidos. No puede modificar —ni mucho menos abandonar— esas piedras angulares sin arriesgar su poder y oscurecer su lugar personal en la historia —una consideración que, evidentemente, adquiere cada vez mayor importancia para él.

La existencia de propuestas cubanas significativas a Estados Unidos parecen improbables, en parte por la posibilidad de un deterioro continuo del embargo norteamericano y la prohibición de viajes a la isla. Castro prefiere hacer del embargo un punto importante en su campaña antinorteamericana en América Latina pues, aunque puedan ser de poca importancia económica para la revolución, las acciones de América Latina encaminadas a restablecer relaciones diplomáticas y económicas con Cuba son vistas por La Habana como una importante derrota política para Estados Unidos, que podría traer como resultado el aislamiento de los Estados Unidos en la región, así como una presión a Washington para que reconozca al gobierno de Castro.

Las relaciones cubano-soviéticas, por otra parte, no eran del todo pacíficas: los intentos de Moscú por el liderazgo absoluto del "bloque socialista" y sus interferencias en los asuntos internos de Cuba chocaban con las fuerzas del nacionalismo cubano. La personalidad de Castro, sus sospechas —e incluso antipatía— hacia los soviéticos y su deseo de desempeñar un papel preponderante en la escena mundial hacían del líder cubano un aliado soviético tan inestable como impredecible. No obstante, durante los años ochenta Castro no tenía otra opción que seguir la línea soviética, mientras intentaba emerger de su aislamiento en América Latina y mejorar la caótica economía cubana.

A finales de los ochenta y principios de los noventa, Castro enfrentaba muchos de los viejos problemas que habían asolado a la revolución en sus primeras etapas, así como nuevos y graves desafíos. Internamente, crecían las evidencias de desilusión ante las exhortaciones del partido y del Comandante en Jefe; el ausentismo y la apatía de la juventud se incrementaban. Castro parecía haber perdido la batalla por crear una nueva generación consagrada al partido y a la revolución: a pesar del transcurso de tres décadas de proceso revolucionario, el "hombre nuevo" todavía no había sido creado.

En términos económicos, la revolución se encontraba extremadamente débil, pues persistían los graves problemas estructurales en la economía, los precios bajos para los productos cubanos y la incapacidad de obtener grandes proporciones de ayuda de la URSS, todo lo cual condujo a un nuevo exámen de los objetivos económicos esenciales La profunda crisis económica, agravada por los acontecimientos de Europa del este, produjo un nuevo frenesí de actividad planificadora y una mayor regimentación, con la esperanza de estimular la productividad. Al tiempo que rechazaba la *perestroika* (reestructuración) y la *glasnot* (apertura política), Castro retornó a los fallidos senderos del pasado, insistiendo en que los cubanos deberían trabajar más duro, sacrificarse más y esperar menos en los años venideros. Entre la población, el pesimismo y el cinismo reemplazaron al fervor revolucionario.

Externamente, Castro permaneció siendo aliado de la Unión Soviética. Aunque las fricciones se incrementaron con la llegada al poder de Gorbachov, la influencia de la Unión Soviética en la política exterior cubana contiuaba siendo enérgica, y la solidaridad de Cuba con los soviéticos constituía aún una de las piedras angulares de la proyección exterior cubana. Sin abandonar sus compromisos con el antinorteamericanismo y el internacionalismo, Castro se tornó más selectivo en el apoyo a los grupos revolucionarios de América Latina y otras regiones. Amplió sus vínculos con las nuevas democracias latinoamericanas y trató de proyectar una imagen de estadista en el área. También negoció, en sus propios términos, una solución al conflicto angolano y a la retirada de las tropas cubanas del continente africano.

En 1989 Castro enjuició y ejecutó a tres oficiales de alto rango del Ministerio del Interior y al general Arnaldo Ochoa, antiguo comandante de las tropas cubanas en África, a quienes acusó de tráfico de drogas. La ejecución, no obstante, parecía tener más relación con la eliminación de un posible rival que con las drogas. Además de negar que él o su hermano tuvieran alguna participación en el negocio de estupefacientes —una declaración en la que pocos creyeron—, Castro solicitó la cooperación de Estados Unidos en la lucha contra el narcotráfico. Como en el pasado, Castro mostró voluntad de negociar y cooperar con Estados Unidos en relación a temas específicos.

Castro no estaba listo entonces para hacer concesiones importantes. Las insinuaciones que hacía a Estados Unidos estaban generalmente acompañadas por la conocida advertencia: "Ciertas cosas son sagradas —la independencia, la soberanía del país, sus principios revolucionarios—, y no se puede renunciar a nuestro sistema político y social. Quienquiera que los destruya tendrá que pelear con nosotros". En un discurso de cáustico tono antinorteamericano, el 26 de julio de 1989, en ocasión del trigesimosexto aniversario del ataque al cuartel Moncada, Castro remarcó su compromiso con el socialismo y rechazó cualquier posibilidad de cambio.

Sin embargo, sucesivas administraciones norteamericanas han tenido la esperanza de llegar a un acuerdo con la revolución cubana, manteniendo la expectativa de que, de alguna forma, se habría podido llegar a algún acuerdo negociado, durante los años ochenta, para contener el internacionalismo de Castro y las aceleradas corrientes de inestabilidad y conflicto en América Central, a fin de mejorar también las difíciles opciones que afrontaba Estados Unidos para responder a esos acontecimientos. La profundización de los problemas económicos de Cuba también alentó las valoraciones optimistas sobre la posibilidad de un arreglo con Castro.

Antes de la revolución, la mayoría del comercio exterior de Cuba tuvo lugar con naciones occidentales, y casi el setenta por ciento con Estados Unidos mas, a partir de la toma del poder de Castro, el comercio fue reorientado principalmente hacia las naciones socialistas, hasta llegar a casi un ochenta por ciento del total. Para muchos negocios norteamericanos, la posibilidad de reabrir este mercado a los productos estadounidenses parece natural, dadas la tradición prerrevolucionaria, la proximidad geográfica de la isla y la necesidad de la economía cubana de la experiencia y tecnología norteamericanas. La noción del mercado con Cuba también está rodeada de cierto misticismo que estima erróneamente el verdadero potencial del mercado cubano, que aumenta además por la idea de negociar con un país de economía controlada por el estado, poseedor de un masivo poder de compra.

Hay, pues, pocas dudas acerca de la necesidad crónica de Cuba de la tecnología, productos y servicios de Estados Unidos. Sin embargo, la necesidad por sí misma no determina el volumen o la viabilidad de un mercado. La abultada deuda externa de Cuba, tanto con países occidentales como socialistas, el pésimo desempeño de su economía y los bajos precios de sus principales exportaciones convierten la percepción de "mercado generoso" en un arriesgado espejismo.

Ante el deprimente panorama económico cubano, la capacidad de Castro de usar sus escasas divisas para comprar productos norteamericanos y occidentales permanece siendo muy limitada en un futuro inmediato. La economía de la isla ha caído de una posición de liderazgo económico regional a un nivel por debajo de los ingresos medios per cápita en el Caribe. En el proceso, Cuba ha acumulado una monumental deuda externa y el pago de intereses de ésta ha creado una carga adicional para la economía. Esta deuda no toma en consideración los más de 19 mil millones de dólares que la URSS concedió a Cuba entre 1961 y 1988, incluyendo mercancías subsidiadas y absorción de los déficits del balance comercial. El endeudamiento de Cuba con la Unión Soviética y el alto nivel de ayuda que recibió de Moscú hasta 1992 demostraron su dependencia, su subordinación a mecanismos externos y su incapacidad de desviar recursos significativos para comprar mercancías en Occidente.

Obviamente, la dependencia de Cuba con respecto a los poderes extranjeros se ha incrementado notablemente con relación al período prerrevolucionario. Tal exacerbación de la dependencia debe ser evaluada en términos de la pérdida de flexibilidad y alternativas económicas, como resultado del compromiso político e ideológico de la revolución, que impuso un alto precio económico, no sólo a través del aumento de la dependencia internacional, sino también a causa de la gran concentración en el azúcar, que debilitó las posibilidades de Cuba de diversificar sus exportaciones tanto como sus opciones de socios comerciales.

Si tuviera lugar una reanudación de las relaciones económicas cubano-norteamericanas, Estados Unidos tendría que prepararse a canjear sus productos por azúcar cubano. La crónica escasez de divisas que padece Cuba implica que los trueques o los préstamos son los únicos mecanismos viables del régimen de Castro para adquirir mercancías estadounidenses. Pero las ganancias que Cuba pudiera obtener de una participación en el mercado azucarero de Estados

Unidos ocurriría a expensas de otros productores de azúcar caribeños, así como de los propios productores de azúcar norteamericanos. Este arreglo no sólo asestaría un considerable golpe a la industria azucarera de Estados Unidos, sino que sería particularmente devastador para las economías de una veintena de naciones vecinas, que dependen estructuralmente de las exportaciones de azúcar hacia Estados Unidos. Países como República Dominicana, Costa Rica, Guatemala y El Salvador se enfrentarían a penurias adicionales, a un crecimiento reducido y al aumento de sus deudas, lo cual podría amenazar su estabilidad política y, consecuentemente, los intereses de Estados Unidos en el campo de la seguridad regional.

También es importante señalar que el proteccionismo doméstico en Estados Unidos ya ha determinado cuotas de azúcar reducidas para la mayor parte de los productores regionales. Un peligro específico es que Cuba podría subsidiar las exportaciones de azúcar y vender por debajo del costo mínimo, lo que representaría una dislocación económica de gran magnitud para algunos países azucareros del Caribe. La misma situación se mantiene, en diferentes proporciones, para otras potenciales exportaciones cubanas, como la biotecnología, el níquel, el tabaco, los cítricos y el ron.

Los productos de Cuba no son ni económica ni estratégicamente importantes para Estados Unidos. Por lo tanto, desde el punto de vista norteamericano, el restablecimiento de lazos económicos con Cuba sería problemático, pues crearía intensas distorsiones de mercado para la ya precaria economía regional del Caribe y América Central, en vista de que Estados Unidos tendría que ceder a Cuba la cuota azucarera de algunos de estos países, y suministraría al mercado norteamericano productos de escaso valor y abundante abastecimiento. Del mismo modo, al tiempo que algunas firmas estadounidenses podrían beneficiarse de una relación comercial reanudada, ello no ayudaría significativamente a la economía de Estados Unidos en general, ya que Cuba no tiene la posibilidad de convertirse en un importante cliente como China, Rusia, o incluso Vietnam.

Bajo la sombrilla protectora de la Unión Soviética, Castro continuó desempeñando un papel de gran poder en África, América Latina y el Medio Oriente en los años noventa. Continuó apoyando revoluciones violentas en tres continentes y dirigiendo el Movimiento de Países no Alineados —un papel totalmente desproporcionado con relación a las dimensiones y los recursos de Cuba—, y todo ello a expensas del pueblo cubano. La dirección cubana consideraba su apoyo a la revolución mundial como parte integral y decisiva de la política exterior de la isla, y los soviéticos proporcionaban a Cuba una protección que facilitaba el aventurerismo de Castro en el mundo. Aun cuando no fueran la principal motivación para la política de Castro, la protección y ayuda de la Unión Soviética facilitaban las tácticas y acciones de Cuba. No obstante, es importante subrayar que los soviéticos no eran capaces ni estaban en disposición de evitar la participación de Cuba en movimientos revolucionarios. Durante los años sesenta, Castro intervino en estallidos revolucionarios en todo el mundo, muchas veces para desilusión y desaliento de los soviéticos.

Para comprender el rol desempeñado por Cuba en la escena mundial es imprescindible un lente analítico peculiar. Los analistas norteamericanos generalmente descuidan el factor personal como la clave para entender el comportamiento de una sociedad revolucionaria dominada por el carisma y la filosofía de una personalidad singular. A pesar de la prominente atención que se ha prestado a Castro como líder, todavía hay una apreciación inadecuada de Castro como hombre y del rol que la revolución violenta y el "internacionalismo" ejercieron sobre su carácter.

En los años noventa las relaciones internacionales de Cuba se han desarrollado dentro de siete temas principales: (1) la supervivencia de la revolución de Castro; (2) la internacionalización del prestigio y el carisma personal de Castro y el consiguiente poder e influencia que ambos conllevan; (3) el mantenimiento, hasta el colapso del comunismo, de una estrecha alianza con la Unión Soviética y sus intereses en todo el mundo; (4) la preservación de una postura antinorteamericana en un intento por debilitar la influencia y el poder de Estados Unidos en el mundo; (5) la adquisición de influencia y aliados en países del Tercer Mundo; (6) el desarrollo de un "nuevo orden económico internacional"; y (7) el apoyo continuo a los "movimientos de liberación nacional" en Asia, África, el Medio Oriente y América Latina.

El gobierno de Cuba ha ayudado a una amplia gama de "fuerzas progresistas", grupos terroristas y fanáticos religiosos en su oposición a Estados Unidos. Sin embargo, desde los años setenta y a contrapelo de su retórica marxista, el régimen ha tratado de establecer mayores vínculos con naciones conservadoras de América Latina. Evidentemente, la ideología no es el único factor que modela el comportamiento exterior de Castro, ya que el desarrollo de tales relaciones ha estado movido por el interés en fomentar los objetivos cubanos —y, en el pasado, los soviéticos—, así como socavar los intereses de Estados Unidos en el área.

Otra característica interesante de la política exterior cubana es el intento de lograr sus fines con riesgos mínimos, pues los fracasos en el exterior pudieran dañar el prestigio de Castro y debilitar su influencia. Los éxitos, por el contrario, alimentan el ego del dirigente y traen consigo recompensas tangibles: influencia mundial, poder ante otros países y apoyo interno, todo lo cual compensa los continuos fracasos económicos y las penurias que resiste el pueblo cubano. Los éxitos en el exterior justifican los sacrificios domésticos.

A pesar de la importancia del papel de Cuba y el éxito de algunas iniciativas audaces, especialmente en África, su política exterior ha sufrido una considerable cuota de fracasos y mostrado signos de decadencia. La invasión de Estados Unidos a Granada, por ejemplo, fue un revés para Cuba. La derrota electoral de los sandinistas en Nicaragua, así como la paz acordada en El Salvador, muestran los límites del internacionalismo y la influencia de la isla.

La imagen de una Cuba no alineada, por otra parte, fue repetidamente empañada por la cercanía de Castro con los soviéticos. Su silencio ante la invasión soviética de Afganistán le costó muy caro, pues resultó sumamente difícil para él, el "campeón" de la no intervención y un crítico constante de las intervenciones de Estados

Unidos, justificar la brutal intervención soviética en Afganistán. Del mismo modo, era difícil para los dirigentes honestos y responsables del Tercer Mundo aceptar el doble rasero de Castro, que tampoco pudo lograr que los líderes latinoamericanos se negaran a pagar sus deudas externas, en un agudo contraste con el compromiso de Cuba de pagar su propia deuda a los soviéticos. Resulta difícil reconciliar la prédica moral con la práctica del cinismo.

En 1988, con Estados Unidos actuando como intermediario, Angola, Sudáfrica y Cuba firmaron un acuerdo para la retirada de las tropas cubanas de Angola y el establecimiento de la independencia de Namibia. Con este acuerdo, Castro logró su fin original de consolidar un gobierno marxista en Angola, y aseguró también la independencia de Namibia. El 26 de julio de 1988, proclamó a Cuba "dispuesta a participar en una solución justa y digna que incluya la seguridad de Angola y la independencia de Namibia". También logró estatus mundial al compartir la mesa de negociaciones con grandes potencias, pues Estados Unidos se vio forzado a pactar con el gobernante de una pequeña, insignificante isla caribeña y tomar en consideración sus deseos y demandas, con lo que el prestigio y la influencia de Castro aumentaron. Además, Castro abandonó Angola sólo gradualmente y en un término de varios años. De este modo minimizó el impacto del retorno de sus tropas a Cuba y ayudó a garantizar la supervivencia del Movimiento Popular para la Liberación de Angola (MPLA).

Cuba emergió como el verdadero triunfador de aquella contienda, ya que Castro logró en la mesa de negociaciones lo que fue incapaz de obtener en el campo de batalla. El acuerdo le permitió sacar a sus tropas de una situación peligrosa y condenada al fracaso, ya que, durante más de diez años de batalla, había sido incapaz de lograr la victoria definitiva en el conflicto angolano y los cubanos habían sufrido numerosas pérdidas. La oposición a una guerra sin victorias había ido creciendo y el entusiasmo de las fuerzas armadas por permanecer indefinidamente en Angola había decrecido considerablemente. Por otra parte, el regreso de las tropas agravó la expansión de la epidemia de SIDA en la isla.

Las tácticas y acciones cubanas en el mundo fueron en general llevadas a cabo con el apoyo de Moscú y, en el caso de Angola, con la participación directa de las fuerzas armadas soviéticas. Sin embargo, debe enfatizarse que el compromiso con la violencia revolucionaria ha sido una política de Cuba desde el principio de la revolución. Castro considera este compromiso como su más significativa contribución a la teoría revolucionaria moderna, como la estrategia que le proporcionará un lugar en la historia.

A pesar de la existencia de la *perestroika* y la *glasnot* en la Unión Soviética y sus diferencias con Gorbachov, Castro se mantuvo como cercano aliado de los soviéticos hasta el fin del comunismo. Desde finales de los años sesenta, las relaciones entre La Habana y Moscú habían tomado la forma de una alianza cada vez más estrecha, y la incorporación de Cuba al campo soviético fue evidente, no sólo en términos económicos —Cuba era miembro del CAME y dependía de la ayuda militar y económica soviética y del comercio con este país—, sino también en su modelo de gobierno y su comportamiento internacional. La naturaleza de esta alianza fue mucho más compleja que la descrita por teorías que asumen a Cuba como un simple satélite, o a los soviéticos como el centro de un imperio con una serie de aliados en su periferia. Indudablemente, Cuba se subordinaba en la mayoría de los casos a los intereses soviéticos, pero también La Habana ejercía considerable influencia sobre Moscú y disponía de ciertas libertades de acción y reacción en los asuntos externos, especialmente en los concernientes al Caribe, Centroamérica y América del sur. Lo que mejor define la relación es la presencia de una comunidad de intereses y el acceso a beneficios mutuos.

A pesar de esta intimidad, la conexión soviético-cubana tuvo algunas brechas. Los primeros años de la década del ochenta estuvieron marcados por tensiones menores, pero reveladoras, ya que los soviéticos discrepaban de Castro a causa de sus maniobras ideológicas un tanto independientes y su inhabilidad de levantar la precaria economía cubana. Castro intentó subrayar su independencia limitada en política internacional con relación al Kremlin, pero al mismo tiempo mitigó las posibles repercusiones negativas al tocar la cuerda vital de la salvación económica que representaban los soviéticos para su régimen.

Las tensiones entre Cuba y la Unión Soviética se vieron también agravadas a raíz del conflicto en Granada. La invasión norteamericana representó un revés para la influencia de Cuba en la región, y los cubanos, que esperaban una reacción más fuerte de los soviéticos, se decepcionaron por la falta de apoyo del Kremlin. Varias organizaciones izquierdistas regionales, como el Partido de los Trabajadores de Jamaica, criticaron a Cuba por no haber suministrado ayuda militar al grupo Coard, la violenta facción radical comunista que tomó el control de Granada luego del asesinato del primer ministro Maurice Bishop. A su vez, Castro culpó a sus representantes militares en Granada por el fracaso ante la intervención de Estados Unidos y degradó a varios oficiales, cuyo desempeño se consideró inaceptable.

Castro también mostró impaciencia ante el escaso apoyo soviético para Nicaragua y la falta de voluntad del Kremlin para desafiar a Estados Unidos en defensa de la revolución sandinista. La ausencia de Castro a la reunión del CAME, en 1984, y la de una delegación soviética de alto nivel a la celebración por el aniversario de la revolución cubana en ese mismo año, fueron señales adicionales de tensión entre los aliados.

A principios de 1985, La Habana y Moscú comenzaban un proceso de reconciliación en virtud del cual Raúl Castro, junto a una delegación cubana del más alto nivel asistió a los funerales de Chernenko en Moscú. En 1986 y 1987, Fidel Castro acudió a las celebraciones por los aniversarios de la revolución bolchevique en Moscú, e insistió en que no había fricción alguna con los soviéticos, afirmando que las relaciones entre ambos países eran mejores que nunca. De hecho, proclamó que su participación en los festejos de 1987 había sido la mejor de sus visitas a la URSS.

El viaje de Gorbachov a Cuba, a principios de 1989, produjo resultados contradictorios, pues aunque Castro se le opuso en lo concerniente a la necesidad de la *perestroika* y la *glasnot* en la isla, ambos llegaron a acuerdos sobre algunos temas generales: ambos países apoyaron la renuncia al empleo de la fuerza en las relaciones internacionales; la reducción de los conflictos regionales y el continuo énfasis global en los problemas de la humanidad. Por su parte, Cuba buscaría mayor ayuda económica de los países occidentales, incluyendo, de ser posible, a Estados Unidos, a fin de aliviar la carga que significaba para los soviéticos el apoyo a la economía cubana. A condición de que los soviéticos no se vieran directamente involucrados con movimientos de liberación nacional ni su imagen pudiera dañarse a consecuencia de ello, Cuba continuaría apoyando dichos movimientos, ya que la lucha armada, según el punto de vista cubano, continuaba siendo el único camino posible para acceder al poder.

Como en ocasiones anteriores, las áreas de acuerdo en las relaciones soviético-cubanas parecían mayores que las de desacuerdos. A pesar del rechazo de Castro a las reformas económicas y su insistencia en las viejas ideas marxistas-leninistas, apoyaba la importancia del "nuevo pensamiento" de Gorbachov en los temas internacionales como estrategia para debilitar la alianza occidental y socavar los intereses de Estados Unidos, particularmente en América Latina.

A inicios de la década de los noventa, a pesar de su avanzada edad y de los crecientes problemas internos, Castro se mantenía como un adversario molesto de Estados Unidos, mas ni él ni sus asesores sospechaban aún que el comunismo fuera a colapsar en la Unión Soviética y que su aliado más importante se fragmentaría en pequeñas repúblicas que seguirían a partir de ese momento políticas de mercado y senderos más democráticos.

Años de crisis

P ocos anticiparon el veloz y dramático colapso de la Unión Soviética y su imperio en Europa del este a principios de los años noventa, y aún más escasos fueron quienes previeron el final del comunismo. Las naciones occidentales se regocijaron ante el espectáculo de una Europa oriental independiente, la división de la Unión Soviética en dieciséis repúblicas y el desarrollo de una sociedad más abierta y orientada hacia la economía de mercado en Rusia.

Para Cuba, en cambio, fue un golpe devastador, pues no sólo perdía la protección política de la sombrilla soviética, sino también el apoyo económico que había sido la salvación del gobierno de Castro. El acceso al mercado europeo oriental y soviético a precios subsidiados se desvaneció de repente, pues las nuevas repúblicas europeas exigían pagos en efectivo por sus mercancías. La debilidad y la dependencia de la economía cubana se hicieron dolorosamente evidentes.

Los años que siguieron fueron testigos de una profundización de la crisis en Cuba, un tema que se repite constantemente. La escasez de petróleo, fertilizantes, piezas de repuesto, materias primas y comestibles de Rusia y Europa del este detuvieron la economía. La producción azucarera descendió a los niveles más bajos desde el triunfo de la revolución; cerca de las tres cuartas partes de las fábricas de la isla se paralizaron o redujeron su producción por falta de piezas de repuesto y materia prima; el transporte y las comunicaciones sufrieron drásticos recortes; las importaciones y exportaciones descendieron en un 70–75 por ciento. El desempleo y el subempleo se incrementaron drásticamente y el ya bajo estándar de vida del pueblo cubano se sumergió a niveles de miseria. La poca esperanza que aún retenían los cubanos fue reemplazada por una profunda desesperación.

La reacción inicial a la crisis en la política económica del gobierno fue un mayor racionamiento de los ya limitados bienes de consumo: "apretarse el cinturón". También se autorizó para los ciudadanos cubanos la posesión de dólares destinados a comprar mercancías en tiendas especiales, anteriormente reservadas a turistas, diplomáticos y funcionarios gubernamentales. Se incrementaron los esfuerzos por atraer inversiones extranjeras, especialmente en las industrias de exportación no tradicionales, como el turismo y la minería. Sin embargo, los organismos de planificación central del gobierno contemplaron algunas reformas profundas que no llegaron a implementarse. Éstas incluían la contabilidad de costos en las empresas, el establecimiento de fondos de inversión por firmas estatales, presupuestos balanceados y liberalización de precios, así como la privatización de propiedades para los cubanos.

De hecho, el gobierno sólo podía intentar sobrevivir económicamente ahorrando sus exiguos recursos. Las raciones se redujeron, fueron organizadas nuevas brigadas de trabajo, aumentaron las actividades de los aparatos de seguridad y represión y se acudió a la retórica para levantar la moral y mantener a la sociedad unida. Al mismo tiempo, las fuerzas armadas cobraron un mayor peso en el control de la economía: a oficiales del ejército les fue encomendado el manejo de empresas agrícolas e industriales y la producción de bienes para autoconsumo y para la población. La esperanza de los hermanos Castro era que la militarización de la economía traería orden y disciplina y revertiría la cada vez más deteriorada situación económica. Al mismo tiempo, el compromiso con la economía proporcionaba una nueva misión a un ejército desmoralizado por el arresto y ejecución de varios de sus líderes y la ausencia de aventuras internacionales desde su retirada de África.

A mediados de 1994, el gobierno autorizó el establecimiento de mercados libres campesinos, en los cuales los agricultores vendían directamente sus productos al público. Mercados similares habían florecido durante cuatro años a mediados de la década del ochenta hasta que Castro los clausurara, argumentando que los cubanos se estaban convirtiendo en "pequeños capitalistas" y que tal actividad socavaba los principios de la revolución. Esta vez, el gobierno esperaba que un retorno de los mercados libres campesinos ayudara a aliviar la crítica escasez de alimentos y a debilitar la expansión del mercado negro.

Las reformas económicas no relacionadas con la inversión extranjera directa fueron extremadamente limitadas, destinadas a paliar el problema más inmediato: la carencia de divisas. En 1992, Cuba amplió la lista de bienes de consumo que los exiliados podían enviar a sus familiares en la isla, incluyendo comestibles —como frijoles, arroz y café— anteriormente prohibidos. Los funcionarios cubanos también anunciaron en 1995 un incremento en el número de visas que procesarían para viajar desde Estados Unidos a Cuba, pues los cubano-americanos que viajan a la isla generalmente llevan dinero y mercancías a sus familiares en Cuba. El objetivo de esta política fue capturar parte de los dólares que ahora circulaban en el mercado negro y alentar a un mayor número de exiliados a que visitaran el país o enviaran remesas de dinero a sus familiares.

Los funcionarios cubanos observaban que estas reformas creaban grandes desigualdades económicas entre la población cubana, pues básicamente beneficiaban sólo a quienes trabajasen en sectores en los cuales se pagara al menos parte del salario en dólares —principalmente el turismo y los servicios asociados a éste—, y a quienes tuviesen familiares en el extranjero. Sin embargo, la necesidad de moneda convertible era crítica y los líderes cubanos estaban dispuestos a aceptar los efectos negativos colaterales. Estas reformas, de hecho, lograron alguna mejoría, pero son medidas que permanecen siendo revocables por el gobierno sin previo aviso.

La reacción más significativa a la crisis fueron las reformas a las leyes de inversión extranjera en Cuba y la activa búsqueda del establecimiento de empresas mixtas con compañías foráneas. Podría especularse que Cuba desearía tener tanto éxito como China en atraer inversiones extranjeras, pero para lograrlo tendría que imitar las reformas económicas estructurales que China ha adoptado. Los tecnócratas cubanos, así como críticos del gobierno de Castro, han señalado que existen diferencias significativas entre ambos países, con marcadas desventajas para Cuba.

En 1982, Cuba había promulgado su ley de empresas mixtas que permitía la inversión directa extranjera (IDE) en el país. Pero la IDE no tuvo actividad significativa hasta 1992, cuando los funcionarios cubanos, interpretando libremente la ley de 1982, comenzaron a alentar la inversión extranjera al ofrecer incentivos fiscales a las empresas mixtas, tales como la exención de aranceles sobre materiales importados y de impuestos en general. Los términos concretos son negociados caso por caso, y los incentivos fiscales frecuentemente se limitan a los años iniciales del proyecto. Las firmas extranjeras también están autorizadas a conducir sus negocios en divisas, introducir sus propias técnicas de gerencia, establecer salarios y repatriar libremente los beneficios. En julio de 1992, una nueva legislación permitía la transferencia limitada de propiedades estatales a extranjeros, la creación de empresas autónomas —aunque reguladas— y la exportación e importación de mercancías sin necesidad de una previa aprobación del gobierno.

Es difícil determinar el número exacto de empresas mixtas surgidas de los esfuerzos cubanos, en vista de que varias publicaciones y funcionarios de la isla reportan cifras diferentes. La mayoría de las empresas mixtas se ha creado en el sector del turismo, y la mayor parte de los socios extranjeros proviene de España. De las inversiones no turísticas, el gobierno cubano ha reportado fundamentalmente la existencia de compañías españolas, canadienses, francesas y mexicanas como socios de empresas mixtas en la minería, la producción de ron y la exploración petrolera. La mayoría de las inversiones mexicanas han sido parte de un trueque de deuda por servicios, a través del cual el gobierno cubano intenta reducir sus obligaciones con México al proporcionar empresas cubanas a hombres de negocios mexicanos. Mas, a pesar de los esfuerzos de Cuba, el número de empresas mixtas es bastante pequeño para una economía de su magnitud potencial, y muchas de las inversiones anunciadas no han sido finalmente consumadas.

Las intenciones cubanas de emular con el modelo chino serán muy difíciles de cumplir, pues resulta improbable que Cuba logre el éxito que el país asiático ha tenido en sus esfuerzos de inversión extranjera directa. China comenzó a atraer estas inversiones a finales de los años setenta y estableció una serie de reformas económicas complementarias que apoyaron su estrategia de desarrollo: las autoridades crearon zonas económicas especiales que combinaban incentivos materiales, fiscales y de mano de obra en localidades geográficamente estratégicas; a las personas, y no sólo a las firmas empresariales, se les proporcionó mayor libertad en la toma de decisiones económicas. El gobierno chino concentró sus esfuerzos de IDE en la manufactura, con particular énfasis en actividades que introducirían nueva tecnología en la economía, y permitió a las empresas extranjeras pagar salarios más altos que los del resto del país, para recompensar y estimular los incrementos de la productividad laboral. Los trabajadores se reinstalaron en esas áreas especiales y frecuentemente remitían parte de sus ganancias a los miembros de su familia o enviaban a sus hogares bienes de consumo comprados allí. Las zonas económicas funcionaron como pequeñas islas semicapitalistas al interior de un estado comunista. China fue también capaz de atraer significativas cantidades de inversiones desde Hong Kong y Taiwán, que han contribuido en gran parte al desarrollo de la provincia china de Guandong.

En contraste, Cuba ha promovido inversiones en el turismo como su más alta prioridad y sólo recientemente ha comenzado a impulsar inversiones en otros sectores. No ha realizado intentos de vincular la IDE con la transferencia de tecnología, ni permitido mayores libertades individuales en asuntos económicos. Aunque el gobierno de Cuba autoriza a algunos trabajadores a operar de forma independiente, las actividades que éstos desarrollan son sumamente reguladas, con altos costos de permisos e impuestos. A diferencia de China, Cuba no ha legalizado la agricultura o la manufactura privadas, ni es permitido tampoco el comercio exterior independiente del estado.

La constitución cubana todavía impide a los extranjeros ser dueños de la mayor parte de las propiedades y prohíbe a los cubanos participar en las empresas mixtas con extranjeros. Más aún, todavía es ilegal para las compañías extranjeras dar empleo directamente a trabajadores cubanos: los empleadores extranjeros deben pagar en divisas los salarios de sus empleados directamente al gobierno de Cuba y posteriormente el régimen paga a esos trabajadores en pesos cubanos —que tienen el valor de una fracción de las divisas— y se apropia la diferencia. Aunque la nueva ley de inversión extranjera proporciona protección contra la expropiación del gobierno, todo arbitraje debe tener lugar en las corruptas y abusivas oficinas gubernamentales, donde poca protección es concedida a los inversionistas.

Los inversionistas extranjeros también deben confrontar incertidumbres políticas inexistentes en otros países, como la posibilidad de que el régimen invierta su presente política de puertas abiertas, los problemas ocasionados por el embargo norteamericano, las demandas legales sobre las propiedades previamente confiscadas y las potenciales sanciones contra inversionistas extranjeros que hayan cooperado con el gobierno de Castro, en el caso de que un gobierno anticastrista llegue al poder en la isla.

El futuro económico de Cuba está oscurecido además por una deuda en moneda convertible relativamente cuantiosa que —excluyendo sus obligaciones con la antigua Unión Soviética, estimadas en 20 mil millones de dólares— acumula unos 10 mil millones de dólares. El régimen no ha efectuado pagos del capital principal ni los intereses generados por ésta desde 1986, cuando declaró unilateralmente una moratoria en el pago de sus obligaciones. Este incumplimiento de su deuda representa para Cuba un obstáculo casi insuperable en la obtención de un significativo y renovado flujo de crédito internacional.

Hay además contradicciones entre los objetivos económicos del gobierno cubano, ya que algunos indicios sugieren que Cuba está intentando implementar una lenta transición de una economía autoritaria a lo que algunos miembros de la dirección cubana llaman una economía mixta, integrada por empresas estatales, privadas y cooperativas (sociedades público-privadas). Sin embargo, Castro y sus partidarios de línea dura se resisten a la adopción de reformas de mercado, o a lo que burlonamente identifican como capitalismo.

Tal resistencia crea un dilema significativo para la transición económica de Cuba, pues la oposición a las reformas de mercado limitan la extensión con la que pudiera el sector privado emerger y funcionar, y por lo tanto retrasa e incluso impide grados palpables de recuperación económica. Al tiempo que Castro y sus seguidores de línea dura admiten la necesidad de una recuperación económica, recelan de la erosión del poder político implicada tácitamente en una reestructuración de la economía hacia el mercado libre, pues la adopción de reformas de mercado podría representar una solución para la crisis económica, pero un proceso abarcador de reformas contiene en sí el riesgo de la pérdida del control de la sociedad y la economía.

En lo relativo a las relaciones exteriores, Castro se ha esforzado en crear nuevos vínculos internacionales y obtener ayuda para su economía en decadencia, tras lo cual varios países de América Latina han normalizado relaciones diplomáticas y comerciales con Cuba. Venezuela, bajo la presidencia de Hugo Chávez, ha desarrollado estrechas relaciones con Cuba y provee al régimen de Castro de petróleo subsidiado por créditos a largo plazo. Frecuentemente se escuchan exhortaciones a favor de la readmisión de Cuba dentro del sistema interamericano y países democráticos como Colombia, Brasil y Chile están dispuestos a negociar e invertir en la isla. Las naciones de habla inglesa del Caribe han dado la bienvenida a representantes cubanos en sus reuniones y se intenta incluir a Cuba a la Comunidad del Caribe (CARICOM). También, a pesar de las protestas de Estados Unidos, Cuba se integró a la recién creada Asociación de Estados Caribeños (AEC). México, por su parte, ha reafirmado su antigua relación con el gobierno de Castro; no obstante, las relaciones no son tan estrechas desde la salida de la administración de Ernesto Zedillo y la llegada al poder de Vicente Fox, quien ha expresado cierta oposición a la política norteamericana hacia Cuba y se ha ofrecido como posible mediador, mas insiste, al mismo tiempo, en la necesidad de que la isla mejore su expediente de derechos humanos.

Aunque resulta improbable que las continuas dificultades económicas de Cuba mejoren de una manera sustancial o se resuelvan, la presidencia de Chávez resulta de extrema importancia para Castro. Chávez ha firmado acuerdos para la venta de petróleo venezolano a Cuba a precios subsidiados que Castro puede pagar en servicios a Venezuela. Ello permite a Cuba desviar una parte del azúcar que comercia por petróleo ruso para la venta en moneda convertible en el mercado mundial, y también revender parte del petróleo venezolano en divisas; ambas maniobras han suministrado a la economía cubana una oportuna entrada de dólares. Por otra parte, el apoyo de Chávez a las posiciones políticas cubanas y sus críticas a la política de Estados Unidos hacia la isla son bien recibidas por el gobierno cubano. En los años previos a su victoria electoral en Venezuela, Chávez vivió en Cuba y recibió apoyo y asesoramiento de Castro, quien, a su vez, ha viajado a Venezuela para visitar a su exitoso protegido y aparente heredero del liderazgo castrista en América Latina.

Sin embargo, no parece probable que el impacto económico de la mejora de relaciones entre Cuba y otras naciones latinoamericanas, con la excepción de Venezuela, tenga gran impacto en la isla. Aproximadamente un tercio del magro comercio exterior de Cuba se desarrolla con América Latina, y tiene lugar sólo sobre bases estrictamente comerciales (por ejemplo, es un requisito el pago en divisas). Cuba, además, incurre en un déficit comercial con estos países, especialmente en lo que respecta a sus intercambios con México. No obstante, los efectos políticos pueden ser más importantes que los económicos.

La tendencia general entre los nuevos gobiernos democráticos de América Latina es la de presionar a Estados Unidos, si bien moderadamente, para que modifique su política hacia Cuba. Entre algunos estadistas latinoamericanos persiste la creencia de que, a través de negociaciones y alicientes económicos, Castro podría efectuar cambios en su política y favorecer una transición política pacífica en la isla. Evaluaciones optimistas sobre la posibilidad de un "trato" con Castro también han sido alentadas por la situación de la anémica economía cubana. Este enfoque sostiene que, en caso de profundizarse la crisis, Castro no tendrá otra opción que liberalizar tanto la economía como el sistema político. Sin embargo, hasta el momento, no ha habido evidencias que puedan sustentar tal punto de vista.

Una de las reacciones del gobierno cubano ante la cada vez más profunda crisis, fue comenzar a deshacerse de potenciales opositores. A mediados de 1994, la policía marítima cubana detectó a un grupo de personas que trataban de abandonar el país en el remolcador "Trece de Marzo". Patrullas del gobierno hundieron brutalmente el remolcador y asesinaron a docenas de personas, incluyendo mujeres y niños. Tres semanas después, hubo una revuelta masiva en las calles de La Habana y se creó una situación de peligro real para Castro.

Tras estos acontecimientos, el régimen autorizó tácitamente a los cubanos a que huyeran de la isla, y miles de personas se hicieron a la mar en frágiles balsas. Un número considerable pereció en el estrecho de La Florida, otros alcanzaron las costas norteamericanas. Muchos fueron capturados por guardacostas estadounidenses en el mar y enviados a la base naval norteamericana de Guantánamo, en el este de Cuba. La mayoría de los refugiados en Guantánamo obtuvo autorización para entrar en Estados Unidos tras prolongadas negociaciones, en las que el gobierno norteamericano accedió a otorgar 20,000 visas anuales a los cubanos que buscaban emigrar a Estados Unidos y La Habana se comprometió a impedir la emigración ilegal.

La administración de William Clinton canceló la antigua política norteamericana de permitir a los refugiados cubanos entrar a Estados Unidos. A menos que toquen suelo norteamericano, los balseros son interceptados en el mar, y se les permite acceder al país sólo si pueden demostrar un argumento explícito de persecución política en Cuba. En caso contrario, son devueltos a la isla. Aunque el éxodo masivo se detuvo casi completamente tras la adopción de estas medidas, la posibilidad de una nueva crisis migratoria aún se muestra en el horizonte.

El gobierno de Castro tampoco ha mostrado concesiones significativas en la arena política y de los derechos humanos. De hecho, a finales de 1995 el régimen comenzó a dar marcha atrás en el lento camino de las reformas económicas e insistir en que Cuba permanecería siendo un estado comunista. No hay señales de que el gobierno intente modificar el sistema político o promover una solución negociada con Estados Unidos o con la naciente oposición dentro de la isla a fin de aliviar la crisis. La historia revela que algunos dirigentes políticos fuertes, y hasta autocráticos, han madurado con la edad y suavizado sus posturas, pero no hay evidencias de que éste sea el caso de Castro. Por el contrario, a medida que envejece, Castro se torna más intransigente y conflictivo. En encuentros con líderes latinoamericanos y discursos desde La Habana ha reafirmado su oposición a Estados Unidos y su intención de no renunciar al poder, después de casi cincuenta años al frente de la isla. "Existe la idea", declaró, "de que el socialismo está declinando y que llegó el momento de exigir a Cuba un cambio, pero ningún cambio será forzado aquí".

Hasta 1996, la administración de Clinton parecía dispuesta a apartarse de las políticas anteriores hacia Cuba: flexibilizó la prohibición de viajar a Cuba para los norteamericanos y cubano-americanos y se hallaba en disposición de incrementar los contactos en telecomunicaciones y otros medios de comunicación masiva con la isla. El secretario de Estado, Warren Christopher, hizo declaraciones con respecto a lo que definió como "respuestas calibradas de Estados Unidos" a las acciones de Castro, un indicio de la voluntad de considerar cambios hacia la normalización gradual de las relaciones con Cuba. Entre los diseñadores de la política norteamericana había esperanzas de que esta actitud conduciría a cambios económicos en la isla, a la edificación de una sociedad civil y, por último, al debilitamiento del poder personal de Castro. El ritmo de las acciones de Estados Unidos estaría condicionado por los cambios internos de Cuba, la política del nuevo Congreso norteamericano, las presiones de la comunidad cubano-americana y las otras prioridades de la administración de Clinton.

El levantamiento total de la prohibición de viajar a la isla pudo haber proporcionado al régimen de Castro las divisas que tanto necesitaba. Aunque el turismo norteamericano no resolvería por entero la situación económica de Cuba, sí hubiera podido procurar al gobierno de la isla una entrada suficiente de dólares que le permitiera sobrevivir durante varios años, y también podría conducir a una seria presión de los grupos de negocios norteamericanos para incrementar otros tipos de comercio con Cuba y flexibilizar la prohibición de inversiones estadounidenses en la isla. El fortalecimiento a largo plazo de la industria turística cubana necesita un gran número de visitantes norteamericanos como requisito para un desarrollo considerable del sector. La industria hotelera estadounidense, por supuesto, querría participar en el crecimiento de este mercado, y las líneas aéreas y compañías de cruceros radicadas en Estados Unidos también estarían interesadas en capturar una porción de dicho mercado en desarrollo. Una significativa flexibilidad de la prohibición de viajar representa, pues, uno de los primeros pasos para poner fin al embargo norteamericano.

Castro estimuló la política norteamericana de ajustes movilizando recursos significativos para forzar a Estados Unidos a levantar unilateralmente y sin concesiones tanto el embargo como la prohibición de viajar. Invitó a dirigentes religiosos, políticos, académicos y hombres de negocios a la isla e impulsó a cubano-americanos de tendencia moderada a iniciar un diálogo que debilitase la oposición cubano-americana a un acercamiento entre Cuba y Estados Unidos. Llegó incluso a visitar Nueva York en 1995, vestido, en lugar de su habitual uniforme militar, con un elegante traje de negocios, en un intento de seducir a los empresarios norteamericanos con una imagen de gran bonanza, alcanzable en caso de que pudieran acceder al mercado cubano.

Los pasos calculados de Castro estaban destinados a ganar tiempo y forzar a Estados Unidos a hacer concesiones unilaterales con respecto al embargo y la prohibición de viajar. Esperaba que la opinión pública norteamericana y mundial forzaran a la administración de Clinton a suavizar su política y que los intentos de Estados Unidos de socavar su revolución pudieran ser manejados por el eficiente aparato de seguridad cubano.

Mas, a principios de 1996, las relaciones cubano-norteamericanas empeoraron. La reducción en el ritmo de las pocas reformas llevadas a cabo en la isla indicaba la escasa disposición de Castro de conducir al país a una economía de mercado. La brutal represión del gobierno contra grupos disidentes y el arresto de más de un centenar de sus miembros en el mes de febrero también subrayaron la oposición de Castro hacia una apertura política. El 24 de febrero, dos pequeños aviones civiles desarmados, pertenecientes a Hermanos al Rescate, un grupo humanitario cubano-americano con sede en Miami, fueron derribados por aviones MiGs cubanos en aguas internacionales, matando a sus cuatro ocupantes. Aunque en otras ocasiones Hermanos al Rescate había dejado caer folletos anticastristas sobre La Habana, su misión principal era la detección de balseros que huían de la isla a fin de avisar a los guardacostas norteamericanos para que pudieran ser rescatados.

Estados Unidos reaccionó rápidamente: la administración de Clinton apoyó la aprobación de la Ley Helms-Burton, que prevé sanciones contra las compañías extranjeras y nacionales que inviertan en propiedades confiscadas por el gobierno de Castro, prohíbe a los ejecutivos de esas compañías viajar a Estados Unidos y permite a los ciudadanos norteamericanos demandar ante cortes estadounidenses a esas empresas extranjeras para obtener indemnizaciones. (Esta última sección de la legislación nunca ha sido implementada.) La ley tenía como objetivo desalentar las inversiones extranjeras en Cuba y establecer un criterio de moralidad y justicia con respecto a las propiedades ilegalmente confiscadas por el gobierno de Castro. Aunque la ley generó críticas significativas, especialmente en Canadá, Europa y América Latina, la administración de Clinton y el Congreso norteamericano se negaron a ceder, argumentando que era importante sancionar al gobierno de Castro por sus acciones. Varios años después, una Corte Federal norteamericana compensó con 186 millones de dólares a las familias de los cubano-americanos asesinados por la Fuerza Aérea cubana. Estados Unidos también restringió los viajes a Cuba y fortaleció el embargo.

Con diversas acciones que se sumaban al derribo de las avionetas, el gobierno de Castro mostró que el período interno de liberalización limitada había llegado a su fin. Castro había arriesgado la interrupción del moderado deshielo en las relaciones cubano-norteamericanas, los tratados comerciales con la Unión Europea y la condena de la comunidad internacional a fin de mantener su control total sobre el pueblo cubano. Temeroso de que una apertura económica más amplia pudiera conducir a una apertura política, rechazó ambas.

El compromiso de Castro con una economía marxista, la violencia revolucionaria y su exportación, el antinorteamericanismo y su poderío personal perduran como las piedras angulares de su política. Él y su hermano Raúl, jefe de las fuerzas armadas cubanas, no parecen tener la intención ni la voluntad de modificar este curso.

¿Prepararse para qué?

Al comienzo del nuevo milenio, Castro enfrentaba algunos de los mismos problemas que habían plagado a la revolución cubana en el pasado, así como nuevos y graves desafíos.

Internamente había crecientes evidencias de desilusión con las exhortaciones del partido y de Castro. El descontento popular, los esfuerzos de un creciente número de cubanos por emigrar y las deserciones de funcionarios del gobierno aumentaron, así como la apatía de la juventud y el ausentismo. El pesimismo y el cinismo reemplazaron el fervor revolucionario: Castro parecía haber perdido la batalla para crear una nueva generación de cubanos consagrados al partido y a la revolución. A pesar de casi medio siglo de educación y adoctrinamiento, el "hombre nuevo" continúa sin aparecer. La pérdida de esta generación representa, quizás, el mayor reto para la futura estabilidad del régimen.

Desde el punto de vista económico, la revolución se enfrentó a un momento crítico. El colapso de la Unión Soviética y de los gobiernos comunistas de Europa del este, los persistentes problemas estructurales de la economía, los bajos precios de los productos de exportación cubanos y la incapacidad de obtener mayores niveles de ayuda extranjera forzaron al gobierno cubano a reevaluar sus objetivos básicos. La profunda crisis económica produjo, pues, un frenesí de actividad planificadora y una mayor militarización, basados en la esperanza de estimular la productividad.

En lugar de poner en práctica reformas efectivas, el gobierno cubano reactivó antiguas estrategias que ya habían fracasado en el intento de generar un crecimiento económico real e implementó otras nuevas que están creando en la actualidad profundas contradicciones en la sociedad. Castro convocó una vez más a los cubanos a trabajar más duro, a hacer mayores sacrificios y a esperar menos en los años venideros. Al mismo tiempo, llevó adelante sus estrategias basadas en el turismo, remesas de divisas desde el exterior e inversiones extranjeras, a fin de sobrevivir en circunstancias difíciles.

Aun siendo de gran importancia económica, las remesas y el turismo acentuaron gravemente las diferencias sociales entre quienes poseían dólares y quienes no, y profundizaron por otra parte las tensiones raciales, ya que la mayor parte de las divisas provenientes de la comunidad cubano-americana es recibida por la población blanca de la isla. En el futuro inmediato, es previsible que las dificultades económicas continuarán y los cubanos deberán enfrentar mayor austeridad, más racionamiento de alimentos y bienes de consumo y, consecuentemente, tiempos aún más duros.

En lo concerniente a la política exterior, Castro se acercó más al gobierno chino, que le suministraba ayuda limitada e inversiones, además de tecnología en telecomunicaciones, piezas de repuesto y armas. Castro también ha renovado sus estrechas relaciones con países y líderes radicales del Medio Oriente y con la Venezuela de Chávez.

Un acontecimiento notable de los últimos años es el aumento de las inversiones chinas en Cuba y su compromiso con el régimen de Castro. Las empresas chinas han construido una variedad de fábricas en la isla e invertido en la industria biotecnológica cubana. Pero más importante aún es la estrecha relación militar que se ha desarrollado entre el Ejército Popular de Liberación de China (EPL) y las Fuerzas Armadas Revolucionarias (FAR) de Castro. El EPL suministra a Cuba piezas de repuesto para equipos militares, municiones y tecnología. Raúl Castro y el ministro de Defensa chino Chi Haotian han intercambiado visitas y varios militares cubanos han seguido de cerca los experimentos chinos en política y economía.

Para Estados Unidos resulta significativo el establecimiento de una estación china de radioescucha en Cuba y el hecho de que el gobierno chino proporcione al cubano equipos para interferir las emisiones de Radio Martí hacia la isla y monitorear las transmisiones militares y comerciales de Estados Unidos. Después de darse a conocer el "Informe Cox" en el Congreso norteamericano, con detalles sobre el espionaje chino en un laboratorio nuclear de Estados Unidos, no es un secreto que el gobierno chino opera una extensa red de espionaje en el hemisferio occidental.

Por lo tanto, no sería sorprendente que el gobierno chino haya establecido una base de espionaje electrónico cerca de las costas norteamericanas. China no podría emular con los soviéticos, pero el Ejército Popular de Liberación no es considerado precisamente como amigo de Occidente. En caso de serlo, no se habría comprometido en prácticas de desestabilización potencial, como el suministro de armas de avanzada tecnología a sirios e iraníes. La política exterior china es paciente y previsora, y en Cuba, el gobierno chino parece llevar a cabo una jugada calculada: que las complejas relaciones de Estados Unidos con China, basadas en intereses económicos, impidan a las administraciones norteamericanas armar un escándalo sobre las actividades de China en Cuba.

En los últimos años, Cuba ha creado alianzas con varios países enemigos de los Estados Unidos. De éstas, las establecidas con Venezuela y China son las más importantes y ventajosas para La Habana, en gran parte por la ayuda económica que proviene tanto de Caracas como de Beijing. Pero tienen también gran importancia las cercanas relaciones que Castro y su hermano Raúl han desarrollado con Corea del Norte e Irán, estados que han mantenido posiciones belicosas en el mundo y apoyado a grupos terroristas en varios países.

Durante el quinto congreso del Partido Comunista de Cuba, en 1997, Castro reafirmó una vez más su oposición a Estados Unidos y su deseo de mantenerse en el poder, y en febrero de 1999 introdujo la legislación más severa que Cuba haya experimentado jamás, sancionando a penas de prisión de entre 20 y 30 años a disidentes, periodistas y todo aquel que se desvíe de la línea del partido.

Estas medidas represivas contra la naciente sociedad civil cubana tienen claras implicaciones: Castro y la élite cubana se preocupan por el crecimiento de organizaciones independientes en la isla y su potencial futuro. Mucho más importante aún es el intento de Castro de imponer un grado mayor de ortodoxia a la población y garantizar una tranquila sucesión a Raúl, su hermano menor, una vez que él desaparezca. En repetidas ocasiones, Castro ha aludido a su mortalidad y a la necesidad de que la revolución continúe y lo sobreviva.

El quinto congreso del Partido en 1997 fue más significativo por sus carencias que por su audacia. Castro mostró una vez más que en Cuba las decisiones políticas dictan las decisiones económicas. A pesar del aumento de los problemas económicos, el partido no introdujo ninguna reforma importante que pudiese impulsar a Cuba hacia el mercado mundial. Ante el temor de que una apertura económica pudiese conducir a otra de índole política, Castro afirmó: "Haremos lo que sea necesario, sin renunciar a nuestros principios.... No nos gusta el capitalismo y no abandonaremos nuestro sistema socialista". Reiteró además que su propio liderazgo sería lo mejor para el futuro de Cuba y que su hermano Raúl era el sucesor más adecuado.

Para reforzar su poder, Raúl promovió a Raúl Valdés Vivó, un comunista de la vieja guardia, como el nuevo ideólogo del partido a cargo de la educación. Valdés Vivó había sido un antiguo dirigente del viejo y prosoviético Partido Socialista Popular (PSP) —el Partido Comunista de Cuba antes de la revolución— y el "padrino" político de Raúl Castro. Fue Valdés Vivó quien condujo a Raúl a la Juventud Socialista, la rama juvenil del PSP a finales de los años 40, y lo familiarizó con la ideología comunista.

En el discurso de clausura del congreso del Partido, Raúl Castro también anunció que el Comité Central del Partido sería reducido de 225 a 150 miembros, y que el Buró Político contaría en lo adelante con 24 integrantes, en lugar de los 26 anteriores. Varios de los nuevos miembros pertenecían a las fuerzas armadas, en una muestra de la creciente tendencia hacia la militarización del partido y la sociedad.

De los tres pilares institucionales de la mayor parte de los regímenes comunistas —el partido, las fuerzas armadas y los órganos de seguridad—, en Cuba el partido parece ser el menos importante. Ello revela, en primer lugar, la aversión de Castro por las instituciones: su estilo de dirección es personal, estalinista y caudillista. Nunca ha sido realmente un enérgico defensor del partido, pues valora a las instituciones como meros instrumentos para llevar adelante sus propias nociones y no como organismos generadores de políticas.

En segundo lugar, el Partido Comunista —el antiguo PSP— había desempeñado un papel menor en la victoria revolucionaria e incluso fue víctima de Castro en los primeros años de la revolución. A diferencia de otros dirigentes comunistas de Europa, Castro no llegó al poder a través de las filas del partido ni debe sus éxitos a la maquinaria partidista. La fundación del nuevo Partido Comunista de Cuba —creado por Castro— en 1965, fue un intento de legitimizar un régimen comunista ya existente.

En tercer término, desde 1965 la relevancia del partido ha sido limitada. Mientras las decisiones fundamentales de Cuba se discuten y formulan en el Buró Político del Partido, son Castro y su hermano quienes dominan este pequeño cuerpo. El Congreso del Partido se ha celebrado siempre con intervalos irregulares y sólo para discutir y ratificar políticas previamente aprobadas.

Finalmente, las fuerzas armadas, que precedieron al partido en su organización y desarrollo, ahora no son sólo independientes, sino superiores a éste. Ni la política del personal militar, ni la doctrina o el control interno del ejército son dirigidos por el partido. Cada vez con más frecuencia, posiciones claves no solamente en el Buró Político, sino también en otros cargos cimeros del partido, son ocupadas por militares. La militarización del partido es coherente con la militarización de la sociedad y la economía.

Las fuerzas armadas cubanas son, incuestionablemente, la institución más importante en la Cuba contemporánea. Han alcanzado un significativo profesionalismo, legitimidad y respeto. Las FAR (Fuerzas Armadas Revolucionarias) son herederas del Ejército Rebelde, que llevó adelante la campaña guerrillera contra la dictadura de Batista, a finales de los años 50. Surgieron en 1959 como una fuerza nacionalista y sólo después se convirtieron en un ejército internacionalista en apoyo a las estrategias soviéticas a través del mundo, aun cuando Castro haya intentado mantener una semblanza de independencia de Moscú que se hizo evidente, por ejemplo, cuando estableció condiciones para la retirada de sus tropas de Angola y cuando oficiales cubanos compartieron con militares soviéticos y norteamericanos la mesa de negociaciones que condujo a los acuerdos de paz en África.

También parece haberse desarrollado entre la población cubana un significativo grado de respeto por las fuerzas armadas, percibidas como defensoras de la nación y de la soberanía nacional de Cuba. Los militares se han abstenido de participar en represiones y abusos, y de este modo han escapado al estigma de las fuerzas armadas de Batista. Finalmente, los sacrificios de los militares en suelo extranjero, particularmente en África, son admirados por varios sectores de la población. Sin embargo, esta admiración ha comenzado a declinar con el paso del tiempo y el cuestionamiento de los beneficios directos que tales acciones significaran para Cuba.

Actualmente las fuerzas armadas constituyen una fuerza profesional, altamente tecnificada, disciplinada y leal. Además de los viejos líderes "históricos", despunta una nueva casta de generales bien entrenados y educados, surgida con posterioridad a 1959. La mayoría de estos oficiales pertenecen a un ámbito muy cercano a Raúl Castro: han sido formados y ascendidos por él y parecen ser totalmente leales a su jefe. Existe una camaradería que parece haberse desarrollado alrededor de Raúl Castro en varios círculos de amigos, algunos cercanos, otros un poco más alejados, para quienes resulta evidente que la intimidad con Raúl no sólo proporciona una vía para ascender en los rangos militares, sino también protección contra las intrigas de otros oficiales.

El grupo más grande está compuesto por generales y coroneles que no fueron miembros del Ejército Rebelde por haber sido muy jóvenes en los años 50, y que provienen de familias de la clase media baja urbana o de la clase trabajadora.[1] Su edad promedio es 50 años y la mayoría procede de las provincias orientales. Casi en su totalidad carece de conexiones previas con los antiguos partidos políticos y sus filiaciones y lealtades están asociadas a sucesos posteriores a 1959. Existe además un significativo aumento en el número de negros y mulatos entre los generales y coroneles promovidos recientemente.[2] Los generales cubanos han tenido numerosas experiencias de combate en suelo extranjero, y asistido a numerosos cursos de grado y postgrado en las mejores academias soviéticas (Voroshilov, Frunze y otras) y cubanas (Curso Básico, Escuela Superior de Guerra, Academia Máximo Gómez). En muchos casos han participado en combates en Vietnam, Angola y el Medio Oriente.

Existe también un crecimiento del número de oficiales tecnócratas altamente profesionales, asociados con el desarrollo tecnológico, los negocios, las finanzas, la administración de industrias, la ingeniería y la logística, que son trasladados de las FAR a posiciones civiles de importancia.[3] Las áreas que están actualmente bajo la jurisdicción de los militares incluyen la corporación turística Gaviota, las Industrias Militares, las Reservas del Estado, la Banca Metropolitana y Tecnotec, entre otras. Además, los militares ocupan posiciones clave en las industrias de la pesca, el azúcar, la marina mercante, los puertos, el transporte, el turismo, las telecomunicaciones y la aeronáutica civil. La mayoría de los tecnócratas proceden de los servicios de retaguardia y logística del ejército, la Fuerza Aérea y la Marina, y fundamentalmente

---

1 Entre ellos se encuentran Alvaro López Miera, José Legró, Orlando Almaguel, Silvano Colás, Rolando Alfonso Borges, Leonardo Ramón Andollo, Eladio J. Fernández Cívico, Arnaldo Tamayo, Orlando Carlos, Roberto Milián y Alejandro Ronda.
2 Se puede citar a Harry Villegas, Silvano Colás, José Legró, Humberto Omar Francis y Arnaldo Tamayo.
3 Tales como Leonardo Andollo, José Legró, Orlando Almaguel, Silvano Colás y Eladio Fernández Cívico

de las dos últimas, a causa de su pericia en tecnología compleja, sistemas computarizados, estándares internacionales y otros requisitos especializados.

Esta cúpula militar parece ser leal a Fidel Castro y su hermano. Sus integrantes aparentemente comparten y evidentemente siguen los enfoques y órdenes de los líderes. Por temor a su propia seguridad, preocupación acerca de un futuro sin Castro, o por compartir tanto ideología como poder, han permanecido siendo generalmente fieles a los hermanos Castro. La posibilidad de faccionalismo en las fuerzas armadas también ha disminuido gracias a la constante rotación de oficiales, que impide la creación de lealtades personales internas, y a un fuerte control y supervisión, tanto a través de la vigilancia electrónica como del partido y las unidades de contrainteligencia que funcionan al interior del ejército. El temor y la desconfianza caracterizan a los más altos escalones de mando militar: sin confiar en nadie, resulta sumamente difícil que un oficial comparta su descontento con otros o planee acciones contra el régimen. Incluso de ser posible la obtención del apoyo de algunos colegas, es imposible para los oficiales descontentos asegurarse el respaldo de un número significativo de personal militar, cuyas lealtades y opiniones son desconocidas. Por lo tanto, resulta improbable una rebelión exitosa dentro de las fuerzas armadas.

Sólo en una situación de disturbios masivos y levantamiento popular, ante la cual los órganos de seguridad fuesen incapaces de establecer el orden serían llamadas las fuerzas armadas para reprimir a la población. En una situación como ésta, es probable que el faccionalismo, las deserciones y el desasosiego tengan lugar dentro del ejército, apresurando el colapso del régimen de Castro. Mas, hasta el momento, los hermanos Castro se han abstenido de usar a los militares para enfrentar el descontento popular, quizás conscientes del peligro potencial que ello encierra.

A diferencia de los de Europa del este, el aparato de seguridad cubano es monolítico y altamente centralizado, ya que Castro aprendió bien la lección de Rumania, donde las fuerzas del Ministerio del Interior y el ejército lucharon entre sí. De este modo, eliminó a los posibles rivales dentro de las fuerzas armadas y de la seguridad y colocó el Ministerio del Interior bajo el control del ejército, comandado por un oficial en el que él y su hermano confiaban.

Entre los cubanos existe una fuerte creencia en la eficacia de los servicios de seguridad y un temor agobiante a sus capacidades represivas. Castro ha castigado severamente a sus enemigos reales y potenciales; ha infiltrado y destruido a los grupos de oposición, ha encarcelado e intimidado a los disidentes y sospechosos de actividades anticastristas y ha impedido el desarrollo de cualquier grupo civil que amenace su autoridad. Recientemente, los opositores al gobierno han debido elegir entre largas condenas de cárcel o el exilio.

No resulta fácil desarrollar una sociedad civil en un país celosamente dominado por una élite política y un líder que durante más de cuatro décadas ha resistido ante cualquier tipo de cambio. Cuba tiene un aparato de seguridad vigilante y un dirigente que consideran el desarrollo de una sociedad civil como un desafío a su control absoluto del poder en la isla. Es difícil de establecer si los limitados logros alcanzados por una sociedad civil independiente de los hermanos Castro en los últimos años son resultado del colapso de la economía cubana, del aumento del descontento frente al gobierno, de la influencia de fuerzas externas o de una deliberada relajación de los sistemas de control. Quizás se trate de una combinación de todos esos factores. No obstante, la sociedad civil en Cuba es aún débil, no muy efectiva y permanece vigilada constante y rigurosamente por el régimen de Castro.

En la pasada década, la Iglesia Católica ha recuperado una influencia limitada. La visita del Papa en 1998 y su mensaje de "no tengan miedo", alentaron a algunos y dieron esperanza a otros de que el régimen de Castro toleraría una apertura más amplia con relación a la iglesia y a otros grupos, mas la luna de miel fue efímera. Aunque Castro declaró la Navidad día feriado oficial, no permitió un crecimiento significativo de sacerdotes en la isla, se negó a que la iglesia tuviera acceso a los medios de comunicación masiva controlados por el gobierno y continúa prohibiendo la educación religiosa.

Bajo tales circunstancias, la iglesia es un adversario débil para el gobierno. La necesidad de preservar sus limitados logros en un ambiente muy difícil y de concentrarse más en los asuntos religiosos que en los políticos, debilita el papel de la iglesia como fuerza significativa para el cambio ahora o durante una transición.

A otras comunidades religiosas no les ha ido mejor. Los grupos protestantes han proliferado a lo largo de la isla, pero se mantienen fragmentados y consagrados principalmente a las prédicas evangélicas. Probablemente los grupos religiosos afrocubanos dispongan de una significativa lealtad popular. No obstante, su mensaje y estructura, organizada en pequeños grupos independientes, no representan una amenaza potencial para el régimen.

Las organizaciones no religiosas y no gubernamentales (ONG) han proliferado en años recientes, y la mayoría está controlada por el gobierno o infiltrada por los órganos de seguridad; de hecho, fueron creadas o estimuladas por el Partido Comunista de Cuba. Estas "gongos" (ONGs gubernamentales), como se les llama en Cuba, fueron instauradas con dos propósitos principales: el primero, obtener asistencia de organizaciones no gubernamentales legítimas de Europa occidental, Canadá y hasta de Estados Unidos; el segundo, proyectar una imagen del que el régimen estaba permitiendo una apertura al mundo y de que la sociedad cubana se hacía más tolerante hacia los disidentes y la oposición. Castro tuvo éxito en ambos sentidos, pues tanto en Estados Unidos como alrededor del mundo éstos fueron erróneamente interpretados como indicios de la existencia en la isla de un régimen más sereno y menos represivo, lo cual redundó en el incremento del apoyo internacional a estos grupos.

Los activistas y organizaciones de derechos humanos y los periodistas independientes han sufrido el peor grado de represión del gobierno. Desde la creación en 1995 del Concilio Cubano, una organización que aglutina cerca de cien grupos pequeños, los activistas han sido acosados, encarcelados o enviados al exilio. Este ambicioso intento de consolidar a todos los grupos oposicionistas y presentar un frente unido contra el gobierno constituyó un gran desafío para Castro, que reaccionó violentamente, aplastó el Concilio y arrestó a sus principales líderes. Hasta la fecha, ninguna organización semejante ha surgido.

Ello no implica la inexistencia de oposición en Cuba: existe y se manifiesta en la baja productividad en los centros laborales, la desobediencia a las leyes comunistas, la corrupción, la apatía hacia el partido y las constantes demandas de la dirigencia y el creciente deseo de abandonar la isla. Grupos independientes de periodistas y profesionales, así como organizaciones religiosas, han surgido bajo circunstancias muy difíciles y muchos de sus líderes han mostrado gran coraje al desafiar al régimen. Sin embargo, una y otra vez, los aparatos de seguridad han infiltrado estos grupos y, con el tiempo, los han desacreditado o destruido. En abril de 2003 más de 75 importantes opositores fueron arrestados y condenados a largas sentencias de cárcel.

El reto oposicionista reciente más importante ha sido el Proyecto Varela, que reunió miles de firmas para solicitar a la Asamblea Nacional que efectuara diversas modificaciones en las leyes cubanas y permitiera elecciones libres. Por primera vez en más de cuatro décadas, un gran número de cubanos —la constitución cubana exige un mínimo de diez mil firmas que validen una demanda de esa índole— se movilizó pacíficamente para hacer una petición al gobierno. La respuesta de Castro no tardó: organizó de inmediato su propio plebiscito para proclamar la naturaleza comunista, permanente e inviolable de su régimen y prohibir a la Asamblea Nacional que considerase tales proyectos.

Ante el temor a la represión del sistema y la posibilidad de largas condenas en prisión, los cubanos parecen resignados a esperar el fin de la era de Castro y la llegada de tiempos mejores. La desilusión y la desunión caracterizan a la sociedad cubana actual. La resistencia y el desafío abierto implican un alto precio, un precio que muchos cubanos no están dispuestos a pagar.

Después de los Castros

El enfoque de muchos de los miembros de la clase política dirigente de Estados Unidos hacia la Cuba de Castro se encuentra influido por una serie de suposiciones erróneas. En primer lugar, existe la convicción de que las consideraciones económicas pueden influir en las decisiones políticas de Castro y de que una situación económicamente deteriorada forzaría al dirigente cubano a conducir a Cuba a una economía de mercado y, con el tiempo, a reformas políticas.

También muchos en Estados Unidos opinan que el embargo es la causa de los males económicos de Cuba. Esta noción ha sido continuamente propagada por el régimen de Castro, en un intento de forzar a Estados Unidos a levantar las sanciones unilateralmente. En realidad, la razón de los problemas económicos de Cuba no radica en el embargo, sino en un sistema económico fallido. Al igual que las economías soviética y de los países de Europa del este, el sistema cubano es obsoleto, ineficiente y corrupto, carente de estímulos a la productividad y a la iniciativa individual. Para Cuba, el mercado norteamericano es el más cercano, pero no el más barato; por ello lo que realmente anhela el gobierno de Castro es el acceso al turismo norteamericano y a créditos que le permitan perpetuarse en el poder sin verse obligado a efectuar cambios económicos importantes.

Una tercera suposición errónea es que los dirigentes de otras naciones se asemejan a los líderes norteamericanos —influenciados por racionalidad económica—, con la única diferencia de que utilizan un idioma diferente, lo cual permitiría negociar con ellos los problemas mutuos y hallar un terreno común para airear las diferencias. La opinión, largamente sostenida por Estados Unidos, de que a través de negociaciones e incentivos es posible influir en el comportamiento de Castro, se ha visto anulada por la falta de voluntad del propio Castro de hacer concesiones a líderes norteamericanos u occidentales: prefiere sacrificar el bienestar económico de su pueblo antes que ceder a las demandas por una Cuba política y económicamente diferente.

Todo ello conduce a la obvia conclusión de que no todas las diferencias y problemas en los asuntos internacionales pueden ser resueltos a través de negociaciones. Existen disputas internacionales que no son negociables y pueden solucionarse únicamente a través del uso de la fuerza, o de una extrema paciencia, a la espera de que desaparezca el liderazgo existente o cambie la situación: algunas diferencias pueden ser resueltas mediante negociaciones, otras son irreconciliables.

Aún así, la creencia de que la crisis económica de Cuba conducirá a importantes cambios políticos, continúa definiendo el pensamiento norteamericano, que se aferra a un anticuado determinismo económico al tratar de comprender los acontecimientos en otras sociedades, así como las motivaciones de sus líderes.

Las evaluaciones optimistas sobre un rápido fin del régimen de Castro también fueron alentadas por el colapso del comunismo en Europa oriental y en la Unión Soviética. Para muchos observadores, Cuba parecía ser la próxima ficha en caer. Sin embargo, a diferencia de Europa del este, Cuba no está regida por un partido comunista deteriorado, ni por líderes de segunda o tercera generación que carecen de legitimidad política real, sino por un fuerte ejército, junto al líder original que hizo la revolución. A pesar de su popularidad en decadencia, Castro conserva cierto grado de legitimidad: a semejanza de Tito en Yugoslavia, Franco en España y Mao en China, es el hombre que derrocó el antiguo orden y estableció uno nuevo. Castro conquistó el poder por la fuerza, lo ha mantenido por la fuerza y sólo lo abandonará por la fuerza o por la muerte.

Las posibilidades de continuidad del régimen parecen ser más fuertes en Cuba que lo que fueran en otros estados comunistas. Aunque el final de los regímenes de Europa del este fue repentino y vertiginoso, implicó décadas de deterioro que quebrantaron sus estructuras de manera decisiva. Por otra parte, el régimen comunista en China adquirió nueva vida después de la muerte de Mao en 1976, inicialmente con las reformas de Deng y finalmente mediante el aumento de la represión, en especial contra las protestas estudiantiles.

En América Latina, muchos regímenes autoritarios no comunistas persistieron durante décadas a pesar de las presiones externas y las debilidades internas. En México, el caso del Partido Revolucionario Institucional (PRI) es particularmente instructivo pues, a pesar de la profunda crisis financiera y económica y de la falta de apoyo popular al partido, los gobiernos con base en el PRI se mantuvieron lo suficientemente fuertes como para permanecer en el poder durante 70 años, hasta hace muy poco.

El régimen de Castro ha extraído lecciones de las experiencias negativas de Europa oriental y de la derrota electoral de los sandinistas en Nicaragua, así como de las experiencias aportadas por chinos y mexicanos, particularmente los primeros. En años recientes, miembros de alto rango de las fuerzas armadas de Cuba visitaron China y funcionarios chinos efectuaron numerosas visitas a la isla. Aunque estas experiencias sean interesantes e instructivas, es dudoso que Castro utilice ejemplo alguno que pueda influir sus ideas de cómo gobernar o que consiga reducir su aversión hacia la democracia y el proceso electoral.

Para Castro y su régimen, el problema de la sucesión es crucial. Ningún régimen totalitario ha sido capaz de idear un sistema de transición sereno, y la desaparición de Castro podría desencadenar una lucha interna por el poder. Sin embargo, lo más probable es que esta lucha por el poder tenga lugar entre las filas revolucionarias, no fuera de ellas. A pesar de la presencia preponderante de Castro, es dudoso que la revolución pueda colapsar completamente si él muriera o quedara incapacitado. La estabilidad del régimen está basada principalmente en las fuerzas armadas, sin dudas el más importante de los tres pilares sobre los que se sostiene la revolución. Los otros dos, el partido y los órganos de seguridad, bajo la supervisión del ejército, son utilizados para controlar, movilizar, socializar y adoctrinar a la población. Castro es incuestionablemente el motor que mantiene el ímpetu revolucionario, y con su relevo la maquinaria podría retrasar su ritmo, pero continuaría funcionando.

Una rebelión contra el gobierno en ausencia de una intervención extranjera en gran escala parece altamente improbable, especialmente mientras las fuerzas armadas cubanas se mantengan leales a los hermanos Castro. La permanente lealtad de las fuerzas armadas parece altamente presumible: no sólo representan una creación de Fidel y Raúl, sino que también han desarrollado un alto grado de profesionalismo, están integradas al sistema político y gozan de confianza en el manejo y control general de la sociedad. Aunque la severa crítica y el castigo de Castro a algunos de los oficiales destacados en Granada, la prolongada presencia cubana en Angola y la ejecución del general Arnaldo Ochoa y otros, provocaron cierta tensión dentro de las fuerzas armadas, ésta no ha conducido a un aumento de inestabilidad dentro del gobierno cubano.

La era de Castro está llegando a su final, aunque no sea por otra razón que el deterioro físico de su líder. Describir el futuro inmediato de Cuba sin Fidel Castro es problemático, pues las condiciones al momento de su fallecimiento son imposibles de predecir. ¿La sucesión tendrá lugar ordenadamente, o será violenta y acompañada de protestas masivas y desordenes civiles? La pregunta clave acerca de una Cuba post-Castro, no obstante, no está en quiénes serán sus nuevos gobernantes o qué políticas podrían llevar a cabo, sino si la institucionalización de la revolución, tal como la entendemos ahora, sobrevivirá a la transición del gobierno totalitario y paternalista de Fidel Castro. Igualmente importante es otra interrogante: ¿Qué puede lograr cualquier líder que surja, dentro del contexto económico, político y social existente?

Otras preguntas también necesitan ser respondidas: ¿Qué opciones en política exterior se abrirán para los dirigentes cubanos después de Castro? ¿Cómo podrán rectificar una economía doméstica trastornada y empobrecida? ¿Cuáles son las posibilidades de que los nuevos gobernantes sean capaces de hacer cambios fundamentales? ¿Temerán ellos romper el balance de varios grupos y niveles de intereses de los que dependería un nuevo gobierno?

El papel de Estados Unidos puede también ser decisivo. ¿Podría el gobierno norteamericano actuar lo bastante rápido como para aprovechar las oportunidades que surjan? ¿Generaría la eventual participación de Estados Unidos un nacionalismo más fuerte? Una transición violenta, acompañada por una emigración masiva, ¿forzaría a Estados Unidos a emplear opciones militares?

Una perspectiva posible, aunque poco probable, sería que Castro decida poner fin a su gobierno con una confrontación con Estados Unidos. Un líder anciano y enfermo, enfrentado a una revolución desplomada y decadente, así como a una posible guerra civil que amenace su poder, podría decidir provocar a Washington. Un ataque militar cubano a la base naval de Guantánamo o al sur de La Florida impulsaría a Estados Unidos a reaccionar militarmente, provocando, quizá, una ocupación militar norteamericana. Esta improbable, y para muchos impensable situación de *Götterdämmerung* —fin del mundo— debería ser considerada, tomando en cuenta el antinorteamericanismo de Castro, la decadencia de la revolución y su predisposición histórica. Sus acciones anteriores, como el llamado que hiciera a los soviéticos para lanzar un ataque nuclear contra Estados Unidos durante la crisis de octubre en 1962, su continua creación de túneles subterráneos a todo lo largo de la isla, el desarrollo de una gran industria biotecnológica, supuestamente sólo con fines pacíficos, y sus numerosos llamados a "Socialismo o Muerte", deberían preocuparnos. En varios discursos, los hermanos Castro han expresado su intención de "hundir la isla en el mar" antes que rendirse al imperialismo norteamericano.

En este momento, la línea de sucesión parece clara: si Fidel muere o queda incapacitado, Raúl Castro lo sucedería como gobernante. Lo más probable es que Raúl permita el establecimiento de un liderazgo colectivo, reteniendo la conducción de las fuerzas armadas y el partido, y ubicando a un civil como presidente de Cuba. Sin embargo, la certeza de que el hermano más joven sobrevivirá al más viejo pudiera ser una suposición peligrosa. Raúl no goza de muy buena salud y podría morir o resultar inhabilitado antes que su hermano mayor.

Mas, incluso suponiendo que Raúl Castro sobreviva a Fidel Castro y herede el poder, sin dudas enfrentaría retos significativos: una economía en bancarrota, el descontento popular, la necesidad de mantener el orden y la disciplina de la población, así como la necesidad de incrementar la productividad de la fuerza laboral son algunos de los problemas más urgentes. Raúl Castro continuaría siendo rigurosamente dependiente de las fuerzas armadas, y careciendo del carisma y la legitimidad de su hermano, también necesitaría el apoyo de los dirigentes más importantes del partido y de los tecnócratas que sostienen la burocracia estatal. Es probable que, después de un período de consolidación y represión severa, este gobierno colectivo emprenda limitadas reformas económicas.

Quizá el reto decisivo para un régimen encabezado por Raúl Castro sea lograr un balance de la necesidad de mejorar la economía con la satisfacción de las necesidades de la población sin perder el control político. Reformas económicas demasiado vertiginosas podrían conducir a un relajamiento del control, una situación muy temida por Raúl, el ejército y otros aliados interesados en mantenerse en el poder. También parece posible una gradual normalización de las relaciones con Estados Unidos, especialmente si no se desarrolla ninguna oposición importante dentro de la isla. En caso de que el embargo norteamericano sea modificado o desaparezca, el comercio se desarrollaría y las compañías norteamericanas intentarían penetrar en el mercado cubano, como ya han hecho algunas compañías canadienses y europeas.

Dada la necesidad que tiene la isla de toda clase de productos y bienes de consumo, su potencialidad comercial es significativa. No obstante, la demanda por sí sola no es suficiente: Cuba debe estar en capacidad de pagar por mercancías y servicios. Estos recursos se obtendrían inicialmente a través de los dólares ganados al turismo y, a más largo plazo, Cuba debería además ubicar sus renglones exportables —principalmente biotecnología, azúcar, tabaco, productos agrícolas, pescado y níquel— en el mercado de Estados Unidos. El comercio florecería únicamente con una masiva afluencia de turismo norteamericano y compras en gran escala de productos cubanos por Estados Unidos.

Sin embargo, las inversiones serían limitadas, dada la ausencia de un amplio mercado interno, la incertidumbre con respecto a la inversión extranjera y la incierta situación política, así como las oportunidades que proporcionarían los mercados en América Latina y otras regiones. Las modestas inversiones iniciales estarían dirigidas principalmente a explotar las industrias cubanas del turismo, la minería y los recursos naturales.

A menos que tengan lugar reformas profundas, es improbable que los estadounidenses estén dispuestos a hacer inversiones significativas en la isla. El gobierno norteamericano podría proporcionar ayuda financiera limitada, pero no concedería a Cuba otros beneficios, como la membresía en la Iniciativa de la Cuenca del Caribe (ICC) o el Acuerdo de Libre Comercio de América del Norte (ALCA). Las inversiones serían limitadas porque las firmas de Estados Unidos estarían a la espera de medidas cubanas que asegurasen a los inversionistas la irreversibilidad de las reformas y su condición de paso decisivo hacia una transformación general de la economía.

En una situación mucho menos probable, un gobierno sin Fidel o Raúl Castro podría abrir la economía, estimulando las inversiones privadas, nacionales y extranjeras, y promover cambios políticos y respeto por los derechos humanos. Serían introducidas leyes para proteger las inversiones extranjeras; se iniciarían las negociaciones para compensar o devolver a sus dueños originales (norteamericanos y cubano-americanos) las compañías y propiedades confiscadas por el régimen de Castro en los años 60 y se les sería dada la bienvenida a los exiliados cubanos para visitar, invertir y comerciar con Cuba. El gobierno norteamericano levantaría la prohibición de viajar, pondría fin al embargo e iniciaría programas de asistencia para ayudar al desarrollo económico de la isla.

Estados Unidos también podría encabezar un importante esfuerzo internacional para alentar a las organizaciones multilaterales, como el Banco Mundial y el Banco Interamericano de Desarrollo, a dar financiamiento rápido a los programas de inversión necesarios para comenzar el proceso de reconstrucción de la economía cubana. El propio gobierno de Estados Unidos podría otorgar crédito al gobierno cubano para la compra de productos norteamericanos. Luego de alcanzar un acuerdo formal que considere el reembolso de la deuda cubana a sus acreedores occidentales, Estados Unidos podría permitir que Cuba participara en los programas de financiamiento del Banco de Exportaciones-Importaciones y la Corporación para Créditos Comerciales, y también podría proporcionar seguros de inversión a las compañías norteamericanas a través de la Corporación de Inversión Privada en el Extranjero (CIPE). El gobierno norteamericano podría coadyuvar en la integración de Cuba a la ICC y concederle otros beneficios comerciales, como el estatus de "nación más favorecida". Cuba también pudiera incorporarse al Acuerdo de Libre Comercio de América del Norte.

En estas condiciones, la economía cubana mejoraría rápidamente. El turismo y las inversiones norteamericanas estimularían la economía y liberarían el talento y la creatividad empresarial cubana, tan largamente suprimidos por el gobierno de Castro. Cuba no sólo podría exportar a Estados Unidos sus productos tradicionales —azúcar, ron, tabaco y níquel—, sino también vegetales, cítricos, pescados, mariscos y biotecnología.

Sin embargo, sea rápida o lenta, cualquier gobierno post-Castro deberá enfrentar problemas y retos significativos durante la transición, comenzando por la ardua tarea de la reconstrucción económica. La extrema dependencia cubana del comercio con el bloque soviético y la adaptación de su economía a un flujo de subsidio antinatural e inmenso durante casi cuatro décadas crearon una economía artificial que luego desapareció. Cuba no cuenta con una economía propia viable: un círculo vicioso de pobreza se ha apoderado del país.

También el mercado interno cubano es sumamente débil: el consumo está limitado por un riguroso y severo sistema de racionamiento y otras transacciones ocurren en el mercado negro, que opera con dólares y mercancías robadas de las empresas estatales o recibidas desde el extranjero. El peso cubano se ha depreciado considerablemente y su poder de compra ha disminuido. Los enormes déficits del gobierno y la ausencia de estabilidad fiscal y de una política monetaria han acelerado el deterioro de la economía.

La producción de azúcar, el principal rubro de exportación de la isla, ha caído a niveles de producción comparables a los de la Gran Depresión, y los precios de otras mercancías cubanas continúan su tendencia a bajar en los mercados internacionales. Mientras otros países han diversificado sus exportaciones, Cuba se ha aferrado al azúcar mas, a causa de su bajo precio, la disminución del consumo mundial, la aparición de productores más competitivos y el uso más frecuente de edulcorantes artificiales, el azúcar es un producto que da pérdidas y ofrece escasas perspectivas futuras.

Además de estas agudas realidades económicas, también habrá un laberinto de problemas legales planteados como resultado de la legitimidad de las inversiones extranjeras y la validez de los derechos de propiedad adquiridos durante la era de Castro. Obviamente, tanto cubanos como extranjeros cuyas propiedades fueron confiscadas durante los primeros años de la revolución querrán reclamarlas, o exigirán justas indemnizaciones tan pronto como ello sea factible. Los ciudadanos de Estados Unidos y otros países cuyas posesiones fueron incautadas sin indemnización, apoyarán estos reclamos. Los cubanos que viven en el extranjero aguardan la oportunidad de hacer sus reclamos legales ante las cortes cubanas. Los casos de Europa del este y Nicaragua son buenos ejemplos de las complejidades, demoras e incertidumbres que acompañan al proceso de reclamación.

La infraestructura de Cuba, severamente dañada, también necesita una importante reconstrucción. Su anticuada red eléctrica no puede dar abasto a las necesidades de los consumidores y la industria; los servicios de transporte resultan absolutamente insuficientes; las comunicaciones son obsoletas y los servicios médicos y sanitarios se han deteriorado tan gravemente que las enfermedades contagiosas de proporciones epidémicas constituyen una amenaza real para la población. Además, los problemas del medio ambiente, como la contaminación en las bahías y ríos, necesitan de atención inmediata.

Los conflictos económicos y legales no son los únicos desafíos que enfrenta el futuro de Cuba. Otro de los grandes problemas que una Cuba post-Castro tendrá que enfrentar es el continuo poder de las fuerzas armadas. En el pasado, Cuba tuvo una fuerte tradición de militarismo, y durante los años recientes las fuerzas armadas, como institución, han adquirido un poder sin precedentes, por lo que, ante cualquier situación, continuarán siendo un factor clave y decisivo. Al igual que Nicaragua, Cuba puede desarrollar un sistema democrático limitado con cubanos capaces de elegir dirigentes civiles, pero existirá el peligro de que las fuerzas armadas ejerzan el poder real y se mantengan como árbitros finales del proceso político.

Cualquier reducción significativa e inmediata de las fuerzas armadas puede ser difícil, si no imposible. Como institución poderosa, las fuerzas armadas podrían ver cualquier intento de socavar su autoridad como una intrusión inaceptable en sus asuntos y una amenaza a su existencia. Su control sobre los sectores económicos claves en el régimen de Castro hará más difícil desalojarlas de estas actividades y limitar su papel en el futuro al aspecto estrictamente militar. Reducir el volumen de las fuerzas armadas será también problemático, porque la economía puede no ser capaz de absorber a los militares desempleados o el gobierno puede no conseguir entrenarlos lo suficientemente rápido para que ocupen posiciones civiles.

El papel de las fuerzas armadas también estará determinado en parte por los conflictos sociales que puedan surgir en un período posterior a Castro. La violencia política durante la primera mitad del siglo de la república cubana desarrolló la creencia en su legitimidad para llevar a efecto cambios políticos. Esa violencia probablemente resurgirá en el futuro, ya que el dominio comunista de Castro ha engendrado profundos odios y resentimientos. Las venganzas políticas podrán proliferar; las diferencias sobre cómo reestructurar la sociedad prometen ser profundas; el faccionalismo en la sociedad y en el proceso político serán comunes. Será también difícil crear partidos políticos de masas, pues numerosos dirigentes y grupos competirán por el poder y desarrollarán sus propias ideas sobre cómo organizar la sociedad, qué hacer con la economía, qué tipo de gobierno establecer y cómo ordenar el complejo legado de décadas de dictadura comunista.

Un movimiento laboral libre y activo complicará además el trabajo de cualquier futuro gobierno. Durante la era de Castro los trabajadores han permanecido dóciles y bajo el control del gobierno, sólo ha sido permitido un movimiento obrero unificado y controlado por Castro. En una Cuba democrática, la clase obrera no será un instrumento pasivo del estado: las organizaciones trabajadoras desarrollarán programas para obtener reivindicaciones laborales y demandarán mejores salarios y beneficios para sus miembros. Un movimiento laboral vociferante y difícil de manejar, caracterizará seguramente a la era post-Castro.

De la misma forma, la aparente armonía de las relaciones raciales puede derrumbarse en una sociedad libre. En parte a causa de un mayor índice de matrimonios entre personas de diferentes grupos raciales y a la emigración de un millón de cubanos, en su mayoría blancos, existe en la actualidad una mayor proporción de negros y mulatos en Cuba. Por otro lado, los ciudadanos negros sienten haber sido excluidos del proceso político, pues los blancos todavía dominan los escaños más altos de la estructura del poder castrista. La dolarización de la economía ha acentuado estas diferencias, al recibir los negros menos dólares del exterior. Existe pues la posibilidad de que ocurran tensiones raciales significativas cuando estos sentimientos y frustraciones se ventilen en un ambiente libre y democrático.

Otro de los problemas más difíciles que la dirección de una era post castrista tendrá que enfrentar es la aceptación y obediencia de las leyes. Cada día los cubanos violan las leyes comunistas: roban a las empresas estatales, mantienen un rampante mercado negro e incurren en todo tipo de actividades ilegales para sobrevivir, con lo cual el soborno y la corrupción se han extendido sobre la sociedad. La erradicación de tales vicios, necesarios en el pasado, no será fácil en el futuro, especialmente a causa de que muchos son incluso anteriores a la era de Castro. La corrupción, así como la desobediencia de las leyes, han sido endémicas en Cuba desde tiempos coloniales. "Obedezco pero no cumplo", es uno de los legados españoles más duraderos y omnipresentes tanto en Cuba como en el universo latinoamericano.

La carencia de voluntad de los cubanos para obedecer las leyes será lógicamente igualada por su ausencia de disposición a sacrificarse y resistir los difíciles años que seguirán al fin del comunismo. Toda una generación ha crecido bajo las constantes exhortaciones y presiones de la dirección comunista a trabajar duro y sacrificarse más por la sociedad. Los jóvenes, enajenados del proceso político, ansían una vida mejor y muchos desean emigrar a Estados Unidos.

Si el índice actual de solicitudes de visas en la oficina consular norteamericana de La Habana es un indicio, más de dos millones de cubanos aspiran a trasladarse permanentemente a territorio estadounidense. Bajo una normalización de las relaciones cubano-norteamericanas, los cubanos podrán visitar a Estados Unidos: muchos viajarán como turistas y permanecerán allí como inmigrantes ilegales; otros serán reclamados como inmigrantes legales por sus familiares ya naturalizados como ciudadanos norteamericanos. Una emigración significativa desde Cuba es indudable y plantea un problema serio a las autoridades de inmigración de Estados Unidos en particular, y a la política norteamericana en general. A consecuencia del legado de Castro, tanto el gobierno norteamericano como la sociedad en general, se ven obligados a vivir bajo la amenaza de un éxodo masivo desde Cuba y con los recuerdos del sufrimiento que las migraciones anteriores han causado.

Por otra parte, muchos cubanos querrán abandonar Cuba, pero pocos cubano-americanos abandonarán su vida en Estados Unidos para retornar a la isla, especialmente si Cuba experimenta un lento y difícil período de transición. Aunque los exiliados que obtengan permiso para retornar serán bienvenidos inicialmente como socios de negocios e inversionistas, experimentarán rechazo o resentimientos en caso de pretender involucrarse en la política doméstica. Adaptar los enfoques y valores de la población en el exilio a los de sus compatriotas en la isla será un proceso difícil y prolongado.

Por lo tanto, el futuro de Cuba permanece ensombrecido por múltiples problemas e incertidumbres. Medio siglo de gobierno unipersonal dejará profundas cicatrices en la sociedad cubana. Como en Europa del este y Nicaragua, la reconstrucción puede ser lenta, amarga y no totalmente exitosa, mas Cuba posee, a diferencia de esos países, ventajas únicas: la proximidad a Estados Unidos y una larga tradición de estrechas relaciones con este país, un poderoso atractivo turístico y una próspera y numerosa población en el exilio. Estos factores podrían converger en la transformación de la economía cubana, pero únicamente en caso de que la futura dirección del país creara las condiciones necesarias para ello: una economía abierta y legalmente equitativa y un sistema político accesible, tolerante y responsable. Desafortunadamente, las probabilidades más cercanas anuncian que la vida en Cuba continuará siendo difícil y que su mejoría será lenta.

Cronología 1492–2005

Período Colonial

1492   Cristóbal Colón descubre y explora Cuba.

1508   Sebastián de Ocampo circunnavega y explora la isla.

1511   Diego Velázquez conquista a los indígenas y establece varios asentamientos.

1519   Se reubica La Habana, de su lugar de origen en el Golfo de Batabanó, a su actual posición en la costa norte.

1523   Son traídos esclavos negros desde África para trabajar en las minas y en los campos.

1538   La Habana se convierte en la sede del gobierno.

1538   Santiago de Cuba es seleccionada formalmente como capital de la isla.

1555   El marino francés Jacques de Sores captura y quema parte de La Habana.

1595   Los ganaderos instalan centrales azucareros en sus tierras y comienzan la producción de azúcar.

1607   Se establece formalmente La Habana como capital de Cuba.

1628   El pirata holandés Piet Heyn captura la flota española en la costa norte de Cuba.

1662   Los ingleses capturan y saquean la ciudad de Santiago de Cuba.

1715   La administración política se centraliza tras el ascenso de los Borbones al poder en España. Las reformas de los Borbones comienzan a introducirse en Cuba.

1717   Los vegueros se rebelan contra el monopolio del tabaco.

1728   Se funda la Universidad de La Habana.

1762   Los ingleses capturan y ocupan La Habana.

1763   La Habana es restituida a España.

1764   Se introduce en la isla el sistema de Intendencia.

1773   Se funda el Real Colegio del Seminario de San Carlos y San Ambrosio.

1789   Cuba se divide en dos jurisdicciones eclesiásticas, una en Santiago y la otra en La Habana.

1790   Se establece el primer periódico.

1792   Se funda la Sociedad Económica de Amigos del País.

1808   Napoleón derrota y destrona al rey español Fernando VII.

1809   Joaquín Infante organiza la primera conspiración independentista.

1812   José Aponte organiza una conspiración de esclavos y libera a los negros.

1814   Fernando VII vuelve al trono de España.

1817   Inglaterra y España firman un tratado que proclama el fin de la trata de esclavos, el cual tiene efecto en 1820.

1818   Por decreto real, España abre los puertos cubanos al libre comercio internacional.

1823   Se organiza la conspiración de los Soles y Rayos de Bolívar.
        Estados Unidos promulga la Doctrina Monroe.

1828–30   Se organiza la conspiración Águila Negra.

1830   España impone controles autoritarios más severos.

1837   El primer ferrocarril de Cuba comienza a operar, conectando La Habana con Bejucal y Güines.

1844   La Escalera, una conspiración de esclavos, es aniquilada.

1845   España suspende la trata de esclavos.

1850   Se promulga el Manifiesto de Ostend, que solicita la compra de Cuba por Estados Unidos.

1848–51   Conspiraciones, expediciones y muerte de Narciso López.

1865   España crea la Junta de Información.

1867   España dispersa la Junta de Información.

1868   El Grito de Yara da comienzo a la Guerra de los Diez Años.

1869   Se redacta la Constitución de Guáimaro.

1873   Las autoridades españolas capturan la embarcación rebelde Virginius y matan a cincuenta y dos de sus ocupantes, en su mayoría norteamericanos e ingleses.

1878   La Paz de Zanjón pone fin a La Guerra de los Diez Años. Protesta de Baraguá. El general Antonio Maceo rechaza la paz y exige la abolición de la esclavitud.

1879–80   Tiene lugar la llamada Guerra Chiquita

1886   España declara la abolición de la esclavitud.

1892   José Martí funda el Partido Revolucionario Cubano.

1895   Con el Grito de Baire comienza la Guerra de Independencia.
        Muere Martí en el campo de batalla.
        Se redacta la Constitución de Jimaguayú.

1896   Muere Antonio Maceo en el campo de batalla en Punta Brava.

1898   El buque de guerra *Maine* explota en el puerto de La Habana y estalla la Guerra hispano-cubano-americana.

1899   Tras los acuerdos del Tratado de París, España renuncia a Cuba.

1899–1902 Estados Unidos ocupa militarmente Cuba. Es elegido como presidente Tomás Estrada Palma bajo la nueva Constitución de 1901.

1901   Se redacta la Constitución Cubana, con la inclusión de la Enmienda Platt, que otorga a Estados Unidos derecho de intervención.

Período Republicano

1902   Se proclama la República y culmina la intervención norteamericana.

1903   Cuba y Estados Unidos firman un tratado por el cual este último obtiene la base de Guantánamo.

1905   El Presidente Estrada Palma inaugura un segundo mandato, al derrotar al candidato liberal José Miguel Gómez.

1906   La Guerrita de Agosto, una rebelión del Partido Liberal, precipita la intervención norteamericana.

1906–09 Segunda intervención norteamericana.

1908   El candidato liberal José Miguel Gómez gana las elecciones para un mandato de cuatro años.

1912   Tiene lugar una fugaz revuelta racial liderada por la Agrupación Independiente de Color.

1912   El candidato conservador Mario G. Menocal gana las elecciones para un mandato de cuatro años.

1917   Junto a Estados Unidos, Cuba declara la guerra a Alemania.
        Fugaz rebelión en Oriente y Camagüey, liderada por el Partido Liberal.

1920   Colapsa el auge azucarero.

1920   El candidato liberal Alfredo Zayas gana las elecciones para un mandato de cuatro años.

1923   Estados Unidos envía a su representante Enoch Crowder a Cuba para "reformar" el proceso político.

1924   A través de elecciones gana Gerardo Machado cuatro años de mandato presidencial.

1924   Fugaz rebelión de la Asociación de Veteranos y Patriotas.

1925   Gerardo Machado asume la presidencia.
        Se funda el Partido Comunista Cubano.

1927   Se funda el antimachadista Directorio Estudiantil Universitario.

1929   A través de elecciones amañadas gana el presidente Machado un nuevo mandato de seis años.

1930   La ley norteamericana Hawley-Smoot sobre comercio reduce la participación de Cuba en el mercado estadounidense.

1930 (*continuación*)

Se producen masivas manifestaciones populares contra el régimen.

Se establece la organización clandestina ABC.

1931 Carlos Mendieta y el antiguo presidente Mario G. Menocal organizan una fugaz rebelión en Pinar del Río.

El ejército de Machado derrota la expedición de Carlos Hevia y Sergio Carbó, organizada en Estados Unidos.

1933 Estados Unidos surge como mediador entre Machado y varios grupos opositores que intentan derrocar al gobierno.

Es expulsado Machado y Carlos Manuel de Céspedes se convierte en presidente provisional.

Una revuelta de sargentos, liderada por Fulgencio Batista, precipita la caída de Céspedes.

El Dr. Ramón Grau San Martín se convierte en presidente de un gobierno revolucionario.

1934 Batista derroca el régimen de Grau y designa a Mendieta como presidente provisional.

La Enmienda Platt es abrogada. Se organiza el Partido Revolucionario Cubano (Auténtico).

1935 Una huelga general conduce a la renuncia del presidente Mendieta, que es reemplazado por José A. Barnet.

1936 Bajo la protección de Batista y el ejército, Miguel Mariano Gómez llega a la presidencia.

1936–40 Presidencia de Federico Laredo Bru

1939 Grau San Martín es electo presidente de la Asamblea Constituyente.

1939 La Confederación Nacional Obrera, creada en 1925, es reorganizada y cambia su nombre a Confederación de Trabajadores de Cuba (CTC).

1940 Se redacta la Constitución. Batista es electo para un mandato de cuatro años.

1942 Cuba declara la guerra a los poderes del Eje Berlín-Roma-Tokio.

1944 Los comunistas cambian el nombre de su partido por el de Partido Socialista Popular.

1947 Eduardo Chibás crea el Partido del Pueblo Cubano (Ortodoxo).

Expedición de Cayo Confites contra el dictador dominicano Rafael Leónidas Trujillo es frustrada por el gobierno cubano.

1948 Fidel Castro participa en el "Bogotazo", en Colombia.

Carlos Prío Socarrás es electo presidente.

1951 Se suicida Eduardo Chibás.

1952   Batista alcanza el poder mediante un golpe de estado.

1953   Se organiza la resistencia, liderada principalmente por miembros del Partido Auténtico y por estudiantes universitarios.

Castro lanza su fracasado ataque al cuartel Moncada.

1954   Batista es "reelecto" presidente para un mandato de cuatro años.

1955   Fracasa un intento de compromiso político organizado por la Sociedad de Amigos de la República.

1956   Aplasta Batista la conspiración Montecristi dentro del ejército.

Los Auténticos fracasan en un ataque contra el cuartel Goicuría.

La expedición del yate *Granma*, encabezada por Fidel Castro, desembarca en la provincia de Oriente.

1957   Miembros del Directorio Revolucionario y del Partido Auténtico atacan infructuosamente el palacio presidencial. El líder del Directorio, José Antonio Echeverría, cae abatido por la policía.

Casi todas las provincias occidentales de la isla quedan paralizadas por una huelga.

Castro consolida las operaciones de su guerrilla en la Sierra Maestra.

1958   Fracasa una huelga general organizada por Castro.

Castro extiende las operaciones guerrilleras a la provincia de Las Villas.

Fracasa la ofensiva militar contra las guerrillas.

Estados Unidos retira gradualmente el apoyo al régimen de Batista.

Elecciones amañadas producen la victoria del candidato de Batista, Andrés Rivero Agüero.

La creciente desmoralización y corrupción conducen al colapso gradual de las fuerzas armadas.

Batista y sus más cercanos colaboradores escapan a la República Dominicana.

Período Revolucionario

1959

Fidel Castro asume el mando y comienza la consolidación del poder. Manuel Urrutia Lleó llega a ser el primer presidente de Cuba revolucionaria.

Unos meses más tarde, Castro se convierte en primer ministro e impone a Osvaldo Dorticós, su candidato personal, en la presidencia.

Se promulga la primera Ley de Reforma Agraria.

El comandante Camilo Cienfuegos muere en un supuesto accidente aéreo.

El comandante Huber Matos es sentenciado a 22 años de prisión.

1960

Cuba y la Unión Soviética firman un tratado comercial y restablecen relaciones diplomáticas.

Importantes negocios extranjeros son nacionalizados por el gobierno.

Los sistemas de transporte, bancarios, de comunicación, educacionales y los medios informativos pasan al control del estado.

Es creada la Junta Central de Planificación (JUCEPLAN), con el fin de planear y dirigir la economía.

Se organizan los Comités de Defensa de la Revolución (CDR).

Castro difunde la Declaración de La Habana; reclama el derecho de Cuba de exportar su revolución y solicita el apoyo soviético.

El gobierno soviético compra el azúcar cubano que Estados Unidos se ha negado a comprar.

Armamentos del bloque soviético comienzan a llegar a Cuba.

1961

Estados Unidos rompe sus relaciones diplomáticas con Cuba y declara el embargo económico contra la isla.

Fidel Castro, el 16 de abril, proclama el carácter socialista de la revolución cubana, y más tarde se declara marxista-leninista.

Fracasa la invasión de Bahía de Cochinos, patrocinada por Estados Unidos.

Castro funda las Organizaciones Revolucionarias Integradas (ORI), una amalgama de agrupaciones revolucionarias con los comunistas.

El gobierno cubano continúa socializando la economía.

1962

Cuba es expulsada de la Organización de Estados Americanos (OEA). Castro proclama la Segunda Declaración de La Habana, en la cual exhorta a continuar la revolución dentro y fuera de la isla.

El gobierno introduce el racionamiento de la mayoría de los artículos, incluyendo los productos alimentarios.

Líderes del Partido Socialista Popular son purgados.

La crisis de los misiles conduce a Estados Unidos y la Unión Soviética al borde de un conflicto nuclear.

1963

Castro visita la Unión Soviética por primera vez. Entra en vigencia la Segunda Ley de Reforma Agraria.

Se incrementa el apoyo a grupos revolucionarios, particularmente en Venezuela.

1963 (*continuación*)

Cuba rehúsa firmar el Tratado de Prohibición de Armas Nucleares.

1964

Castro visita la Unión Soviética y firma un acuerdo de largo plazo, según el cual Cuba proveerá entregas de azúcar entre 1965 y 1970, para un total de 24 millones de toneladas, a un precio fijo de seis centavos de dólar por libra.

Castro anuncia que Cuba producirá 10 millones de toneladas de azúcar en 1970, mostrando un retorno a la dependencia al monocultivo y el abandono de los planes de una industrialización importante.

La Conferencia de Partidos Comunistas de América Latina tiene lugar en La Habana y suscribe la línea soviética.

1965

Cuba participe en la Reunión Consultiva de Partidos Comunistas, efectuada en Moscú.

Ernesto "Che" Guevara inicia una serie de viajes a Asia y África.

Se firma un acuerdo comercial soviético-cubano por tres años.

Fidel Castro asume un mayor control personal sobre la economía.

Se crea el Partido Unido de la Revolución Socialista (PURS).

Cuba permite el éxodo de decenas de miles de cubanos.

Castro rechaza la doctrina de "posiciones de liderazgo" de los partidos comunistas en la lucha revolucionaria y critica severamente a los partidos comunistas latinoamericanos por no apoyar la guerra de guerrillas.

1966

Cuba y China se critican mutuamente y se tensan sus relaciones. Se efectúa en La Habana la Conferencia Tricontinental y se funda la Organización para la Solidaridad con los Pueblos de Asia, África y América Latina (OSPAAL).

Castro y delegados de la mayoría de los grupos de izquierda latinoamericanos crean la Organización Latinoamericana de Solidaridad (OLAS). La situación económica continúa deteriorándose y Castro proclama la supremacía de los incentivos morales sobre los materiales.

1967

Castro admite desacuerdos cubano-soviéticos sobre el apoyo de Cuba a las actividades guerrilleras en América Latina.

Se efectúa en La Habana la Primera Conferencia de la Organización Latinoamericana de Solidaridad (OLAS).

1967 (*continuación*)

El Che Guevara es asesinado en Bolivia.

1968

Los miembros de la llamada "microfracción", nueve dirigentes de la facción comunista, incluyendo a Aníbal Escalante, son juzgados como "traidores a la revolución" y algunos son sentenciados a diversas condenas carcelarias.

Se confiscan todos los negocios privados, excepto algunas pequeñas parcelas dedicadas a la agricultura.

La Universidad de La Habana es sujeta a un estricto control y disciplina militares luego de demostraciones estudiantiles.

Castro pronuncia un discurso justificando la invasión soviética a Checoslovaquia.

1969

Castro compromete a Cuba en un plan de desarrollo de la agricultura a largo plazo, posponiendo la industrialización del país.

Estados Unidos y Cuba firman un acuerdo para devolver a los pasajeros a bordo de aviones secuestrados a Cuba.

Cuba se convierte en la primera nación en establecer relaciones formales con el Vietcong (Frente de Liberación Nacional de Vietnam).

1970

Fracasa el intento cubano de producir 10 millones de toneladas de azúcar y el Ministerio del Trabajo reporta que la productividad de los trabajadores azucareros es tan baja que el costo de la zafra de 1970 es tres veces mayor que el valor en el mercado mundial del azúcar producido.

Problemas económicos obligan a Castro a reemplazar a varios ministros civiles por oficiales militares.

Castro anuncia la captura de líderes del grupo de exiliados Alfa 66, que han desembarcado en Cuba.

La posibilidad de existencia de una base naval soviética en Cienfuegos conduce a un intercambio diplomático entre Washington y Moscú y a una declaración final de esta última, alegando que no está construyendo "bases militares en Cuba...(ni) haciendo algo que pudiera contradecir el nivel de entendimiento alcanzado entre los gobiernos de la URSS y Estados Unidos en 1962".

Cuba enfrenta una crisis económica tras un descenso en la producción en casi todos los sectores. El ministro de Trabajo atribuye los problemas a una "resistencia pasiva" de los trabajadores.

1971

Castro exhorta a los trabajadores cubanos a laborar más intensamente para incrementar los bajos niveles de productividad de la economía cubana.

Cuba y la Unión Soviética firman un tratado comercial y económico a largo plazo.

1972

El gobierno cubano retira de circulación 600 millones de pesos (de tres mil millones en total) para combatir la inflación.

Cuba es formalmente admitida como noveno miembro del CAME, la alianza económica del bloque soviético.

Castro firma un nuevo acuerdo económico soviético-cubano a largo plazo, en el cual la extensa deuda con la URSS es diferida hasta 1986, tras lo cual sería repagada en un plazo de 25 años sin intereses.

Castro anuncia una importante reorganización administrativa, a fin de mejorar la economía.

1973

Castro apoya un agrupamiento regional panamericano que excluya a Estados Unidos.

Un experimento de gobierno local, el Poder Popular, comienza en la provincia de Matanzas.

En una reunión de la Central de Trabajadores de Cuba (CTC), Castro anuncia el abandono de los incentivos morales y el establecimiento de normas de tipo soviético para la fuerza laboral, en un intento por mejorar la productividad.

Durante la Conferencia de Países No Alineados, en Argelia, Castro alaba a los soviéticos y ataca la teoría de los dos imperios expuesta por otros líderes no alineados.

1974

El líder del Partido Comunista de la Unión Soviética, Leonid Brezhnev, visita Cuba.

Se firma un acuerdo comercial cubano-argentino de 1,200 millones de dólares, el mayor entre Cuba y una nación latinoamericana.

El presidente Ford indica el apoyo de Estados Unidos al cambio de postura de la Organización de Estados Americanos (OEA) para mejorar las relaciones entre las naciones miembros y Cuba.

El ministro cubano de Relaciones Exteriores, Raúl Roa García, declara en Naciones Unidas que no habría cambios para normalizar las relaciones con

1974 (*continuación*)

Estados Unidos hasta que el bloqueo económico americano culminase.

Cuba intensifica su apoyo y entrenamiento a grupos comunistas en Mozambique, Guinea-Bissau y Angola.

1975

Los electores cubanos efectúan un referéndum para una nueva Constitución que provee al país de una Asamblea Nacional, con un término de mandato de cinco años para quienes resultasen electos (ciudadanos cubanos de 16 años o mayores). También incluye el establecimiento de un Consejo de Estado de 31 miembros con un presidente, un primer vicepresidente y cinco segundos vicepresidentes.

Estados Unidos disminuye las restricciones de exportación a Cuba a las subsidiarias de las compañías norteamericanas; el comercio directo se mantiene embargado.

Estados Unidos denuncia que soldados y asesores cubanos apoyan en Angola al grupo marxista Movimiento para la Liberación de Angola (MPLA).

Castro preside el Primer Congreso del Partido Comunista Cubano, que aprueba la nueva Constitución socialista cubana y el primer plan económico quinquenal.

1976

Cuba anuncia que no retirará sus tropas de apoyo al MPLA. El secretario de Estado norteamericano, Henry Kissinger, advierte a Cuba contra su intervención en Angola.

Cuba informa a Suecia sobre su intención de retirar la mitad de sus tropas de Angola antes de diciembre de 1976.

Castro acusa a Estados Unidos de sabotaje por la voladura de un avión de pasajeros cerca de Barbados.

Se promulga la nueva Constitución socialista cubana.

1977

El CAME anuncia su decisión de construir una planta nuclear en Cuba.

Castro visita África y la Unión Soviética y acuerda con Brezhnev continuar su apoyo a los movimientos de liberación nacional.

El presidente Jimmy Carter pone fin a las restricciones de viajes a Cuba para algunos ciudadanos norteamericanos. Se establecen secciones de intereses de funcionarios consulares en Washington y La Habana.

Tropas de combate y asesores cubanos penetran en Etiopía. Todos los funcionarios cubanos son expulsados de Somalia como reacción ante la

1977 (*continuación*)

presencia cubana en Etiopía.

Castro reafirma la determinación de Cuba de ayudar a los movimientos de liberación nacional de África, y su apoyo a la independencia de Puerto Rico, y afirma que la presencia de Cuba en África no es negociable con Estados Unidos.

Un artículo del diario oficial cubano *Granma* denuncia ataques del gobierno chino a la Revolución Cubana y sus compromisos internacionalistas en África.

1978

Cuba es anfitrión del Festival Mundial de la Juventud y los Estudiantes.

Estados Unidos reporta el aumento de las tropas cubanas en Etiopía de 3,500 a 5,000 efectivos. También acusa a Cuba de apoyar la invasión de rebeldes en Zaire.

Tomás Borge, líder del Frente Sandinista de Liberación Nacional (FSLN), llega a Cuba y se reúne con líderes del Partido Comunista.

Ciento cincuenta prisioneros políticos cubanos son excarcelados y autorizados a abandonar la isla.

El presidente de la Junta Central de Planificación (JUCEPLAN), Humberto Pérez, explica que Cuba no ha alcanzado un nivel de crecimiento de la economía que le permita salir del subdesarrollo.

1979

En apoyo a Vietnam, aliado soviético, Cuba condena la "agresión militar" china.

La Unión Soviética inicia la reconstrucción y modernización del poder militar cubano, al proveer al gobierno de Castro de su primer submarino y dos torpederos.

Cuba anuncia y efectúa la liberación de varios centenares de presos políticos.

La Asamblea Nacional del Poder Popular se reúne en La Habana.

Castro exhorta a más altos índices de disciplina y trabajo. Critica los servicios públicos, especialmente el transporte.

Cuba firma acuerdos de cooperación económica, científica y técnica con Jamaica.

Asesores militares, técnicos y economistas cubanos llegan a Nicaragua, tras el derrocamiento del gobierno de Somoza. Estrechas relaciones y colaboración se desarrollan entre los dos países.

El Movimiento Cubano por la Paz y la Soberanía de los Pueblos exhorta a la solidaridad con la rebelión armada en El Salvador.

1979 *(continuación)*

Estados Unidos denuncia que una brigada de combate soviética queda estacionada en Cuba. Castro lo niega.

La Sexta Reunión Cumbre de Países No Alineados (NOAL) tiene lugar en La Habana.

Granada admite haber recibido armas desde Cuba, pero sólo para propósitos de defensa. Ambos países firman un acuerdo de cooperación técnica y económica por dos años.

1980

Castro hace cambios en su gabinete ministerial; asume personalmente el control sobre los ministerios de Defensa, Interior, Salud Pública y Cultura.

Once mil refugiados cubanos penetran en la Embajada del Perú en La Habana en busca de asilo político y comienza un éxodo masivo de cubanos hacia Perú y Estados Unidos. Más de 125,000 cubanos llegan a Estados Unidos durante el llamado "puente del Mariel".

Cuba y Nicaragua firman un acuerdo económico, científico y técnico y establecen una Comisión Intergubernamental.

El presidente de Angola, José Eduardo Dos Santos, visita Cuba y firma un acuerdo que establece intercambios bilaterales.

Aviones MiGs cubanos atacan y hunden el patrullero bahamense Flamingo. El gobierno cubano se disculpa alegando: "sinceramente lamentamos el incidente".

Miembros del grupo guerrillero colombiano M-19, que han mantenido secuestrados a diplomáticos de la Embajada de la República Dominicana en Colombia durante 61 días, arriban a Cuba con once rehenes. Estos últimos son liberados y los guerrilleros permanecen en la isla.

Cuba y la URSS firman un acuerdo para la construcción de un centro de investigación nuclear en Cuba.

Cuba y la URSS firman un acuerdo bilateral de cooperación económica de 1981 a 1985. El intercambio aumenta en un 50% y promedia más de 8 mil millones de dólares anuales.

Raúl Castro anuncia la creación de las Milicias de Tropas Territoriales.

El presidente Carter acusa a Cuba de ayudar con suministro de armas e insurgentes a los grupos de izquierda que trataban de derrocar al gobierno de El Salvador.

El Instituto Cubano de Amistad con los Pueblos (ICAP) organiza una campaña de solidaridad con Puerto Rico para ayudar a conseguir su soberanía e independencia.

1980 (*continuación*)

Durante la visita del presidente mexicano José López Portillo a Cuba, ambos países firman un comunicado conjunto que incluye un llamado al levantamiento del embargo. El presidente mexicano condena la Guerra Fría y la carrera armamentista, indicando que nada puede ser logrado sin distensión.

Dirigiéndose al segundo Congreso del Partido Comunista Cubano, Fidel Castro admite el fracaso en alcanzar un crecimiento económico del 6% entre 1976–80, como había sido planificado durante el Primer Congreso.

1981

El gobierno organiza las Milicias de Tropas Territoriales (MTT) a nivel regional. Muchos milicianos son veteranos de las guerras de Angola y Etiopía. Su propósito es combatir el sabotaje de los grupos del exilio.

Alexander Haig, nominado a la Secretaría de Estado estadounidense, rechaza una noción de mejoría de las relaciones con Cuba durante su audiencia de confirmación.

El FBI arresta a siete exiliados anti-castristas en los Cayos de la Florida.

El Departamento de Estado fracasa en convencer a Castro de aceptar el retorno de 2,000 indeseables de la flotilla del Mariel.

Estados Unidos reporta que 532 millones de dólares han sido gastados en la entrada y relocalización de 125,000 cubanos y 12,400 haitianos emigrados a Estados Unidos en 1980.

Estados Unidos expulsa al primer secretario de la Sección de Intereses de Cuba, Ricardo Escortín, acusado de mantener negocios ilegales con comerciantes norteamericanos y supuestas actividades de inteligencia.

Un grupo de cubanos se apodera de la embajada de Ecuador en La Habana, mantiene como rehenes a representantes diplomáticos ecuatorianos, y demanda asilo político. Fuerzas de Seguridad del Estado cubanas penetran en la embajada ecuatoriana y arrestan a los aspirantes a emigrar.

El ministro consejero de la embajada soviética en Washington D.C., Valdilev M. Vasev, niega el suministro de armas a los rebeldes salvadoreños, pero afirma que los soviéticos están embarcando armas a Cuba sin restricciones de tales embarques a terceros países.

Castro pronuncia un discurso en el Congreso del Partido Comunista Soviético, afirma que Estados Unidos amenaza con un bloqueo naval y niega que Cuba esté instigando la rebelión en El Salvador.

Colombia rompe relaciones diplomáticas con Cuba a causa de los vínculos de esta última con las guerrillas insurgentes.

Alfa 66, grupo militante de exiliados cubanos en Estados Unidos, reporta 30

1981 (*continuación*)

misiones de sabotaje realizadas en seis meses dentro de la isla, incluido un ataque a la planta energética de Regla.

Chester A. Crocker, asistente del Secretario de Estado norteamericano, vincula la solución del problema del sudeste africano a la retirada de las tropas cubanas en Angola.

El presidente de la ANAP, José Ramírez inicia una campaña para ayudar a los pequeños agricultores, especialmente los pertenecientes a las cooperativas independientes, en una nueva política agropecuaria.

Costa Rica rompe relaciones diplomáticas con Cuba en protesta por la violación de derechos humanos en la isla.

El Departamento de Estado norteamericano reporta la transferencia de tanques de fabricación soviética T-55 al gobierno sandinista de Nicaragua.

Es firmado en Sofía un pacto de ayuda con el CAME. Se hacen planes para mejorar la producción de azúcar cubano a través de la modernización de los centrales y sistemas de transporte. El paquete de ayuda tiene un valor de 1,200 millones de dólares por un período de diez años.

Fallece en Nueva York, a la edad de 79 años, Manuel Urrutia Lleó, primer presidente de Cuba revolucionaria, que más tarde devendría en adversario de Castro.

Castro expresa "profundas sospechas" sobre el origen de la ruina de los cultivos y la fiebre del dengue que ha cobrado la vida a 113 cubanos y dañado las cosechas. Comenta que posiblemente la epidemia ha sido introducida por la CIA.

El censo nacional fija la población cubana en 9,706,369 habitantes, de los cuales 1,924,000 residían en La Habana. El 97.2% de los electores inscritos en Cuba votan en las elecciones municipales para elegir a 9,763 miembros a la Asamblea del Poder Popular.

Jamaica rompe relaciones diplomáticas con Cuba, alegando falta de cooperación en la extradición de criminales jamaicanos.

Félix Fidel Castro Díaz, hijo de Fidel Castro, es designado director de la Comisión de Energía Atómica (CEA).

El gobierno mexicano se ofrece para actuar como "mediador" entre el régimen de Castro y el gobierno norteamericano.

Fidel Castro es reelecto Presidente del Consejo de Estado, y su hermano Raúl Castro primer vicepresidente.

Humberto Pérez, miembro suplente del Buró Político anuncia un déficit de 785 millones de pesos en el presupuesto de 1981, en comparación con los 249 millones registrados en 1980. Afirma que la culpabilidad de tales déficit recae en la caída de los precios de las mercancías y en la fiebre del dengue.

1981 (*continuación*)

El gobierno aumenta entre el 10 y el 30 % los precios de alimentos racionados y la mayoría de los servicios gastronómicos (restaurantes, bares, etc.) Dos ministros, incluyendo el de Comercio Interior, Serafín Rodríguez, son despedidos luego de una protesta pública por el excesivo aumento de precios.

1982

Es firmado un tratado comercial con Libia tras la visita a ese país de una delegación encabezada por Héctor Rodríguez Llompart, presidente del Comité Estatal de Cooperación Económica.

El presidente norteamericano Ronald Reagan designa a F. Clifton White para dirigir Radio Martí, una iniciativa de radiodifusión de Estados Unidos, diseñada para contrarrestar las transmisiones antinorteamericanas desde Cuba.

El presidente Reagan afirma que el secretario de Estado Alexander M. Haig se reunió secretamente con el vicepresidente cubano Carlos Rafael Rodríguez en el otoño de 1980. Haig debatió con Rodríguez los embarques de armas desde la Unión Soviética hacia Cuba.

El Departamento de Justicia de Estados Unidos levanta el embargo sobre publicaciones cubanas a suscriptores norteamericanos, efectivo desde mediados de 1981.

El gobierno cubano libera restricciones para inversiones extranjeras en Cuba, en un esfuerzo por incentivar la industria turística y obtener divisas convertibles.

La administración de Reagan anuncia nuevas restricciones sobre viajes a Cuba, prohibiendo viajes de turismo y de negocios espués del 15 de mayo. Únicamente son concedidos permisos de viaje académicos y con fines de reunificación familiar.

Castro rechaza la petición de la administración Reagan de una ruptura de relaciones con la Unión Soviética, durante un discurso pronunciado ante la Asociación Nacional de Agricultores Pequeños (ANAP).

El presidente de la ANAP, José Ramírez Cruz, afirma que los pequeños agricultores y las cooperativas han producido el 70% del tabaco del país, el 67% del cacao, el 54% del café, el 50% de los vegetales, el 18% de la caña de azúcar y son propietarios del 21% de las cabezas de ganado vacuno. Castro admite que la política alimenticia de "mercado libre" de 1980, fracasó a causa de la intervención de "intermediarios inescrupulosos".

El gobierno cubano toma medidas represivas sobre "actividades capitalistas" en mercados libres de alimentos y ropa y realiza 200 arrestos.

1982 (*continuación*)

Lluvias torrenciales e inundaciones causan extensos daños en los bienes y la agricultura de la isla.

El gobierno cubano anuncia que 180,000 extranjeros visitaron a Cuba en 1981, lo cual aportó 80 millones de dólares a la economía nacional.

El gobierno norteamericano expulsa a dos representantes diplomáticos cubanos de la misión de Naciones Unidas, luego de hallar equipos sofisticados de telecomunicaciones en un almacén de Orlando, Florida.

Durante un discurso por las celebraciones conmemorativas de la Revolución Cubana en la ciudad oriental de Bayamo, Fidel Castro culpa a la "crisis capitalista" por las penurias económicas de Cuba.

1983

Funcionarios cubanos se reúnen en Panamá con ministros de Economía de varios países occidentales para renegociar el pago de 2,600 millones de dólares de la deuda externa de Cuba.

Estados Unidos reporta que Cuba, con respaldo soviético, ha expandido su flota anfibia. Cuba también completa la construcción de refugios para una flotilla aérea de cerca de 225 bombarderos de combate MiG, de fabricación soviética, y proyectos para recibir otros cuatro submarinos *Foxtrot* procedentes también de la Unión Soviética.

Un antiguo agente secreto de Cuba se convierte en informante federal y revela ante una audiencia del Senado norteamericano que su trabajo como distribuidor de drogas para el gobierno cubano le ha reportado siete millones de dólares al régimen de Castro. El informante federal también estima que 3,000 agentes secretos cubanos penetraron en Estados Unidos durante el éxodo del Mariel, en 1980.

Cuba rechaza cargos de que dos de los diplomáticos de su misión ante Naciones Unidas en Nueva York sean culpables de espionaje. El gobierno de Estados Unidos ordena a los diplomáticos cubanos que abandonen el territorio norteamericano en menos de 48 horas.

El gobierno cubano acusa a los Estados Unidos de que uno de sus aviones de reconocimiento ha violado el espacio aéreo de la isla, en una "fría y deliberada" provocación.

Thomas O. Enders, asistente de la Secretaría norteamericana de Estado, se reúne con el jefe de la Sección de Intereses Cubanos en Washington, Ramón Sánchez-Parodi, con el objetivo de solicitar que Cuba reciba de vuelta a miles de cubanos llegados a Estados Unidos con la flotilla del Mariel, en 1980, atendiendo a su conducta criminal en Cuba.

El Comité de Relaciones Exteriores de Estados Unidos, en votación de 13 a 4,

1983 (*continuación*)

autoriza el inicio de las transmisiones de Radio Martí. El vicepresidente cubano Carlos Rafael Rodríguez afirma que Cuba está dispuesta a "serias negociaciones" a fin de establecer relaciones normales con Estados Unidos, siempre que la administración de Reagan dé el primer paso.

Osvaldo Dorticós Torrado, antiguo presidente cubano, comete suicidio.

Cuba informa a Estados Unidos que está dispuesta a discutir el tema del regreso de algunos cubanos que entraron a Estados Unidos en 1980, pero sólo como parte de negociaciones generales sobre "la normalización de la inmigración" entre los dos países.

El presidente Reagan enfatiza que la Unión Soviética ha violado repetidamente el acuerdo de 1962 que puso fin a la crisis de los misiles al continuar enviando por mar "armas ofensivas" al hemisferio americano.

Americas Watch, organización de derechos humanos, denuncia que por lo menos 250 prisioneros políticos con largas condenas se encuentran confinados en "condiciones deplorables" en las cárceles cubanas, y que a casi 2000 ex-prisioneros les es negado el derecho de trabajar decentemente.

Estados Unidos estrecha el embargo económico contra Cuba con la prohibición de importar productos de níquel cubano semielaborados por la Unión Soviética, un importante comprador de este metal a Cuba.

Cuba alcanza un acuerdo tentativo con sus acreedores para renegociar una deuda comercial de 810 millones de dólares a corto y mediano plazo, así como cerca de la mitad de su deuda de 3500 millones de dólares con gobiernos y bancos occidentales.

1984

El presidente Reagan acusa a los líderes cubanos de haber traicionado al pueblo cubano, así como de no haberle dicho la verdad a éste sobre las actividades cubanas alrededor del mundo. Reagan sostiene que hay hasta 10,000 prisioneros políticos en cárceles cubanas y acusa a la dirigencia cubana por el fracaso de una economía que no puede siquiera atender las necesidades elementales de sus ciudadanos.

Funcionarios del servicio de Inmigración y el Departamento de Justicia deciden que 100,000 de los cubanos que llegaron a territorio norteamericano en la flotilla del Mariel, son elegibles para adquirir un status migratorio legal y oportunidades de ciudadanía, de acuerdo con la ley de 1966 de los Estados Unidos sobre la inmigración de cubanos.

Guerrillas de Angola reportan que fuerzas angolano-cubanas han dado inicio a una importante ofensiva contra la fuerte red de oposición armada en la

1984 (*continuación*)

frontera sureste del país.

Sudáfrica describe como "inaceptable" la duramente condicionada oferta cubana de retirar sus efectivos militares de Angola, lo cual debilita las esperanzas de negociar la independencia de Namibia.

Roberto Veiga Menéndez, miembro suplente del buró político militar cubano y secretario general de la Central de Trabajadores de Cuba, declara que el gobierno cubano ha duplicado la cifra de sus milicias a más de un millón de hombres y mujeres.

Jorge Vals, prominente poeta y disidente cubano, es liberado tras permanecer por más de 20 años en prisión.

El reverendo Jesse Jackson llega a Cuba para una visita de dos días y se reúne con Fidel Castro en el aeropuerto, donde afirma que Estados Unidos y Cuba "deben dar una oportunidad a la paz". Castro define su invitación al reverendo Jackson como un "gesto de amistad hacia el pueblo de Estados Unidos". Jackson retorna a Estados Unidos con 26 prisioneros norteamericanos y cubanos liberados.

Funcionarios cubanos y norteamericanos inician en Nueva York conversaciones sobre temas migratorios que incluyen el posible retorno de 1000 refugiados cubanos de la flotilla del Mariel.

Bancos comerciales occidentales reportan su conformidad con renegociar la deuda cubana de cerca de 100 millones de dólares en este año en términos más fáciles que los de 1983.

El ministro de Relaciones Exteriores de China, Wu Xuequian, expresa que su país y Cuba han acordado incrementar los vínculos comerciales, culturales y tecnológicos, a pesar de sus diferencias en asuntos internacionales.

Durante un discurso por el aniversario 31 de la Revolución Cubana, Fidel Castro declara que dará la bienvenida a cualquier acción encaminada a disminuir la amarga hostilidad entre su país y Estados Unidos. El Departamento de Estado de Estados Unidos anuncia que no ve reflejados en el discurso de Castro cambios fundamentales en su política exterior.

1985

Fidel Castro ordena medidas de austeridad, con expectativas de acelerar el lento crecimiento de la economía del país y posiblemente promover una mayor confianza por parte de la Unión Soviética.

Veintitrés refugiados cubanos de la flotilla del Mariel son devueltos a La Habana. Son los primeros de más de 2,700 cubanos llamados "indeseables" que pueden ser enviados de regreso por Estados Unidos como parte de un acuerdo firmado con el gobierno cubano.

1985 (*continuación*)

La administración Reagan interpreta la ausencia de Fidel Castro a los funerales del líder soviético Konstantin Chernenko, como una evidencia de fricción entre Cuba y la Unión Soviética con respecto a la ayuda económica. Castro asevera que las relaciones de Cuba con la Unión Soviética nunca han sido mejores.

Cuba ofrece retirar 100 de sus asesores militares de Nicaragua, mas amenaza con enviar incluso una cantidad mayor si Estados Unidos continúa "su guerra sucia" contra Nicaragua.

Radio Martí, el nuevo servicio de la Agencia de Información de Estados Unidos, comienza a trasmitir hacia Cuba. En respuesta, La Habana suspende todos los trámites migratorios entre Cuba y Estados Unidos. A los cubano-americanos les es prohibido visitar Cuba. El presidente Reagan impone restricciones inmediatas a la entrada de funcionarios cubanos a los Estados Unidos.

Reagan advierte que Estados Unidos tiene el derecho legal de defenderse contra cinco naciones que acusa de estar patrocinando "actos de guerra" terroristas contra América. Esas naciones son Irán, Libia, Corea del Norte, Cuba y Nicaragua.

Fidel Castro alienta a las naciones de América Latina a que se unan y se nieguen pagar sus respectivas deudas externas. Más adelante, refinancia la deuda de Cuba de 3,500 millones de dólares y promete que continuará efectuando pagos sobre los préstamos.

Castro declara que Cuba será un país con potencia nuclear. Una planta nuclear de cuatro unidades está siendo construida y dos más se encuentran en planes de construcción.

Cuatro empleados de la embajada cubana en Madrid, España, tratan de secuestrar a un antiguo funcionario cubano, Manuel Antonio Sánchez Pérez, que ha solicitado asilo político en ese país europeo. El intento de secuestro es frustrado por la intervención de 30 espectadores ocasionales. Los cuatro funcionarios de la embajada cubana, incluyendo al vicecónsul, son arrestados.

1986

Fidel Castro inaugura el tercer Congreso del Partido Comunista de Cuba, con un severo ataque contra la burocracia y la ineficiencia, al mismo tiempo que alaba el crecimiento económico de 7.8% anual durante los cinco años anteriores.

El Partido Comunista de Cuba reestructura su Buró Político y promueve por primera vez a mujeres como miembros efectivos.

1986 (*continuación*)

Conversaciones entre Estados Unidos y Cuba sobre un acuerdo de inmigración de 1984 se interrumpen cuando Estados Unidos impugna el derecho de Cuba a transmitir en una frecuencia de AM en Estados Unidos para contrarrestar las transmisiones de Radio Martí. El presidente Reagan ordena medidas destinadas a endurecer el embargo económico contra a Cuba.

Cuba permite que 70 prisioneros políticos, muchos de ellos en prisión por más de 20 años, abandonen el país y viajen a Miami. El Servicio de Inmigración y Naturalización de Estados Unidos reporta que la mayoría de ellos eran miembros de las fuerzas armadas bajo la presidencia de Fulgencio Batista.

1987

Fidel Castro detiene dos empresas que él mismo ha instituido previamente — los mercados campesinos y los trabajadores por cuenta propia— ante signos evidentes de que algunos ciudadanos están acumulando riquezas a través de ambas vías.

Rafael del Pino Díaz, segundo jefe de personal del Ministerio de Defensa cubano y antiguo jefe de las Fuerzas Aéreas Cubanas, deserta a los Estados Unidos; Del Pino dispone de significativa información política y militar.

Cuba pone en libertad a 348 prisioneros políticos, ante una solicitud al respecto presentada por la iglesia católica de Estados Unidos.

El gobierno cubano, en un cambio de política, acuerda la restauración del pacto migratorio con Estados Unidos, por el cual 2,600 cubanos, cuyos historiales criminales les hacen no elegibles para la residencia norteamericana, serán deportados hacia Cuba.

Indignados ante la perspectiva de ser deportados, prisioneros cubanos se amotinan en los centros de detención de Oakdale, en Louisiana y de Atlanta, en Georgia. Luego de varios días de negociaciones finaliza el levantamiento y los rehenes son liberados. Se establece un nuevo proceso para decidir si los presos serán enviados a Cuba.

La economía cubana retrocede un 3.5% en 1987 luego de un crecimiento anual de 7.2% entre los años 1981 y 1985.

1988

La Comisión de Derechos Humanos de las Naciones Unidas, acuerda unánimemente aceptar una inesperada invitación de La Habana para investigar sobre los derechos humanos en la isla. Aun cuando los especialistas de Naciones Unidas encuentran que los sistemas penales en Cuba son severos, no hallan pruebas suficientes para apoyar las

1988 *(continuación)*

acusaciones de tortura y ejecuciones denunciadas por Estados Unidos. La investigación oficial de Naciones Unidas llega a la conclusión de que los abusos han disminuido.

Documentos del Banco Nacional Cubano obtenidos por un grupo de defensores de los derechos humanos indican que la Unión Soviética está reduciendo su ayuda económica a Cuba.

Funcionarios de Estados Unidos señalan que entre 12,000 y 15,000 cubanos emigrarán a los Estados Unidos antes del fin del año, en el primer gran éxodo desde 1980.

En un aparente esfuerzo por mejorar su posición internacional, Fidel Castro comienza a hacer las paces con los cristianos y la pequeña población de judíos de la isla.

En los primeros cinco meses a partir de los motines en dos cárceles federales, el gobierno de Estados Unidos libera a 1,153 cubanos detenidos.

Fidel Castro indica que no emulará el plan de reformas económicas y sociales de Mijaíl Gorbachov para la URSS.

El presidente Reagan firma y hace efectivo un proyecto de ley que impone restricciones en la importación y exportación de libros, filmes, discos y otros materiales de información para y desde Cuba.

Radio Martí expande su programa "Puente Familiar", que permite que exiliados en los Estados Unidos envíen mensajes a sus familiares en Cuba.

1989

Fidel Castro resta importancia a sus diferencias con la Unión Soviética, aun cuando reafirma su negativa a adoptar el programa de liberación económica de Mijaíl Gorbachov para poner remedio a los críticos problemas económicos.

Datos del Banco Nacional de Cuba muestran que la Unión Soviética suprimió el comercio con Cuba en un 12% en el primer trimestre de 1988. La información, presentada a acreedores gubernamentales occidentales en junio, muestra que la producción de Cuba de bienes y servicios decayó un 3.5% en 1987. Las figuras muestran una clara indicación de los esfuerzos de la URSS de reducir el subsidio de 5 mil millones de dólares al año a la economía cubana.

Americas Watch, grupo defensor de los derechos humanos con base en Nueva York, reporta que Cuba ha introducido mejoras en sus cárceles y permite la formación de algunos grupos disidentes, pero que continúa perpetrando serias violaciones de los derechos humanos.

Funcionarios de la Unión Soviética revelan que ojivas nucleares soviéticas

1989 (*continuación*)

fueron desplegadas en Cuba y pudieron haber sido disparadas contra ciudades norteamericanas durante la crisis de los misiles de 1962.

El líder soviético Mijaíl Gorbachov da inicio a una visita a Cuba con una efusiva bienvenida del presidente Fidel Castro. En La Habana, Gorbachov solicita el cese de ayuda militar a los países de América Latina y firma un tratado amistoso condenando el uso de la fuerza como instrumento de política externa.

El general cubano Arnaldo Ochoa Sánchez es arrestado por cargos de corrupción. Funcionarios americanos afirman que esta acción sugiere la existencia de focos disidentes en los más altos niveles militares cubanos. El ministro de Transporte cubano, Diocles Torralba González, amigo de Ochoa, había sido anteriormente separado de su cargo.

Funcionarios cubanos revelan que militares de alto rango ayudaron el Cartel de Medellín en Colombia a introducir unas 6 toneladas de cocaína y marihuana en los Estados Unidos durante los últimos dos años y medio.

El general Ochoa aparece en la televisión cubana confesando haber estado involucrado en el tráfico de drogas y la corrupción y afirmando "merezco morir".

El ministro del Interior cubano, General José Abrantes Fernández, es reemplazado como máximo funcionario de la seguridad.

Cuba anuncia que un pelotón de fusilamiento ha ejecutado a cuatro oficiales de las Fuerzas Armadas cubanas sentenciados por una corte marcial, entre ellos al general Ochoa.

El Partido Comunista de Cuba prohíbe la circulación de los diarios soviéticos *Novedades de Moscú* y *Sputnik*, alegando que ambos promueven la democracia burguesa y el modo de vida norteamericano.

Inesperados cambios en Alemania del este y el resto de Europa oriental parecen estar profundizando el aislamiento político de Fidel Castro y creando mayores problemas a la deteriorada economía cubana.

Una corte en La Habana sentencia a prisión a tres cubanos defensores de los derechos humanos, luego de declararlos culpables de dar falsa información a periodistas extranjeros.

1990

El Partido Comunista de Cuba anuncia planes de reformas en el sistema político del país, pero aclara que no abandonará el mando de partido único.

La prensa en la Unión Soviética describe un panorama poco halagador de Cuba como un estado policiaco empobrecido que todavía imita la era comunista de Brezhnev.

1990 (*continuación*)

En su primera visita a Brasil en treinta años, Fidel Castro afirma que Cuba podría recurrir más a los mercados latinoamericanos para recomponerse de las pérdidas del mercado con los países del este europeo, que desaprueban su política.

El periódico del Partido Comunista afirma que Cuba ha tenido un éxito casi total en interferir las transmisiones de Radio Martí hacia la isla.

El gobierno cubano se niega a negociar la salida del país de ciudadanos que habían buscado refugio en embajadas extranjeras en La Habana, lo cual tensa aún más las relaciones entre Cuba y sus más importantes socios económicos de Occidente, Canadá y España. Los aspirantes a asilo se rinden a cambio de no ser posteriormente castigados.

El gobierno de Fidel Castro, anticipando el fin del largo período de subsidios económicos soviéticos, prepara la nación para una movilización de tiempo de guerra a largo plazo. El régimen anuncia una serie de medidas de austeridad bajo la denominación de "Período Especial".

El Partido Comunista de Cuba decide modernizar su abultada burocracia, reduciendo sus puestos provinciales y nacionales en un 50 %.

En la primera fase de un programa encaminado a enviar a miles de ciudadanos a trabajar durante jornadas de 21 días en el campo con el fin de incrementar la producción de alimentos, el gobierno cubano envía a cientos de trabajadores de oficinas a trabajar en tareas agrícolas.

El gobierno cubano pone en práctica ostensibles esfuerzos para crear industrias de turismo y biotecnología de nivel internacional.

1991

En un paso visto como signo del creciente aislamiento de La Habana, Checoslovaquia decide no seguir representando a Cuba en Washington. Suiza, que patrocina a los diplomáticos norteamericanos en La Habana, se ofrece para patrocinar a la Sección de Intereses de Cuba en Washington, a fin de asegurar que ambos países tengan su respectiva representación diplomática en la capital del otro.

La cada vez más deteriorada situación económica de Cuba incita a un mayor número de cubanos a buscar la forma de abandonar el país.

El gobierno cubano rechaza una exhortación del presidente George Bush con vistas a un cambio de política en la isla, y le acusa de ser obsesivamente anticubano.

En una muestra de creciente tolerancia religiosa, en Cuba se venden Biblias por primera vez en tres décadas.

Cuba anuncia el levantamiento de restricciones sobre viajes al exterior;

1991 (*continuación*)

cualquier persona de 20 años o más será autorizada a salir del país y visitar otras naciones, en caso de que éstas le concedan visa.

Prisioneros cubanos toman el control de la sección de media seguridad en una prisión federal en Talladega, Alabama con el fin de evitar ser deportados. A los 10 días, equipos de ataque federales toman por asalto las celdas bloqueadas, liberan a varios rehenes y se apoderan de 121 presos.

Con el objetivo de eliminar el mayor obstáculo para incrementar la ayuda económica de Estados Unidos a la Unión Soviética, el presidente Gorbachov declara que retirará tropas soviéticas de Cuba y pondrá fin a un subsidio comercial de 2000 millones de dólares que Moscú otorgaba a La Habana cada año.

Se celebra el cuarto Congreso del Partido Comunista de Cuba. Por primera vez en los 32 años de dominio de Fidel Castro, Cuba prohíbe que delegaciones y periodistas extranjeros estén presentes en los debates del Congreso del Partido Comunista.

El Partido Comunista de Cuba revela un plan económico encaminado a impulsar exportaciones en divisas, turismo e inversiones extranjeras.

Los presidentes de México, Venezuela y Colombia se reúnen con Fidel Castro en Cozumel, México; lo exhortan a acelerar el paso de reformas en su país y le ofrecen a cambio la posibilidad de relaciones más cercanas entre sus respectivas naciones.

1992

Fidel Castro encamina sus esfuerzos a aplastar la oposición interna, mientras un número creciente de ciudadanos toma medidas desesperadas para abandonar una vida de penurias.

Es fusilado Eduardo Díaz Betancourt, un exiliado cubano convicto de sabotaje y terrorismo en Cuba.

En una rara excepción al bloqueo económico contra Cuba, la administración del presidente Bush concede permiso a AT&T para expandir el servicio telefónico entre Cuba y Estados Unidos; pero Cuba rechaza la propuesta de AT&T.

Un creciente número de compañías norteamericanas imitan el interés de sus homólogas extranjeras en la isla, seducidas por las perspectivas de cambios futuros.

Funcionarios cubanos afirman que el embargo económico de 30 años contra Cuba ha costado a la isla más de 20 mil millones de dólares y que Estados Unidos está bloqueando los esfuerzos cubanos de renegociar su deuda de 7 mil millones de dólares con Canadá y México.

1992 (*continuación*)

La Habana da inicio a una sofisticada campaña para atraer a comerciantes norteamericanos, esperando que su ansia de oportunidades les conduzca a cabildear en Washington por un cambio en las relaciones de Estados Unidos con Cuba.

Americas Watch declara que los líderes cubano-americanos anticastristas de Miami han usado violencia e intimidación para silenciar a los exiliados que se manifiestan a favor de un ablandamiento de la política hacia Cuba.

Cuba suspende las raciones mensuales de gasolina para vehículos privados, admitiendo la escasez de divisas del gobierno para comprar combustible.

Rusia y Cuba acuerdan la retirada de una antigua brigada de infantería soviética que ha estado en la isla desde la crisis de los misiles de 1962. Ambos países firman acuerdos comerciales que establecen nuevos vínculos basados en beneficios mutuos. Cuba cambiará azúcar por petróleo ruso a precios de mercado mundial.

La Asamblea General de Naciones Unidas aprueba abrumadoramente una resolución a favor de poner fin al embargo económico de 30 años contra Cuba.

1993

La industria cubana se encuentra casi totalmente paralizada por la escasez de petróleo, electricidad y piezas de repuesto.

Fidel Castro alega estar dispuesto a negociar su salida del poder a cambio del levantamiento del embargo económico norteamericano contra Cuba.

El General Raúl Castro declara que Cuba está reduciendo sus Fuerzas Armadas a consecuencia de no haber recibido de la URSS armamento alguno desde 1990.

Cuba ofrece negociar indemnizaciones por las propiedades norteamericanas confiscadas en los años sesenta. En un reto a la hegemonía de la Fundación Nacional Cubano-Americana (FNCA) y otros grupos establecidos, nuevas voces emergen en la comunidad de exiliados de Miami a favor de una actitud más flexible hacia el gobierno de Fidel Castro.

Funcionarios cubanos expresan estar dispuestos a abrir su economía al permitir que los ciudadanos cubanos puedan portar dólares y que los extranjeros abran bancos mixtos en la isla.

En un encuentro en Salvador de Bahía, Brasil, los líderes de América Latina, España y Portugal, llaman a poner fin al embargo económico norteamericano contra Cuba.

Cuba da pasos encaminados al establecimiento de una economía mixta, al

1993 (*continuación*)

autorizar la existencia de actividad privada limitada en un una amplia rama de operaciones comerciales, oficios y servicios.

Al profundizarse la crisis política y económica cubana, los exiliados de Miami se acercan a sus familiares de la isla como nunca antes: enviando ayuda, intercambiando visitas solicitando ideas acerca de cómo separar a Castro del poder.

De 900 atletas cubanos que participan en los Juegos Centroamericanos y del Caribe en Puerto Rico, 39 desertan y 27 solicitan formalmente asilo político.

1994

La nieta de 16 años de Fidel Castro, Alina María Salgado Fernández, es autorizada a abandonar Cuba y reunirse con su madre Alina Fernández Revuelta, que había salido del país en diciembre de 1993.

El servicio de guardacostas norteamericano reporta que durante 1993 llegaron a la Florida, la mayoría en frágiles balsas, 3,659 cubanos, una cifra superior en un 43% a la de 1992.

Cortes de apelaciones federales decretan que los prisioneros cubanos llegados durante el éxodo del Mariel en 1980 no pueden permanecer encarcelados indefinidamente en cárceles federales.

Cuba anuncia una serie de medidas encaminadas a estimular a un mayor número de cubano-americanos a visitar la isla y atraer una cantidad superior de inversiones extranjeras. La isla es anfitriona de una conferencia de tres días en La Habana, la primera reunión de importancia en 16 años entre líderes del Partido Comunista y representantes del exilio.

Docenas de cubanos penetran por la fuerza en la residencia del embajador de Bélgica en La Habana y demandan asilo político.

Brasil y Cuba acuerdan una vía para que Cuba recomience el pago de una deuda de cerca de 40 millones de dólares a través de exportaciones de medicinas cubanas a Brasil.

Tres guardacostas cubanos abren fuego por más de cuatro horas contra un remolcador atestado de personas que tratan de abandonar la isla y lo hunden; unas 30 personas resultan muertas.

Fidel Castro rompe una tradición de 35 años de vestir uniforme militar en público y viste ropas civiles en la Reunión Cumbre en Cartagena, Colombia, de líderes latinoamericanos, españoles y portugueses. En una denuncia indirecta al embargo estadounidense contra Cuba, el grupo llama a la eliminación de "medidas unilaterales coercitivas de comercio económico".

La administración de Clinton, respondiendo a las amenazas de Fidel Castro de permitir una nueva ola de refugiados hacia Estados Unidos, advierte que no permitirá una repetición del Mariel. Estados Unidos intercepta refugiados a bordo de balsas y botes fuera de las costas de la Florida, y comienza a retenerlos en la base naval de Guantánamo, con lo cual el presidente Clinton pone fin a la política de bienvenida a los cubanos que abandonan la isla.

Clinton prohíbe a los norteamericanos enviar dinero en efectivo a Cuba y hace recortes en los viajes a la isla, en un intento de intensificar la presión al régimen de Castro y castigar su incitación a los cubanos a emigrar ilegalmente. La administración considera expandir la capacidad de la base naval de Guantánamo para poder hacerse cargo de los refugiados.

Estados Unidos refuerza la vigilancia en el estrecho de la Florida, mientras cientos de cubanos intentan el cruce a pesar de los esfuerzos de la administración de Clinton por contener el éxodo.

El Secretario de Estado, Warren Christopher, afirma que la administración reaccionará positivamente si el presidente Fidel Castro da pasos importantes, como realizar elecciones libres; niega que las políticas de la administración norteamericana estén impulsadas por políticas internas.

La antes tranquila base naval de Guantánamo es inundada por miles de refugiados cubanos y haitianos, incómodos y frustrados ante su fracaso de alcanzar las costas de Estados Unidos.

Cuba y Estados Unidos alcanzan un acuerdo por el cual la isla se compromete a evitar que sus ciudadanos abandonen ilegalmente el país, mientras Estados Unidos promete aceptar 20 mil inmigrantes por año. El flujo de refugiados cubanos culmina tras la implementación del acuerdo, encaminado a interrumpir el éxodo.

Cuba toma cierta distancia del altamente centralizado sistema comunista que ha caracterizado su economía por más de tres décadas; por primera vez permite a los campesinos vender parte de sus cosechas en el mercado libre.

La administración Clinton permite a compañías de telecomunicaciones norteamericanas establecer conexiones telefónicas directas con Cuba.

Fidel Castro admite en una entrevista que tiene muchas reservas acerca de las reformas orientadas al mercado que su gobierno ha adoptado para salvar la economía devastada tras el colapso de la URSS, pero admite reconocer que la economía mundial ha cambiado.

El nombramiento del Cardenal Jaime Ortega Alamino como el primer prelado Católico Romano cubano en treinta años, y la apasionada reacción de sus seguidores, son vistos como signos de la revitalización de la Iglesia Católica en Cuba.

1995

Funcionarios y atletas cubanos en los Juegos Panamericanos admiten por primera vez que el aislamiento político y el empeoramiento de la crisis económica erosionan severamente los programas deportivos.

La administración de Clinton pone fin a 35 años de tratamiento especial para los refugiados cubanos y comienza a devolverlos a su patria después de admitir un grupo final de casi 20 mil retenidos en la base naval de Guantánamo.

Clinton se opone a una propuesta republicana para recrudecer el embargo de 33 años contra Cuba.

El gobierno cubano, en un esfuerzo por lograr mayor eficiencia para la decadente economía nacional, abandona uno de sus más estimados conceptos de estado comunista, el de garantizar empleo permanente a sus ciudadanos, y da inicio a una política de despidos laborales.

Las responsabilidades de las fuerzas armadas cubanas se expanden rápidamente, mientras que el papel del Partido Comunista declina. El ejército, tradicionalmente uno de los principales pilares de apoyo al régimen de Fidel Castro, produce y distribuye entre la cuarta y la tercera parte del abastecimiento de alimentos del país; establece altamente rentables compañías de turismo, construcción y comercio, y sus oficiales son colocados al frente de muchas empresas estatales.

Funcionarios de Estados Unidos reportan que Cuba ha arrestado al financiero fugitivo Robert L. Vesco y propone su extradición a Estados Unidos. Vesco escapó a Cuba en 1973 para evadir ser procesado bajo la acusación de timar a inversores de fondos mutu-os por una cantidad de 224 millones de dólares.

Latinoamérica ignora cada vez más los términos del embargo económico estadounidense contra Cuba, prefiriendo desarrollar vínculos económicos y diplomáticos con la isla.

Cuba aprueba una nueva ley de inversión extranjera que otorga acceso a inversionistas extranjeros a todos los sectores económicos, con excepción de la defensa, la atención médica y la educación. Los negocios deberán hacerse en sociedad con empresas estatales cubanas.

La Cámara de Representantes de Estados Unidos vota 294 contra 130 para estrechar el embargo económico a Cuba, a pesar de la amenaza de veto de la administración de Clinton.

El presidente Clinton firma una orden ejecutiva para disminuir las restricciones de viajes a Cuba para cubano-americanos, académicos, artistas y clérigos.

Fidel Castro se dirige a la Asamblea General de la ONU como parte de la celebración mundial por el 50 aniversario de esa organización. Visita

1995 (*continuación*)

Harlem nuevamente, después de 35 años.

El gobierno cubano permite a sus ciudadanos la compra y venta de moneda extranjera en el mercado legal por primera vez en más de 30 años, en un intento por frenar el creciente mercado negro de dólares norteamericanos y absorber el excedente de pesos cubanos que ha estado causando inflación.

Fidel Castro visita China, cuyos líderes le dan una calurosa bienvenida y se comprometen a un pequeño incremento en la ayuda económica a la isla.

El gobierno cubano reinstaura los impuestos personales, en un esfuerzo por atacar a la nueva clase cubana que comienza a hacerse próspera pues devenga dólares y otras monedas extranjeras.

1996

El reporte anual de la administración de Clinton sobre las condiciones en 193 países concluye que la situación de los derechos humanos en China, Nigeria, Cuba y Myanmar ha empeorado con respecto a la del año anterior.

Estados Unidos cierra el campamento de carpas en la base naval de Guantánamo y permite a los restantes refugiados entrar en Estados Unidos.

La coalición de grupos disidentes y de derechos humanos Concilio Cubano cancela planes de efectuar una conferencia en La Habana, alegando medidas represivas de los aparatos de seguridad del estado contra los organizadores del evento.

Dos pequeñas avionetas desarmadas pertenecientes a Hermanos al Rescate, una organización del exilio cubano con base en Miami, son derribadas por aviones de guerra MiG de la Fuerza Aérea Cubana en aguas internacionales; el ataque tiene un saldo de cuatro muertos.

El presidente Clinton denuncia el derribo de los avionetas como una flagrante violación de las leyes internacionales; suspende los viajes charter que se efectúan entre los dos países y promete llegar a un acuerdo con el Congreso norteamericano sobre una ley pendiente para reforzar las sanciones económicas contra la isla.

Clinton aprueba la Ley Helms-Burton, un paquete de sanciones encaminadas a fustigar a Fidel Castro poniendo trabas a las inversiones extranjeras en la isla.

El Partido Comunista de Cuba se pronuncia a favor de reformas económicas en la isla y de medidas represivas contra los disidentes.

El Senado de Estados Unidos aprueba 74–22 una legislación para endurecer el embargo sobre el comercio norteamericano con Cuba y sancionar a países

1996 *(continuación)*

que insistan en continuar ejerciendo dicho comercio. Canadá, Rusia y la Unión Europea condenan la medida.

Durante su reunión anual, celebrada en Panamá, la Organización de Estados Americanos (OEA) aprueba una resolución de crítica a Estados Unidos por extender el embargo económico contra Cuba y lo califica como probable violación de la ley internacional.

El presidente mexicano Ernesto Zedillo, en visita a Canadá, y el primer ministro canadiense Jean Chrétien critican los esfuerzos de Estados Unidos para penalizar a firmas extranjeras que comercien con Cuba.

Una investigación de Naciones Unidas llega a la conclusión de que el derribo de dos avionetas civiles por parte de la aviación cubana y piloteadas por cubano-americanos, ocurrió en aguas internacionales.

Líderes de 15 países de la Unión Europea critican la legislación norteamericana que impondría penalidades económicas a compañías extranjeras que invirtiesen en Cuba, Irán y Libia.

La Administración de Clinton arremete por primera vez contra compañías extranjeras que estén negociando con Cuba, al informar a los máximos ejecutivos y los mayores accionistas de la corporación canadiense Sherrit International que a tanto ellos como a sus familias les será prohibido el ingreso en Estados Unidos.

El financiero fugitivo de Estados Unidos, Robert L. Vesco, que había estado bajo arresto en Cuba durante 13 meses, es enjuiciado y sentenciado a 13 años de cárcel.

La administración de Clinton, incapaz de obtener apoyo internacional para una acción radical contra Cuba por el derribo de dos aviones civiles piloteados por cubano-americanos, consigue únicamente del Consejo de Seguridad de Naciones Unidas respaldo para una leve resolución de condena por el incidente.

Cuba expulsa a la norteamericana Robin Meyer por actividades incompatibles con su status diplomático.

Cuba rechaza parte de un cargamento aéreo de ayuda en alimentos para las víctimas del huracán Lili enviado por cubano-americanos, alegando que algunos de los paquetes portan consignas "contrarrevolucionarias".

Fidel Castro asiste a la anual Cumbre Iberoamericana que se celebra en Santiago de Chile. Los líderes participantes ponen fin a la conferencia denunciando los intentos de Estados Unidos de aislar a Cuba, mientras presionan a Fidel Castro a realizar cambios democráticos en la isla.

El Papa Juan Pablo II se reúne por primera vez con Fidel Castro en el Vaticano y acepta una invitación para visitar Cuba durante 1997.

1996 *(continuación)*

La Unión Europea urge a Cuba a mejorar su política de derechos humanos y libertades políticas.

Cuba se opone a ley Helms-Burton, que fortalece el embargo económico norteamericano contra la isla, al declarar sin valor cualquier reclamo efectuado bajo esa legislación, y afirma que los norteamericanos que intenten hacer reclamaciones serán excluidos de cualquier posible acuerdo sobre propiedades emitido por Cuba.

1997

El presidente Clinton anuncia una suspensión en la implementación del Título III de la Ley Helms-Burton.

El ministro de Relaciones Exteriores de Canadá, Lloyd Axworthy, durante una visita oficial a Cuba, firma con su homólogo cubano, Roberto Robaina, una declaración conjunta que establece una cooperación bilateral en 14 áreas, incluidos los derechos humanos, como parte de la política canadiense de compromisos constructivos para con Cuba.

El presidente Clinton hace público su plan para una Cuba sin Castro. Lo denomina "Apoyo para una transición democrática en Cuba", e incluye una exhortación especial a las Fuerzas Armadas cubanas y un paquete de ayuda por 4 mil a 8 mil millones de dólares.

La Casa Blanca aprueba licencias para 10 organizaciones de prensa interesadas en establecer corresponsalías en La Habana. El gobierno cubano sólo concede su aprobación a la CNN.

En una visita oficial a La Habana, el presidente peruano Alberto Fujimori firma un acuerdo de cooperación entre ambos países. El gobierno cubano manifiesta tener voluntad para servir como mediador en la crisis de los rehenes en la sede diplomática japonesa en Lima y recibir al grupo MRTA, si Perú y Japón lo soliciten.

El grupo italiano STET duplica sus inversiones en Cuba al hacerse cargo de las inversiones de las inversiones telefónicas del Grupo Demo, al tizempo que compensa a la compañía norteamericana AT&T para evitar las sanciones de la Ley Helms-Burton.

Las organizaciones Human Rights, Reporteros sin Fronteras y la Sociedad Interamericana de Prensa (SIP) denuncian persistentes hostigamientos contra la prensa independiente en Cuba.

Los ministros de Relaciones Exteriores del Movimiento de Países No Alineados reiteran sus demandas de que Estados Unidos ponga fin a su embargo contra Cuba.

El presidente del gobierno español José María Aznar, declara que su país está

1997 (continuación)

en contra de la Ley Helms-Burton y aboga por una transición pacífica y democrática en Cuba.

Fidel Castro admite públicamente que la zafra azucarera no alcanzará sus cálculos originales de 4.4 millones de toneladas de azúcar.

Varias bombas explotan en hoteles habaneros.

Estados Unidos hace pública una declaración aconsejando a países que no se involucren en apoyar el proyecto de construcción de una planta electro-nuclear en Juraguá, provincia de Cienfuegos, Cuba.

El Decreto 172 crea el Banco Central de Cuba.

El presidente del gobierno vasco hace una visita a Cuba y se reúne con Fidel Castro.

República Dominicana y Cuba restablecen sus relaciones consulares.

Varios líderes disidentes desafían la plataforma oficial del Quinto Congreso del Partido Comunista de Cuba y publican su propia plataforma, denominada "La Patria es de todos".

La primera misa pública desde el año 1959 tiene lugar en La Habana.

Cuatro líderes disidentes, autores de "La Patria es de Todos", son arrestados en La Habana. Ellos son Vladimiro Roca, del Partido Social Demócrata; Félix Bonne Carcassés, de la Corriente Cívica Cubana; René Gómez Manzano, de la Corriente Agramontista de Abogados Independientes; y Marta Beatriz Roque, del Instituto Cubano de Economistas Independientes.

Cuba y Honduras acuerdan establecen secciones de intereses como parte de la normalización de las relaciones bilaterales.

La industria turística es oficialmente reconocida como la principal industria cubana.

El Ministerio del Interior anuncia la captura de un ciudadano salvadoreño responsable por los atentados dinamiteros en los hoteles habaneros y acusa a la Fundación Nacional Cubano-Americana de estar involucrada en ellos.

El Quinto Congreso del Partido Comunista de Cuba tiene lugar en La Habana. El Comité Central es reducido de 225 a 150 miembros, el Buró Político de 26 a 24. Raúl Castro es ratificado como sucesor de Fidel Castro.

La Asamblea General de las Naciones Unidas vota en contra del embargo norteamericano por 143 votos en contra, 17 abstenciones y sólo 3 votos a favor, la más alta mayoría lograda hasta entonces.

El presidente Clinton declara que "la mejoría de las relaciones entre su país y Cuba" depende de cambios políticos que deben ser emprendidos por el gobierno cubano.

El jefe del estado mayor ruso, Anatoly Kvashnin, efectúa una visita oficial a

1997 (*continuación*)

La Habana con el propósito de firmar acuerdos bilaterales de cooperación relacionados con la estación de espionaje de Lourdes, avituallamiento militar ruso y piezas de repuesto, para ayudar a Cuba a mantener la capacidad combativa de sus Fuerzas Armadas.

Es anunciado el programa oficial de la visita del Papa Juan Pablo II en enero de 1998, incluyendo una Santa Misa en la Plaza de la Revolución José Martí.

Castro permite por primera vez la celebración de navidades en Cuba.

Fallece Jorge Mas Canosa, presidente de la Fundación Nacional Cubano-Americana (CANF).

1998

El Papa Juan Pablo II visita Cuba.

El presidente Clinton disminuye las restricciones de viajes y la exportación de medicinas a Cuba.

Raúl Castro asume un papel de mayor importancia en el manejo y control de la sociedad cubana.

El Programa Mundial de Alimentos de las Naciones Unidas apela a una ayuda de emergencia para socorrer al este de Cuba, afectado por la sequía, pero ésta concluye con la llegada del huracán George.

La Unión Europea atenúa su enfrentamiento legal contra la ley Helms-Burton.

Los cuatro miembros del "Grupo de Trabajo de la Disidencia Interna" son amenazados con condenas de cinco a seis años de cárcel, a pesar de las peticiones de clemencia del Vaticano y otras voces del extranjero.

La Comisión de las Naciones Unidas para los Derechos Humanos, en un voto de 19 a 16, rechaza una propuesta liderada por los Estados Unidos para censurar los abusos de los derechos humanos en Cuba.

Cuba es admitida en la Asociación Latinoamericana de Integración (ALADI).

Alina Fernández Revuelta manifiesta su desencanto con su padre, Fidel Castro, como padre y como líder de Cuba, lo que constituye el tema de su libro de recuerdos *La hija de Fidel Castro: Memorias de una exiliada cubana*.

1999

La pena de muerte es extendida como sanción a delitos de robo a mano armada, ataques a la policía, corrupción de menores, y algunos delitos de drogas. Cuba también introduce las más severas penas de su historia por participación en actividades políticas opuestas al régimen.

Vladimiro Roca, Félix Bonne Carcassés, René Gómez Manzano y Martha Beatriz Roque Cabello, son sentenciados a penas de tres a cinco años en prisión por criticar públicamente el sistema de gobierno cubano.

1999 (*continuación*)

La zafra de 3.6 millones de toneladas de azúcar es apenas suficiente para evitar el incumplimiento de las deudas internacionales de Cuba.

Cuba adopta el Euro como moneda oficial para transacciones comerciales con Europa.

La compañía SmithKline Beecham firma un acuerdo con Cuba para la distribución de la vacuna contra la meningitis B en el mercado mundial.

Cuba queda en segundo lugar, tras Estados Unidos, en los Juegos Panamericanos después de que sus cuatro ganadores de medallas de oro fueran descalificados por uso de drogas.

El gobierno cubano vende a la compañía Canadian Visa Gold Exploration los derechos de exploración submarina en busca de galeones hundidos.

España protesta ante las amenazas de Estados Unidos de sanciones a la cadena hotelera Sol Meliá por ocupar tierras de propiedad norteamericana en Varadero.

Fidel Castro reemplaza a los ministros de Relaciones Exteriores, Trabajo y Turismo.

La IX Cumbre Ibero Americana es celebrada en La Habana. Castro es criticado por abusos a los derechos humanos y represión política.

La disputa de asilo de Elián González, un niño refugiado de seis años recogido en el mar cerca de las costas de la Florida, después de que su madre sucumbiera en el viaje entre Cuba y Miami, causa grandes tensiones en las relaciones Cuba-Estados Unidos.

2000

El primer importante juicio a un disidente cubano en los últimos doce meses, culmina con la sentencia del Dr. Oscar Elías Biscet a tres años de cárcel por hacer pender la bandera nacional al revés.

Estados Unidos deporta al diplomático cubano José Imperatori por cargos de espionaje.

Líderes de África, Asia y América Latina se reúnen en La Habana para una de las más extensas reuniones de países del tercer mundo jamás celebradas, en un intento por establecer una nueva agenda conjunta para reducir las desigualdades de la riqueza global. Más de 65 jefes de estado de las 133 naciones miembros del Grupo de los 77 participan en la reunión de cinco días dirigida por Fidel Castro. Castro expresa a los líderes de las naciones más pobres del mundo que el sistema capitalista ha causado un sufrimiento comparable al Holocausto.

Irritada por las críticas de las naciones europeas a su expediente en derechos humanos, Cuba cancela la visita planeada de funcionarios de la Unión Europea. Una delegación presidida por el ministro de Cooperación portugués, Luis Amado, ha intentado tener conversaciones sobre temas que incluyeran derechos humanos y comercio.

El gobierno exime de prisión a René Gómez Manzano, un abogado disidente, en la tercera liberación antes de tiempo de un prominente activista antigubernamental. La temprana restitución de Gómez, de 56 años, que cumplió una condena de cuatro años por actividades antigubernamentales, sigue a la de dos de sus más cercanos colaboradores disidentes en las dos semanas anteriores: Félix Bonne, un académico de 60 años y Marta Beatriz Roque, una economista de 55 años.

Los líderes republicanos de la Cámara acuerdan poner término a las sanciones de venta de alimentos a Cuba, pero legisladores cubano-americanos oponen severas restricciones al proyecto. Granjeros norteamericanos y negociantes agrícolas podrán vender directamente sus productos a Cuba, pero ni el gobierno federal ni los banqueros norteamericanos podrán proveer financiamiento alguno al régimen de Castro.

Elián González retorna a Cuba junto a su padre y otros miembros de su familia a bordo de un jet, con posterioridad a que la Corte Suprema declinara una apelación presentada por sus familiares de Miami, quienes reclamaban una audiencia de asilo para el niño.

El Departamento de Estado acusa a Cuba de causar sufrimiento generalizado al prohibir que los cubanos abandonen la isla incluso habiéndoles sido concedidas visas por Estados Unidos. Por otra parte, los funcionarios cubanos afirman que Estados Unidos informó a Ricardo Alarcón, presidente de la Asamblea Nacional del Poder Popular Cubana (Parlamento), que no podría participar en una reunión de legisladores internacionales en la sede de Naciones Unidas, en Nueva York.

Dando fin a una suspensión de dos meses, Cuba acuerda reanudar conversaciones sobre la migración legal de cubanos a Estados Unidos, atendiendo a los acuerdos firmados en 1994 y 1995. Los acuerdos incluían el otorgamiento de 20,000 visas anuales para viajar a Estados Unidos.

El *Chicago Tribune* y el *Dallas Morning News* son informados de que les será permitido abrir oficinas en La Habana, uniéndose a la Associated Press y CNN como las únicas organizaciones de noticias norteamericanas con corresponsalías en la isla.

Fidel Castro, en visita a las Naciones Unidas, denuncia el embargo económico norteamericano contra su país y presenta un sombrío panorama del futuro mundial ante los aplausos de miles partidarios, entusiastas y abanderados,

2000 (continuación)

reunidos en la iglesia Riverside, en Manhattan.

Testificando en Washington ante la Comisión Internacional de Comercio, el principal diplomático cubano en Estados Unidos, Fernando Ramírez de Estenoz, llama al cese de todas las sanciones contra La Habana, en lugar de los pequeños pasos que están siendo discutidos en el Congreso norteamericano para implementar una reducción de los límites en la venta de alimentos y medicinas a Cuba. Esta inusual comparecencia de un funcionario cubano ante una agencia federal es rechazada por dos legisladores de la Florida.

Reaccionando ante la decisión de Estados Unidos de dar asilo a nueve desertores cubanos, Castro y miles de manifestantes convergen en la plaza situada frente a las oficinas diplomáticas norteamericanas en La Habana. El grupo de nueve personas había volado en un pequeño avión que se estrelló en el mar.

Pedro Riera Escalante, viejo oficial de inteligencia cubano que ha roto sus vínculos con el gobierno y pedido asilo político en México, es arrestado y deportado a Cuba.

Después de años de estancamiento, naciones acreedoras del llamado Club de París, muestran voluntad de renegociar la deuda de Cuba, estimada en 3500 millones de dólares. La deuda de Cuba en divisas a finales de 1999 era de unos 11 mil millones de dólares.

El senado de Estados Unidos aprueba un proyecto que alivia las sanciones de casi cuatro décadas en la venta de alimentos a Cuba. Aun cuando la votación es considerada como una victoria por los grupos de granjeros norteamericanos, no se espera que la legislación conduzca a grandes ventas de productos alimentarios a Cuba a corto plazo.

La Habana, en venganza contra un proyecto de ley del Congreso norteamericano que ha congelado cuentas cubanas en Estados Unidos, erige impuestos del 10 por ciento sobre el costo de las llamadas telefónicas entre Cuba y Estados Unidos.

Fidel Castro realiza su primera visita oficial a Venezuela en cuatro décadas. Con el presidente Hugo Chávez, aliado y amigo, firman un acuerdo que permite para que Venezuela provea un tercio de las necesidades petroleras de Cuba por debajo del precio del mercado.

Por noveno año consecutivo la Asamblea General de Naciones Unidas obtiene un amplio margen a favor del levantamiento del embargo de Estados Unidos contra Cuba. La votación es de 167 a 3, con 4 abstenciones. Sólo Israel y las Islas Marshall votan junto a Estados Unidos. El Salvador, Letonia, Marruecos y Nicaragua se abstienen.

2000 (*continuación*)

Cuba y Venezuela demandan la extradición de Luis Posada Carriles, un exiliado cubano radicado en Panamá que planeaba un atentado contra la vida de Fidel Castro, según éste último denunciara durante la reunión Cumbre Ibero-Americana efectuada en el país istmeño.

El presidente ruso Vladimir V. Putin, de visita en la isla, se compromete con Fidel Castro a reelaborar las relaciones entre ambos países. Las nuevas relaciones estarán basadas en una modesta agenda de negocios y comercio y en un discreto alineamiento ideológico. Rusia y Cuba acuerdan abandonar la construcción de una inconclusa central de energía nuclear en Juraguá, en la costa sur de la isla.

2001

El presidente de la República Checa, Vaclav Havel, demanda la inmediata liberación de dos prominentes ciudadanos checos que han sido arrestados en Cuba por sostener encuentros con disidentes opositores a Fidel Castro. Cuba sostiene que el antiguo ministro de Finanzas, Ivan Pilip y un ex líder estudiantil, Jan Bubenik, serán procesados por conspirar a favor de intereses norteamericanos. Los dos prominentes ciudadanos checos, encarcelados por más de tres semanas tras haberse reunido con disidentes cubanos, parten hacia su país después de admitir por escrito y ante diplomáticos de varias naciones haber violado la ley cubana.

El Departamento del Tesoro autoriza la liberación de 96.7 millones de dólares en fondos cubanos congelados, para entregarlos a familiares de los tres pilotos radicados en Miami cuyas avionetas fueran derribadas por aviones de guerra cubanos en 1996.

Fidel Castro se reúne por primera vez con veteranos de Bahía de Cochinos en La Habana, en el marco de una conferencia de tres días organizada por historiadores norteamericanos, catedráticos y defensores de una apertura gubernamental que devele los archivos secretos de Estados Unidos, Cuba y otros gobiernos.

El gobierno argentino retira su embajador en Cuba en protesta ante comentarios de Fidel Castro que califican al gobierno del presidente Fernando de la Rúa como "lamebotas de los yanquis".

Fidel· Castro hace su primera visita a Irán, donde le son ofrecidas una bienvenida de alto nivel y una guardia de honor en el antiguo palacio imperial. Las discusiones proyectan estar centradas en la cooperación bilateral y en nuevas vías para incrementar la eficiencia del G-77, grupo de naciones en desarrollo, en ese momento presidido por Irán. Castro califica a Irán como "un amigo, un hermano, un aliado de los pueblos progresistas

2001 (*continuación*)

y amantes de la independencia del mundo". Durante su estadía en tierras iraníes, Castro inspecciona la construcción de un complejo biotecnológico cubano-iraní, "el mayor y más moderno de su tipo en el Medio Oriente", según el periódico *Granma*.

Los senadores Jesse Helms y Joseph Lieberman presentan un proyecto de ley para el envío de 100 millones de dólares de ayuda por cuatro años a los opositores del gobierno en Cuba.

Cinco cubanos son declarados culpables de espiar en Estados Unidos para Cuba. Gerardo Hernández, líder del grupo, es hallado culpable de contribuir a la muerte de cuatro miembros del grupo de exiliados Hermanos al Rescate, cuyos aviones fueron derribados por cazas cubanos en el espacio aéreo internacional en 1996. Los otros convictos son Ramón Labañino, Antonio Guerrero, Fernando González y René González. Otros cinco miembros del grupo de acusados se declaran culpables y otros cuatro son fugitivos.

La Cámara de Representantes vota 240–186 por medidas que levanten efectivamente la prohibición sobre la mayoría de los viajes a Cuba. El voto refleja la opinión creciente en el Congreso de que muchas de las sanciones contra el gobierno de Castro han sobrevivido a su utilidad.

Contrabandistas llevan a 55 cubanos a los cayos de la Florida, aumentando a 107 el número de inmigrantes llegados a costas norteamericanas a través del mismo procedimiento en sólo tres días.

El gobierno federal arresta y acusa a Ana Belén Montes, la analista de inteligencia de mayor jerarquía sobre temas cubanos del Pentágono, de espiar para el gobierno cubano. Montes proveía a La Habana con información altamente clasificada, incluyendo evaluaciones norteamericanas sobre la disposición combativa de las fuerzas armadas cubanas.

El presidente ruso Vladimir Putin declara que Rusia abandonará su mayor estación electrónica de espionaje en Occidente, radicada en Lourdes, Cuba y que utilizará muchos de los ahorros generados por el del cierre de la base en modernas armas para sus fuerzas armadas.

La Habana negocia tratados con productores norteamericanos para comprar alimentos y productos agrícolas, a fin de reponer las reservas utilizadas para enfrentar la destrucción de un reciente huracán. Cuatro compañías norteamericanas se convierten en las primeras en cuatro décadas en firmar acuerdos comerciales con Cuba, y abastecen alimentos para ayudar a la recuperación de los daños causados por el huracán Michelle. Las compañías son: Archer Daniels Midland, Cargill, Riceland Foods y ConAgra.

2001 (*continuación*)

La viuda y cuatro hijos de Howard F. Anderson, un hombre de negocios norteamericano fusilado en Cuba cuarenta años atrás por cargos de conspiración contra el gobierno revolucionario de Castro, entablan una demanda por tal injusta muerte contra el gobierno de la isla.

El líder de una red de espías es sentenciado a cadena perpetua por conspiración para cometer espionaje y asesinato. El cubano Gerardo Hernández, ha sido acusado de tratar de obtener de Estados Unidos secretos militares, al intentar infiltrarse en la base naval de Boca Chica y en el Comando Sur de los Estados Unidos y por su participación en 1996 en el derribo de dos aviones civiles norteamericanos por MiGs cubanos sobre aguas internacionales.

2002

El gobierno de Fidel Castro anuncia su aceptación de la decisión tomada por la administración Bush de enviar a prisión en la base naval de los Estados Unidos en la Bahía de Guantánamo, en el extremo oriental de Cuba, a cientos de probables miembros de Al Qaeda.

El presidente de México, Vicente Fox, se reúne con Fidel Castro en La Habana, en un esfuerzo por restaurar una relación diplomática centenaria. El Presidente Fox emite un comunicado de prensa presionando al gobierno a adoptar reformas democráticas y a aumentar el respeto de los derechos humanos.

El ministro de Ciencia, Investigación y Tecnología de Irán, Mostafa Moin, firma en La Habana un memorando de entendimiento con su homóloga cubana, Rosa Elena Simeón, sobre cooperación científica y de investigación.

El Dr. Rodrigo Álvarez Cambras, director del Complejo Científico Frank País, de La Habana, y director de la Asociación de Amistad Cubano-Árabe, encabeza una delegación cubana a Yemen; se reúne con el presidente Ali Addullah Saleh, y formaliza un acuerdo para construir e implementar con personal cubano un nuevo hospital ortopédico en Sanaa.

Un autobús con cubanos que intentan abandonar la isla irrumpe a través de las verjas en la Embajada de México en La Habana; los funcionarios mexicanos afirman que los cubanos que han logrado entrar en la embajada no son elegibles para recibir asilo político.

Una delegación de parlamentarios cubanos encabezada por Kaheimi Hernández visita Argelia para "intercambiar puntos de vista relacionados con diversos temas internacionales actuales" y fortalecer las relaciones bilaterales.

2002 *(continuación)*

Ana Belén Montes, analista de inteligencia que fuera la mayor experta en Cuba del Pentágono, se declara culpable de cargos de espionaje, admitiendo que había espiado para el gobierno cubano durante 16 años. Su declaración confirma la infiltración más grave hecha por el gobierno de Fidel Castro en la comunidad de inteligencia norteamericana.

El vicepresidente de Irán, Mohsen Mehr Alizadeh, visita La Habana para "explorar" las posibilidades de transferencia de tecnología cubana a Irán y para "expandir" la cooperación en otras áreas.

La administración Bush permite a Jimmy Carter y Rosalynn Carter que visiten Cuba como parte de una reducida delegación, en la primera visita realizada desde 1959 por un ocupante de la Casa Blanca.

Fidel Castro entrega a la prensa grabaciones de una llamada telefónica con el presidente de México, en la cual Vicente Fox trató de persuadirle de cancelar o abreviar su asistencia a la Cumbre de Desarrollo de las Naciones Unidas en Monterrey, para "no complicar" las relaciones de México con los Estados Unidos.

El subsecretario de Estado de la administración de Bush, John R. Bolton, durante un discurso en la Heritage Foundation acusa a Cuba de·producir pequeñas cantidades de gérmenes que podrían ser usados en una guerra biológica.

El enviado especial de Cuba a Irak, Dr. Rodrigo Álvarez Cambras, se reúne con Saddam Hussein para asegurarle el "absoluto apoyo de Cuba" y transmitirle un mensaje personal de Fidel Castro sobre el fortalecimiento de las relaciones bilaterales con Irak.

El activista cubano de derechos humanos, Oswaldo Payá, lanza un extraordinario reto al gobierno de Castro dos días antes de la histórica visita del ex-presidente Jimmy Carter, al entregar a la Asamblea Nacional de Cuba una petición —denominada Proyecto Varela— firmada por más de 11,000 personas, que incluye la solicitud de un referéndum sobre temas tales como la libertad de expresión, amnistía para los presos políticos y la posibilidad de que los ciudadanos puedan ser dueños de pequeños negocios.

El ex-presidente Jimmy Carter y su esposa Rosalynn llegan a La Habana. En un discurso transmitido en vivo a toda la nación, Carter solicita a Fidel Castro que facilite la celebración de un referéndum sobre una amplia gama de reformas políticas y fustiga al sistema socialista por su negación de las libertades básicas.

El Presidente Bush afirma que no levantará el embargo contra Cuba si no tiene lugar un avance sustancial hacia la democracia en la isla.

2002 *(continuación)*

El vicepresidente de Siria, Mohamed Zouheir Macharka llega a Cuba para una visita de seis días invitado por el Partido Comunista de Cuba. La delegación siria visita el Centro de Ingeniería Genética y Biotecnología en La Habana y las instalaciones petroleras de la isla.

Con el juramento de jamás regresar al capitalismo, la Asamblea Nacional vota unánimemente que el sistema socialista de Cuba es intocable, en un esfuerzo por bloquear al Proyecto Varela.

El viceministro de Salud de Irán, Mohammad Nouri, llega a La Habana y es recibido por Ricardo Alarcón de Quesada, presidente de la Asamblea Nacional de Cuba. La delegación iraní anuncia que visitará centros de investigación y de salud e inspeccionará proyectos médicos, agrícolas y económicos en desarrollo.

En visita a Bagdad, Rodrigo Álvarez Cambras, presidente de la Sociedad de Amistad Cubano-Iraquí y miembro de la Asamblea Nacional, se reúne con el viceprimer ministro Tareq Aziz. Álvarez Cambras condena las políticas norteamericanas contra el régimen de Hussein, expresa la "solidaridad de Cuba y su apoyo a Irak", y discute "la situación internacional".

El embajador de Irán en La Habana, Davood Salehi, se reúne con el vicepresidente cubano José Ramón Fernández. Fernández declara que "para Cuba tiene especial significación promover las relaciones con la República Islámica", y expresa "el apoyo de Cuba a la lucha de la nación iraní contra las políticas hegemónicas de Estados Unidos y sus interferencias ilícitas".

El Departamento de Estado acusa a Cuba de obstaculizar deliberadamente los esfuerzos norteamericanos por combatir el terrorismo, a través del envío constante de falsas pistas e informaciones erróneas sobre posibles amenazas. El ministro de Relaciones Exteriores, Felipe Pérez Roque refuta airadamente las acusaciones hechas por el Departamento de Estado.

Fidel Castro y 300 compañías norteamericanas ponen a un lado cuatro décadas de distanciamiento, para inaugurar en las afueras de La Habana la mayor feria comercial norteamericana que haya tenido lugar en Cuba.

En La Habana, Youssef Mokadden, canciller de Túnez, y Ernesto Senti, viceministro cubano para la Inversión y la Cooperación Extranjera, acuerdan la transferencia de experiencia biotecnológica a Túnez y el establecimiento de una instalación para la producción biotécnica en el país norteafricano. El Centro para Ingeniería Genética y Biotecnología (CIGB) en La Habana, y el Institut Pasteur tunecino implementarán el acuerdo.

Granada recibe al primer embajador cubano en casi dos décadas, y manifiesta

2002 *(continuación)*

su decisión de nombrar un enviado a Cuba.

Oswaldo Payá, creador del Proyecto Varela, gana el premio Sajárov de la Unión Europea. Es propuesto para el Premio Nóbel por Vaclav Havel, Presidente de la República Checa. El Instituto Democrático Nacional en Washington le concede su más alto galardón.

Algunos de los protagonistas norteamericanos y soviéticos de la crisis cubana de los misiles de 1962, que condujo al mundo al umbral de la guerra nuclear, se reúnen en La Habana para discutir temas que surgieron de dicha crisis y sus posibles lecciones para el presente.

Ana Belén Montes, antigua analista de inteligencia del Pentágono que espió para Cuba durante 16 años es sentenciada en los Estados Unidos a 25 años de prisión seguidos de 5 años de libertad condicional.

En Kuala Lumpur, la empresa cubana Heber Biotec S.A. y la empresa de Malasia Bioven Holdings Sdn Bhd, lanzan un nuevo proyecto conjunto para producir y distribuir productos biotecnológicos cubanos en Malasia y otros mercados de Asia sur oriental.

2003

La Comisión Cubana para los Derechos Humanos y la Reconciliación Nacional publica su informe anual sobre derechos humanos, declarando que el año 2002 fue testigo de un aumento de la represión en la isla.

El líder disidente cubano Oswaldo Payá visita Miami y se reúne con miembros de la comunidad y con líderes políticos.

Human Rights Watch nomina a Cuba en su informe anual entre los peores violadores de derechos humanos del mundo. Cuba se coloca junto a Birmania, Irán, Irak, Liberia y Vietnam como una de las sociedades más represivas a nivel mundial.

El líder disidente cubano Oswaldo Payá se reúne con el presidente mexicano Vicente Fox en la residencia de este último en Ciudad México, y declara que las elecciones de Cuba son inconstitucionales e ilegítimas. "Se trata de una imposición, no de una elección", afirma. Millones de votantes cubanos acuden a las urnas para participar en las elecciones con un solo partido y un único candidato a la Asamblea Nacional del Poder Popular.

Miguel Álvarez, asesor de Ricardo Alarcón, presidente de la Asamblea Nacional del Poder Popular, declara que la Asamblea ha rechazado formalmente el Proyecto Varela "porque va contra la esencia de la Constitución".

Alarcón anuncia que el gobierno podría flexibilizar los requisitos de entrada y salida que son necesarios para los cubanos que viven fuera de la isla.

Fidel Castro declara en su discurso de clausura de una convención internacional de educadores, que a pesar de los esfuerzos de la Revolución, todavía existe discriminación racial en la isla.

Funcionarios del gobierno cubano anuncian que las exportaciones de tabaco sufrieron una reducción de entre un 8 y un 9% en el 2003.

Un tribunal provincial sentencia a dos miembros del Movimiento de Liberación Cristiana, Jesús Mustafá Felipe y Roberto Montero, a 18 meses de prisión. Oswaldo Payá denuncia que en las semanas anteriores a la sentencia, "docenas de cubanos han sido acosados, encarcelados, amenazados y despedidos de trabajos y de universidades por su apoyo" al Proyecto Varela.

Granma informa que el sueldo promedio mensual del trabajador medio cubano aumentó en un 4.2% durante 2003, siendo el salario medio actual de 262 pesos mensuales, el equivalente a US $10.

Castro visita Beijing por segunda vez en 7 años, así como Vietnam y Malasia. La prensa informa que Castro encontró la visita sorprendente, a causa de los pasos de China hacia el capitalismo. "Realmente no estoy seguro ahora de qué clase de China estoy visitando, porque la primera vez que la visité el país parecía una cosa, y en esta visita parece otra", declara.

Durante su gira por Asia, Castro se reúne con el primer ministro japonés Junichiro Koizumi y se ofrece como intermediario en el conflicto entre Japón y Corea del Norte. Las relaciones amistosas entre Castro y el liderazgo norcoreano son bien conocidas por los funcionarios del ministerio japonés de asuntos exteriores, quienes declaran en un comunicado lo siguiente: "El presidente Castro manifestó gran interés en el tema norcoreano, hizo preguntas específicas y mostró tanto su comprensión como una actitud de cooperación al respecto".

El Dr. David Kay, jefe del equipo norteamericano de búsqueda de armas de destrucción masiva en Irak, declara en un programa de noticias de la cadena estadounidense ABC, que sus hombres han hallado evidencias de "misiles norcoreanos siendo trasladados a Cuba".

Cuba consigue interferir transmisiones noticiosas emitidas desde Estados Unidos en lengua farsi, dirigidas a Irán por la Voz de las Américas y estaciones iraníes privadas. La interferencia es resultado del trabajo de miembros de las fuerzas armadas chinas y cubanas, que operan conjuntamente una base de guerra electrónica en la isla.

Casi 100 disidentes son arrestados en una campaña contra la oposición. Seis cubanos secuestran un avión DC-3 cubano que viajaba de Isla de Pinos

2003 (*continuación*)

hacia La Habana, y aterrizan en Cayo Hueso, Florida.

Reporteros Sin Fronteras, la Asociación de Prensa Interamericana, y el Comité para la Protección de los Periodistas protestan contra la continua represión en Cuba, también lo hacen el gobierno norteamericano y la Comisión Interamericana de Derechos Humanos de la OEA.

La Unión Europea y el Parlamento Europeo condenan las detenciones en Cuba y amenazan con suspender las negociaciones en curso para incluir a Cuba en el Acuerdo de Cotonou. La Internacional Socialista expresa su "seria preocupación" ante los arrestos de disidentes en Cuba.

Un avión en vuelo de Isla de Pinos a La Habana es secuestrado por Adelmis Wilson González, quien exige ser llevado a Miami. El avión se ve obligado a aterrizar en La Habana, por falta de combustible suficiente para llegar a Miami. Una vez aprovisionado, aterriza en la Florida. Quince pasajeros piden asilo político.

Once personas secuestran un barco que transportaba pasajeros entre Regla y La Habana. El ferry se queda sin combustible a unas 60 millas de Cayo Hueso. La embarcación secuestrada es remolcada al puerto cubano de El Mariel.

Tienen lugar juicios contra disidentes. Setenta y cinco son sentenciados a penas que oscilan entre 20 y 28 años en prisión. Durante el proceso se conoce que al menos 12 disidentes eran en realidad agentes de la Seguridad del Estado cubana infiltrados en los grupos.

Partidos comunistas y socialistas en Italia, Francia y España condenan los arrestos, procesos y sentencias a los disidentes, uniéndose a otros gobiernos, instituciones y líderes de todo el mundo.

Tres de los secuestradores del ferry de Regla son ejecutados. Se trata de Lorenzo Enrique Copeyo Castillo, Bárbaro Leodan Sevilla García y Jorge Luis Martínez Isaac, todos de la raza negra.

José Saramago, escritor portugués ganador del Premio Nóbel, largamente asociado con causas izquierdistas, rompe públicamente con el gobierno cubano a causa de las ejecuciones. La Comisión Europea, así como varios gobiernos latinoamericanos, condenan asimismo las ejecuciones.

Se aprueba una resolución de la Comisión de Derechos Humanos de las Naciones Unidas condenando los abusos a los derechos humanos en Cuba.

La Cuban Policy Foundation, establecida en los Estados Unidos para cabildear en favor del levantamiento del embargo contra el gobierno cubano, se declara disuelta a causa del incremento de la represión en Cuba.

El personal de la embajada de Cuba y agentes de la seguridad cubana en París atacan y golpean a miembros de Reporteros sin Fronteras.

2003 (*continuación*)

La Comisión de Derechos Humanos de las Naciones Unidas elige nuevamente a Cuba como uno de sus miembros.

Catorce diplomáticos cubanos son expulsados de la Sección de Intereses de Cuba en Washington y de la Misión de Cuba ante las Naciones Unidas en Nueva York por actividades de espionaje.

Un editorial de *Granma* reconoce que las transmisiones de TV Martí hechas desde un avión de la Fuerza Aérea de Estados Unidos han entrado en el sistema de señales de Cuba, interfiriendo las trasmisiones normales de televisión.

Los quince miembros de la Unión Europea deciden unánimemente limitar sus relaciones oficiales con el gobierno cubano, y perseguir contactos más cercanos con los disidentes, invitándolos formalmente a sus embajadas durante la celebración de las respectivas fiestas nacionales europeas. El gobierno cubano cierra el Centro Cultural Español en La Habana.

En su discurso en el aniversario del 26 de julio en Santiago de Cuba, Fidel Castro renuncia a cualquier ayuda humanitaria de la Unión Europea.

Durante una visita a Cuba el antiguo prisionero político y líder revolucionario Eloy Gutiérrez Menoyo anuncia que permanecerá en la isla. Menoyo, que dirigió una expedición armada contra Castro en 1964 y permaneció 20 años en la cárcel, residía en Miami. Menoyo representa a un sector de la comunidad cubano-americana partidaria del diálogo con el gobierno cubano.

El gobierno cubano publica el libro *El Camaján*, acusando al líder disidente Elizardo Sánchez Santa Cruz de ser uno de sus propios informantes.

Alemania declina formalmente participar en la Feria del Libro de La Habana a causa de la ausencia de respeto por los derechos humanos en la isla.

El episcopado católico de Cuba hace pública una declaración teológica titulada "La presencia social de la Iglesia", en la que denuncia la situación política, económica y social de la isla.

El gobierno cubano acuerda comprar $10 millones en trigo, frijoles, ganado y otros productos del estado norteamericano de Montana.

El presidente checo Vaclav Havel anuncia la formación de un comité internacional para abogar por el cambio democrático en Cuba. Entre los miembros del Comité se encuentran los ex-presidentes Lech Walesa, Arpad Goncz y Phillip Dimitrov, la exsecretaria de Estado norteamericana Madeline Albright, la disidente soviética Elena Bonner, y el escritor polaco Adam Michnik.

El senador norteamericano Norm Coleman, presidente del subcomité para asuntos del hemisferio occidental en el Comité de Relaciones Exteriores

2003 (*continuación*)

del Senado, se reúne en Cuba con los disidentes Oswaldo Payá, Vladimiro Roca y Elizardo Sánchez.

La Habana anuncia que eliminará el requisito de visa de entrada para cubanos que viven fuera de la isla y desean visitar a sus familiares y que tan sólo requerirán pasaporte válido, pero conservará limitaciones para aquellos ciudadanos que llevan a cabo actividades "contra los intereses del país",

Oswaldo Payá presenta a la Asamblea del Poder Popular más de 14,000 nuevas firmas en apoyo al Proyecto Varela.

La empresa estatal cubana Corporación Alimport y el Buró de Agricultura del estado de Indiana firman un acuerdo mediante el cual Indiana venderá a Cuba maíz, soya, ganado y aves por un estimado de $15 millones.

El Presidente George W. Bush anuncia un aumento de las restricciones para los viajes de ciudadanos norteamericanos a Cuba, así como la creación de una Comisión para estudiar la transición a la democracia en la isla.

El gobierno cubano anuncia que 4,000 cubanos sufren de SIDA, y que ha habido un "discreto" aumento en el número de casos.

El gobierno cubano anuncia que Fidel Castro no asistiría a la XIII Cumbre Iberoamericana, a celebrarse en Bolivia.

El periódico *El Nuevo Herald* de Miami publica un artículo detallando cómo el gobierno cubano condiciona sus negocios con corporaciones norteamericanas al apoyo político de éstas para el levantamiento del embargo económico en la isla.

El gobierno cubano anuncia que cuatro importantes directivos de la corporación Cubanacán, que controla la porción mayor de la industria turística de la isla, son arrestados por corrupción.

El Centro Cubano para Estudios Poblacionales de la Oficina Nacional de Estadística anuncia que la población de la isla alcanzará 11.2 millones este año, pero que el país se encuentra afectado por una baja tasa de natalidad.

El ministro de Economía, José Luis Rodríguez, anuncia en su intervención anual ante la Asamblea Nacional del Poder Popular que el Producto Interno Bruto de la isla ha aumentado en un 2.6% en el 2003, y que entre las principales prioridades económicas estará el fortalecimiento del sistema de defensa, para enfrentar la creciente agresividad de los Estados Unidos.

La Asamblea Nacional del Poder Popular de Cuba adopta una resolución de apoyo a la campaña del presidente de Venezuela, Hugo Chávez, de obtener para Bolivia acceso al mar.

2004

La administración de Bush cuestiona el esfuerzo común de Cuba y Venezuela de incrementar sentimientos antinorteamericanos en América Latina a través de inversiones monetarias, adoctrinamiento político y entrenamiento.

El viceministro de asuntos exteriores de Corea del Norte, Choi Su-hon, viaja a La Habana para "estrechar relaciones bilaterales". Según reporta la prensa oficial cubana, el ministro ha recibido instrucciones directas del líder coreano Kim Zong Il para "desarrollar vínculos mutuos en varias esferas" con la isla. Más adelante, también en 2004, el vicemariscal Kim Yong-chun, jefe de Estado Mayor del Ejército Popular Coreano y una delegación de generales, realizan una visita de cinco días a la isla, durante la cual evalúan la infraestructura militar cubana. El gobierno de Castro anuncia que Cuba "luchará hombro con hombro junto al pueblo y el ejército coreanos" contra los Estados Unidos.

El Departamento de Estado despide a un diplomático cubano, Roberto Socorro García, tercer secretario de la misión cubana en Washington, acusado de asociación con elementos criminales.

El director de la empresa Alimport, Pedro Álvarez, declara que en los últimos 25 meses Cuba ha pagado en efectivo a los Estados Unidos US $524, 200, 000, de los cuales $344 millones corresponden al año anterior, cuando el volumen de compras duplicó la cantidad del 2002.

Oficiales de los Estados Unidos anuncian la suspensión de negociaciones bilaterales de emigración con Cuba, demostrando un continuo deterioro en las relaciones entre ambas naciones.

El presidente George W. Bush anuncia que extenderá por otros seis meses la legislación que prohíbe que ciudadanos norteamericanos puedan demandar al régimen de Fidel Castro por expropiación.

La administración de Bush identifica 10 compañías extranjeras —muchas de las cuales involucradas en el negocio de viajes— por sus vínculos con Cuba y les prohíbe hacer negocios con los Estados Unidos.

El Departamento de Estado publica su informe anual sobre derechos humanos. El informe indica que los abusos contra los derechos humanos en Cuba han "empeorado dramáticamente", ya que el régimen de Fidel Castro continúa cometiendo numerosos abusos serios y niega a los ciudadanos cubanos el derecho a cambiar su gobierno. El informe señala la condena de 75 disidentes a largos términos de cárcel por ejercer sus derechos fundamentales.

La administración de Bush firma una orden que extiende la autoridad del gobierno para inspeccionar embarcaciones estadounidenses que viajen a Cuba, lo cual recrudece el embargo.

2004 (*continuación*)

México y Perú llaman a consultas a sus embajadores en Cuba para que protesten por los comentarios despectivos lanzados por Fidel Castro.

El secretario de Estado, Colin Powell, presenta recomendaciones al presidente Bush para un cambio de gobierno en Cuba en un informe de 500 páginas que incluye un capítulo sobre como acabar con el gobierno de Castro. Los otros cuatro capítulos hacen referencia a los modos en que Estados Unidos puede ayudar a Cuba una vez que se establezca en la isla un gobierno comprometido con la democracia.

El Presidente Bush ordena el despegue de un avión militar para transmitir señales de Radio y Televisión Martí en un esfuerzo por combatir la interferencia cubana de emisiones del gobierno norteamericano.

En una masiva manifestación realizada en mayo en la Plaza de la Revolución, Fidel Castro tilda a la Unión Europea de "mafia aliada y subordinada a Washington" y critica a Polonia, la República Checa, Eslovaquia y los estados Bálticos, anteriores aliados comunistas, por haber defraudado la causa socialista.

México retira a su embajador en la Habana y acusa a Cuba de interferir en sus asuntos internos.

En reacción a la muerte de Ronald Reagan, Cuba critica crudamente al expresidente y su política, declarando con relación a Reagan que "lo peor que hizo fue nacer".

El informe del 2004 del Tráfico de Personas, publicado por el Departamento de Estado de los Estados Unidos, clasifica a 10 naciones en la tercera categoría (el rango menos favorable): Bangla Desh, Birmania, Corea del Norte, Cuba, Ecuador, Guinea Ecuatorial, Guyana, Sierra Leona, Sudán y Venezuela.

El gobierno de los Estados Unidos publica en el Registro Federal regulaciones que intensifican el embargo contra Cuba. Las nuevas reglas permiten que los cubano-americanos visiten a sus familiares inmediatos solamente una vez cada tres años, en lugar de una vez al año. Las visitas no pueden tener más de 14 días de duración y a los ciudadanos norteamericanos que no sean cubano-americanos les está prohibido visitar la isla con pocas excepciones, como periodistas y legisladores. Visitantes autorizados no pueden llevar más de $300 en efectivo a Cuba, mucho menos que los $3,000 que eran permitidos anteriormente. Las reglas también limitan el peso del equipaje de los que viajan a la isla a 44 libras (27.5 kilogramos) y reducen el límite diario de gasto de $167 a $50.

La Cámara de Representantes vota para suprimir las restricciones que la administración de Bush mantiene sobre los paquetes de regalos que los americanos pueden enviar a familiares en Cuba. El voto de 221–194 es ganado por una coalición de demócratas y casi cuatro docenas de republicanos a favor del libre cambio.

El servicio de guardacostas de los Estados Unidos revela nuevas restricciones para embarcaciones de placer que viajen a Cuba. Las nuevas restricciones indican quienes viajen en dichas embarcaciones no podrán salir de ningún lugar de los Estados Unidos sin un permiso, no solamente del servicio de guardacostas, sino también de los Departamentos de Comercio y Tesoro de Estados Unidos.

El Presidente Bush acusa a Fidel Castro de aprovecharse de la voluntad de los Estados Unidos en el pasado para fomentar la prostitución infantil en Cuba, transformando la isla en lo que el presidente define como un "destino importante" para los visitantes que buscan sexo.

De acuerdo a la empresa Alimport, la importación de alimentos desde los Estados Unidos a Cuba sobrepasa los $960 millones, desde que la venta de productos agrícolas fuera autorizada por Washington en diciembre del 2001. Las autoridades cubanas han pagado hasta ahora $830 millones y el resto será pagado cuando la mercancía esté lista para ser transportada a la Habana.

Fidel Castro anuncia que no aceptará ayuda humanitaria para las víctimas del huracán Iván de ningún país que haya impuesto sanciones económicas a la isla, insistiendo en que la única ayuda humanitaria aceptable es el levantamiento del embargo norteamericano.

El Departamento de Estado publica el sexto Reporte Anual sobre la Libertad Religiosa Internacional, indicando que el Ministerio del Interior de Cuba sigue controlando y monitoreando actividades religiosas y usa vigilancia, infiltración y hostigamiento contra el clero y los grupos religiosos.

El número de personas que visitan Cuba desde los Estados Unidos decae un 25% desde que las nuevas restricciones de los Estados Unidos sobre los viajes a Cuba se han llevado a efecto.

El Departamento de Estado acusa a Cuba de entrenar rebeldes colombianos.

Fidel Castro tropieza y cae al salir del escenario durante una ceremonia de graduación, fracturándose la rodilla y un brazo.

Cuba anuncia que los dólares no van a ser aceptados en negocios y tiendas de la isla a partir en noviembre.

En lo que constituye la mas grande deserción de artistas cubanos hasta la fecha, un grupo de 43 personas, incluyendo bailarines, cantantes y músicos, todos integrantes de una producción teatral, solicitan asilo en Las Vegas, Estados Unidos, dejando a familiares en la isla y desafiando a su gobierno.

2005

El brazo ejecutivo de la Unión Europea da la bienvenida a la renovación de los contactos diplomáticos de Cuba con ocho estados de la UE y asegura que aún desea el completo restablecimiento de todos los contactos diplomáticos.

Un partido político de la coalición gobernante en Eslovaquia se manifiesta contra los ocho estados de la Unión Europea con respecto a la renovación de contactos diplomáticos con Cuba.

De las 100,225 unidades habitacionales que resultaron dañadas el año anterior en Cuba, unas 5,360 son completamente destruidas por los huracanes Charley e Iván que azotan la parte oeste de la isla.

Irán y Cuba firman un acuerdo para un proyecto de reparación, mantenimiento y renovación de la industria eléctrica cubana.

Cuba reporta una reducción en los resultados de la zafra azucarera a causa de la sequía, justo un año después de que la zafra ha sufrido el descenso de un tercio de su producción.

Comparado con 2003, el turismo en Cuba en 2004 aumenta en un ocho por ciento. Los canadienses son los visitantes más frecuentes, seguidos por europeos provenientes de Italia, Francia, Alemania y España.

Los departamentos de aviación de China y Cuba se reúnen en Beijing para promover una comunicación bilateral de aviación, así como para reforzar la cooperación en materia de tecnología, inversión y entrenamiento de personal.

El presidente Bush notifica al Congreso estadounidense que continuará prohibiendo las demandas de ciudadanos norteamericanos cuyas propiedades fueron confiscadas por el régimen castrista.

La colaboración para la construcción de barcos, asistencia técnica, cooperación económica e investigación científica son tópicos incluidos en los acuerdos firmados en La Habana por los ministerios de Industrias Pesqueras de Argelia y Cuba.

Cuba y la República Islámica de Irán firman en La Habana un memorando de entendimiento que comprende los elementos principales acordados durante la 10ma. Sesión de la Comisión Conjunta Intergubernamental. El documento abarca tres aspectos fundamentales: la implementación de una línea de crédito de €20 millones para la isla; colaboración en la producción de alimentos en tierras previamente usadas por la industria azucarera; y la consecución de suministros y equipos necesarios para compensar el impacto de la sequía en Cuba. Además, se dará comienzo a la producción de vacunas cubanas en Irán, contemplando y favoreciendo, a su vez, la cooperación en el campo de la biotecnología.

Un nuevo acuerdo entre Cuba y Venezuela otorga a jueces cubanos, policías y agentes de Seguridad del Estado jurisdicción para operar en territorio venezolano —en colaboración con la policía secreta de Hugo Chávez— en la investigación, captura e interrogatorio de cubanos residentes en el país, o inclusive de ciudadanos venezolanos que sean buscados por las autoridades cubanas.

Un trío insólito que comprende a Cuba, Zimbabwe y China integra el grupo que atenderá quejas relacionadas con otros países ante el forum más importante de derechos humanos de las Naciones Unidas.

Según lo acordado en la primera versión de un documento al respecto, la Unión Europea suspendería las sanciones contra Cuba como paso ulterior para poner fin a la controversia originada por las medidas enérgicas tomadas por Cuba contra los disidentes en 2003. Esta acción "temporal", que debía tener lugar durante una reunión ordinaria de ministros de Relaciones Exteriores de la Unión Europea, se verifica luego de que Fidel Castro anuncie la renovación de los contactos oficiales con todos los países de la UE.

Cuba y China firman un contrato en La Habana que otorga al gigante asiático la participación en la extracción de petróleo de un depósito ubicado en la costa norte de la isla. El acuerdo se establece entre Cubapetróleo y la compañía china Sinopec.

Los productos agrícolas norteamericanos vendidos en Cuba, que comenzaron a venderse apenas en 2002, alcanzan la cifra de $1 billón, según afirma el líder de la agencia cubana de importación de alimentos.

El ministro designado de Relaciones Exteriores de Uruguay, Reinaldo Gargano, expresa que el futuro gobierno uruguayo no apoyará las resoluciones tomadas por la Comisión de Derechos Humanos de las Naciones Unidas que critiquen el trato a los derechos humanos en Cuba.

El Departamento del Tesoro sentencia que las exportaciones norteamericanas a la isla no pueden salir de los puertos estadounidenses hasta que La Habana pague en efectivo por ellas. Esta aclaración se verifica después de una larga revisión de las provisiones del Acto de Reformas de las Sanciones Comerciales y de Exportación (TSRA) —por sus siglas en inglés— de 2001, que permite la venta limitada en efectivo de productos agrícolas y alimenticios a Cuba.

En uno de sus primeros actos públicos, el nuevo presidente de Uruguay, Tabaré Vázquez, reanuda relaciones diplomáticas con Cuba dos años después que una disputa diplomática hubiese dividido a ambos países latinoamericanos.

La compañía canadiense de recursos diversificados Sherritt International firma

2005 *(continuación)*

en La Habana un acuerdo con Cuba para incrementar la producción y refinado de níquel y cobalto.

La Comisión Interamericana de Derechos Humanos de la Organización de Estados Americanos (CIDH) anuncia al cierre de su primera sesión de 2005 que continúan las violaciones de derechos humanos en el continente latinoamericano, a pesar de haber habido un "progreso importante". La CIDH expresa que el embargo económico de los Estados Unidos "al régimen cubano ha impactado seriamente el disfrute de derechos económicos, sociales y culturales" en la isla. Aunque reconoce que Cuba ha liberado a algunas personas "que habían sido injustamente apresadas", la comisión afirma que no han ocurrido cambios significativos en el "sistema de represión de disidentes, defensores de derechos humanos y periodistas independientes" en la isla.

En un discurso ante la Comisión de Derechos Humanos de las Naciones Unidas, el ministro cubano de Relaciones Exteriores, Felipe Pérez Roque, afirma que Cuba no cooperará con el representante designado por la Comisión para investigar la situación de los derechos humanos en Cuba.

Fidel Castro anuncia la reevaluación de la moneda cubana en un 7 por ciento, lo cual convierte al peso cubano en una moneda ligeramente más fuerte que el dólar norteamericano.

Fidel Castro critica a la revista americana *Forbes* por la "infamia" de haberlo incluido en la lista de los hombres más ricos del mundo, con una fortuna de $550 millones.

El disidente cubano Oswaldo Payá acusa al gobierno de Fidel Castro de haber violado "sistemáticamente" derechos humanos y lo reta a presentar públicamente el proyecto alternativo auspiciado por su organización ante la Comisión de Derechos Humanos de las Naciones Unidas.

Fidel Castro anuncia la segunda reevaluación de la moneda de la isla, aumentando el valor del peso convertible cubano a un 8 por ciento por encima del dólar.

El Comité de Asuntos Exteriores del Parlamento Europeo aprueba una resolución criticando el "repentino cambio de dirección" de la política de la UE hacia Cuba, así como el levantamiento provisional de las sanciones diplomáticas acordadas por el Consejo Europeo. La resolución ha sido aprobada por una vasta mayoría en la Comisión y se espera que sea ratificada por el Parlamento Europeo.

Estados Unidos presenta una nueva resolución ante la Comisión de Derechos Humanos de la ONU criticando el récord de abusos cometidos por Cuba y solicita que el organismo mundial mantenga al país comunista bajo observación. Washington requiere que la comisión renueve las resoluciones de años previos en las que se condenaba la situación de los derechos humanos en Cuba, según lo acordado en el proyecto de la resolución. Treinta y siete países, incluyendo a los miembros de la Unión Europea, Canadá, Australia y Japón, apoyan la resolución.

Estados Unidos propone al máximo cuerpo de derechos humanos de las Naciones Unidas renovar la designación de un investigador especial que estudie los abusos cometidos en la isla, manteniendo así la presión sobre Cuba. El voto público, uno de los de mayor carga política en la sesión anual de los 53 estados de la Comisión de los Derechos Humanos de la ONU, resulta 21 votos a favor y 17 en contra, con 15 abstenciones. La Unión Europea ha sido uno de los co-patrocinadores de la resolución de los EE.UU. De los 12 países latinoamericanos de la Comisión, sólo Costa Rica, Guatemala, Honduras y México votan a favor.

El ministro de Defensa de Cuba, General Raúl Castro, llega a la capital china en la primera escala de una gira que lo llevará a Laos, Malasia y Vietnam.

Compañías de equipos médicos y farmacéuticos de 29 países, incluyendo los Estados Unidos, exhiben sus productos en la XII Feria Internacional "Salud para Todos" celebrada en La Habana.

Representantes del Subcomité de la Cámara de Representantes de los EE.UU. aprueban una resolución en apoyo a la reunión de la Asamblea para Promover la Sociedad Civil en Cuba, a llevarse a cabo el 20 de mayo en La Habana. La resolución bipartidista, introducida por el legislador republicano de origen cubano Mario Díaz-Balart, es una expresión de solidaridad con las más de 360 organizaciones que constituyen la Asamblea.

El Banco Industrial de Venezuela, controlado por el gobierno venezolano, y la compañía petrolera estatal, Petróleos de Venezuela, abren oficinas en La Habana —acción que pretende contribuir al crecimiento del comercio bilateral. Venezuela ha aumentado el suministro de petróleo a Cuba de 80,000 a 90,000 barriles diarios, lo cual hará de La Habana la casa matriz de las operaciones energéticas de Venezuela en el Caribe, según afirma el ministro de Energía y Minas de Venezuela, Rafael Ramírez.

El Congreso de Estados Unidos urge a la Unión Europea para presionar a Cuba con respecto a su expediente en materia de derechos humanos y para condenar a la isla por sus medidas contra los disidentes. La Cámara de Representantes vota 398–27 una resolución que "condena de la manera más fuerte posible" el arresto de los 75 disidentes en marzo de 2003 y su "continua represión con medidas en contra de la valiente oposición interna y la prensa independiente". También hace un llamado a la Unión Europea,

2005 (*continuación*)

así como a otros países y organizaciones internacionales, para insistir en la presión sobre el régimen cubano a fin de que mejore su historial de derechos humanos.

El brazo legislativo de la Unión Europea expresa su desacuerdo con la medida ejecutiva hacia Cuba, condenando el cambio que favorece el restablecimiento de relaciones cordiales con la isla comunista y que incluye la suspensión de las sanciones diplomáticas. El Parlamento Europeo aprueba el documento con un párrafo en relación a Cuba en el cual "condena el cambio súbito de la estrategia y el levantamiento de las sanciones por el Consejo", que comprometía a los líderes de estado y gobierno del bloque de las 24 naciones miembros. Por un voto de 251–64 con 255 abstenciones, los legisladores europeos aceptan el Reporte Anual de los Derechos Humanos en el Mundo 2004, texto que aborda el estado básico de las libertades en más de 70 naciones.

Con un concierto en La Habana, el grupo musical estadounidense Audioslave, rompe con largas décadas de aislamiento ante cientos de admiradores cubanos, que derriban las barricadas para aproximarse a la primera banda de rock norteamericana que ha ofrecido un concierto al aire libre en Cuba.

Un exilado cubano conocido por su violenta oposición a Fidel Castro solicita asilo político en los Estados Unidos. Luis Posada Carriles, sospechoso de los atentados a un avión cubano de pasajeros en 1976, se introduce en la Florida.

Un alto consejero chino de asuntos nacionales, Jia Qinglin, llega a La Habana en una visita oficial de cuatro días, tras haber recibido una invitación de Ricardo Alarcón de Quesada, presidente de la Asamblea Nacional de Poder del Popular de Cuba.

El encarcelado "militar en jefe" del ahora extinto Cartel de Medellín, John Jairo Velásquez, más conocido como "Popeye", sostiene que el grupo criminal negociaba con Cuba durante la década de los 1980 y que su "contacto directo" con el régimen en La Habana había sido Raúl Castro. Velásquez afirma haber sabido del vínculo con Raúl Castro a raíz de una conversación que presenció entre Pablo Escobar y el Capitán Jorge Martínez Valdés, ayudante del General Arnaldo Ochoa. Ambos oficiales estuvieron entre las cuatro personas ejecutadas en 1989 por tráfico de drogas.

Seis periodistas polacos son detenidos en Cuba a raíz de la expulsión de dos diputados polacos del Parlamento Europeo. Todos los detenidos habían planeado reunirse con disidentes cubanos en una reunión coordinada por la organización disidente Asamblea para Promover la Sociedad Civil en Cuba.

2005 (continuación)

Cuba expulsa a un senador checo y a un legislador alemán horas antes de haber asistido a una reunión patrocinada por opositores de Fidel Castro. El senador checo Karel Schwarzenberg se encontraba entre las docenas de legisladores europeos invitados a la primera reunión de la Asamblea para Promover la Sociedad Civil en Cuba, organización integrada por pequeños grupos de disidentes liderados por la economista Martha Beatriz Roque.

Isabel San Baldomero y Rosa López Garnica, dos ex-senadoras españolas, miembros activos de la Cámara Baja de la nación ibérica, son expulsadas de Cuba. El legislador del grupo moderado del Partido Nacionalista Catalán, Jordi Xucla, es también expulsado.

El gobierno cubano rechaza la visa de entrada a Cuba a Birgitta Ohlsson, miembro del Parlamento sueco por el Partido Liberal, quien además es integrante del comité de la Agencia Sueca de Desarrollo y Cooperación Internacional. Ohlsson debía asistir a una reunión organizada por la oposición cubana.

La Federación Internacional de Periodistas protesta contra Fidel Castro a propósito del arresto y expulsión de los periodistas de Polonia e Italia y hace un llamado a Cuba para que ponga fin a su larga campaña contra los periodistas independientes, cuyo saldo ha sido la encarcelación de docenas de reporteros.

La Asamblea para Promover la Sociedad Civil en Cuba sostiene una pequeña reunión en La Habana bajo la observación continua de la Seguridad del Estado.

Telesur, una nueva estación de televisión financiada por Venezuela, Argentina, Cuba y Uruguay comienza a transmitir por satélite como parte de su fase de prueba. Los organizadores afirman que la estación representará una alternativa para Latinoamérica ante los gigantes medios de comunicación que operan actualmente.

Concluye en Cuba la peor zafra azucarera en un siglo, con un descenso por debajo del 40 por ciento de la productividad de la zafra previa: alrededor de 1.3 millones de toneladas.

La compañía de petróleo española-argentina Repsol YPF expresa que invertirá más de 21.1 billones de euros ($26.1 millones) como parte de un plan de cinco años que hará énfasis en la exploración y producción petrolera. La compañía indica que 11.4 billones de euros ($14.1 millones) serán específicamente destinados a la exploración y producción de petróleo como parte del plan estratégico 2005–2009.

Ricardo Cabrisas, ministro cubano de Comercio Exterior, expresa en La Habana que su país está listo para cooperar con Irán en la Organización

2005 (*continuación*)

Mundial del Comercio. El ministro cubano afirma que Cuba está dispuesta a comenzar consultas con Irán, ahora que la petición de ingreso a la OMC ha sido aceptada. Cabrisas, líder de la Comisión Económica Conjunta Irán-Cuba, expresa satisfacción ante la tendencia creciente de las relaciones económicas entre los dos países, y particularmente ante la cooperación bilateral en los campos de la industria, agua, electricidad y caña de azúcar.

La Sección de Intereses de los Estados Unidos de América (SINA) en la Habana acusa al gobierno cubano de promover la inmigración ilegal hacia los Estados Unidos. En una nota de prensa, la SINA alega que el gobierno cubano ha obstaculizado desde 1998 el Programa Cubano Especial de Migración, conocido como el "bombo" o "sorteo". "Una de las consecuencias del incumplimiento por parte de las autoridades cubanas de las obligaciones asumidas a través de los Acuerdos Migratorios, es que no está siendo respetado el nuevo período de inscripción de adultos entre 18 y 24 años contemplado en el acuerdo del Programa Cubano Especial de Migración. Ello anula los beneficios migratorios de un 'orden legal y seguro' a los que las autoridades cubanas se comprometieron como parte de los Acuerdos Migratorios de 1994–95".

La compañía petrolera Repsol YPF reemprende la prospección en aguas cubanas después de un fallido intento el año anterior. Con una nueva Unión Transitoria de Empresas que le da derecho al 40% de todos los ingresos y la coloca al mando de la plataforma de perforación petrolífera, la compañía planea comenzar donde había interrumpido el trabajo. Otros accionistas de la Unión Transitoria de Empresas serán la empresa china CNOOC, propiedad del gobierno chino, con un 30% de riesgo y la noruega Norsk Hydro, con el 30% restante.

Cuba, aislada de la Organización de Estados Americanos (OEA) por los últimos 41 años, debe enfrentar la ya aprobada Carta Democrática Interamericana: Para integrar la OEA, los países deben reunir los requerimientos de la Carta, por lo que, si el problema de Cuba vuelve a ser presentado ante la OEA —a solicitud de Cuba o de la OEA—, ello ha de ser bajo los parámetros de la Carta Democrática Interamericana.

Cuba experimenta fallas de electricidad con cortes de luz promedio de seis horas diarias, a pesar del compromiso expresado por Fidel Castro de mejorar la situación energética de la nación.

El Secretario General de la Organización de Estados Americanos (OEA), José Miguel Insulza, afirma que el embargo comercial de los Estados Unidos a Cuba, en efecto por más de 40 años, "no ha funcionado" y que "sería bueno" buscar otras opciones para efectuar un cambio en la isla.

Los ministros de Relaciones Exteriores de la Unión Europea deciden no imponer nuevamente las sanciones diplomáticas a Cuba, a pesar de notarse la ausencia de un "progreso satisfactorio" en materia de derechos humanos en la isla.

Autoridades comunistas en La Habana cierran cientos de pequeñas entidades privadas, en un esfuerzo por "reorganizar" el débil sector privado. El gobierno se ha quejado en repetidas ocasiones de la creciente desigualdad asociada a los empleados que trabajan por cuenta propia, ya que éstos pueden ganar en un día hasta $12 (10 euros) más que el salario promedio mensual de un empleado estatal.

Los países miembros de MERCOSUR acuerdan comenzar negociaciones para firmar un tratado de libre comercio con Cuba bajos los parámetros de la Asociación Latinoamericana de Integración (ALADI). La iniciativa ha sido mencionada en una declaración conjunta firmada por los presidentes de Argentina, Brasil, Paraguay y Uruguay.

Fidel Castro, el líder venezolano Hugo Chávez y catorce importantes representantes de otros países caribeños, se reúnen para discutir el plan venezolano que, bajo el nombre de Petrocaribe, venderá petróleo más barato a la región, mientras los precios mundiales del petróleo continúan en un alza récord.

Tras años de votación en el Congreso por parte de seguidores que apoyaban el debilitamiento de las sanciones de EE.UU. hacia Cuba, la Cámara de Representantes rechaza tres de tales propuestas y apoya categóricamente a los seguidores de una política fuerte hacia Cuba. Es rechazada una enmienda que busca anular los límites impuestos a las familias cubano-americanas que deseen viajar a Cuba por votación de 211–208, siendo la primera vez que una iniciativa de este tipo es derrotada por votos dentro del Congreso. (Una enmienda similar, presentada por el senador demócrata de Florida Jim Davis, fue aprobada el año anterior por voto de 225–174). Otra propuesta para hacer menos drásticas las restricciones a los viajes de estudiantes norteamericanos a Cuba, presentada por la representante demócrata de California, Barbara Lee, es rechazada por voto de 233–187.

Estrategias para fortalecer las relaciones entre Cuba y la comunidad caribeña son incluidas en la agenda de la reunión 26ta. de los presidentes de estado de CARICOM, la cual concluye en la isla de Santa Lucía.

Cuba cierra al menos 40 de un total de 85 centrales azucareros, la segunda mayor reducción de la industria desde 2002.

2005 (*continuación*)

Michael Parmly, con un servicio de 26 años en el Departamento de Estado, de carrera diplomática y con experiencia en la promoción de la democracia y los derechos humanos, es el sucesor de James Cason como nuevo representante del Departamento de Estado en La Habana.

Cuba continúa sus esfuerzos de recuperación tras el paso del huracán Dennis, que cobró por lo menos diez vidas y causó cuantiosos daños por toda la isla. Granma, Sancti Spiritus y Cienfuegos, en las secciones central y oriental del país, estuvieron entre las provincias más afectadas por la tormenta.

El gobierno comunista cubano continúa expandiendo sus misiones humanitarias al enviar una quinta parte de sus médicos a trabajar a Venezuela, comprometiéndose incluso con el envío de mayor ayuda a su nuevo aliado, al tiempo que recibe cargas masivas de petróleo venezolano. El gobierno venezolano afirma que el programa abarca cerca de 20,000 cubanos, incluyendo más de 14,000 médicos —un 20 por ciento de los médicos cubanos.

Las recientes medidas represivas hacia los disidentes en La Habana incitan a Hans-Gert Poettering, líder de centro-derecha del Parlamento Europeo, a escribir a la presidencia británica, instando a una "reacción [más] clara" al expresar que la "política de la UE hacia Cuba ha fallado. Fue un error del Consejo no continuar con las sanciones diplomáticas que fueron levantadas en enero de 2005".

El gobierno cubano arresta a veinte o más disidentes el 22 de julio. El ministro de Relaciones Exteriores de la República Checa protesta contra el arresto y hace un llamado al gobierno cubano para que cumpla con los derechos humanos básicos y libere a todos los prisioneros políticos.

Reporteros Sin Fronteras condena rotundamente el arresto del periodista independiente Oscar Mario González, de la agencia de noticias Grupo de Trabajo Decoro, que junto a otros veinte disidentes ha sido detenido el 22 de julio.

Roger Pardo-Maurer, oficial del Departamento de Defensa estadounidense, advierte que Cuba y Venezuela están intentando instalar gobiernos de izquierda en toda Latinoamérica y que están cercanos a lograr su objetivo en Bolivia.

Roger Noriega, Secretario de Estado para Asuntos Latinoamericanos, acusa al presidente venezolano Hugo Chávez y a Fidel Castro de estar interviniendo en Bolivia.

La administración de George W. Bush crea un nuevo puesto ("Coordinador de la Transición en Cuba") y nombra en el mismo a Caleb McCarry,

2005 (*continuación*)

otorgándole la tarea de acelerar el hundimiento del régimen de Fidel Castro.

El 4° Encuentro de la Asociación de Estados del Caribe (AEC) y la Declaración de Panamá rechazan el terrorismo, y condenan también los más de 40 años de bloqueo económico de los EE.UU. hacia Cuba.

Una corte de apelaciones de los EE.UU. rechaza la condena de cinco cubanos sentenciados a prisión en 2001 por cargos de espionaje. En decisión unánime, un panel de tres jueces de la Corte de Apelaciones de los Estados Unidos en Atlanta, falla que los cinco cubanos fueron procesados injustamente en Miami a causa de los prejuicios existentes en la comunidad, de la extensa cobertura de los medios de comunicación y de comentarios hechos por los abogados acusadores.

En su discurso durante el Festival Mundial de la Juventud en Caracas, Venezuela, Felipe Pérez Roque, ministro de Relaciones Exteriores de Cuba, sugiere que la Organización de Estados Americanos (OEA) integrada por 34 miembros y con sede en Washington, D.C., debe "desaparecer".

La Comisión de Reclamos y Asentamientos de los EE.UU. establece un segundo Programa de Reclamaciones Cubanas para recibir quejas contra el gobierno de Cuba por parte de ciudadanos norteamericanos o corporaciones estadounidenses que se adjudiquen pérdidas de propiedades reales y personales previas al 1 de Mayo de 1967. Durante el Programa anterior, completado el 6 de julio de 1972, la Comisión certificó 5,911 reclamaciones hechas al Departamento de Estado de los EE.UU.

Cuba y Panamá restablecen relaciones diplomáticas un año después de que éstas se hubiesen interrumpido a raíz de la decisión de la anterior presidenta panameña de conceder perdón a cuatro exiliados cubanos acusados de haber intentado asesinar a Fidel Castro.

Reporteros Sin Fronteras (RSF) insiste a la Unión Europea a que "cualquier ablandamiento en las posturas de la UE hacia Cuba esté estrictamente condicionado a la liberación de los periodistas independientes que sufren prisión".

La administración Bush retira la acusación de que Cuba esté desarrollando una ofensiva armamentista biológica, reconociendo en un reporte al Congreso que "existen posiciones diversas" al respecto entre los analistas de inteligencia. El reporte señala, sin embargo, que Cuba tiene "posibilidades tecnológicas" para emprender un proyecto de desarrollo de armas biológicas, gracias a su avanzada industria farmacéutica. Sin embargo, el reporte deja abierta la pregunta crítica acerca de si ello se ha verificado o

2005 (*continuación*)

no. El reporte del Departamento de Estado muestra por primera vez cómo el gobierno de EE.UU. suaviza públicamente su posición con respecto a su acusación inicial, que ha sido controversial desde el principio.

Un juez de inmigración de los EE.UU. sentencia que el militante anti-castrista Luis Posada Carriles no sea deportado a Cuba o a Venezuela, citando como base de su decisión la Convención de las Naciones Unidas contra la tortura.

La 23ra. Sesión del Comité Intergubernamental para la Cooperación Económica, Científica y Tecnológica de Vietnam y Cuba tiene lugar en La Habana.

Cuba, Siria y Bielorrusia ingresan a la Junta Directiva de 35 países de la Organización Internacional de Energía Atómica, compuesta por 139 naciones. Los tres estados se hayan entre los 10 nuevos miembros de la directiva, la cual cambia cada año en la Conferencia General de la OIEA, como parte de una rotación que resulta en el cambio de algunas posiciones dentro de la Junta.

El Comité Internacional para la Democracia en Cuba, fundado por el ex-presidente de la República Checa, Vaclav Havel, insta a los participantes de la Cumbre Iberoamericana celebrada en Salamanca, España, a mantenerse firmes frente a La Habana en el compromiso de respetar los derechos humanos básicos, un acuerdo al cual el gobierno cubano accediera en cónclave previo.

Líderes iberoamericanos demandan que Estados Unidos acate las resoluciones de las Naciones Unidas y ponga fin al bloqueo económico a Cuba.

El huracán Wilma, la 12da. tormenta intensa de la temporada, alcanza a Cuba, causando lluvias muy fuertes y provocando la evacuación de cientos de personas de la región oriental de la isla.

Durante una conferencia de prensa en Caracas, el embajador cubano Germán Sánchez, afirma que cerca de 26,000 profesionales cubanos de la salud trabajan en 40 países del mundo.

Una corte federal de apelaciones estadounidense ratifica las sentencias en contra de los cinco cubanos acusados de espiar para el gobierno de Fidel Castro.

Durante la exitosa campaña presidencial del presidente brasileño Luiz Inácio Lula da Silva in 2002, su Partido de los Trabajadores recibió del gobierno de Cuba alrededor de $3 millones en contribuciones ilegales, según expresa un reportaje en el número de noviembre de la revista brasileña Veja.

Venezuela se convierte en el máximo socio comercial de Cuba, logrando ventas

2005 (*continuación*)

anuales de $1,4 billones en petróleo y otros bienes.

Los gobiernos de Cuba y Corea del Norte firman en La Habana un Protocolo de Intercambio Comercial durante la 24ta. reunión del Comité Intergubernamental de Consulta Económica, Científica y Cultural de los dos países. La cooperación entre la República Democrática y Popular de Corea y Cuba incluye los sectores de agricultura, deportes, educación, transporte, petróleo, conservación energética, comercio, así como el intercambio de ciencia y tecnología.

Una demanda judicial presentada por la Fundación de los Derechos Humanos en Cuba (FDHC) contra Fidel Castro por genocidio, crímenes de lesa humanidad, tortura y terrorismo, es rechazada por un juez español.

La Asamblea General de las Naciones Unidas vota por 14to. año consecutivo a favor de la conclusión del embargo económico de 43 años de Estados Unidos hacia Cuba. Cuba recibe un récord de votos: 182 naciones de la Asamblea General se oponen al embargo de cuatro décadas a La Habana. Estados Unidos, Israel, las Islas Marshall y Palau votan en contra; Micronesia se abstiene.

La CIA alerta a legisladores sobre el potencialmente delicado estado de salud de Fidel Castro, concluyendo que sufre de Parkinson y advirtiendo a los legisladores norteamericanos que deben estar preparados para un deterioro de la salud del gobernante de 79 años en un futuro próximo.

En un discurso pronunciado ante cientos de estudiantes en la Universidad de La Habana, Fidel Castro tilda de "pro nazi" y "mayor cómplice" del gobierno de Estados Unidos al estado de Israel. Cuba no mantiene relaciones con Israel desde 1973, cuando el gobierno de la isla decidió romperlas en solidaridad con Palestina.

Reporteros Sin Fronteras inicia el Encuentro Mundial de Información y Sociedad, presentando a Cuba como uno de los 15 países "enemigos de la Internet" y señalando a otros tantos cuyas políticas son preocupantes.

Las Damas de Blanco, un grupo de esposas de prisioneros políticos que han estado protestando pacíficamente en contra del régimen de Castro, reciben el Premio Sajárov, alto reconocimiento otorgado por la UE a luchadores por los derechos humanos.

Cuba, promotor del Movimiento de Países No Alineados, hace un llamado a los 114 miembros de dicha organización para integrar un frente común que confronte y venza el aumento de la influencia y dominación de los medios de comunicación occidentales.

El ministro de Relaciones Exteriores de Vietnam, Nguyen Dy Nien, declara que su país continuará reforzando las relaciones bilaterales con Cuba.

2005 (*continuación*)

China, Cuba, Eritrea y Etiopía encarcelan a más periodistas que ningún otro país. Estos cuatro países que encabezan la lista son responsables por dos terceras partes de los 125 editores, escritores y reporteros que han sido encarcelados hasta el 1 de diciembre, según informa un reporte del Comité para la Protección de los Periodistas, ubicado en Nueva York.

La Secretaria de Estado, Condoleezza Rice, dirige la segunda sesión de un panel para "acelerar y facilitar la transición democrática" en Cuba y habla de posibles reducciones en las remesas de dinero al gobierno de Castro, así como de suministrar información al pueblo cubano.

China asegura a Cuba una línea de crédito adicional de 50 millones de yenes —alrededor de $6.2 millones—, como parte de un acuerdo firmado durante la visita a La Habana de un alto oficial del Partido Comunista Chino.

Fidel Castro tilda de "pequeño gángster" al líder de la Misión Diplomática de Estados Unidos en La Habana, Michael Parmly, por criticar duramente el récord de derechos humanos del régimen.

Durante una reunión con Raúl Castro en Cuba, el jefe de Personal de las Fuerzas Armadas Rusas, Yuri Baluyevsky, se pronuncia a favor de una colaboración más cercana entre las fuerzas armadas de Rusia y Cuba.

Otras lecturas

Aunque numerosos libros, artículos de revistas y periódicos en varios idiomas fueron consultados en la preparación de este volumen, únicamente libros en español han sido incluidos en la siguiente lista, que principalmente intenta servir como guía para otras lecturas.

Aguilar León, Luis: *Pasado y ambiente en el proceso cubano*. Habana: Ediciones Insula, 1957.

Benemelis, Juan F. y Frank Hernández Trujillo: *Los Culpables*. Miami: Grupo de Apoyo a la Democracia, 2003.

Bosch, Juan. *Cuba: La isla fascinante*. Santiago de Chile: Editorial Universitaria, S.A., 1955.

Botello, Santiago y Mauricio Angulo: *Conexión Habana*. Madrid: Ediciones Temas de Hoy, S.A., 2005.

Brown Castillo, Gerardo: *Cuba colonial*. Habana: J. Montero, 1952.

Carbonell y Rivero, José M.: *Evolución de la cultura cubana*. Habana: "El Siglo XX", 1928.

Castellanos, Gerardo: *Panorama histórico: ensayo de cronología cubana*. La Habana: Ucar, García y Cía., 1934.

Clark, Juan. *Cuba: mito y realidad*. Miami: Saeta Ediciones, 1990.

Conte Agüero, Luis: *Eduardo Chibás, el adalid de Cuba*. México: Editorial Jus, 1955.

Draper, Theodore: *Castrismo: teoría y práctica*. (Traducción de Percy Mario Lemos). New York: F.A. Praeger, 1966.

Ely, Roland T.: *Cuando reinaba su majestad el azúcar*. Buenos Aires: Editorial Sudamericana, 1963.

Encinosa, Enrique: *Cuba en guerra: historia de la oposición anti-castrista*. Miami: Endowment for Cuban American Studies, 1995.

Ferrara y Marino, Orestes: *Una mirada sobre tres siglos: memorias*. Madrid: Playor, S.A., 1975.

Foreign Policy Association: *Problemas de la nueva Cuba*. New York: Foreign Policy Association, Inc., 1935.

Franco, José: *Antonio Maceo*. La Habana: Editorial de Ciencias Sociales, 1975.

Franqui, Carlos: *Diario de la revolución cubana*. París: Ruedo ibérico, 1976.

    El libro de los doce. La Habana: Instituto del Libro, 1967.

    Retrato de familia con Fidel. Barcelona: Editorial Seix Barral, 1981.

Fuentes, Norberto: *La autobiografía de Fidel Castro*. Barcelona: Ediciones Destino, S.A., 2004.

García Díaz, Manuel: *La economía Cubana: estructuras, instituciones y tránsito al mercado*. Granada: Editorial Universidad de Granada, 2004.

González-Llorente, José M., ed.: *Voces tras las rejas*. Miami: Instituto y Biblioteca de la Libertad, 2004.

Grupo Cubano de Investigaciones Económicas: *Un estudio sobre Cuba*. Coral Gables: University of Miami Press, 1963.

Guerra y Sánchez, Ramiro: *Manual de historia de Cuba: desde su descubrimiento hasta 1868*. La Habana: Editorial de Ciencias Sociales, 1971.

Guerra y Sánchez, Ramiro, et al.: *Historia de la Nación Cubana*. 10 vols. La Habana: Editorial Historia de la Nación Cubana, S.A., 1952.

Guiteras, Pedro José: *Historia de la Isla de Cuba*. Habana: Cultural, S.A., 1927–28.

Karol, K.S. *Los guerrilleros en el poder: itinerario político de la revolución cubana*. (Traducción de Jordi Marfà). Barcelona: Editorial Seix Barral, 1972.

León, Rubén de: *El origen del mal*. Coral Gables: Service Offset Printers, 1964.

LeRoy y Gálvez: *La Universidad de La Habana: síntesis histórica*. La Habana: Imprenta de la Universidad, 1960.

Lizaso, Félix: *José Martí: recuento del centenario*. Habana: Impr. Ucar García, 1953.

    Panorama de la cultura cubana. México: Fondo de Cultura Económica, 1949.

Luque Escalona, Roberto: *Fidel: el juicio de la historia*. New Brunswick, N.J.: Transaction Publishers, 1992.

Mañach, Jorge: *La crisis de la alta cultura en Cuba; Indagación del choteo*. Miami: Ediciones Universal, 1991.

    José Martí. Habana: Ediciones Nuevo Mundo, 1960.

Márquez Sterling, Carlos: *Agramonte: el bayardo de la revolución cubana*. Miami: Editorial Cubana, 1995.

    Historia de Cuba desde Colón hasta Castro. New York: Las Americas Publishing, 1963.

Marquez Sterling, Manuel: *Las conferencias del Shoreham: el cesarismo en Cuba*. Mexico: Botas, 1933.

Mesa-Lago, Carmelo: *Breve historia económica de la Cuba socialista: políticas, resultados y perspectivas*. (Versión española de Eva Rodríguez Halfter). Madrid: Alianza, 1994.

    Dialéctica de la Revolución cubana: del idealismo carismático al pragmatismo institucionalista. Madrid: Editorial Playor, 1979.

    La economía en Cuba socialista: una evaluación de dos décadas. Madrid: Playor, 1983.

Montaner, Carlos Alberto. *Cuba: un siglo de doloroso aprendizaje*. Miami: Brickell Communications Group, 2002.

    Fidel Castro y la revolución cubana. Madrid: Playor, 1983.

    Viaje al corazón de Cuba. Barcelona: Plaza & Janés, 1999.

Moore, Robin D. *Música y mestizaje: revolución artística y cambio social en La Habana, 1920–1940*. Madrid: Editorial Colibrí, 1997.

Ortiz, Fernando: *Contrapunteo cubano del tabaco y el azúcar*. La Habana: Editorial de Ciencias Sociales, 1983.

    La música afrocubana. Madrid: Ediciones Júcar, 1975.

    Los negros brujos. La Habana: Editorial de Ciencias Sociales, 1995.

    Los negros esclavos. La Habana: Editorial de Ciencias Sociales, 1975.

Pérez-Stable, Marifeli, ed.: *Cuba: la reconciliación nacional*. Miami: Centro para América Latina y el Caribe, Universidad Internacional de la Florida, 2003.

Portell Vilá, Herminio: *Historia de Cuba en sus relaciones con los Estados Unidos y España*. 4 vols. La Habana: Editorial Jesús Montero, 1930.

    Historia de la Guerra de Cuba y los Estados Unidos contra España. La Habana: Administración del Alcalde Sr. N. Castellanos Rivero, 1949.

Portuondo del Prado, Fernando: *Historia de Cuba*. Habana: Editorial Minerva, 1950.

Pujol, Joaquín P., ed.: *Cuba: Políticas económicas para la transición*. Madrid: Editorial Verbum, 2004.

Quesada, Gonzalo de: *Martí, hombre*. Miami: Editorial Cubana, 1998.

Quesada, Gonzalo de, ed.: *Obras completas de Martí*. 79 vols. La Habana: Editorial Trópico, 1937.

Ripoll, Carlos: *José Martí/Antología Mayor*. Miami: Editorial Cubana, 1995.

Rodríguez, José Ignacio: *Vida de Don José de la Luz y Caballero*. New York: Impr. De N. Ponce de León, 1879.

Roig de Leuchsenring, Emilio: *Curso de introducción a la historia de Cuba.* 2 vol. Habana: Municipio de la Habana, 1937.

Ros, Enrique: *Castro y las guerrillas en Latinoamérica.* Miami: Ediciones Universal, 2001.

Ernesto (Che) Guevara: mito y realidad. Miami: Ediciones Universal, 2002.

La aventura africana de Fidel Castro. Miami: Ediciones Universal, 1999.

Saco, José Antonio: *Papeles políticos sobre Cuba.* Miami: Editorial Cubana, 2001.

Sanguily, Manuel: *Discursos y conferencias.* Habana: Ministerio de Educación, Dirección de Cultura, 1949.

Sanguinetty, Jorge A.: *Cuba: realidad y destino.* Miami: Ediciones Universal, 2005.

Santí, Enrico Mario: *Bienes del siglo: sobre cultura cubana.* México, D.F.: Fondo de Cultura Económica, 2002.

Souza, Benigno: *Máximo Gómez, el generalísimo.* Miami: Editorial Cubana, 1991.

Suárez Rivas, Eduardo: *Un pueblo crucificado.* Miami, 1964.

Tartakoff, Laura Ymayo: *Con todos y para el bien de todos: el pensamiento político y social de José Martí.* Miami: Instituto y Biblioteca de la Libertad, 2003.

Textos críticos del socialismo y la revolución /selección, síntesis, notas y biografías de Carlos Franqui. Miami: Rodes Printing Corp., 2002.

Thomas, Hugh: *Cuba: la lucha por la libertad.* (Traducción de Neri Daurella). Madrid: Debate, 2004.

Thomas, Hugh, et al.: *La revolución cubana: 25 años después.* (Traducción de Andrés Hernández). Madrid: Playor, 1985.

Thomas, Hugh, et al.: *La Revolución Cubana: Iberoamérica en la encrucijada.* Madrid: Temas de Hoy, 1998.

Varona Guerrero, Miguel A.: *La Guerra de Independencia de Cuba.* La Habana: Editorial Lex, 1946.

Vitier, Medardo: *Las ideas en Cuba.* La Habana: Editorial Trópico, 1938.

Índice de términos

ABC, el, 106-7, 112, 114-15, 121, 132, 147, 276

ABC, cadena estadounidense, 315

AEC (Asociación de Estados del Caribe), 241, 331

ALCA (Acuerdo de Libre Comercio de América del Norte), 265

Abdala, 77

Abolición de la esclavitud, 51-52, 57, 61-63, 70-71, 74, 76, 274

Abrantes Fernández, José, 294

Academia Máximo Gómez, 254

Acción Revolucionaria Guiteras (ARG), 127

Acto de Reformas de las Sanciones Comerciales y de Exportación (TSRA), 323

Acuerdos Migratorios, 328

Afganistán, invasión soviética, 230-31

África, 16-17, 218, 306

África, intervenciones cubanas en, 181, 187, 193, 201, 203, 205, 218-19, 222, 225, 229-31, 236, 253, 279, 282, 283, 286, 290, 313

africana, esclavitud, 32, 35, 40, 273

africana, herencia, 15, 146, 211

afrocubanas, prácticas religiosas, 146, 257

Agencia de Información de Estados Unidos, 291

Agencia Sueca de Desarrollo y Cooperación International, 327

Agramonte, Ignacio, 71

agricultura, 11, 13, 27, 33, 55, 60, 79, 163, 180, 194, 216, 237, 240, 265, 266, 280, 286, 287, 288, 318, 333

Agrupación Independiente de Color, 92, 275

agua, 140, 328

Águila Negra, conspiración, 67, 274

Aix-la-Chapelle, Tratado de, 40

Ala Izquierda estudiantil, 105-6

Alarcón de Quesada, Ricardo, 307, 313, 314, 326

Albright, Madeleine, 317

Aldama, Miguel, conde de Pozos Dulces, 63-64

Alejandro VI, Papa, 18

Alemania, 275, 317, 322, 327

Alemania occidental, 222

Alemania oriental, 183, 294

"Alfa 66", 280, 285-86

alfabetismo y analfabetismo, 141, 163

algodón, 13

Alimport, 318, 319, 321

Alizadeh, Mohsen Mehr, 312

Alma Mater, 98

Almaguel, Orlando, 254 n.

Almeida, Juan, 195 n.

Álvarez, Miguel, 314,

Álvarez, Pedro, 319

Álvarez Cambras, Rodrigo, 311-13

Amado, Luis, 307

Americas Watch, 269, 293, 297

Anderson, Howard F., 311

Andollo, Leonardo, 254 n.

anexión, movimiento de, 51-53, 59-62, 67, 76

Angola, intervención cubana en, 187, 188, 202, 222, 225, 231-32, 253, 254, 262, 282, 285, 286, 289-90

Angola, Movimiento Popular por la Liberación de (MPLA), 187, 231, 282

Antillas 9, 11, 14, 18
Antillas Mayores, 14
antiimperialista, movimiento, 98, 115, 173
antimachadista, movimiento, 106
Amberes, Tregua de, 37
Aponte, José, 274
"Apoyo para una transición democrática en Cuba", 303
Arango y Parreño, Francisco de, 48, 55, 56
arauacos, 11
Arce, José, 97
Archer Daniels Midland, 310
Argelia, 281, 311, 322
Asamblea Nacional del Poder Popular, 196-97, 206, 258, 282, 283, 307, 312-14, 318, 326
Asamblea para Promover la Sociedad Civil, 325-27
Asburgo, Liga de, 40
Asociación de Amistad Cubano-Árabe, 311
Asociación Comunista de La Habana, 98
Asociación Estudiantil de la Escuela de Ciencias (Universidad de La Habana), 128
Asociación Estudiantil de la Escuela de Ingeniería Agrónoma (La Habana), 128
Asociación de Veteranos y Patriotas, 96, 275
Asociación de Prensa Interamericana, 316
Asociación Latinoamericana de Integración (ALADI), 305, 329
Asociación Nacional de Agricultores Pequeños (ANAP), 287
Associated Press, 307
AT&T, 296, 303
Atarés, Fuerte de, 115
audiencia (de Santo Domingo), 23, 24, 26
Audioslave, 326
auténticos (Ver también Partido Revolucionario Cubano), 119, 120, 122, 126-27, 129-30, 136-38, 142, 144, 154, 158
autonomismo, 76

Axworthy, Lloyd, 303
Aznar, José María, 303
Aziz, Tareq, 313
azúcar, industria azucarera (Ver también zafra azucarera), 27-29, 32-33, 38-39, 45-51, 53-56, 62 n., 67-68, 72-73, 75-76, 79, 82, 88-89, 94, 96, 107, 109, 113-114, 120, 122, 124, 129, 138-42, 163, 169-70, 172, 180, 182, 189-93, 216, 221, 227-28, 235, 242, 254, 265-267, 273, 275, 278-80, 286, 287, 297, 304, 306, 322, 327-29

Bahamas, 17
Bahía de Cochinos, invasión de, veteranos de, 171-72, 174, 207, 278, 309
Bahía Honda, 10
Baliño, Carlos, 98
Bálticos, estados, 320
Baluyevsky, Yuri, 334
Banco Central, 304
Banco Industrial de Venezuela, 325
Banco Nacional, 139, 141, 207, 293
Bangla Desh, 320
Baracoa, villa, 10
Baraguá, Protesta de, 74, 274
Bárcena, Rafael García, 145-46
Barbados, sabotaje aéreo cerca de, 282
Barnet, José A., 122, 276
Bastidas, Rodrigo de, 19
Batista, Fulgencio, sección de fotos, 110-11, 115-26, 132, 135-62, 166, 168, 170, 200, 209, 253, 276, 277, 292
Bayamo, villa, 10
Beijing, 177, 183, 220, 250, 315, 322
Belén, colegio jesuita de, 131-32, 167
Bélgica, 99, 298
Bielorrusia, 332
biotecnología, 228, 249, 263, 265, 266, 295, 310, 312-14, 322, 331
Bioven Holdings, 314
Birmania, 314, 320
Biscet, Oscar Elías, 306
Bishop, Maurice, 233
bloque soviético, 266, 278, 281, 282

bloqueo económico de los EE.UU., 282, 296, 331, 332

bloqueo naval de los EE. UU. (octubre del 1962), 175

Bobadilla, Francisco de, 19

Bogotazo, 133-34, 167, 276

bohíos, 12, 14

Bolívar, Simón, 67, 81

Bolivia, 179, 214, 280, 318, 330

Bolton, John R., 312

Bonner, Elena, 317

Bonsal, Philip W., 168

Bonne Carcassés, Félix, 304, 305, 307

Borbones, los, 24, 273

Borge, Tomás, 188, 283

Borges, Rolando Alfonso, 254 n.

Bosch, Juan, 133

Brasil, 18, 37, 178, 204, 216, 241, 295, 297, 298, 329

Brezhnev, Leonid, 281, 282, 294

Brunet, palacio, *sección de fotos*

Bubenik, Jan, 309

bucaneros, 38-41

Burgos, Código de, 22

Buró Político, 195-97, 210, 251-52, 286, 291, 304

Buró del Caribe (Internacional Comunista), 106

Buró de Agricultura (estado de Indiana), 318

Bush, George H.W., 295, 296

Bush, George W., 311, 312, 318, 319, 320, 321, 322, 330, 331 ·

burocratismo, 206

CAME (alianza económica del bloque soviético), 184, 232, 233, 281, 282, 286

CARICOM (Comunidad del Caribe), 241, 329

CIA estadounidense, 171, 286, 333

CNN, cadena estadounidense, 303

CNOOC, empresa china, 328

cabildos, 25-27

Cabrisas, Ricardo, 327-28

Carta Democrática Interamericana, 328

Catedral de La Habana, *sección de fotos*

Caffrey, Jefferson, 116

Camacho, Julio, 195 n.

Camaján, El, 317

Camagüey, provincia, 196 n.

Cámara de Diputados cubana, 86

Cámara de Representantes (Cuba), 71, 132, 145

Cámara de Representantes (Estados Unidos), 169, 300, 310, 320, 325, 329

Canadá, 221, 246, 257, 295, 296, 302, 303, 325

Canadian Visa Gold Exploration, 306

capitalismo, 80, 164, 241, 251, 313, 315

Capitolio Nacional, *sección de fotos*

Caracas, 78, 250, 331, 332

Carbó, Sergio, 106, 276

Cargill, 310

Caribe, el, 325, 329,

Caribe, Asociación de Estados del, 241, 331

Caribe, Estados Unidos como poder dominante en el, 83, 172

Caribe, exploración del, 19

Caribe, hegemonía española en el, 14, 34-41, 43, 48

Caribe, islas del, 9, 41, 49, 227, 231

Caribe, poblaciones negras del, 33

Caribe, la política de Castro en el, 168, 205, 228, 232, 241

Caribe, poderío antiespañol en el, 37-41, 43, 49

Caribe, política soviética en el, 177, 205, 232

Caribe, producción azucarera del, 33, 48, 228

Caribe inglés, 51, 62 n.

Carlos, Orlando, 254 n.

Carlos II de Inglaterra, 40

Carlos III, 28

Cartagena, Colombia, reunión cumbre en, 298

Cartagena, Cuba, 36, 37

Cartel de Medellín, 294, 326

Carter, Jimmy, 282, 284, 312

Carter, Rosalynn, 312

Casa de Contratación de Sevilla, 23, 27, 29

Casas, el Padre Bartolomé de las, 12, 20, 21

Casas, Don Luis de las, 55

Cason, James, 330

Castiello, José, 121

castrismo, 179,

Castro, el padre Alberto de, 131

Castro, Alejandro de, 64

Castro, Fidel, *sección de fotos,* 105, 125 n., 131-35, 145-48, 152-59, 161-91, 193-96, 199-202, 204-6, 208-13, 215, 217-227, 229-38, 240-53, 255-71, 276-88, 290-313, 315, 317-21, 323-34

Castro, Manolo, 128

Castro, Raúl, 147, 153, 164, 169, 183, 191, 195-96, 199-200, 206, 218, 225, 233, 236, 247, 249-53, 255-56, 262-65, 284, 286, 297, 304, 305, 325, 326, 334

Cauto, río, 10

Cayo Confites, expedición de, 133, 276

Central de Trabajadores de Cuba, 281, 290

Centro Cubano para Estudios Poblacionales, 318

Centro Cultural Español, 317

Centro para Ingeniería Genética y Biotecnología (CIGB), 313

Céspedes, Carlos Manuel de, presidente provisional, 109-10, 114, 276

Céspedes, Carlos Manuel de, revolucionario, 69-73

Ciego de Ávila, provincia, 196 n.

Cienfuegos, base soviética, 280

Cienfuegos, provincia, 196 n., 304, 330

Cienfuegos, puerto, 10, 125

Cienfuegos, Camilo, 277

Cienfuegos, Osmani, 195 n.

cimarrones, 32-33

50 porciento, Ley del, 113

cítricos, 266

Ciudad de La Habana, provincia,   196 n.

clandestinidad, la, 52, 69-70, 78, 106, 119, 142, 144, 152-53, 157-58, 171, 276

clases sociales, 79

Clay, Henry, 51

Clinton, William J. (Bill), 243-46, 298, 299, 300, 301, 302, 303, 304, 305

Club de París, 308

Colás, Silvano, 254 n.

Coleman, Norm, 317

Colombia, 67, 134, 188-89, 241, 276, 284, 285, 294, 296, 298

Colón, Cristóbal, 9, 10, 12, 16-19, 273

Colón, Diego, 20

Comisión Conjunta Intergubernamental Cuba-Irán, 322

Comisión Cubana para los Derechos Humanos y la Reconciliación Nacional, 314

Comisión de Derechos Humanos de la ONU, 292, 305, 316, 317, 323, 324-25

Comisión de Energía Atómica (CEA), 286

Comisión Económica Conjunta Irán-Cuba, 328

Comisión Europea, 316

Comisión Interamericana de Derechos Humanos (CIDH), 316, 324

Comisión Intergubernamental, Cuba-Nicaragua, 284

Comisión Internacional de Comercio, 308

Comisión de Reclamos y Asentamientos, EE.UU., 331

Comisión de Reforma Universitaria, La Habana, 102

Comisión Universitaria, Universidad de La Habana, 97

Comité de Asuntos Exteriores del Parlamento Europeo, 324

Comités de Defensa de la Revolución (CDR), 196, 207-8, 217, 278

Comité Estatal de Cooperación Económica, 287

Comité Intergubernamental Corea del Norte-Cuba, 333

Comité Intergubernamental Vietnam-Cuba, 332

Comité Internacional para la Democracia

en Cuba, 332

Comité para la Protección de los Periodistas, 316, 334

Comité de Relaciones Exteriores, Cámara de Representantes de Estados Unidos, 288, 317-18

Compañía Marítima del Sur de Londres, 40

Compañía Real del Comercio, 45

Compañías petroleras, nacionalización de, 169

Comunidad del Caribe (CARICOM), 241, 329

comunismo, ideología del, 112, 119, 130, 179, 186, 199, 201, 208, 209-10, 213, 251-52, 300

comunismo internacional, 100, 127, 134, 166, 172, 173, 175, 177, 178, 183, 185-87, 195-96, 205, 213, 229, 232, 233-34, 235, 248, 252, 260-61, 279, 281, 282, 294, 316, 320

comunistas y el comunismo en Cuba, 98-100, 105-6, 108-9, 113-16, 121, 124-25, 127, 148, 156, 166, 170, 174, 177, 184, 191, 194-96, 200, 244, 258, 261, 269-70, 276, 278, 280, 299, 300, 329

Coard, 233

ConAgra, 310

Concilio Cubano, 257, 301

Confederación de Trabajadores de Cuba (CTC), 122, 142, 276

Confederación Nacional de Trabajadores, 115, 276

Consejo Cubano de Renovación Cívica, 96

Consejo Europeo, 324

Consejo de Ayuda Mutua Económica (CAME), 184

Consejo de Estado, 196, 282, 286

Consejo de Ministros, 196, 206, 217, 218

conservatismo, 63, 72, 74, 88, 101, 109, 115, 129, 165, 199, 209, 212, 220, 230, 260, 275

Constitución de Guáimaro, 274

Constitución de Jimaguayú, 274

Constitución socialista, 196, 240, 258, 282, 314

Constituyente, Asamblea (1901), 275

Constituyente, Asamblea (1940), 276

Constituyente, Asamblea (1975), 282

contrabando, 24, 28, 31, 35, 37, 38, 40, 41, 44, 74

Coordinación Azucarera, Ley de, 122

"Coordinador de la Transición en Cuba", 330-31

Copeyo Castillo, Lorenzo Enrique, 316

Córdoba, Movimiento Reformista de, 96, 97

Corea del Norte, 183, 223, 250, 291, 315, 319, 320, 333

corona española, la, 20-25, 27-29, 32, 34-36, 40, 44-45, 48-49, 55-56

Corriente Agramontista de Abogados Independientes, 304

Corriente Cívica Cubana, 304

Corte de Apelaciones de los EE.UU., 331, 332

Corte Federal estadounidense y la Fuerza Aérea cubana, 247

Corte Suprema de Estados Unidos, 307

Corte Suprema cubana, 196

Cortés, Hernán, 20, 29

Costa Rica, 228, 286, 325

Cotonou, acuerdo de, 316

Country Club de La Habana, 107

Cozumel, México, reunión en, 296

criollos, 26, 31, 48, 54-56, 58-60, 63, 65-66, 68-69, 75-76

cristianización, 21

Crisis de los misiles, 175-77, 204, 278, 289, 294, 297

Crocker, Chester A., 286

Cromwell, Oliver, 37

Crowder, Enoch, 95, 98, 275

cubano, modelo, 173, 186

cubano-americanos, 245-47, 249, 265, 270, 291, 297, 298, 300, 302, 307, 317, 320, 329

Cuban Policy Foundation, 316

Cubapetróleo, 323

Cumbre de Desarrollo, 312
Cumbre Iberoamericana, 298, 302, 306, 309, 318, 332
Curso Básico, 254

Charleston, 39
Charley, huracán, 322
Chávez, Hugo, 241-42, 249, 308, 318, 323, 329, 330
Che (Ver Guevara, Ernesto)
Checoslovaquia (Ver también República Checa), 182, 280, 295
Chernenko, Constantín, 233, 291
Chibás, Eduardo, 114, 123, 126, 130-32, 135-36, 138, 145, 147, 152, 167, 276
Chicago Tribune, 307
Chile, 186, 241, 302
China, comunista ("República Popular"), 174, 177-78, 183, 220, 228, 238-40, 249-50, 260-61, 279, 290, 301, 315, 322, 323, 334
chino, modelo, 239, 250
chinos en Cuba, 61, 69, 93
Chiquita, Guerra, 74, 274
Choi Su-hon, 319
Chrétien, Jean, 302
Christopher, Warren, 244, 299

Dallas Morning News, 307
Damas de Blanco, las, 333
Davis, Jim, 329
Declaraciones de La Habana, 278
Declaración de Panamá, 331
dengue, fiebre del, 286
Dennis, huracán, 330
Departamento de Comercio, EE.UU., 321
Departamento de Defensa, EE.UU., 330
Departamento de Estado, EE.UU., 176, 285, 286, 290, 307, 313, 319-21, 330-32
Departamento de Inmigración, EE.UU., 289
Departamento de Justicia, EE.UU., 287, 289
Departamento del Tesoro, EE.UU., 309,

321, 323
Departamento de Trabajo cubano, 113
derechos humanos, 223, 242, 244, 257, 265, 286, 289, 292-94, 301, 303, 305-7, 311, 312, 314, 316, 317, 319, 323-25, 326, 329-30, 332-34
Derechos Humanos en el Mundo, Reporte Anual (2004), 326
desempleo, 140, 141, 148, 163, 180, 192, 216, 236
deuda externa, 112, 180, 192, 216, 226, 227, 231, 240, 266, 281, 288-91, 296, 298, 306, 308
"diálogo cívico, El", 149
Diario de la Marina, 63
Díaz-Balart, Mario, 325
Díaz Balart, Mirta, 135
Díaz-Balart, Rafael, 153,
Díaz Betancourt, Eduardo, 296
Díaz Mirón, Salvador, 98
Diez Años, Guerra de los, 62, 73, 76, 77, 274
Dimitrov, Phillip, 317
Directorio de la Federación de Estudiantes, 97
Directorio Estudiantil Universitario, 102-3, 105-6, 110-12, 114-15, 119, 125, 127, 275
Directorio Revolucionario, 152, 154, 156-58, 193, 277
disidencia, 105, 246, 251, 256-57, 290, 293-94, 301, 304-7, 309, 314-19, 323-27, 330
dólar norteamericano, 236, 237, 242, 245, 249, 267, 301, 321, 324
Dominicana, República, 99, 133, 161, 169, 228, 277, 284, 304
Dorticós Torrado, Osvaldo, sección de fotos, 162, 191, 195 n., 277, 289
Dos Santos, José Eduardo, 284
Drake, Francis, 37
drogas, comercio de, 225, 288, 294, 305, 306, 326
Dubcek, grupo de, 182

Dulce, Domingo, 61, 68

edad de oro, La, 78
Echeverría, José A., 150, 152-53, 155-57, 277
Ecuador, 285, 320
educación, 31, 55-57, 69, 79, 86, 93, 97-99, 100, 104, 120, 122, 141, 144, 151, 163, 191, 199, 210-15, 248, 251, 257, 278, 300, 333
Egipto, 220
Eisenhower, Dwight D., 168
Eje Berlín-Roma-Tokio, 124, 276
Ejército Rebelde, 200, 253
El Nuevo Herald, 318
El Salvador, 188, 205, 228, 230, 283-85, 308
embargo económico de EE.UU., 222, 224, 240, 245, 264, 278, 289, 292, 296, 297, 300, 302-4, 307, 318, 321, 324, 333
emigración, 243, 263, 269-70, 319
encomiendas, 21-22, 27
Encuentro Mundial de Información y Sociedad, 333
Enders, Thomas O., 288
Enmienda Platt (*Ver* Platt)
Eritrea, 334
Escalante, Aníbal, 174, 280
Escobar, Pablo, 326
Escalera, La, 274
Escambray, Sierra del, *sección de fotos*
esclavitud, 14, 21, 30-33, 35, 38, 40-41, 46-57, 59-64, 67-68, 70-72, 74-76, 273, 274
escolasticismo, 57
Escortín, Ricardo, 285
Escuela (Superior) de Guerra, 145, 254
Eslovaquia, 320, 322
Espada, obispo Díaz de, 55-58
España y su influencia, 9, 11-41, 43-49, 51-78, 81-84, 86, 89-90, 92-93, 99, 102, 109, 112, 114, 116, 118, 126-7, 131, 149-50, 195, 238, 260, 270, 273-75, 291, 295, 297-98, 303, 306, 316-17,

322, 327, 332-33
España republicana, 112
Española, La, 11, 12, 17, 18, 19-20, 29, 39, 40
Espín, Vilma, 164
espionaje, 288, 305-6, 310-12, 314, 317, 331
espionaje, actividades españolas de, 75
espionaje, red china de, 250
Estados Unidos y su influencia, 47-48, 50-53, 55, 57, 58, 59-61, 66-68, 71, 73, 75-77, 78-80, 82-97, 100, 102, 106-12, 114-18, 121, 124-25, 127, 131, 133-34, 140-41, 143, 148, 153, 155-56, 159, 163-64, 166-74, 176-78, 182, 184-88, 195, 198, 204-6, 210-12, 215, 217-28, 230-31, 233-34, 236-37, 241-47, 249-50, 257, 259-60, 263-67, 270-71, 274-78, 280-326, 328-34
Estenoz, Evaristo, 92
Estrada Palma, Tomás, 87, 90, 101, 275
Estudiantes Cubanos, Primer Congreso de, 98
estudiantiles, movimientos, 97-101, 105, 112, 113, 120, 145, 151-53, 280
Etiopía, 334
Etiopía, intervención cubana en, 187, 188, 202, 222, 282-83, 285
Euro, 306
Europa del Este/Europa oriental, 165, 174, 183, 184, 202-4, 221, 222, 225, 235, 248, 255, 259-61, 267, 271, 294
Europa occidental, 221, 257

Falange Española, 131
Familiar, vida, 165, 237, 239, 247, 270, 287, 293, 298, 302, 307, 309, 318, 320, 321, 329
fascismo, ideología del, 112, 119, 130, 131-32, 167
Federación de Mujeres Cubanas, 164, 196, 217
Federación de Trabajadores de La Habana, 96

Federación Anticlerical, 98
Federación Estudiantil Universitaria
    (FEU), 98, 102, 128, 144
Federación Internacional de Periodistas,
    327
Felipe II, 36
Felipe, Jesús Mustafá, 315
Fernández Cívico, Eladio J., 254 n.
Fernández. José Ramón, 313
Fernández, Marcelo, 217
Fernández Revuelta, Alina, 298, 305
Fernando VII, 57, 274
Ferrara, Orestes, 126
ferrocarril, introducción del, 50, 274
Festival Mundial de la Juventud, 283, 331
Filipinas, 83
Fillmore, Millard, 52
Flamingo, patrullero bahamense, 284
Florida, 9, 11, 36, 37, 43, 83, 215, 243, 263,
    285, 288, 298, 299, 306, 308, 310, 316,
    326, 329
Forbes, revista americana, 324
Ford, Gerald, 281,
Fox, Vicente, 242, 311, 312, 314
Foxtrot, submarino soviético, 288
Francia, 14, 28, 33, 35-41, 43, 48, 55, 57,
    67, 77, 179, 238, 273, 316, 322
Francis, Humberto Omar, 254 n.
Franco, Francisco, 131, 260
Frente de Liberación Nacional de Vietnam
    (Vietcong), 280
Frente Polisario para la Liberación del
    Sahara Occidental, 187
Frente Sandinista de Liberación Nacional
    (FSLN—Ver también sandinistas),
    188, 283
Frías, Francisco, conde de Pozos Dulces,
    63
Fuentes, Justo, 128
Fuerza Aérea Cubana, 247, 254, 301
Fuerza Aérea de Estados Unidos, 317
Fuerzas Armadas, 101, 108, 110, 117, 142,
    145, 158-59, 162, 191, 194, 200-04,
    206-7, 212, 217, 218, 231, 236, 247,

252-53, 255-56, 261-62, 264, 268, 277,
    292, 300, 310, 315, 334
Fujimori, Alberto, 303
Fundación de los Derechos Humanos en
    Cuba (FDHC), 333
Fundación Nacional Cubano-Americana
    (FNCA), 297, 304, 305

Gaitán, Jorge Eliecer, 133-34
ganadería, industria ganadera, 28, 44-45,
    48, 140, 193, 273
García, Calixto, 74
García, Guillermo, 195 n.
García Bárcena, Rafael, 145
Gargano, Reinaldo, 323
generación de 1930, 111, 113, 118, 119,
    122-23, 127, 129-30, 152
George, huracán, 305
glasnot, 225, 232, 233
Goicuría, cuartel, 152, 277
Gomez, José Miguel, 90-92, 101-2, 275
Gómez, Juan Gualberto, 86, 92-93
Gómez, Máximo, 71-73, 78, 81-82, 143
Gómez, Miguel Mariano, 122, 123, 276
Gómez Manzano, René, 304, 305, 307
Goncz, Arpad, 317
"gongos", 257
González, Elián, 306, 307
González, Fernando, 310
González, Oscar Mario, 330
González, René, 310
González Prada, Universidad Popular, 98
Gorbachov, Mijaíl, 225, 232-34, 293, 294,
    296
Granada, 230, 233, 262, 284, 313-14
Granma, expedición, 153-54, 277
Granma, diario oficial, 209-10, 283, 310,
    315, 317
Granma, provincia, 196 n., 330
Grant, Ulysses, 75
Grau San Martín, Ramón, sección de fotos,
    105, 111, 113-19, 123-24, 126-27, 129,
    133, 139, 140, 144, 152, 276
Greinstein, Jaime, 121
Grito de Baire, El, 150, 274

Grito de Yara, 70, 71, 274

Grupo de los 77 (G-77), 306, 309

"Grupo de Trabajo de la Disidencia Interna", 305

Grupo de Trabajo Decoro, 330

Guahaní (Bahamas), 17

guanahatabeyes, 11, 14

Guantánamo, bahía, 10

Guantánamo, base naval, 243, 263, 275, 299, 300, 301, 311

Guantánamo, ciudad, 151

Guantánamo, provincia, 73, 196 n.,

guardacostas cubanos, incidente del 1994, 298

guardacostas, servicio de, estadounidense, *sección de fotos*, 243, 246, 321

Guatemala, 77, 166, 172, 188, 200, 205, 220, 228, 325

Guatemala, 77

Guerra de los Diez Años, 77, 274

guerra entre Francia y la Liga de Asburgo, 40

"guerra de guerrillas", 71, 154, 157, 158, 185, 188, 200, 219, 279

guerras entre Holanda y España, 37, 40

guerras de Independencia, 26, 46, 50, 59, 66, 68-84, 86, 92, 96, 98, 104, 106, 149, 150, 253, 274, 212

guerras de independencia latinoamericanas, 50

Guerra de intervención norteamericana, 51, 52

Guerra de las Malvinas, 220

Guerra de la oreja de Jenkins, 41

guerras de la Revolución Francesa, 48, 55

Guerra de los siete años, 43

Guerra de la Sucesión Española, 40

Guerra del Yom Kippur, 187

Guerra de Vietnam, 182, 187, 254, 280

guerra biólogica, 312, 331

Guerra Civil Española, 127

Guerra Civil Norteamericana, 60, 61

Guerra Chiquita, 274

guerra electrónica, 204, 305, 310, 315

Guerra Fría, 167, 285

Guerra hispano-cubano-americana, 53, 66, 83-84, 274

Guerra Mundial, Primera, 108, 275

Guerra Mundial, Segunda, 124, 126, 127, 138, 276

guerra nuclear, 175-76, 314

Guerrero, Antonio, 310

guerrilleros, movimientos, 178, 182, 185

Guerrita de Agosto, 90, 275

Guevara, Alfredo, 134

Guevara, Ernesto Che, *sección de fotos*, 153, 165, 166, 169, 179, 182, 187, 209, 214, 279, 280

Guinea Ecuatorial, 320

Guiteras, Antonio, 115, 119, 121, 127

Guyana, 320

Habana, La, bahía, puerto, 10, 23, 33, 35, 36, 37, 83, 91

Habana, La, centro comercial, 43-45, 47, 48, 55-56, 94

Habana, La, provincia, 10, 44, 82, 196 n.

Habana, La, sede del gobierno, 24, 36, 85, 91

Habana, La, villa, 21

Habana, La, en guerra, 33, 35, 43, 47, 109, 115, 128, 150-51, 155

Habanero, El, 57

Haig, Alexander, 285, 287

Haití, 17, 40, 48, 51, 72, 169

Hart, Armando, 195 n., 210

Harvard, universidad de, 106

Hatuey, 15, 20

Havel, Vaclav, 309, 314, 317, 332

Hawkins, John, 35, 37

Hawley-Smoot, Ley de, 275

Haya de la Torre, Víctor Raúl, 98

Heber Biotec S.A., 314

Helms, Jesse, 310

Helms-Burton, Ley de, 246, 301, 303, 304, 305

Heritage Foundation, 312

Hermanos al Rescate, 246, 301, 310

Hernández, Gerardo, 310, 311

Hernández, Kaheimi, 311

Hevia, Carlos, 106, 116, 276
Heyn, Piet, 36, 273
hija de Fidel Castro, La: Memorias de una exiliada cubana, 305
hispanidad, 131
Historia de las Indias, 21
historia me absolverá, La, 147
Holanda, 14, 37, 39, 40
Holguín, provincia, 196 n.
"hombre nuevo", 181, 208, 210-12, 224, 248
homo faber, 211
homo poeta, 211
Honduras, 304, 325
"Honesto, Gabinete", 95
huelgas, 106, 108, 116, 120-21, 125, 150, 157, 276, 277
Human Rights, 303
Human Rights Watch, 314
Hussein, Saddam, 312, 313

ICC (Iniciativa de la Cuenca del Caribe), 265, 266
identidad nacional, 15, 33, 59, 68, 99, 167, 212
ideología, 99, 109, 112, 119, 130-32, 167, 179, 191, 199, 210-11, 223, 230, 251, 255
iglesia, 31, 38, 57, 86, 159, 165, 208, 256-57, 292, 299, 317
iglesia Riverside, 307-8
Imperatori, José, 306
independencia, movimientos cubanos de, 58, 65, 67, 69, 76, 78, 212
independencia, movimiento dominicano de, 65, 99
"indeseables", 102, 281, 290
Indiana, estado de, 318
indígenos, 10-15, 20-23, 26-28, 30-32, 59, 88, 273
indios, 17, 19, 20-22
industria, 44, 47, 55, 62 n., 79, 86, 113, 116, 124, 163, 165, 180, 189, 192, 194, 197, 199, 216, 236, 254, 268, 279, 280, 297

Infante, Joaquín, 66, 274
Inglaterra y su influencia, 14, 35-41, 43, 47-49, 51, 55, 59-60, 62 n., 67, 76, 97, 241, 273-74
inmigrantes en Cuba, 30, 44, 63, 90, 93-94, 141
inmigrantes cubanos en EE.UU., 270, 289, 292, 299, 310, 328, 332
Institut Pasteur, Túnez, 313
Instituto de Segunda Enseñanza, 77
Instituto Cívico Militar, 122
Instituto Cubano de Amistad con los Pueblos (ICAP), 284
Instituto Cubano de Economistas Independientes, 304
Instituto Democrático Nacional, Washington, 314
Instituto Nacional de la Reforma Agraria (INRA—*Ver* reforma agraria)
Insulza, José Miguel, 328
Intendencia, la, 24, 274
intelligentsia, 212, 213
Internacional Comunista, 99
Internacional Comunista, Buró del Caribe, 106
Internacional Socialista, 316
internacionalismo, 198, 205, 225-26, 229-30, 253, 283
Internet, 333
inversión, época colonial, 26, 33, 47
inversión extranjera, época de Castro, 216, 236-40, 245, 246, 249, 265-67, 271, 287, 296, 298, 300, 301, 303, 313, 322
inversión norteamericana, 50, 76, 82-83, 107, 140, 141, 168
Irak, 187, 312, 313, 314, 315
Irán, República Islámica de, 223, 250, 291, 302, 309-15, 322, 327, 328
iraníes, emisoras, 315
Isabel de España, 16,
Isabel de Inglaterra, 35
Isabela, 18
Ismaelillo, 78
Israel (*Ver también* Medio Oriente), 187,

308, 333

Iván, hurcán, 322

Jackson, el reverendo Jesse, 290

Jamaica, 12, 18, 19, 38, 39, 60, 74, 233, 283, 286

Japón, 221, 303, 315, 325

Jia Qinglin, 326

Joven Cuba, 119, 121, 127, 132, 147

Juan Pablo II, El Papa, 302, 305

judíos, 16, 93, 293

juego de batos, 12

Juegos Centroamericanos y del Caribe, 298

Juegos Panamericanos, 300, 306

Junta Central de Planificación (JUCE-PLAN), 165, 278, 283

Junta de Fomento, 55

Junta de Información, 63, 64, 274

Junta Revolucionaria de Cuba, 70

junta revolucionaria antimachadista, 106

Juraguá, planta electro-nuclear, 304, 309

Juventud, 98

Juventud Socialista, 251

Kay, David, 315

Kennedy, John F., 171, 174-76

Kim Yong-chun, 319

Kim Zong Il, 319

Koizumi, Junichiro, 315

Kissinger, Henry, 282

Krushchov, Nikita, *sección de fotos*, 171, 173, 175-76, 178

Kvashnin, Anatoly, 304

Labañino, Ramón, 310

Laos, 325

Laredo Bru, Federico, 122, 123, 276

Las Tunas, provincia, 196 n.

Las Villas, provincia, 10, 11 n., 73, 82, 107, 196 n., 277

latifundismo, 33, 44, 53, 107

Latinoamérica, naciones latinoamericanas, 50, 131, 133, 173, 185, 225, 231, 242-44, 270, 279, 281, 295, 298, 300, 305,

316, 323, 324, 325, 327, 329, 330

Lavín, Pablo, 93

Lee, Barbara, 329

Legró, José, 254 n.

Lemus, José Francisco, 67

Lersundi, Francisco, 64, 68

Ley de Reforma Agraria (*Ver* reforma agraria)

Liberación Cristiana, Movimiento de, 315

Liberal, Partido (*Ver* Partido Liberal)

liberalismo, 45, 57, 58, 79, 88

liberación nacional, movimientos de, 179, 187, 218, 230, 231, 234, 282, 283

Liberia, 314

Libertad Religiosa Internacional, Reporte Anual sobre la, 321

Libia, 187, 223, 287, 291, 302

Lieberman, Joseph, 310

Liga Antiimperialista, 98, 115

Lili, huracán, 302

Lincoln, Abraham, 53

literatura, cubana, 77, 142-43, 213

Lodge, Henry Cabot, 83

Londres, Tratado de, 37

López Miera, Alvaro, 254 n.

López, Narciso, 52, 69, 274

López Garnica, Rosa, 327

López Miera, Álvaro, 254 n.

López Portillo, José, 285

Lourdes, estación soviética-rusa en, 204, 305, 310

lucha de clases, 98, 106

lucha de clases, 99

Luis XIV, 40

Lula da Silva, Luiz Inácio, 332

Luz y Caballero, José de la, 56, 59

Lyon, Tratado de, 35

Llorente, el padre Amando, 131

M-19, 284

MERCOSUR ("Mercado Común del Sur"), 329

MRTA (Movimiento Revolucionario Tupac Amaru), 303

MSR (Movimiento Socialista

Revolucionario), 127-28, 133-34

Maceo, Antonio, 72, 74, 78, 81-82, 143, 274

Machado, Gerardo, *sección de fotos,* 99, 101-110, 112-13, 118-20, 125-26, 148, 154, 275-76

Machado, José Ramón, 195 n.

Macharka, Mohamed Zouheir, 313

Macheteros, 186-87

Madrid, Tratado de, 40

Magoon, Charles, 91

Mahan, Alfred, 83

Maine, 83, 274,

Malasia, 314-15, 325

Mao Zedong, 177, 220, 260-61

Mariel, el, 316

Mariel, éxodo del, *sección de fotos,* 206, 223, 284-85, 288-90, 298-99

Marinello, Juan, 124-25, 156

Martí, José, *sección de fotos,* 77-82, 87, 112, 119, 132, 136, 143, 147, 150, 152, 161, 167, 195, 211, 250, 274

Martí, Radio, 287, 289, 291-93, 295, 305, 320

Martí, TV, 317, 320

Martí, Universidad Popular José, 98

Martínez Campos, Arsenio, 74, 82

Martínez Isaac, Jorge Luis, 316

Martínez Valdés, Jorge, 326

Martínez Villena, Rubén, 105

marxismo-leninismo en Cuba, 98, 105, 125, 130, 148, 167-68, 173, 187, 195, 198-99, 211, 230, 234, 247, 278

marxismo internacional, 131, 179, 187, 188, 219, 231, 282

marxismo-leninismo, educación en el, 199, 213

Mas Canosa, Jorge, 305

Masas, formación de las, 213-14, 217

masas, movimientos de, 134-35, 148-49, 156, 185, 196, 207, 210, 222, 269

Masferrer, Rolando, 127, 133

Matanzas, provincia, 10, 52, 121, 152, 196 n., 281

Matos, Huber, 277

máximo líder, 194, 217

McCarry, Caleb, 330-31

medicina, 94

medicinas, 298, 305, 308

Medio Oriente, política de Castro en, 187, 229-30, 249, 254, 310

Mejías, Gustavo, 128

Mella, Julio Antonio, 97-99, 103, 114

Mendieta, Carlos, 106, 116-17, 119-22, 276

Menéndez de Avilés, Pedro, 35

Menocal, Mario García, 106, 123, 275

menocalistas, 121

Menoyo, Eloy Gutiérrez, 317

mercado negro, 216, 237, 267, 270, 301

Mexicano, Partido Comunista, 98

México, 15, 27, 30, 37, 51-52, 58, 60, 67, 77, 88, 96, 98-99, 112, 119, 112, 122, 137, 153, 172, 216, 238-39, 241-42, 261, 285-86, 296, 302, 308, 311-12, 314, 320, 325

México, conquista de, 14, 15, 20, 23, 29-30

México, Golfo de, 9

Meyer, Robin, 302

"microfracción", 280

Micronesia, 333

Michnik, Adam, 317

MiG, bombardero soviético, 203, 246, 284, 288, 301, 311

Mikoyan, Anastas, 169

Milián, Arnaldo, 195, 195 n.

Milián, Roberto, 254 n.

Milicias de Tropas Territoriales (MTT), 284, 285

milicias, 200, 204-5, 290

Miret, Pedro, 195 n.

Miró Cardona, José, 162

Misión Diplómatico de Estados Unidos, 334

Misiles, Crisis de los, 175-76, 204, 278, 293-94, 314

modernista, movimiento, en poesía, 78

Moin, Mustafa, 311

Mokadden, Youssef, 313

Moncada, ataque de Castro al, 132, 145-

48, 153, 226, 277

Monroe, Doctrina, 67, 274

Montana, estado de, 317

Montecristi, conspiración, 152, 277

Montero, Roberto, 315

Montes, Ana Belén, 310, 312, 314

Morales, Francisco de, 20

Morales Lemus, José, 63

Morgan, Henry, 38

Morgan, J.P., firma, 95

moros, 16, 22, 28

Morúa Delgado, Martín, 92

Movimiento de Liberación Cristiana, 315

Movimiento de Reforma de Córdoba, Argentina, 96, 97

Movimiento Cubano por la Paz y la Soberanía de los Pueblos, 283

Movimiento Popular para la Liberación de Angola (MPLA), 187, 231, 282

Movimiento Nacional Revolucionario, 145

Mujal, Eusebio, 142

mujeres, 13, 96, 125, 164-65, 194, 204, 208, 290, 291

municipal, gobierno, 26, 63, 87, 91, 162, 196-97, 208, 286

Nacional, Hotel, *sección de fotos;* batalla del, 115, 116

nacionalismo, 59-60, 90, 94-96, 100, 113, 115, 119, 130-31, 139, 143, 167, 174, 195, 198, 211-12, 224, 253, 263

nacionalización, 107, 113, 125, 163

Nacionalización del Trabajo, Decreto de, 113

Naciones Unidas, Organización de (ONU), 176, 281, 288, 292-93, 297, 300, 302, 304-5, 307-8, 312, 316-17, 323-25, 332-33

Namibia, 231, 290

Napoleón, 274

Narváez, Pánfilo de, 20, 30

Narváez y Campos, Ramón María, 64

Navidad, La, 17, 256

negra, república, 72-73

negros, 14, 28, 30-33, 46, 51, 53, 56, 62,

69, 71-73, 86, 88, 89, 90, 92, 108, 146, 186, 254, 269-70, 273, 274, 316

Neto, Agostinho, 187

New Deal ("Nuevo Trato"), política del, 112

Nguyen Dy Nien, 333

Nicaragua, 188, 198, 202, 205, 219-20, 222, 230, 233, 261, 267-68, 271, 283-84, 286, 291, 308

Niña, 17

Nipe, bahía, 10

níquel, 140, 228, 265-66

Nixon, Richard, 168, 182

No Gubernamentales, Organizaciones (ONGs), 257

Noriega, Roger, 330

Norsk Hydro, 328

Nouri, Mohammad, 313

Novedades de Moscú, 294

nuclear, potencia, 282, 284, 291, 304, 309

nucleares, armas, 175-77, 293-94, 314

Nueva York, 57, 74, 78, 106, 245, 286, 288, 290, 293, 307, 317, 334

Nuevo Mundo, Código del, 22

OPEP (Organización de Países Exportadores de Petróleo), 192

obras públicas, 91, 95, 101, 122, 124, 140

obreros, movimientos, 113, 118, 120-21, 142, 269

Ocampo, Sebastián de, 19, 273

ocupación inglesa, 47-48

ocupación norteamericana, 84-87, 89, 263

Ochoa Sánchez, Arnaldo, 225, 262, 294, 326

oficiales reales, 23

Ohlsson, Birgitta, 327

Ojeda, Alonso de, 19

Orange, Guillermo III de, 40

oreja de Jenkins, Guerra de la, 41

Organización de Estados Americanos (OEA), 172, 278, 281, 302, 316, 324, 328, 331

Organización Continental de Estudiantes de América Latina (OCLAE), 185

Organización Internacional de Energía
Atómica, 332
Organización Latinoamericana de
Solidaridad (OLAS), 279
Organización para la Liberación de
Palestina (OLP), 187
Organización Mundial del Comercio
(OMC), 327-28
Organizaciones Revolucionarias
Integradas (ORI), 173, 174, 193, 278
Órganos del Poder Popular, 196, 197
Oriente, provincia, 10, 18, 20, 38, 69-73,
86, 92, 106, 145, 153-54, 156-57, 196
n., 275, 277
oro, 17, 18, 27, 29, 32, 35, 36
Ortega Alamino, Cardenal Jaime, 299
Ortega y Gasset, José, 112
ortodoxos, 130, 132, 138, 142-47, 152
Ospina Pérez, Mariano, 134
Ostend, Manifiesto de, 51, 274
Ovando, Nicolás de, 19-20
Ovares, Enrique, 133-34

PSP (Ver también Partido Comunista
Cubano), 125, 148, 156, 162, 166,
173-74, 183, 193, 251-52, 276, 278
País, Centro Científico Frank, 311
País, Frank, 157
Países Bajos, 39-40
Países No Alineados, movimiento de, 181,
218, 229, 303, 333
Palau, 333
Palestina, 187, 333
Panteras Negras, 186
Papel Periódico de La Habana, 55
Pardo-Maurer, Roger, 330
París, Tratado de (1763), 43
París,Tratado de (1898), 84-85, 275
Parlamento Europeo, 316, 324, 326, 330
Parmly, Michael, 330, 334
Partido del Pueblo Cubano (Ver también
ortodoxos), 130, 132, 276
Partido de los Trabajadores (Brasil), 332
Partido Comunista de la Unión Soviética,
281

Partido Comunista de Cuba (castrista),
166, 183, 188, 190, 193, 201, 209, 212,
250, 251-52, 257, 282, 283, 285, 291,
294, 295, 296, 298, 300, 301, 304, 313
Partido Comunista Cubano (PCC—Ver
también Partido Socialista Popular),
98-99, 105, 108, 124-25, 130, 275
Partida Comunista Chino, 334
Partida Comunista Mexicano, 98, 99
Partido Incondicional Español, 63
Partido Liberal, 92-93, 102, 106, 127, 275
Partido Liberal (Colombia), 133
Partido Liberal (Suecia), 327
Partido Liberal Autonomista, 76
Partido Nacionalista Catalán, 327
Partido Popular, 102
Partido Reformista, 62
Partido Revolucionario Cubano (Ver tam-
bién auténticos), 78, 87, 119
Partido Socialista Popular (Ver también
Partido Comunista Cubano), 125,
148, 156, 162, 166, 173-74, 183, 193,
251-52, 276, 278
Partido Revolucionario Institucional
(PRI), 261
Partido Unido de la Revolución Socialista
(PURS), 193, 279
Partidos Comunistas, Reunión Consultiva
de, 279
Partidos Comunistas de América Latina,
279
Partido Social Demócrata, 304
"Patria es de todos, La", 304
patronato real, 31
Payá, Oswaldo, 312, 314, 315, 318, 324
Pentarquía, 110-11
perestroika, 225, 232-33
Pérez Roque, Felipe, 313, 324, 331
Pérez, Humberto, 283, 286
Pérez, José Miguel, 99
"Período Especial", 295
Perón, Juan Domingo, 133-34
Perú, 14, 20, 303, 320
Perú, incidente de la embajada de, 284
pescado, 265, 266

peso, evaluación del, 240, 267, 281, 301, 324

Petrocaribe, 329

petróleo, 168-69, 178, 192, 216, 235, 241-42, 297, 323, 325, 327, 329-30, 332-33

Petróleos de Venezuela, 325

Pico Turquino, 10

Pilip, Ivan, 309

Pinar del Río, provincia, *sección de fotos*, 10, 44, 52, 82, 106, 196 n., 276

Pino Díaz, Rafael del, 292

Pinta, 17

piratería, 34-36, 38, 43

Pizarro, Francisco, 20

planes quinquenales, 184, 195, 282

Platt, Orville H., 84

Platt, Enmienda, 84-86, 89-91, 94-95, 108, 112-113, 275-76

Poder Popular, órganos y asambleas del, 196-97, 281, 283, 286, 307, 314, 318

poetas, poesía, 59, 68, 77-78, 98, 105, 211, 290

Poettering, Hans-Gert, 330

políticas, teorías, 130, 179, 232, 281

política exterior de Castro, 182, 193, 198, 202-3, 205, 216, 218-20, 223, 225, 229-30, 240-42, 249-50, 281-82, 290, 306, 313, 315, 319, 323-24, 327-28, 331

Polonia, 320, 327

Portugal, 16-18, 35, 297

Posada Carriles, Luis, 309, 326, 332

"presencia social de la Iglesia, La", 317

Prim, Don Juan, 69

Primo de Rivera, José A., 131

Prío Socarrás, Carlos, *sección de fotos*, 123, 127, 135-40, 152, 154, 276

prisioneros cubanos en Estados Unidos, 292, 298

prisioneros políticos, 107, 283, 289-90, 292, 330, 333

privado, sector, 80, 121, 139, 163, 208, 240-41, 265, 280, 297-98, 329

Prohibición de Armas Nucleares, Tratado de, 279

Programa de Reclamaciones Cubanas, EE.UU., 331

Programa Cubano Especial de Migración, 328

Programa Mundial de Alimentos, 305

Proyecto Varela (*Ver* Varela)

Puerto Príncipe, villa, 21

Puerto Rico, 12, 69, 83, 298

Puerto Rico y política exterior cubana, 186, 283-84

"Puente Familiar" (Radio Martí), 293

Putin, Vladimir, 309-10

raciales, relaciones, 32, 33, 91-92, 125, 209, 249, 269, 275, 315

racionamiento de alimentos, 166

Radio Martí (*Ver* Martí)

Ramírez, Alejandro, 49

Ramírez de Estenoz, Fernando, 308

Ramírez, José, 286-87

Ramírez, Rafael, 325

Rayos y Soles de Bolívar, 66-67, 274

Reagan, Ronald, 198, 205, 287, 289, 291-93, 320

Reciprocidad Comercial, Tratado de, 88

reforma agraria, 113, 125, 163, 168

Reforma Agraria, Instituto Nacional de la, 163

Reforma Agraria, Ley de, 163, 168, 277

Reforma Agraria, Segunda Ley de, 278

reforma universitaria, movimiento de, 98, 101-2, 113

Reformas Borbónicas, 54

reformismo, 129, 131, 143

reformistas, movimientos, 65

refugiados cubanos, 205-6, 223, 243, 284, 290, 299-301, 306

regidores, 25-26

Registro Federal, 320

Regla, planta energética de, 286

Regla, secuestro del ferry de, 316

religión, 33, 90, 146, 196

religiosa, educación, 257

remesas, 237, 249, 334

Reporteros sin Fronteras, 303, 316

Repsol YPF, 327, 328
República Checa (*Ver también* Checoslovaquia), 309, 314, 317, 327, 330, 332
Resistencia Cívica, Movimiento de, 158, 161
resistencia urbana, movimientos de, 158, 170
revolución latinoamericana, 178, 218
revolucionarios, movimientos, 100, 106, 181, 186, 193, 198, 229
revuelta popular del 1994, 243
revuelta de sargentos, 276
revuelta racial del 1912, 275
Reyes Católicos, 17,
Rice, Condoleezza, 334
Riceland Foods, 310
Riera Escalante, Pedro, 308
Risquet, Jorge, 189-90, 195 n.
Rivero Agüero, Andrés, 277
Roa García, Raúl, 105, 281
Robaina, Roberto, 303
Roca, Blas, 195
Roca, Vladimiro, 304-5, 318
Rodó, José Enrique, 112
Rodríguez, Carlos Rafael, 125 & n., 183, 195, 217, 287, 289
Rodríguez, José Luis, 318
Rodríguez, Serafín, 287
Rodríguez-Llompart, Héctor, 287
ron, 266
Ronda, Alejandro, 254 n.
Roosevelt, Franklin Delano, 111-12, 114, 125
Roosevelt, Theodore, 83
Roque Cabello, Marta Beatriz, 304-5, 307, 327
Rúa, Fernando de la, 309
Rum Cay, 17
Rusia, 228, 235, 297, 302, 309-10, 334
Ryswyck, Paz de, 40

SIDA, 231, 318
STET, 303
Saco, José Antonio, 56, 59-61, 64, 68

Sadat, Anwar el, 220
Sajárov, Premio, 314, 333
Salabarría, Mario, 128
Salamanca, 332
Saleh, Ali Addullah, 311
Salehi, Davood, 313
Salgado Fernández, Alina María, 298
salud, 86, 96, 104, 122, 141, 215, 313, 332
"Salud para Todos", feria, 325
Salvador de Bahía, Brasil, encuentro en, 297
San Baldomero, Isabel, 327
San Carlos y San Ambrosio, Real Colegio Seminario de, 56, 273
San Gerónimo, Real y Pontificia Universidad de, 56
San Rafael, calle de, La Habana, *sección de fotos*
San Salvador (Watlings Island), 17
Sancti Spíritus, provincia, 196 n.
Sancti Spíritus, villa, 21
Sánchez Santa Cruz, Elizardo, 317-18
Sánchez, Germán, 332
Sánchez Perez, Manuel Antonio, 291
Sánchez-Parodi, Ramón, 288
sandinistas, 188, 219, 230, 233, 261, 283, 286
Sanguily, Manuel, 84, 86
Santa María, 17
Santa María de la Concepción (Rum Cay), 17
santería, 146
Santiago de Cuba, ciudad, 146, 150-51, 273, 317
Santiago de Cuba, provincia, 196 n.
Santiago de Chile, 302
Santo Domingo (La Española), 18-19, 21, 23-24, 26, 36-39, 65
Santo Domingo, convento de, 93
Saramago, José, 316
Schwarzenberg, Karel, 327
Sección de Intereses de los Estados Unidos en Cuba (SINA), 328
Seguridad del Estado, 285, 316, 323, 327
Senti, Ernesto, 313

Senado cubano, 86, 92, 107, 130

Senado de Estados Unidos, 83-84, 288, 301, 308, 310, 317-8, 329

Serrano, Francisco, 61, 68

Servicio de Inmigración y Naturalización (Estados Unidos), 289, 292

Sevilla, 23, 29, 34

Sevilla García, Bárbaro Leodan, 316

Sherritt International, 323

siboneyes, 11-12, 14

Sierra Leona, 320

Sierra Maestra, 10, 154-55, 158, 167, 169, 200, 277

siete años, Guerra de los, 41, 43

Siglo, El, periódico, 63

Siglo de Oro cubano, 54-65

Simeón, Rosa Elena, 311

Sinopec, 323

Siria, 187, 313, 332

SmithKline Beecham, 306

socialismo, 163, 165, 173, 181, 183-84, 190-91, 193, 195-97, 209-13, 216, 218, 222, 224, 226-27, 244, 251, 278, 282, 312-13, 316, 320

Sociedad de Amigos de la República (SAR), 149, 277

Sociedad de Amistad Cubano-Iraquí, 313

Sociedad Económica de Amigos del País, 55-56, 274

Sociedad Interamericana de Prensa (SIP), 303

Socorro García, Roberto, 319

Sol Meliá, cadena hotelera, 306

Soles y Rayos, conspiración de los, 274

Somoza Debayle, Anastasio, 188, 219, 283

Sores, Jacques de, 35, 273

Soto, Hernando de, 30

Soviética, Unión y Cuba, 99, 125 n., 166, 169, 172-93, 195, 198, 200, 202-5, 210, 215, 216, 218, 220-25, 227, 229-35, 240, 248, 250-51, 253-54, 259-60, 263, 266, 278-291, 293-97, 317

soviético, modelo, 165, 215, 232

Sputnik, diario, 294

sucesión de Fidel Castro, 251, 261-64

Sudáfrica, 231, 290

Sudán, 320

Suecia, 40, 282

T-55, tanque soviético, 286

tabaco, *sección de fotos*, 9, 13, 28-29, 44-46, 49, 68, 193, 228, 265-66, 273, 287, 315

Tacón, Miguel de, 68

taínos, 11-14, 18, 20

Tamayo, Arnaldo, 254 n.

Taylor, Zachary, 51-52

tecnología, 58, 226, 239, 249-50, 254-55, 312, 322, 333

Telesur, 327

Televisión Martí (*Ver* Martí, TV)

Teller, Henry M., 83

terrorismo, 178

terroristas, movimientos, 187

Tito, Josip Broz, 260

Tordesillas, Tratado de, 18

Torriente, Cosme de la, 149

Torralba González, Diocles, 294

trabajadores, 53, 62 y n., 80, 96, 98, 106, 108, 120, 122, 124, 141, 150, 156, 163, 190-91, 212, 216, 239-40, 269, 280, 292, 295, 315, 332

tráfico de drogas, 225, 294, 326

Tráfico de Personas, 320

transición al poscastrismo, 241, 243, 257, 261-63, 266, 271, 303, 304, 318, 334

transporte, 49, 58, 107, 189, 207, 215, 235-36, 254, 268, 278, 283, 286, 333

Trejo, Rafael, 103

Tricontinental, Conferencia, 179, 279

Trinidad, *sección de fotos*

Triple Alianza, 40

Tro, Emilio, 127

Trujillo, Rafael Leónidas, 133, 276

turismo, 140, 236, 237, 238, 239, 245, 249, 254, 259, 265-66, 287, 295, 296, 300, 322

UIR (Unión Insurreccional Revolucionaria), 127-28, 132, 146

Unamuno, Miguel de, 112

Unión de Jóvenes Comunistas, 201, 212
Unión Europea (UE), 247, 302-3, 305, 307, 314, 316-17, 320, 322-26, 329-31, 333
Unión Nacionalista, 106
Unión Revolucionaria Comunista (*Ver también* Partido Comunista de Cuba, PCC), 125
Unión Transitoria de Empresas, 328
Universidad de La Habana, *sección de fotos,* 111-13, 120-22, 124-26, 128-30, 132, 135-36, 144-45, 150-54, 165, 167, 273, 280, 333
Universidad Popular "José Martí" (*Ver* Martí)
urbana, resistencia, 104, 119-20, 125-27, 156, 158, 170
urbano, terrorismo venezolano, 178
Urrutia Lleó, Manuel, 162, 277, 286
Uruguay, 112, 186, 323, 327, 329
Utrecht, Tratado de, 40

Valdés, Ramiro, 195 n.
Valdés Vivó, Raúl, 251
Valle, Sergio del, 195 n.
Vals, Jorge, 290
Varadero, playa de, *sección de fotos,* 306
Varela, Félix, 56-58
Varela, Proyecto, 258, 312-15, 318
Varona, Enrique José, 93, 112
Vasconcelos, José, 112
Vasev, Vladilev, 285
Vázquez Bello, Clemente, 107
Vázquez, Tabaré, 323
Veja, revista brasileña, 332
Velásquez, John Jairo "Popeye", 326
Velázquez, Diego, 11, 20-21, 23-24, 27-28, 273
Veiga Menéndez, Roberto, 290
26 de julio, movimiento, 135, 147-48, 153, 155, 157, 158, 161, 166, 170, 173, 193, 219, 241-42, 249-50, 278, 296, 308-9, 318, 320, 323, 325, 327, 329-32
Venezuela, 19, 37, 52, 77, 134, 178-79, 188, 219, 241-42, 249-50, 278, 296, 308-9, 318, 320, 323, 325, 327, 329-32
Versos sencillos, 78

Vesco, Robert L., 300, 302
Vespucci, Amerigo, 19
veteranos, movimientos de, 89, 92, 96, 274
veteranos de la guerrilla, 218
veteranos norteamericanos, 52, 89
Vietcong (*Ver* Frente de Liberación Nacional de Vietnam)
Vietnam, 178, 183, 228, 254, 280, 283, 314-15, 325, 332-33
"Vietnam, muchos", 179
Vilar, César, 108
Villa Clara, provincia, 196 n.
Villegas, Harry, 254 n.
Viñales, valle de, *sección de fotos*
violencia urbana (*Ver* urbana, resistencia)
viviendas, *sección de fotos,* 140-41, 163, 207
Voz de las Américas, 315

Walesa, Lech, 317
Watergate, escándalo, 187
Watlings Island (San Salvador), 17
Welles, (Benjamin) Sumner, 107-9, 114-16
Weyler, Valeriano, 82
White, F. Clifton, 287
Wilma, huracán, 332
Wilson González, Adelmis, 316
Wood, Leonard, 86-87
World Mathaba, fundación de, 187
Wu Xuequian, 290

Xucla, Jordi, 327

Yemen, 311
Yom Kippur, guerra de, 187
yuca, 9, 13, 27

zafras azucareras, 46, 72, 124, 141, 182, 190, 280, 304, 306, 322, 327
Zafra de 10 millones, 189, 279-80
Zanjón, Paz del, 73, 77, 274
Zapata, ciénaga de, 10
Zayas Bazán, Carmen, 77
Zayas, Alfredo, 94, 275
Zedillo, Ernesto, 242, 302
Zimbabwe, 323

JAIME SUCHLICKI, uno de los más importantes investigadores de temas latinoamericanos en la actualidad, es profesor de Historia y Estudios Internacionales, ocupa la Cátedra Emilio Bacardí Moreau y dirige el Instituto de Estudios Cubanos y Cubano-Americanos de la Universidad de Miami. Fue director ejecutivo del Centro Norte-Sur y editor de la revista trimestral *Journal of Interamerican Studies and World Affairs*. Ha escrito varias obras políticas e históricas sobre Latinoamérica, entre las que se destacan *Mexico: From Montezuma to the Fall of the PRI*, *Historical Dictionary of Cuba* y *University Students and Revolution in Cuba*. Es asesor para instituciones públicas y privadas sobre temas de Cuba y Latinoamérica.

(foto: Instituto de Estudios Cubanos y Cubano-Americanos de la Universidad de Miami)